Handbuch

für

den angehenden Landwirth.

Handbuch

für

den angehenden Landwirth.

Von

A. Rothe,

Königlich Preußischer Oekonomierath,
Rittergutsbesitzer, Mitglied des Königl. Landes-Oekonomie-Collegiums, Ritter des rothen Adlerordens,
mehrerer landwirthschaftlicher Vereine wirklichem und Ehrenmitgliede.

Zweite verbesserte

und durch 53 Abbildungen vermehrte Auflage.

Leipzig
Verlag von Veit & Comp.
1861.

Motto: Unseres Wissens Prüfstein ist — das Resultat.

Vorrede zur ersten Auflage.

Als ich meine „Rechte Mitte" schrieb, widmete ich sie ebenfalls im Gedanken dem angehenden Landwirth. Sie war dazu bestimmt, den jungen Mann vor Extremen zu warnen und ihn zu mahnen, auf sicherer Stufenleiter zur Höhe hinanzuschreiten. Alles, was ich dort gesagt habe, entnahm ich aus dem Bereiche der eigenen Erfahrungen; ich war von ihrer Haltbarkeit überzeugt; allein es konnten darum auch nur Mittheilungen eines Landwirths sein, und sie mußten die Vollkommenheit eines Baues entbehren, bei welchem die ganze Zunft thätig ist und wozu sie insgesammt die Materialien gesammelt hat.

Der Zweck des gegenwärtigen Handbuches soll eine Anleitung zum nutzenbringenden und sichern Betriebe der Landwirthschaft sein; es soll die Mahnungen mit der ruhigen und auf sichere Erfahrungen begründeten Lehre vereinen; es soll dem angehenden Landwirth die Bahn vorschreiben, welche er wandeln soll, um das Ziel zu erreichen; es soll ein Rathgeber werden in zweifelhaften Fällen.

Wenn ich diese gestellte Aufgabe erreiche, glaube ich etwas Nützliches geschaffen zu haben, was durch unsere klassischen Meisterwerke nicht überflüssig geworden ist. Sie bleiben die Anhaltepunkte für den gereiften Verstand; das jugendliche Gemüth wird durch jene Schriften aus dem ruhigen Geleise gebracht; sie nöthigen dasselbe zum Fliegen, ehe ihm die Flügel gewachsen sind.

Wer bauen will, muß mit dem Fundamente anfangen, zuvörderst die Erdschicht untersuchen, ob sie das Gebäude trägt, und dann Stein auf Stein zum festen und sichern Ganzen verbinden. So der Landwirth. Er muß die Natur kennen, welche seine Arbeiten fördern oder hemmen kann; er muß die Kräfte richtig schätzen, über welche er zu gebieten hat; er muß die Verhältnisse der Zeit berücksichtigen, welche auf sein Wirken Einfluß ausüben.

Dies Alles übersieht der angehende Landwirth nur zu leicht; er überschätzt seine Kräfte, glaubt die Tiefen der Natur ergründet zu haben, und erst im gereiftern Alter gewinnt er die Ueberzeugung, wie unerschöpflich der Born unseres Wissens ist.

Der Raum, welchen ich meinem Handbuch, um es für den allgemeinen Gebrauch zugänglicher zu machen, bestimmen konnte, hat es mir nicht gestattet, so ins Detail einzugehen, als ich es manchmal gewünscht hätte. Ich habe mich mehr auf das Einflußreichste beschränken müssen, wie ich es aus meiner eigenen Erfahrung kennen gelernt habe. In Bezug auf Maße, Gewichte zc. habe ich meine Annahmen überhaupt beschränkt; wo sie aber vorkommen, gelten die preußischen.

Bei allen meinen Zöglingen habe ich mit der Lehre der wichtigen Bedeutung unseres Faches begonnen; ich habe ihnen zu beweisen gesucht, daß das Leben zu kurz ist, um zur Vollkommenheit zu gelangen, und daraus den Schluß gezogen, daß eine gründliche Bildung, eine stete Aufmerksamkeit und ein bleibendes Interesse erforderlich ist, um in dem so Vieles vereinigenden Wirkungskreise mit Erfolg zu arbeiten.

Möge es mir mit diesem Buche gelingen, Vertrauen zu erwecken; dann wird meine Mühe nicht unbelohnt bleiben. Ich habe nicht allein die Sache, sondern auch den Menschen im Auge behalten; ich habe das trockne Thema durch einige Blüthen geschmückt und nicht allein zum Verstande, sondern auch zum Herzen gesprochen; denn wenn sich der Verstand verirrt, so muß ihn das Gefühl wieder auf den rechten Weg führen.

Schloß Reisen, den 1. Januar 1841.

A. Rothe.

Vorrede zur zweiten Auflage.

Nach dem Tode des Verfassers des gegenwärtigen „Handbuchs für den angehenden Landwirth" wurde ich von der Verlagshandlung veranlaßt, eine zweite Auflage desselben zu besorgen.

Ich habe diese Einladung nicht ausgeschlagen, weil Rothe's Handbuch unter den anderweiten Handbüchern der Landwirthschaft nicht den letzten Rang einnimmt, ja unter denjenigen Handbüchern, welche für den angehenden Landwirth bestimmt sind, eins der vorzüglichsten ist.

Es war aber keine leichte Aufgabe, Rothe's Schrift so zu bearbeiten, daß das Charakteristische derselben nicht verwischt wurde, da die seit dem Jahre 1841 stattgefundenen sehr bedeutenden Fortschritte in der Landwirthschaft es nothwendig machten, frühere irrige Lehrsätze zu streichen und an deren Stelle diejenigen Lehren aufzuführen, welche die Neuzeit aufgestellt hat und welche von der Praxis als bewährt befunden worden sind. Ich habe aber eben nur das Bewährte von den neuen Lehrsätzen gegeben, alles noch nicht ganz Bewährte und Feststehende mit um so größerer Sorgfalt von dem Buche fern gehalten, als dasselbe für den angehenden Landwirth bestimmt ist, dem ja, um ihn nicht zu verwirren und nicht straucheln zu machen, nur Erprobtes vorgetragen werden darf.

In Folge dieser Rücksichtnahme glaube ich, daß es mir gelungen ist, die Pietät gegen den verstorbenen Verfasser nicht verletzt und die zweite Auflage des Handbuchs desselben in seinen Eigenthümlichkeiten bewahrt zu haben.

Eine nicht unbedeutende Kürzung, welche ich mir erlaubt habe, besteht darin, daß ich die drei Abtheilungen der ersten Auflage, welche den Gartenbau, den Waldbau und die Fabriken behandelten, in die zweite Auflage nicht wieder aufgenommen. Ich habe dazu meine guten Gründe gehabt. Einmal glaube ich, daß Gartenbau, Waldbau und technische Gewerbe nicht in ein Handbuch der Landwirthschaft gehören; wenn dem aber auch nicht so wäre, so würde doch mit einer aphoristischen Behandlung dieser Materien, wie sie die erste Auflage enthielt, nichts gedient sein. Ich bin der Ueberzeugung, daß es besser ist, einen Lehrgegenstand, wenn er zumal nicht unbedingt zum Ganzen gehört, ganz unberücksichtigt zu lassen, als ihn Anfängern in einer Art und Weise vorzuführen, aus welcher ein Gewinn für dieselben nicht erwachsen kann. Durch die Weglassung dieser drei Abtheilungen ist zugleich Raum gewonnen worden für mehrere Abtheilungen, welche in jedem Handbuche der Landwirthschaft, wenn dasselbe Anspruch auf Vollständigkeit machen will, enthalten sein müssen, nämlich für die Beurbarungen und Bodenverbesserungen, für die Saat, für die Ernte, das Dreschen und Reinigen der Strohfrüchte und für die allgemeine Viehzucht.

Wenn der zweiten Auflage die Repräsentanten der wichtigsten und besten landwirthschaftlichen Geräthe und Maschinen in Abbildung beigegeben worden sind, so hoffe ich, daß man dieses vollkommen gerechtfertigt finden wird.

Im April 1861.

Inhaltsverzeichniß.

Erste Abtheilung.

Begriff.

§. 1.

Was versteht man unter Landwirthschaft?

Unter Landwirthschaft im engern Sinne versteht man die Vereinigung des Ackerbaues mit der Viehzucht, um aus beiden den höchstmöglichen Ertrag oder Gewinn zu erzielen.

Um letztern Zweck auf die vollkommenste Weise zu erreichen, muß die Landwirthschaft mit anderen Gewerben verbunden werden, und der Landwirth in anderen Wissenschaften Hülfsquellen erwerben.

§. 2.

Hülfswissenschaften und Nebengewerbe der Landwirthschaft.

Soll die Landwirthschaft mit dem größtmöglichen Erfolg betrieben werden, so genügt es nicht, daß der, welcher sie führt, das blaße Handwerk des Acker- und Wiesenbaues und der Viehzucht kennt und in Ausführung zu bringen versteht, sondern er muß sich auch noch aus anderen in die Landwirthschaft einschlagenden Wissenschaften und Gewerben die nöthigen Kenntnisse anzueignen suchen, da in der Jetztzeit nur der praktisch-wissenschaftliche Landwirth geachtet ist und sein gutes Fortkommen findet.

§. 3.

Hülfswissenschaften der Landwirthschaft.

Zu denselben gehören:

a) Die Baukunst. Die Landwirthschaft braucht Gebäude zur Unterbringung der Erzeugnisse des Bodens, des Viehes und zur Wohnung der Menschen. Aufgabe hierbei ist es, Zweckmäßigkeit mit möglichster Einfachheit und Wohlfeilheit zu verbinden, da landwirthschaftliche Gebäude in der Regel, obschon ganz falsch, als ein nothwendiges Uebel betrachtet werden und bei Kauf und Verkauf kaum in Anschlag kommen.

b) Die Chemie. Dieselbe hat sich besonders in der neuern und neuesten Zeit als eine Hülfswissenschaft für den Landwirth geltend gemacht, ohne deren Kenntniß er in vielen Zweigen des landwirthschaftlichen Betriebes im Dunkeln tappen und nicht rationell wirthschaften wird. In dieser Beziehung sei nur gedacht der Bodenkunde, der Düngerlehre, der Viehfütterung und der technischen Gewerbe. Ohne Kenntnisse der Chemie weiß der Landwirth die Zusammensetzung seines Bodens nicht zu beurtheilen, den Dünger nicht angemessen zu behandeln und anzuwenden, die Hausthiere nicht rationell zu füttern, den Betrieb der technischen Gewerbe nicht möglichst einträglich zu gestalten.

c) Die Physiologie. Sie lehrt die beste Art und Weise der Züchtung der Pflanzen und Thiere, so daß sie in Menge, Gestalt und Güte den höchsten Ertrag geben.

d) Die Physik. Sie spielt namentlich zur Kenntniß und Beurtheilung, sowie zur zeitgemäßen Beobachtung des Bodens eine wichtige Rolle, ist auch von Bedeutung hinsichtlich der Witterung.

e) Mineralogie und Geognosie. Beide Wissenschaften leisten dem Landwirth insofern große Dienste, als er mit ihrer Hülfe seinen Grund und Boden weit richtiger beurtheilen und in Folge dessen bei der Bearbeitung und Bebauung desselben zweckmäßiger verfahren kann. Er vermag ferner die zur Düngung und mechanischen Verbesserung des Bodens tauglichen mineralischen Stoffe leichter aufzufinden, und wird im Stande sein, bei Urbarmachungen, besonders bei Be- und Entwässerungen, die einfachsten und wohlfeilsten Wege einzuschlagen.

f) Die Botanik. Sie ist wegen Kenntniß der Natur der Pflanzen und ihrer Ordnungen und Benennungen für die Landwirthschaftslehre unentbehrlich.

g) Die Thierkunde. Die Erzeugung und Erhaltung der Thiere ist eines der wesentlichsten Geschäfte des Landwirths; ihm ist daher die Kenntniß der thierischen Natur ebenso nöthig, als die Kenntniß der Mittel, den gesunden Zustand der Thiere zu erhalten.

h) Die Thierheilkunde. Von derselben muß der Landwirth so viel verstehen, daß er die leichten Krankheiten selbst zu behandeln, bei gefährlichen Krankheiten aber die ersten Hülfsmittel anzuwenden vermag, ehe der Thierarzt erscheint.

i) Die Mechanik. Sie spielt bei der Landwirthschaft eine große Rolle, namentlich in Hinsicht des Baues und der Verbesserung der Ackergeräthe und Maschinen.

k) Die Rechenkunst. Der Landwirth bedarf ihrer sehr nothwendig; ja man kann mit vollem Rechte behaupten, daß er ohne sie nicht mit Erfolg zu wirthschaften vermag, da sie zu Uebersicht, Ordnung, vernünftiger Sparsamkeit und rationeller Wirthschaft verhilft.

l) Die Feldmeßkunst und das Bonitiren. Die Kenntniß dieser beiden Wissenszweige gewährt die großen Vortheile, daß der Landwirth über die Größe seines ganzen Besitzthums und die einzelnen Theile desselben ins Klare kommt und sich Einsicht in die Bodengüte der verschiedenen Grundstücke verschafft.

Nächstdem sind politische, staats- und volkswirthschaftliche, rechts- und kaufmännische Kenntnisse nicht zu entbehren, um mit den staatlichen Gesetzen nicht in Widerspruch zu gerathen und die erzielten Erzeugnisse des Bodens und der Viehstände auf das angemessenste und lohnendste zu verwerthen.

§. 4.

Landwirthschaftlich-technische Gewerbe.

Wenn technische Gewerbe die eigenen Erzeugnisse verarbeiten und diesen dadurch einen höheren Werth verschaffen, so können dieselben als Zweige der Landwirthschaft betrachtet werden. Sie müssen aber in den richtigen, mit der Ausdehnung des Gutes im Verhältniß stehenden Grenzen bleiben; überschreiten sie diese oder brauchen sie fremde Erzeugnisse zur Verarbeitung, so treten sie aus der engeren Verbindung mit dem Betriebe der Gutswirthschaft und werden selbstständig; dann wird nicht selten die eigentliche Landwirthschaft hintangesetzt, indem man allen Eifer und alle Kräfte den technischen Gewerben widmet.

Besonders üben diejenigen Fabriken einen wohlthätigen Einfluß auf die Wirthschaft aus, deren Abfälle als Futter oder Dünger gebraucht werden können. Sie bewirken dadurch vermehrte Bodenkraft und erhöhte Erträge des Bodens. Zu solchen technischen Gewerben gehören namentlich Zuckerfabriken, Brennereien, Brauereien, Stärkefabriken, Oelmühlen und Getreidemühlen.

Eisen-, Zink- und andere dergleichen Werke sind zwar auch bisweilen mit der Landwirthschaft verbunden und gewähren derselben Vortheil durch Absatz der Erzeugnisse, gehören ihr aber direkt nicht an, weil sie keine Erzeugnisse der landwirthschaftlichen Industrie verarbeiten.

Dasselbe gilt auch mehr oder weniger von Ziegeleien, Kalköfen, Torfgräbereien, Braunkohlenwerken und Theerfabrikation. Verbindung dieser technischen Gewerbe mit der Landwirthschaft ist aber deshalb angemessener, weil sie geringere Kräfte erfordern, welche die Landwirthschaft, ohne sich selbst zu schaden, durch sie verwerthen kann. Dazu kommt noch, daß durch diese Gewerbe die Geschirre, welche im Winter oft müssig im Stalle stehen, lohnend beschäftigt, daß durch sie auch Bau- und Düngestoffe für die eigene Wirthschaft, und zwar wohlfeiler, als wenn sie gekauft werden müssen, erzeugt werden.

§. 5.

Verbindung des Waldbaues mit der Landwirthschaft.

Ist Waldbau in angemessener Ausdehnung mit einer Gutswirthschaft verbunden, so kann dies derselben nur zum größten Vortheil gereichen, weil dann der Wald den nöthigen Bedarf an Brenn-, Bau- und Schirrholz, auch Streu liefert, und weil die Arbeiter und Gespanne, welche sonst vielfach anderweit im Winter nicht würden beschäftigt werden können, lohnende Arbeit finden.

§. 6.

Beziehung der Landwirthschaft zum Staat.

Schon der große Sully nannte die Landwirthschaft die Säugamme des Staats. Ein regelmäßiger Ackerbau ist die sichere Grundlage für die Wohlhabenheit eines Landes, und der fleißige, umsichtige Landwirth ihr Begründer. Die Bevölkerung eines Staates und mit ihr seine Kraft vermehrt sich durch die Fortschritte der Kultur. In dieser hat die Landwirthschaft einen ehrenvollen Platz erworben, und das Land, welches darauf den Grund für sein Glück baut, wird dasselbe weit eher finden und erhalten, als dasjenige Land, wo die unsichere Fabrikthätigkeit vorherrscht, da diese auf den Absatz nach Außen angewiesen ist, auch vielfach von der Mode abhängt, während die Landwirthschaft, unabhängig von der Mode, den größten Theil ihrer Erzeugnisse in unmittelbarer Nähe abzusetzen vermag, da ihre Erzeugnisse unentbehrliche Lebensbedürfnisse sind.

§. 7.

Praxis und Theorie.

Unter Praxis versteht man die persönliche Geschicklichkeit (Können) zur Ausführung aller bei dem Betriebe der Landwirthschaft vorkommenden Geschäfte und Arbeiten und die durch Anschauung erworbene Kenntniß der Eigenschaften der vorkommenden Gegenstände und der gewöhnlich eintretenden Bedingungen des Erfolges. Unter Theorie dagegen versteht man das Kennen der Landwirthschaft ihrem Wesen und den Bedingungen nach, welche zu ihrer Vollkommenheit gehören. Die Praxis bedarf nothwendigerweise die wissenschaftliche, über das Ganze und alle seine Theile sich erstreckende Theorie, um den Gesichtskreis zu erweitern und zu erhalten, denn sonst würde die Praxis unter veränderten Umständen und Einflüssen im Stiche lassen oder irre führen und Schaden bringen. Die Praxis ohne die wissenschaftliche Lehre bleibt immer einseitig, von Vorurtheilen befangen, und es mangelt ihr die Fähigkeit, einzudringen in die Tiefen der Natur und ihre Geheimnisse zu erforschen.

Wenn die wissenschaftliche Lehre namentlich in früheren Zeiten den gegenwärtigen Standpunkt nicht erreicht hat, so lag dies daran, weil sie, ohne Vereinigung mit der Erfahrung, für sich selbstständig dastand. Jetzt geht die Theorie (Wissenschaft) mit der Erfahrung (Praxis) Hand in Hand, und diese wird und muß die stete Vervollkommnung der Landwirthschaft zur Folge haben, denn aus der Verbindung der Theorie mit der Praxis geht die Rationalität, hier also die rationelle Landwirthschaft hervor.

Der wissenschaftlich-praktisch (rationell) gebildete Landwirth findet sich in alle Verhältnisse, er unterscheidet die verschiedenen Fälle und Oertlichkeiten, er ist befähigt, Ideen zu fassen und zu verwirklichen, seine Erfahrungen erweitern sich auf sicherer Grundlage, er versteht und unterscheidet die Ansichten Anderer und benutzt sie zu seinen Zwecken.

Der nur wissenschaftlich gebildete Landwirth, ohne Erfahrung und ohne genaue Kenntniß der Ausführung, unterliegt dagegen in dem Kampfe mit der Natur, er berücksichtigt ihre entscheidenden Einwirkungen zu wenig, weil er sie nicht kennt; seine Berechnungen sind lediglich Ergebnisse des Verstandes, er übersieht die Hindernisse, welche bei der Ausführung sich ihm entgegenstellen und welche die Erfahrung allein beseitigen kann. Deshalb kann er nur in Vereinigung mit der Erfahrung zum rationellen Landwirth heranreifen.

Der rein praktisch gebildete Landwirth endlich, der Empiriker, dessen Wissen nur auf der Kenntniß der Ausführung beruht, und der sein Gewerbe nur handwerks- oder kunstmäßig erlernt hat und betreibt, bleibt einseitig, und seine Kenntnisse und Fertigkeiten sind nur für die Gegend oder Oertlichkeit beschränkt, in welcher er seine Regeln auf Glauben angenommen hat. Ebenso beschränkt bleiben seine Erfahrungen; das Lesen der auf den Fortschritt fußenden Bücher verwirrt ihn, weil er neue Ideen nicht ordnen und ihren Geist nicht richtig begreifen kann. Er bleibt in Vorurtheilen befangen; denn wenn dies nicht so wäre, müßte der Bauer, welcher durch fünfzig Jahre sein Gewerbe betreibt, der fertigste und tüchtigste Landwirth sein; man weiß es aber, daß dies nicht der Fall ist, und daß einmal eingesogene Vorurtheile sich selbst vom Vater auf den Sohn vererben; nur der wissenschaftlich gebildete Landwirth ist befähigt, seine Erfahrung zu erweitern und mit Erfolg anzuwenden.

Zweite Abtheilung.

Die Leitung der Wirthschaft.

§. 1.

Die Lehre.

Der hohe Standpunkt, welchen gegenwärtig das landwirthschaftliche Gewerbe erreicht hat, verlangt eine andere Richtung und andere Grundlagen der Ausbildung, als in früheren Zeiten für hinreichend erachtet wurden. Aus der ersten Abtheilung dieses Handbuches geht hervor, daß zur Landwirthschaft mehr gehört als mechanische Fertigkeiten, und daß der noch kein Landwirth ist, welcher es versteht, ein Beet zu pflügen oder andere Arbeiten, welche auf Handgriffen beruhen, zu leiten. Die Landwirthschaft ist zu einer weit um sich greifenden, viel verzweigten Wissenschaft geworden, und wenn gleich die mechanische Fertigkeit und die Bekanntschaft mit der praktischen Ausführung eine unentbehrliche Grundlage für das Gedeihen und die Erfolge des Betriebes bleiben wird, so ist es doch bereits allgemein anerkannt, daß dies allein nicht mehr ausreicht, um den Bedürfnissen der Zeit Genüge leisten zu können.

Man fängt an einzusehen, daß es nicht mehr der talentlose Sohn sein darf, welcher für die landwirthschaftliche Laufbahn bestimmt wird; die Erfahrung hat es auch gelehrt, daß Geld vor Untergang nicht schützt, sondern daß Verstand, Eifer und Umsicht den jungen Mann zum tüchtigen Landwirth machen, und daß jene Eigenschaften in keinem Fache nothwendigere Berücksichtigung verdienen, als in der Landwirthschaft.

Der Verstand aber wird durch die Wissenschaft geläutert und geschärft, und dies ist ein nothwendiges Erforderniß für den Kampf, welchen der Landwirth durch sein ganzes Leben zu bestehen hat. Des Landwirths Gegner ist die Natur mit ihrem gewaltigen und ewig wechselnden Einflusse. Ihre Geheimnisse müssen erforscht, ihre Tiefen ergründet, ihren Widerwärtigkeiten begegnet werden. Hierzu hat sich der Landwirth zu rüsten, wenn er aus dem Kampfe siegreich hervorgehen will.

Die Landwirthschaft ist wie die Arzneikunde eine Erfahrungs-Wissenschaft. Die Erfahrung macht den Meister; aber nur eine gründliche wissenschaftliche Ausbildung macht geschickt, Erfahrungen zu sammeln und sie zweckdienlich anzuwenden. Der bloße Empiriker wird sich in der

Arzneikunde sowohl als in der Landwirthschaft stets auf einer niedrigen Stufe bewegen.

Talent, Neigung zur Sache und eine kräftige Constitution sind die ersten Erfordernisse für den sich der Landwirthschaft widmenden Jüngling. Mit diesen Eigenschaften und mit den erforderlichen Vorkenntnissen ausgerüstet wird er, wenn seine Ausbildung die rechte Richtung genommen und er die erforderlichen Kenntnisse erworben hat, in dem gewählten Fache mit dem sichersten Erfolge arbeiten.

Die Unsicherheit der Existenz bei dem landwirthschaftlichen Gewerbe war, wenn nicht eigenes Vermögen eine Stütze gewährte, vor wenigen Jahren noch fast zum Sprüchwort geworden, und die Menge brotloser Landwirthe schien diese Meinung in der That zu bestätigen.

Gehen wir aber in die innern Verhältnisse dieser Unglücklichen genauer ein, so finden wir größtentheils entweder Mangel an Kenntnissen und Fähigkeit, oder ein schlechtes Betragen, namentlich Unsittlichkeit, Rohheit, Unehrlichkeit als die Ursachen des Mißgeschickes. Warum sollte gerade bei dem großen Aufschwunge, welchen die Landwirthschaft genommen hat, der Bedarf an landwirthschaftlichen Beamten sich vermindern? Dies ist keineswegs der Fall; aber die Anforderungen an die Leistungen derselben sind größer geworden; ausgezeichnete Sittlichkeit und ein braver Sinn bilden in allen Fächern die Grundlage des Werthes ihrer Angehörigen, und kann man sie ebensowenig bei dem Landwirthe missen als bei andern Gewerbtreibenden 2c. Der Beamte auf einem Landgute muß immer mit gutem Beispiele vorangehen, seine Führung muß musterhaft sein, durch sie muß er sich die Achtung seiner Untergebenen erwerben und diesen ein Muster der Rechtschaffenheit und des sittlichen Wandels sein.

a. Vorbildung.

Die erste Grundlage für die Lehre des Landwirthes ist eine angemessene, am besten wissenschaftliche Vorbildung. Die in neuerer Zeit auf eine hohe Stufe gebrachten Realschulen gewähren hierzu eine vortreffliche Gelegenheit, weil sie in die Bedürfnisse des praktischen Lebens mehr eingehen, als die Gymnasien. Was der junge Mann für die Ausbildung seines Verstandes thun kann, wie weit ihm seine Verhältnisse nur immer den Unterricht auf der Schule gestatten, er möge diesen Unterricht nutzen so lange als möglich; diese Ausdauer, dieser Fleiß wird sich im späteren Leben herrlich lohnen, die schönsten Früchte bringen.

Es muß dem jungen Mann zeitig Gelegenheit gegeben werden, sich an der Natur und ihrem Wirken erfreuen zu können. Neben dem Hauptzwecke der nothwendigen allgemeinen Bildung sollte die schulpflichtige Jugend auch mit Gegenständen bekannt gemacht werden, welche sich auf die Landwirthschaft beziehen. Hierzu müssen auch die der Jugend angenehmen Zeitvertreibe auf dieses Feld geleitet werden. Hierzu bieten die Naturwissenschaften im Allgemeinen und die Botanik und Geologie insbesondere nützlichen Stoff und geeignete Belehrung. Ferner sollte jedem Knaben, welcher sich der Landwirthschaft zu widmen gedenkt, ein Gärtchen zur Bebauung überwiesen und die Lust zur Sammlung von Naturalien in ihm angeregt werden.

Dadurch wird die Liebe zur Natur erweckt, und solche Beschäftigungen sind wohl geeignet, den Jüngling von anderen unnützen oder wohl gar sittenverderbenden Zerstreuungen abzuwenden. Der Gartenbau ist das im Kleinen, was der Ackerbau im Großen ist. Was der junge Mann bei der Bebauung und Unterhaltung seines Gärtchens leistet, erfährt, was er lieben und achten lernt, wird ihm einst lohnende Früchte tragen.

Eine nicht minder angenehme und nützliche Unterhaltung gewährt die Sammlung von Naturalien. Der Landwirth hat häufigen Kampf mit schädlichen Insekten zu bestehen; die genaue Kenntniß der Natur derselben ist ihm nothwendig, und wenn sie spielend gewonnen werden kann, so suche man diese zu befördern. Auch verhilft die Sammlung und Kenntniß von Naturalien zu einem Einblick in die Gestein- und Bodenkunde, welche dem jungen Mann später trefflich zu Statten kommen wird.

Möge der Knabe und angehende Jüngling in solchen Unterhaltungen seine Freuden, seine Genüsse suchen; dann wird auch das Herz und das Gemüth rein bleiben, und er wird nicht angefochten werden von verderblichen Leidenschaften!

Ebenso lehrreich ist die praktische Botanik. Wäre die genaue Kenntniß aller nützlichen Gräser und Kräuter unter den Landwirthen allgemeiner, es würde noch mancher Schatz hervorgefunden werden, der nicht unwichtigen Einfluß auf die bestehenden Verhältnisse ausüben könnte. Bisher hat der Zufall hierin das Meiste gethan. Botanische Kenntnisse verhelfen aber zur Bekanntmachung mit den dem Landwirth schädlichen Pflanzen, den Unkräutern, und eine solche Kenntniß ist für den jungen Mann, welcher sich der Landwirthschaft zu widmen gedenkt, von großem Werth.

Außerdem ist es nothwendig, daß der junge, für die Landwirthschaft bestimmte Mann auf der Realschule gründliche Kenntnisse im Rechnen und in der Buchführung sich erwirbt und daß er besondern Fleiß verwendet auf die Naturwissenschaften, welche daselbst gelehrt werden.

b. Die praktische Lehre.

Die auf der Realschule erworbenen Kenntnisse bilden die Grundlage zur praktischen Lehre, welche die Grundlage ist für den künftigen Fortbau; soll derselbe aber gelingen und haltbar sein, so muß der Grund fest und das ganze Gebäude nach den Regeln der Kunst aufgeführt werden. Die erste Lehre, welche der junge Landwirth erhalten soll, ist die des praktischen Betriebes.

Man überweise ihn einem tüchtigen ausübenden Landwirthe, dem es weder an Lust noch Gelegenheit fehlt, den Zögling in Allem anzuleiten, was zu dem Betriebe gehört. Was er jetzt lernt und wie er es lernt, das wird der Maßstab der künftigen Ansichten und der eigenen freien Handlungsweise.

Die gründliche Kenntniß aller landwirthschaftlichen Arbeiten ist der Gegenstand der ersten Lehre. Je sicherer hierin der junge Mann wird, desto geeigneter wird er sein, die ihm später vorzuführende Theorie zu begreifen und zu verarbeiten. Ohne jene praktische Grundlage übersieht er zu leicht die Schwierigkeiten der Ausführung; er wird von der schimmernden Theorie fortgerissen und geht in Hoffnungen und zuversichtlichen Berechnungen zu Grunde.

Daher lasse der junge Mann nichts unbeachtet, was zum praktischen Betriebe gehört, keine Arbeit, sie möge Namen haben, welche sie wolle, lasse er als geringfügig vorüber gehen, ohne sich mit ihrem Wesen und der Art ihrer Ausführung bekannt zu machen.

Die Wichtigkeit dieser Kenntnisse wird ihm erst klar vor Augen treten, wenn er selbstständig die Zügel zu übernehmen hat; er wird es dann erst einsehen, wie nothwendig die eigene Handanlegung, Ueberzeugung und Erfahrung ist, um richtig und mit Erfolg befehlen zu können.

Um gründlich zu lernen, ist das *Ansehen* der Arbeiten *allein* nicht hinreichend, man muß *vielmehr selbst Hand ans Werk legen*. Die Blase, welche der Pflug der zarten Hand drückt, ist das beste Erinnerungsmittel, daß man ihn *selbst* geführt hat, und die Saat, welche der junge Mann *selbst* ausstreut, gedeiht ihm zur Freude und zum Nutzen.

Das Wichtigste der Landwirthschaft ist die beste Benutzung und richtigste Anwendung der materiellen Kräfte, welche das Landgut darbietet. Man muß sie kennen lernen, um ihren Werth zu würdigen.

Mit welchen Augen man übrigens in dieser ersten Lehrzeit gewöhnlich die Landwirthschaft betrachtet, wie gern man geneigt ist, sich zu überschätzen und manches Wichtige für eine Kleinigkeit zu halten, wie oft man überhaupt in dieser Periode die Landwirthschaft für nichts weniger als schwierig hält und, kaum hingeschaut, sich für einen fertigen Mann achtet, das möchte wohl manchem durch spätere Erfahrung geprüften Manne noch erinnerlich sein.

Die Fortschritte in der Wissenschaft beginnen erst dann, wenn man einzusehen anfängt, wie wenig man weiß und wie schwach man dasteht in dem anhaltenden Kampfe mit der Natur. Deshalb wird es dem gereifteren Landwirth zur besonderen Pflicht, seinen Zögling richtig anzuleiten und ihm die Tiefe der Quellen zu zeigen, welche er zu erschöpfen hat.

Hauptsächlich muß der Lehrherr den Verstand und das Nachdenken seines Zöglings üben, sonst wird letzterer leicht zur Maschine, ohne Leben und innere Thätigkeit. Bei jeder Arbeit gibt es besondere Vortheile, besondere Rücksichten, weshalb sie so und nicht anders ausgeführt wird. Die Gründe nun, warum die Arbeit gerade so und nicht anders ausgeführt wird, muß der Besitzer seinem Zögling verständlich auseinandersetzen. Nie darf der junge Mann zu dem Glauben verleitet werden, die Landwirthschaft sei ein einförmiges Gewerbe, dessen Betrieb nach gewissen unabänderlichen Regeln zu geschehen habe. Diese Ansicht theilt der angehende Landwirth gar leicht mit dem Nicht-Landwirthe; beide schlagen die Erfordernisse zum Betriebe des Faches zu niedrig an, und der erstere glaubt bald die Meisterschaft zu erreichen.

Wie ist es aber in der Wirklichkeit? Ist ein einziges Jahr dem anderen gleich? Ist nicht unser Betrieb ewigen Veränderungen unterworfen, welche nur die angestrengteste Aufmerksamkeit in die rechte Form einzupassen vermag? Der junge Mann sieht pflügen, eggen, hacken u. s. w.; er sieht Alles in sich wiederholender Einförmigkeit,. aber das Wesentliche der Arbeit und die Sicherheit des Erfolges kann er nicht begreifen; deshalb ist es nothwendig, daß er mit den Ursachen und den Rücksichten, welche bei den landwirthschaftlichen Arbeiten uns leiten, bekannt gemacht werde, damit er wenigstens aufmerksam und fähig wird, Erfahrungen zu machen.

Der Zögling muß daher auch mit den Verhältnissen des Gutes bekannt gemacht werden, und man muß darauf halten, daß diese nicht allein dem Gedächtnisse anvertraut, sondern auch durch schriftlichen Vermerk sicher und fest gemacht werden. Die Führung eines Tage- und Notizbuches ist für den jungen Landwirth überhaupt nothwendiges Bedürfniß, weil er sich dadurch selbst Rechenschaft ablegen muß, was er während des Tages gethan und gelernt hat; auch erhält der Lehrherr, wenn er das Tagebuch sorgfältig controlirt, die sicherste Ueberzeugung von den Ansichten und Fortschritten seines Zöglings; er findet Gelegenheit, falsche Ansichten zu berichtigen, den Fortschritt zu begünstigen. Die Sommermonate dienen zur Erlernung der materiellen Arbeiten; der Winter mit seinen langen Abenden ist zur Erlernung der landwirthschaftlichen Buchführung, zur Kenntniß der verschiedenen Gutsverhältnisse, der Fütterung aller Viehgattungen und zur Wiederholung dessen, was der junge Mann in der Schule gelernt hat, zu benutzen.

Ein einfaches aber übersichtliches Rechnungswesen ist ein nothwendiges Erforderniß für den regelrechten Betrieb. Mag der Zögling Pachter, Verwalter oder Besitzer werden, unter allen Verhältnissen wird er jene Kenntniß nothwendig gebrauchen. Ohne genaue Rechnungsführung gibt es keine Uebersicht; sie begründet das Vertrauen und stellt die Fortschritte oder Rückschritte der allgemeinen und speciellen Verhältnisse fest. In Bezug auf die Kenntniß der Verhältnisse des Gutes hat der Zögling von der Größe der Ackerfläche, der Wiesen, der Hutungen, der Bonität dieser Grundstücke, von der Stärke der Arbeitskräfte, des Inventariums, von der Masse und Qualität der Futtervorräthe und allen übrigen zum Betriebe gehörenden Verhältnissen genaue Kenntniß zu nehmen.

Nur zu leicht wird diese von dem Zöglinge vernachlässigt, wenn die Anleitung dazu seitens des Lehrherrn fehlt, und die Lücken werden dann in späteren Jahren fühlbar, wenn der angehende Landwirth anfängt, Ideen zu entwickeln und zum Handeln berufen wird.

Nicht minder wichtig ist die genaue Kenntniß der Winterfütterung mit Ermittelung der angemessenen Größe der Futtergabe und des Nährwerthes der verschiedenen Futtermittel für die verschiedenen Viehgattungen. Ersparniß mit regelrechter Vertheilung, die beste Anwendung der Surrogate, die Berechnung der Kosten und der dadurch erreichte Gewichts- und Nutzungszustand des Viehes geben vielseitige Gelegenheit zu Erfahrungen und zum Nachdenken. Namentlich ist es der Schafstall, welcher für den Winter den Zögling in Anspruch nimmt, und zwar sowohl in Beziehung der Fütterung der Schafe, als ihrer sonstigen Haltung und Behandlung, insbesondere auch in Beziehung auf die Kenntniß der Wolle. Die Schafzucht ist ein so wichtiger Zweig der landwirthschaftlichen Industrie geworden, und von ihrem Gedeihen, ihrer Vermehrung und Verbesserung sind die Ergebnisse dieser Zucht und Haltung so abhängig, daß die genaueste Kenntniß aller auf sie bezüglichen Verhältnisse dem Zögling nicht genug empfohlen werden kann.

Das Lesen landwirthschaftlicher Bücher darf dem Zögling nur mit der größten Vorsicht und Auswahl gestattet werden, weil es ihm noch an Einsicht fehlt, die in den Büchern enthaltenen Lehren richtig zu fassen, auch an Gelegenheit, sie anzuwenden. Das Lesen ohne Anleitung würde nur dahin führen, Begriffe und Ansichten des jungen Mannes zu verwirren. Deshalb soll derselbe wenigstens in der ersten Zeit nicht ohne Anleitung des Prinzipals landwirthschaftliche Bücher und Zeitschriften lesen.

Aus diesem Grunde bleibt dem Zöglinge hinreichend Zeit übrig zur Befestigung und Erweiterung seiner Schulkenntnisse. Je weniger der junge Mann diese Nothwendigkeit einzusehen pflegt, desto mehr muß er dazu angehalten werden. Der herangereifte Verstand wird dies anerkennen und zu danken verstehen.

Mit der letzten Schulstunde geht dem Anfänger in der Landwirthschaft ein neues Leben an, ein Gefühl der Freiheit entwickelt sich in ihm, er vergißt, warum Eltern und Vormünder es sich sauer werden ließen, die Kosten der Vorbildung aufzubringen. Mit den angeschnallten Sporen glaubt sich der junge Mann fertig; triumphirend werden Bücher und Schulgeräthschaften in den Winkel geworfen, und in einigen Jahren sind oft die Spuren eines längeren Fleißes, anhaltender Sorgen und Mühen Seitens der Lehrer verschwunden, und mit ihnen die Erfolge einer goldenen, nicht wiederkehrenden Zeit verloren.

Das spätere Alter empfindet diese Verluste schmerzlich; wie Mancher sieht sich genöthigt, auszurufen: O hätte ich meine Jugend wieder, wie wollte ich sie besser benutzen! Darum wachet über Euch, Ihr jungen Freunde, folgt dem Rathe der Erfahrung, und wem die Leitung eines jungen Mannes anvertraut ist, unterstütze denselben in der Befestigung des Guten.

Gediegene Kenntnisse und ein ausgebildeter Verstand, anhaltender Fleiß und eine musterhafte sittliche Führung sind die unerläßlichen Erfordernisse des tüchtigen Landwirthes. So ausgerüstet, wird sein Loos ein zufriedenstellendes sein, das Zweifelhafte seiner Stellung wird verschwinden.

Nach Beendigung der praktischen Lehre, auf welche mindestens eine Zeit von zwei Jahren zu verwenden ist, tritt der Unbemittelte in untergeordnete Dienste, erweitert in denselben seine Kenntnisse und macht sich fähig, bald selbstständig zu wirken. Wohl ihm dann, wenn er seine Zeit gut benutzt hat; denn ein Anderes ist es, geleitet zu werden, und ein Anderes, selbst die Leitung zu übernehmen. Der Bemittelte dagegen besucht eine landwirthschaftliche Lehranstalt oder geht auf Reisen, um in anderen Gegenden die Art der Ausführung und der verschiedenen Verhältnisse kennen zn lernen und das Bessere auf den heimatlichen Boden zu verpflanzen.

c. Lehranstalten.

Die landwirthschaftlichen Lehranstalten gehören der neuern Zeit an, sie sind ein Glanzpunkt der Landwirthschaft und haben diese auf eine hohe

Stufe erhoben. So wie der angehende Rechtsgelehrte oder jeder andere junge Mann, welcher sich einer Wissenschaft widmen will, das Zeugniß der Reife erhalten muß, ehe er für den Genuß der höheren Lehre für fähig erachtet wird, so soll es auch bei dem Landwirthe sein, wenn der Besuch der höheren Lehranstalt nicht nutzlos oder gar gefährlich werden soll.

Ist seine Vorbildung nicht von der Art, daß er den höheren Geist der Wissenschaft fassen und in sie eindringen kann, so verwirren sich seine Ideen, er übersieht die Schwierigkeiten der praktischen Ausführung, er versteht es nicht, sich stufenweise zur Höhe hinanzuschwingen. Wird ein solcher Landwirth einmal selbstständig, dann geht er oft schnell seinem Untergange entgegen, weil er auf einer Grundlage baut, die keinen Halt hat.

Auf einer höheren Lehranstalt kann der specielle Betrieb nicht gründlich gelehrt, die Kenntniß desselben muß vorausgesetzt werden. Das Wesen einer solchen Anstalt hat eine höhere Richtung, welches in die Wissenschaft eindringt und die Begriffe veredelt, wenn solche bereits festen Fuß gefaßt haben.

Die Resultate des Besuches dieser heilsamen Lehranstalten sind nicht immer befriedigend ausgefallen, aber immer fand dies seinen Grund in der mangelhaften Vorbildung. Wem diese abgeht, und wer gleichwohl eine landwirthschaftliche Lehranstalt besuchen will, der gehe auf eine Ackerbauschule, auf welcher Praxis und Theorie innig verbunden sind und die theoretischen Vorträge nicht wissenschaftliche Vorbildung erheischen, wie dies hinsichtlich der höhern Lehranstalt der Fall ist. Allen angehenden Landwirthen, welchen es an der genügenden Vorbildung zum Besuch einer höhern Lehranstalt fehlt oder denen die Mittel dazu nicht zu Gebote stehen, ist jener Bildungsgang: praktische Lehre und nach Beendigung derselben Besuch einer gut organisirten Ackerbauschule, angelegentlich zu empfehlen.

d. Reisen.

Aehnliche Bewandtniß wie mit dem Besuch einer höheren landwirthschaftlichen Lehranstalt hat es mit den landwirthschaftlichen Reisen. Der Heros der Landwirthschaft, Albrecht Thaer, sagt darüber Folgendes:

„Bisher konnte nichts so sehr zur Ausbildung eines rationellen Landwirths beitragen, als Reisen durch die in landwirthschaftlicher Hinsicht ausgezeichneten Länder. Die Beobachtung der mannichfaltig verschiedenen Methoden und Einrichtungen verschiedener Völker zerstören das eingesogene Vorurtheil, als könne es nicht besser und anders bei uns sein, und die Einseitigkeit. Die Gebräuche ganzer Provinzen und Nationen, in den allgemeinen Wirthschaftsformen sowohl, als in dem Betriebe jedes Geschäfts und der Behandlung jedes Erzeugnisses, sind für den denkenden Mann Versuche im Großen, wenn er sie, mittelst vielseitiger Vergleichung der Resultate, gehörig neben einander zu stellen weiß. Es gehört aber eine große Ausdauer und Ueberwindung mancher Schwierigkeiten dazu, um solche Reisen nutzbar zu machen und mit seiner Beobachtung völlig auf den Grund zu bringen. Wer ein Land mit Extrapost durchreist und nur in Wirthshäusern eingekehrt ist, wird daher nur wenig Ausbeute dieser Art zurückbringen. Ferner fordert es einen durch viele Vorkenntnisse ausgebildeten Verstand und Scharfsinn und eine vorurtheilsfreie Unpartheilichkeit, um aus solchen Bemerkungen wahre und bestimmte Resultate zu ziehen. Sonst bringt man statt abgelegter Kleider und Vorurtheile nur neue ins Land, die unserem Klima und unserer landwirthschaftlichen Convenienz weniger angemessen sind, wie die alten. Hätte jedoch das Handwerk des Ackerbaues schon, wie die zünftigen Handwerke, seinen Gesellen das Reisen zur Pflicht gemacht, so stände es ohne Zweifel um selbiges besser."

Findet die Ausbildung des Landwirths in der Art statt, wie sie in Vorstehendem empfohlen worden ist, und hat derselbe seine Zeit richtig benutzt, dann wird er auch mit Sicherheit und Erfolg die selbstständige Leitung einer Wirthschaft übernehmen können.

Uebrigens glaube der junge Mann nicht, daß er nach Beendigung der sog. Lehrzeit auch wirklich ausgelernt habe; vielmehr lernt der Landwirth nie ganz aus, die Lehrzeit desselben dauert bis an das Grab.

§. 2.

Die Direction.

Bei der Leitung der Wirthschaft eines Landgutes kommt es nicht allein darauf an, was der Dirigent gelernt hat und wie weit seine Erfahrungen reichen, sondern wie er diese anwendet und anzuwenden versteht, mit welchem Geiste er selbst beseelt ist, und wie er diesen dem Arbeitspersonale mitzutheilen fähig ist; das ist die Hauptsache, davon hängt die innere Thätigkeit und das Gedeihen einer Wirthschaft ab. Der Dirigent mag nun Eigenthümer, Pächter oder deren Stellvertreter eines Landgutes sein, die Wichtigkeit seiner Stellung bleibt dieselbe; im letzteren Falle wird sie noch dadurch schwieriger, daß er dem verantwortlich bleibt, welcher ihn an seine Stelle gesetzt hat.

Es kommt durchaus nicht auf die Benennung an, welche man dem Verwalter eines Gutes ertheilt. Ist Jemandem die verantwortliche Leitung desselben übertragen, so ist er Dirigent, und es gebührt ihm diejenige

Selbstständigkeit, welche seine Stellung erheischt, und das Vertrauen, welches er zur Begründung und Erhaltung seiner Autorität nicht entbehren kann.

Der Eigenthümer hat dann nur den allgemeinen Wirthschaftsplan mit dem zu verabreden, welchen er an seine Stelle gesetzt hat, und nachzusehen, ob diesem gemäß verfahren wird; thut er mehr und mischt sich in die Ausführung selbst, so hört sein Stellvertreter auf, der Dirigent zu sein, und die Verantwortung kann nicht mehr ihm, sondern sie muß dem Eigenthümer zur Last fallen. In diesem Falle ist der Verwalter des Gutes nur der Gehülfe des Eigenthümers, und er hat nur diejenigen Geschäfte zu leiten und zu vertreten, welche ihm im Speciellen übertragen werden. Diese beziehen sich dann auf die Führung des materiellen Betriebes nach dem Plane und den Vorschriften des Dirigenten, dessen Einwirkung auf die Ausführung dann ebenfalls nur durch den Gehülfen geschehen darf, wenn dieser das erforderliche Ansehen vor dem untergeordneten Dienstpersonale haben soll. Es liegt in dem eigenen Interesse des Verwalters, von allen seinen Operationen den Dirigenten in Kenntniß zu setzen und über jeden Gegenstand, er sei angenehmer oder unangenehmer Natur, völlig zuverlässige Berichte zu erstatten. Nur dadurch läßt sich Vertrauen begründen und eine folgerechte Grenzlinie der gegenseitigen Stellung festsetzen. Die Verwaltung fremden Gutes ist eine Ehrensache, und jeder Ehrenmann wird sie sich als solche so und noch mehr angelegen sein lassen, als gelte es das eigene Interesse. Dieses Pflichtgefühl muß den Verwalter beseelen, und dadurch muß er sich das Vertrauen und die Achtung des Eigenthümers erwerben, welches ihm dieser nicht versagen darf, ohne seinem eigenen Wohle zu schaden.

Das Vertrauen ist eine unbedingte Nothwendigkeit für die Erfolge eines Verhältnisses; fehlt dasselbe, so ist eine Veränderung unvermeidlich.

Strenge Rechtlichkeit, sowohl in Beziehung auf seine eigene Person als in Beziehung auf alle Arbeiter, ist eine der wichtigsten Eigenschaften des Verwalters. Ein Muster von Sittlichkeit, reger Betriebsamkeit und Menschenliebe, soll er, der Erste auf dem Gute, Allen ein Vorbild sein und sich selbst die ehrenwerthe Stellung schaffen und erhalten, welche dem gebildeten Landwirthe mit vollem Rechte gebührt. Der Verwalter eines Gutes darf in dem Streben, vorwärts zu schreiten, nie nachlassen.

Ordnung überall, auf dem Felde wie auf dem Hofe, auf den Speichern wie in den Rechnungsbüchern äußert den wohlthätigsten Einfluß auf den ganzen Betrieb; sie ist die Grundlage des Wohlbehagens und des Vertrauens. An die Ordnung aber gewöhnt man sich durch festen Willen.

Durch richtige Sparsamkeit sorgt der Verwalter für die Sicherheit des Erfolges. Die Sparsamkeit muß sich auf Alles erstrecken und nichts als unerheblich oder kleinlich übersehen, wenn es Gegenstand des Betriebes ist. Die Sparsamkeit darf aber nicht in Geiz ausarten; denn wie derselbe im Allgemeinen eine Wurzel alles Uebels ist, so entzieht er dem Betriebe der Wirthschaft die Mittel, so daß derselbe nicht die günstigen Ergebnisse zu liefern vermag, als in dem Falle, wo man wohlbegründete Ausgaben nicht scheut.

Niemals darf auch eine regelmäßige Buchführung verabsäumt werden; selbst der Eigenthümer muß auf dieselbe halten, will er eine zuverlässige Uebersicht des Zustandes und des Fortganges seiner Wirthschaft erhalten. Dem Verwalter des fremden Gutes aber ist die Buchführung doppelt nothwendig, denn sie ist die Grundlage des Vertrauens und begründet seine Rechtfertigung für alle Fälle. Die Buchhaltung ist aber auch der Sache wegen unentbehrlich, weil sie den Nachweis über Fortschritte oder Rückschritte, Verwendung der Kräfte, Ersparnisse oder Verschwendung offen darlegt, und dadurch jeder Selbsttäuschung vorbeugt, zu welcher der Mensch nur zu leicht geneigt ist.

Was nun die Einrichtung des Betriebes selbst anlangt, so ist zuvörderst darauf zu halten, daß das sämmtliche angestellte Personal seinen Wirkungskreis kennt und seine Stellung richtig auffaßt. Jeder muß wissen, wer zu befehlen und wem er zu gehorchen hat. Müßiggänger dulde man nicht; sie passen nirgends weniger als für die Landwirthschaft und verursachen nur Störungen und Unzufriedenheiten.

Die Dispositionen der Dirigenten setzen die Maschinen in Bewegung, und seine Aufsicht erhält sie in regelmäßigem Gange. Die Hauptsache ist eine bestimmte und entschiedene Handhabung des übernommenen Regiments. So wie beim Militär ein festes Kommando Takt und Präzision in der Ausführung begründet, so ist es mit den Dispositionen des Landwirths. Die feste Kraft impft sich in alle Theile ein, erleichtert die Ausführung und erhält die Ordnung. Zweifel und Unentschlossenheit vernichten das Vertrauen und bringen Alles in einen schleppenden, unsichern Gang.

Diese Thatsache ist der Grund, warum alle Militärs gewöhnlich sehr gute Landwirthe werden; sie verstehen die feste Handhabung des Regiments und bringen Leben und innere Thätigkeit in den Betrieb. Selbst die umfassendsten Kenntnisse können dieses Bedürfniß nicht ersetzen. Die rechte Fähigkeit zu disponiren ist sehr hoch anzuschlagen; durch sie erst gewinnt die materielle Kraft ihren wahren Werth; ohne jene wird diese vergeudet und zersplittert.

Der nächste und wichtigste Gehülfe des Dirigenten ist der Unterverwalter oder der Vogt, Meier, Meisterknecht oder wie er sonst genannt werden mag. Er ist der Feldwebel der Kompagnie, und mit dieser Bezeichnung ist seine Wirksamkeit dargethan. Er hat die empfangenen Befehle zur Ausführung zu bringen und theilzunehmen an der Aufsicht. Ein tüchtiger Unterverwalter oder Vogt übt großen Einfluß auf die ganze innere Betriebsamkeit aus. Was den Vogt anlangt, so soll derselbe aus dem Stande der Bauern gewählt werden, und man bemüht sein, ihn in seinem Stande zu erhalten. Sobald er aus diesem heraustritt, verliert er seinen Werth, weil sich seine Bedürfnisse vermehren, welche die Stellung nicht befriedigen kann.

Ein solcher Vogt, welcher in immerwährender Berührung mit dem gebildeten Vorgesetzten bleibt, erweitert schnell seine Kenntnisse und Erfahrungen, gewinnt eine ausgezeichnete Lokalkenntniß, und empfängt er selbst die Dispositionen entschieden, so geht er auch ebenso entschieden an die Ausführung, und es ist einleuchtend, welche wichtige Stütze ein solcher Mann für den Dirigenten des Gutes sein muß.

Der Vogt weist jedem Arbeiter sein Tagewerk an und beaufsichtigt die Ausführung. Er hat die verschiedenen Wirthschaftsutensilien, das Inventarium, die Pflege des Zugviehes u. s. w. unter besonderer Obhut, hält Ordnung im Hofe und unter dem Dienstpersonale, welches ihn als seinen nächsten Vorgesetzten respektirt und am besten versteht, weil er aus ihrer Mitte genommen ist.

Die nächst wichtigste Person auf dem Hofe ist der Schafmeister. Was von ihm abhängt, wird später noch besonders hervorgehoben werden.

Auch der Wärter des Rindviehes ist eine wichtige Person. Diese Stelle wird mit Unrecht oft unfähigen, zu andern Geschäften untauglichen Subjekten übertragen. Von der Pflege und Wartung des Rindviehs hängt aber das Gedeihen der Rindviehzucht ab, und dies ist wohl Grund genug, die Stelle eines Rindviehwärters als eine Auszeichnung zu betrachten.

Bei einer Kuh- und Milchwirthschaft ist die Schleußerin oder weibliche Aufseherin, Wirthschafterin, von großer Wichtigkeit. Von ihrem Fleiße, ihrer Kenntniß, Ordnungsliebe und Treue hängt das Ergebniß der ganzen weiblichen Wirthschaft ab, und eine hierzu in jeder Beziehung geeignete Person ist ein wahrer Schatz für den ganzen Betrieb, um so mehr, als es der Dirigent selten versteht, in diesen wichtigen Zweig mit der nothwendigen Sachkenntniß einzudringen.

Zu dem ferner nicht unwichtigen Personal gehört der Schirrarbeiter, welche Stelle an manchen Orten mit dem Wirthschaftsvogt vereinigt ist. Die Obliegenheiten des Schirrarbeiters bestehen in der Anfertigung neuer Wirthschaftsgeräthe und Instandsetzung der alten. Die Kontrole über die Haltung der Geräthe ist damit von selbst verbunden, und ein ordnungsliebender, fleißiger Mensch kann sich hierbei großes Verdienst erwerben und erhebliche Kosten ersparen.

Nach den vorstehend angeführten Personen kommen nun die für die Gespanne bestimmten Knechte. Es gewährt eine große Ruhe und Sicherheit, wenn man auch in der Wahl dieses untergeordneten Personals glücklich ist. Der Zustand der Pferde sowohl als Ochsen hängt von der Wartung und Behandlung ihrer Führer ab, und in einem Stalle findet man davon oft sprechende Beweise. Von der Wahl guter Knechte wird aber auch die Art und Weise der auszuführenden Arbeiten bedingt.

Es ist die Frage, ob verheirathete oder ledige Dienstboten gehalten werden sollen? Bei einer sorgfältig eingerichteten und gut kontrolirten Hauswirthschaft werden durch unverheirathetes Dienstpersonal, welches an dem Gesindetische gespeist wird, erhebliche Kosten erspart; in Wirthschaften, wo eine solche Beköstigung nicht stattfindet, ist es besser, verheirathetes Gesinde zu halten und ihnen zur Unterhaltung Naturalien zu geben. Die Frauen der Arbeiter müssen dann ebenfalls zu einigen Dienstleistungen verpflichtet werden. Wenn man annimmt, daß der verheirathete Mann in Bezug auf seine Führung eine größere Sicherheit gewährt und seinen Dienst als seine Heimath betrachten lernt, wodurch das Interesse an der Wirthschaft gesteigert wird, so werden die etwas größern Kosten der Unterhaltung verheiratheter Dienstboten gewiß durch die Vortheile aufgewogen.

Der Betrieb einer Gutswirthschaft ist wie das Innere einer Fabrik zu organisiren. Ein Jeder hat seinen Platz; die Geschicklichkeit und der Eifer, mit welcher er ihn ausfüllt, und die ruhige Kraft, mit welcher Alles in einander eingreift, gewährt eine große Sicherheit des Erfolges und ist der beste Beweis für die Fähigkeit des Dirigenten.

Dieser Paragraph kann nicht beschlossen werden, ohne daran zu mahnen, die Religion nicht unbeachtet zu lassen; sie ist der Stützpunkt der guten Sitten. Der Vorgesetzte muß auch in religiöser Hinsicht, namentlich in einem fleißigen Kirchenbesuch, seinen Untergebenen mit gutem Beispiel vorangehen, denn Irreligiosität löst das Band der gesellschaftlichen Ordnung und befördert die Unsitte. Freilich darf der Vorgesetzte auch nicht in den entgegengesetzten Fehler verfallen, sich nicht dem Muckerthum hingeben, denn dieses führt nur zur Heuchelei und zu andern schlechten Eigenschaften.

§. 3.
Das Kapital.

Zur Einrichtung und zum Betriebe einer Wirthschaft gehört die genaue Ermittelung des erforderlichen Kapitals. Man unterscheidet das stehende oder Grund- und das laufende oder Umtriebskapital. Zu dem stehenden Betriebskapital gehören Schiff und Geschirr, zu dem umlaufenden das baare Geld und die Vorräthe an Naturalien zur Unterhaltung der Arbeiter und des Viehes. Der Landwirth muß das Grundkapital mit dem Betriebskapital in gehörigen Einklang bringen. Der Mangel des letzteren richtet das erstere zu Grunde, denn wenn es an dem nothwendigen Betriebskapitale fehlt, so kann weder der Grund und Boden genügend benutzt, noch der Werth und die Ertragsfähigkeit desselben erhalten, viel weniger erhöht werden. Eine solche Wirthschaft wird bald Rückschritte machen und, wenn auch langsam, aber sicher dem Untergange entgegen gehen.

Namentlich hat man beim Ankaufe eines Gutes zu berücksichtigen, daß der Boden erst durch das umlaufende Betriebskapital seinen Werth empfängt, daß erst durch dieses die Zinsen des Grundkapitals erworben werden. Es ist daher höchst gefährlich, große Geschäfte mit geringen Mitteln zu machen. Es ist ein Glücksspiel, bei welchem nur zu leicht eine Niete gezogen werden kann. Namentlich kommt es vor, daß man bei dem Erwerbe heruntergebrachter Güter, welchen es oft an Allem fehlt, das erforderliche Einrichtungs- und Betriebskapital zu wenig berücksichtigt. Wer es einmal durchgemacht hat, wird es wissen, welche Opfer erfordert werden, um ein vernachlässigtes Gut wieder empor zu bringen, ihm die Kraft zu verschaffen, das Kapital sicher zu verzinsen.

Dieselbe Rücksicht hat der Pächter zu nehmen, und sie wird noch wichtiger bei diesem, weil seine Zeit beschränkt ist und er nur durch möglichst schnell erreichten Aufschwung Vortheil ziehen kann. Fehlt es ihm an dem nöthigen Betriebskapital, so geht er sicher zu Grunde.

Die wichtige Verwendung des Betriebskapitals ist die größte Kunst des Landwirthes. Es gehört dazu Ruhe, Erfahrung und die genaueste Kenntniß der Verhältnisse. Die Sparsamkeit, eine so empfehlenswerthe Eigenschaft sie für den Landwirth überhaupt sein mag, kann hier gefährlich werden, wenn sie der Kraft des Betriebes entgegentritt. Der landwirthschaftliche Luxus darf nur die Folge großer und ausreichender Mittel sein. Was aber dazu gehört, um einen kräftigen Betrieb zu schaffen, das muß der Wirthschaft werden, wenn man ihr Gedeihen erwarten will.

Außer dem Kapital ist das Ordnen der materiellen Kräfte ein für jede Wirthschaft höchst wichtiges Geschäft.

Die Hauptrücksicht dabei verdient der Mensch. Er ist die Stütze der physischen Kraft. Mit seiner Vermehrung steigt der Werth des Bodens. Man kann die Richtigkeit dieser Behauptung von den Wildnissen Amerika's an bis zu den kultivirtesten Landstrichen beobachten.

Die Bevölkerung der Gegend und die Möglichkeit, die zur Arbeit erforderlichen Menschen (Tagelöhner oder Accordarbeiter) zu jeder Zeit zu haben, sowie der Preis der Arbeit ist daher eine Hauptrücksicht bei der Erwerbung oder Pachtung eines Gutes.

Nothwendig ist es außerdem, sich diejenigen Arbeitskräfte zu sichern, welche zur Pflege und Wartung des Viehes und zur täglichen Fortbestellung des Betriebes erforderlich ist. Darauf begründet sich die Anstellung des Gesindes, worüber das vorhergehende Kapitel gehandelt hat.

Der tägliche Betrieb muß wie ein Uhrwerk im regelmäßigen Gange bleiben. Deshalb darf man mit den Arbeitskräften nicht täglich wechseln. Man muß sie heranbilden zum Zweck und ihnen Interesse für die Sache einflößen.

Dieses ist eine wichtige Aufgabe des Landwirths, und der angehende Landwirth mag es zum Gegenstande eines besondern Unterrichts gehören lassen, die Menschen kennen zu lernen und die Kunst sich eigen zu machen, mit ihnen umzugehen, sie richtig und mit Erfolg zu behandeln. Darauf beruht die Annehmlichkeit, Sicherheit und Einträglichkeit des Betriebes.

Dritte Abtheilung.

Werthschätzung eines Landgutes.

§. 1.

Die Lage.

Wenn der Werth eines Landgutes ermittelt werden soll, so muß zuvörderst auf die Lage desselben im Allgemeinen und der verschiedenen Grundstücke gegen einander besondere Rücksicht genommen werden.

Die Nähe großer Städte, stark bevölkerter Fabrikorte, Chausseen, Eisenbahnen, schiffbarer Flüsse, wodurch der Absatz der Produkte gesichert und erleichtert wird, verdient eine entscheidende Berücksichtigung. Dasselbe gilt von der Nähe großer Wälder, Stein-, Braunkohlen- und Torfgruben, besonders in dem Falle, wenn mit dem Gute viel Brennstoff verbrauchende technische Gewerbe verbunden sind. Man darf aber nicht bloß die Gegenwart, sondern man muß auch die Zukunft, die fortschreitende Intelligenz in Erwägung ziehen und die Möglichkeit von Verbesserungen in Anschlag bringen, wenn dieselben auch bisher noch nicht zur Anwendung gekommen sind.

Ferner ist die Lage der Felder unter sich von großem Einflusse. Eine arrondirte Lage erleichtert den Wirthschaftsbetrieb ungemein, indem jede Eintheilung der Grundstücke ohne Störung stattfinden kann, wogegen eine zerstückelte Lage der Felder ein großes Hinderniß für eine vortheilhafte Eintheilung und angemessene Bestellung und Benutzung ist. Die Entfernung der Felder vom Gehöfte ist ebenfalls in Betracht zu ziehen, weil eine entfernte Lage der Felder die Bewirthschaftung der Grundstücke erschwert und die Produktionskosten erhöht.

Sind mit dem Hauptgute mehrere Vorwerke verbunden, so ist dieses auch ein Uebelstand von nicht unbedeutendem Einfluß, weil sich dadurch die Aufsichts- und Betriebskosten vermehren. Diese Kosten aber wirken entscheidend auf den Reinertrag.

§. 2.

Das Klima.

Die Wärme und die atmosphärische Feuchtigkeit hängen von dem Klima ab, und da beide auf das Gedeihen der Pflanzen einen entschiedenen Einfluß haben, so muß auch das Klima Gegenstand der Beachtung bezüglich der Werthschätzung eines Landgutes sein. Zuvörderst ist es die geographische Lage, welche von Einfluß auf Saatzeit, Stärke der Saat, Auswahl der anzubauenden Gewächse rc. ist; nächstdem ist aber auch die örtliche Lage entscheidend. Es ist z. B. nicht gleichgültig, ob sich der Abhang eines Ackers gegen Mittag oder gegen Mitternacht neigt, denn im ersteren Falle ist die Erwärmung des Bodens schneller und wirksamer als im letzteren. Dasselbe gilt von dem Schutze durch Wälder und Berge. Eine gegen Nordwinde geschützte Fläche erfreut sich eines milderen Klimas, welches die Vegetation begünstigt, als wenn sie der Einwirkung jener rauhen Winde völlig preisgegeben ist.

Die Umgebung größerer Wälder, das Vorhandensein von großen Teichen, Brüchen und anderen unkultivirten Ländereien wirkt ebenso nachtheilig auf das Klima, als eine allgemeine Kultur dasselbe verbessert. Diesen Satz darf man nicht mißverstehen, nicht jeden Baum ausroden, nicht jedes stehende Wasser trocken legen wollen, denn die gänzliche Entfernung von Bäumen, das Ausfüllen aller stehenden Gewässer verbessert das Klima nicht, sondern verschlechtert es im Gegentheile.

§. 3.

Der Flächeninhalt.

Wenn Karten und Vermessungsregister vorhanden sind, so ist aus beiden der Flächeninhalt des Gutes leicht zu ersehen. Bei gebirgiger Lage hat man dann nur zu beachten, ob die Vermessung nach der Oberfläche erfolgt ist.

Beim Mangel aller Nachweise über die Fläche darf man dieselbe nicht durch die Aussaat zu ermitteln suchen, weil diese zu keinem richtigen Ergebniß führt, sondern man muß sämmtliche zu dem Gute gehörenden Grundstücke vermessen, resp. vermessen lassen.

Wenngleich die Qualität des Bodens einen größern Einfluß auf den Werth eines Landgutes ausübt als die Fläche, wenn dieselbe gering bonitirt werden muß, so ist doch auf die Möglichkeit einer Verbesserung Rücksicht zu nehmen, wozu die größere Fläche einen größern Spielraum gewährt.

§. 4.

Beurtheilung des Bodens.

Außer der chemischen Untersuchung des Bodens geben dem geübten Auge auch manche andere Hülfsmittel Gelegenheit zu einer ziemlich sichern Werthschätzung des Bodens. Besonders sind es die verschiedenen Arten der vorherrschenden Gewächse, aus welchen man auf die Beschaffenheit des Bodens zu schließen vermag. Der kräftige Wuchs der Bäume, ihre glatte Rinde und ihr sonstiges fehlerfreies Ansehen bekunden einen gesunden und kräftigen Boden. Die kleine Felddistel, wenn sie in Menge vorkommt, ist das Zeichen eines kräftigen Thonbodens; der glattschotige Hederich, die Brennnessel eines lockern, humosen Bodens. Huflattig und der kleine gelbe Hopfenklee zeigen die merglige Beschaffenheit des Bodens, die Ranunkelarten eine nachtheilige Feuchtigkeit desselben an.

Auch aus der Farbe des Bodens kann man auf dessen Beschaffenheit schließen. Die braune Farbe bald nach dem Pflügen, wenn sie nicht von einer starken Beimischung von Eisenerde herrührt, ist ein gutes Zeichen seiner Fruchtbarkeit. Der humusreiche Boden quillt nach einem Regen auf und gewährt, frisch aufgepflügt, einen eigenthümlichen moderartigen Geruch. Wenn man ein Loch aufgräbt und die aufgeworfene Erde einigermaßen anfeuchtet, so wird sie, je stärker der Humusgehalt ist, desto mehr anschwellen und um so weniger in dem Loche Platz finden, wenn man dasselbe wieder ausfüllen will. Das Vorhandensein von Kies oder Mergel im Boden verräth sich durch das Aufbrausen, wenn man eine Säure zusetzt.

Ferner kann man aus dem Gedeihen der verschiedenen Feldfrüchte auf die Beschaffenheit des Bodens schließen. Gehören rother Klee, Gerste und andere Hülsenfrüchte zu den sicheren Früchten, so ist dies ein Beweis für die Gesundheit und Fruchtbarkeit des Bodens. Die stärksten Weizen- und Hafereruten allein gewähren diese Sicherheit nicht, weil sie bei starker Düngung auch auf kaltem, für andere Früchte nicht gedeihlichem Boden gerathen.

Die Tiefe der Ackerkrume und der Untergrund, welche so bedeutenden Einfluß auf den Werth des Bodens ausüben, lassen sich am besten in neu aufgeworfenen Gräben oder gebohrten Löchern untersuchen.

Auf das Ansehen der jungen Saaten im Herbst und Frühjahr kann man sich bezüglich der Beschaffenheit des Bodens nicht verlassen, weil sie in der ersten Lebensperiode auf schwachem Boden oft üppiger vegetiren als auf kräftigem. Die Wintersaaten lassen sich erst beurtheilen, wenn die Vegetationsperiode im Frühjahr begonnen, Sommerfrüchte nicht früher, als wenn die Aehren sich zu entwickeln anfangen.

Am meisten ist aber der Ruf zu beachten, in welchem eine Gegend ihrer Fruchtbarkeit wegen steht. Ein Boden, anscheinend von derselben Beschaffenheit als anderwärts, wo man denselben nicht zu dem lohnendsten rechnet, bringt in mancher Lokalität die sichersten und größten Erträge. Das Klima, vor Allem aber die durch längere gute Kultur erzeugte alte Kraft üben solchen wohlthätigen Einfluß.

Der Kulturzustand, in welchem sich die Grundstücke eines Gutes befinden, wird bei der Werthschätzung desselben selten gebührend gewürdigt, und doch muß man, um einen guten Kulturzustand zu erreichen, das Gut fast noch einmal bezahlen, wenn namentlich das Gut selbst nicht außergewöhnliche Hülfsmittel bietet.

§. 5.
Aussaat.

Die Beurtheilung der Fläche der Aussaat erheischt zuvörderst eine genaue Vergleichung des Maßes, eine Ermittelung der Stärke der Aussaat und der Eintheilung der Felder. In jeder dieser Beziehungen sind Täuschungen sehr leicht, da die Maße nicht allein provinziell, sondern oft örtlich verschieden sind, und die Stärke der Aussaat von 10 Metzen bis 1 Scheffel 4 Metzen pro Morgen wechselt. Außerdem ist das Verhältniß der Aussaat nach den mancherlei Feldeintheilungen und Bewirthschaftungsmethoden ganz verschieden; das Drittheil, welches man bei der Dreifelderwirthschaft annimmt, erhöht sich durch Aussaat von Stoppelroggen oft sehr bedeutend, während es bei Futterwirthschaften sich erheblich erniedrigt.

§. 6.

Das Wiesen-Verhältniß.

Die Wiesen legen ein erhebliches Gewicht in die Wagschale. Sie sind bei Beurtheilung eines Landgutes die sichere Grundlage eines einträglichen Betriebes und nicht leicht zu ersetzen. Es ist zwar richtig, daß ein kräftiger und fruchtbarer Boden sich unabhängiger von den Wiesen erhalten kann als ein magerer, weil jener Futterkräuter mit größerer Sicherheit hervorbringt als dieser; allein die höchsten Erträge lassen sich immer nur dann erreichen, wenn das Ackerland in einem richtigen Verhältniß zu den Wiesen steht. Die Reinerträge der Wiesen stellen sich höher als die des Ackerlandes, weil die Kultur der Wiesen weniger Kosten erheischt, und nachdem in neuerer Zeit die besondere Aufmerksamkeit auf diesen höchst wichtigen Zweig gelenkt worden ist, wodurch sich die Erträge der Wiesen oft mehr als verdoppeln, werden sie immer einflußreicher auf den Betrieb einer Wirthschaft und den Werth derselben. Auf 100 Morgen Ackerland 10 Morgen gute Wiesen ist schon ein sehr günstiges Verhältniß, und wenn letztere mit Aufmerksamkeit kultivirt werden, so wird die Stütze, welche sie der Wirthschaft gewähren, eine eben so einflußreiche als nachhaltige sein.

Es kommt dabei viel auf die Lage der Wiesen an, ob sie nämlich eben so leicht entwässert als bewässert werden können, und ob sich Gelegenheit darbietet, ihnen ohne große Kosten Düngestoffe zuführen zu können. Die Gewalt, welche der Mensch über das den Wiesen so heilsame und nothwendige Element, das Wasser, hat, bestimmt ihren Werth. Zur Unzeit angewendet, kann das Wasser eben so nachtheilig werden, als es, zeitgerecht angewendet, die größten Erfolge sicher stellt. Diese Umstände sind es namentlich, welche bei der Schätzung des Werthes der Wiesen zu berücksichtigen sind.

Außer der Sicherheit überhaupt sind auch Menge und Güte des Futters zu berücksichtigen. Hoch und trocken gelegene Wiesen haben keinen großen Werth, weil sie zu wenig Futter liefern; dagegen sind aber auch die tief gelegenen, an stockender Nässe leidenden Wiesen nicht hoch zu schätzen, denn wenn dieselben auch der Menge nach einen hohen Ertrag gewähren, so ist dagegen die Güte des Futters eine sehr geringe. Lassen sich diese Uebelstände durch Meliorationen beseitigen, so verändert sich der Werth solcher Wiesen, und diese Möglichkeit ist bei der Schätzung nicht unberücksichtigt zu lassen.

Der Ertrag der Wiesen wechselt von 4 bis 30 Centner pro Morgen; der Werth des Futters ist nicht minder verschieden und in vielen Fällen unter dem Strohwerthe.

Die Entfernung der Wiesen vom Acker übt, wie natürlich, auch Einfluß auf den Werth derselben aus, weil die Kosten der Heuwerbung sich dadurch vergrößern oder vermindern. Eine nahe gelegene Wiese bekundet ihren großen Werth sehr nachdrücklich, wenn während der Heuwerbung Wechselwetter eintritt; eine entfernte Wiese zersplittert in solchem Falle viele Arbeitskräfte.

§. 7.
Wald.

Der große Werth der Waldungen, welche zu einem Gute gehören, wird in Folge der steigenden Holzpreise und des bereits fühlbar werdenden Mangels an geeignetem Baumateriale immer noch steigen. Abgesehen aber auch davon und von dem Ertrage, welchen der Wald durch seine Holznutzung gewährt, übt derselbe durch das Streumaterial, welches er der Wirthschaft liefert, und durch die Weide einen sehr wohlthätigen Einfluß auf den Betrieb der Landwirthschaft. Durch diese außergewöhnlichen Hülfsquellen ist es möglich, eine magere Wirthschaft leichter zu heben, eine schon kräftige in Kraft zu erhalten. Der Werth dieser Nutzungen ist daher bei der Schätzung zu veranschlagen, wenn schon sie der Forstwirth nicht gern einräumt.

Die Schätzung der Wälder ist wegen der vielen Rücksichten, welche sie erheischt, schwieriger als die der Felder und Wiesen, und eine allgemeine Sicherheit ist darin noch nicht erreicht.

Zuvörderst ist der Werth der Holzmasse, welche sich vorfindet, zu berücksichtigen. Der Schätzung derselben liegt die Möglichkeit des Absatzes und der örtliche Werth des Holzes zum Grunde. Schiffbare Ströme oder Eisenbahnen in der Nähe üben einen großen Einfluß aus, weil sie den Absatz erleichtern und sicherstellen.

Nächstdem sind der zu erwartende Zuwachs, die Produktionsfähigkeit des Bodens, der Werth des Holzes im haubaren Zustande und die Kosten der Wiederbewaldung ganz besonders zu beachten.

Der Landwirth sieht sich auch nach anderen Nutzungen um, welche der Forstwirth weniger beachtet. Er versteht seinen Vortheil, wenn ein Theil des Forstareals sich in Wiesen oder Ackerland umschaffen läßt, denn er weiß es, welchen höhern Werth dann erst das Forstareal für ihn gewinnt. Diese Vortheile sind selten Gegenstand einer normalen Schätzung, und sie werden dem Käufer gewöhnlich in den Kauf gegeben. Aus diesen Gründen ist auch der Erwerb eines mit Waldungen versehenen Gutes in den meisten Fällen ein vortheilhafter.

§. 8.

Weiden.

Außer der Waldweide kommen öfter noch andere Hutungen vor. Bei der Schätzung derselben ist zuvörderst die Lage und Bodenbeschaffenheit derselben zu berücksichtigen. Lassen sie sich in Acker- oder Wiesenland umwandeln, so sind sie in diese umzuschaffen. Gestatten eine solche Umwandlung unzeitige Ueberschwemmungen, wenig zugängliche Lage, sehr seichter oder steiniger Boden nicht, so ist der Werth der Weide nach der Kopfzahl des Viehes, welches sie ernähren kann, zu veranschlagen.

Wenngleich einige Außenweide für die Schafe den Wirthschaftsbetrieb erleichtert und die Viehzucht begünstigt, so ist doch als sicher anzunehmen, daß, wenn sich das Areal zu Acker oder Wiese umwandeln läßt, eine höhere Nutzung erzielt werden kann als durch die Weide. Erwirbt man deshalb ein Gut mit ausgedehnten Weideflächen, die sich zu Ackerland oder Wiese umwandeln lassen, so wird man stets einen guten Kauf machen.

§. 9.

Wasser.

Das Wasser ist nicht nur zu schätzen als ein Mittel zur Erhöhung des Ertrags der Wiesen durch Bewässerung derselben, sondern auch in anderer Beziehung hat man das Wasser zu berücksichtigen, wenn der Werth eines Gutes ermittelt werden soll. Gutes und hinreichendes Röhren- oder Brunnenwasser auf dem Hofe ist ein unentbehrliches Bedürfniß, begünstigt die Anlage landwirthschaftlicher Fabriken und übt auf Menschen und Thiere einen wohlthätigen Einfluß. Die Nähe eines fließenden Baches ist gleichfalls gebührend zu würdigen, da hieraus mancherlei Vortheile gezogen werden können. Dagegen können größere Ströme bedeutende Nachtheile herbeiführen wegen kostspieliger Unterhaltung der Dämme und der Verwüstungen des Wassers, wenn dasselbe die Dämme übersteigt oder sie durchbricht. So günstig sonst die Nähe von Strömen auf die Vegetation und auf den Absatz der Produkte wirken mag, so muß man doch den Schaden, welchen sie anrichten können, in Betracht ziehen.

§. 10.

Wege.

Auch die Wege verdienen eine große Beachtung. Die Nähe von Kunststraßen bringt allerlei Vortheile und erleichtert den Absatz der Produkte. Außerdem hat aber auch der gute Zustand der Communicationswege einen hohen Werth. Namentlich muß man berücksichtigen, ob sich hinreichend geeignetes Material zur Verbesserung und Instandhaltung der Wege vorfindet. In manchen Gegenden ist der Mangel an guten Wegen ein großes Leiden, welches auf die Betriebskraft einen sehr empfindlichen Einfluß ausübt. In solchem Falle erfolgt die Abnutzung des Inventariums schneller, die Zugkräfte müssen vermehrt oder verstärkt werden, und ihre Unterhaltung ist eine kostspielige. In der Regel legt man auf gute Wege ein zu geringes Gewicht.

§. 11.

Die Menschen.

Es ist bereits erwähnt, welche gewichtige Stelle der Mensch bei dem Betriebe der Landwirthschaft einnimmt, und wie sehr es darauf ankommt, ob eine hinreichende Bevölkerung der Gegend die nothwendigen Arbeitskräfte sicher stellt, und ob diese mehr oder minder kostspielig zu beschaffen sind. Diese Verhältnisse sind bei der Werthschätzung eines Landgutes gebührend zu würdigen. Außerdem verdient aber auch der moralische Standpunkt, auf welchem sich die Menschen des Gutes und der Gegend befinden, große Beachtung. Ein guter und gesitteter Menschenschlag erleichtert die Bewirthschaftung und begründet den Wohlstand der Arbeiter, Fleiß, Ordnungsliebe, Geschicklichkeit, bringt auch dem Besitzer des Gutes entschiedene Vortheile, während das Gegentheil Verdruß, Aerger und andere Nachtheile im Gefolge hat.

§. 12.

Die Religion.

Die Religion muß insofern bei Werthschätzung eines Landgutes in Betracht kommen, als z. B. in katholischen Ländern und Gegenden die Betriebskosten der vielen Feiertage halber stets größer sind als in protestantischen. Namentlich ist es für den Protestanten sehr mißlich, sich unter einer katholischen Bevölkerung niederzulassen, weil er die Feiertage derselben mit begehen muß.

§. 13.

Der Viehstand.

Der Landwirth erzielt in erster Reihe seine Nutzungen durch den Ackerbau und durch die Viehzucht; so wichtig die Qualität des Bodens für den erstern, so wichtig ist die Beschaffenheit des Viehstandes für die letztere. Der Werth eines ausgezeichneten Viehstandes ist um so größer, je schwerer es ist, ihn herzustellen. Er ist oft das Resultat jahrelanger Mühen und großer Opfer und selbst für Geld schwer zu beschaffen, weil das Erkaufte nicht den Werth des an die örtlichen Verhältnisse bereits Gewohnten haben kann.

Namentlich gilt dies von einer sich auf höherer Stufe der Veredelung befindenden Schafheerde.

Das Rindvieh ist in Bezug auf die gewohnte Nahrung und Pflege noch schwieriger; die milchreiche Kuh eines Ortes kann sehr leicht ihren Ruf an einem anderen Orte nicht bewähren.

Die Kosten der Ergänzung eines mangelhaften Viehstandes sind unter allen Umständen sehr genau zu ermitteln; sie erhöhen gar oft den Kaufpreis bedeutend und werden in vielen Fällen den Etat übersteigen, wenn man bei dessen Entwurf oberflächlich zu Werke gegangen ist.

§. 14.
Viehnutzung.

Der Beurtheilung des Viehstandes reiht sich von selbst die Ermittelung der örtlichen Viehnutzung an. Die Verschiedenheit derselben begründet die Lokalität, welche äußere und innere Verhältnisse unterscheidet. Die äußern Verhältnisse beziehen sich auf den Absatz der Produkte. Es ist ein großer Unterschied, ob man jedes Ei, jedes Quart Milch, jedes Kalb sicher und zu den höchsten Preisen absetzen kann oder ob man nur schwer, zu niedrigen Preisen oder gar keine Abnehmer findet. Von diesen Verhältnissen hängen die Erträge der Viehzucht ab, und sie müssen den Maßstab ihrer Schätzung bilden.

Die innern Verhältnisse gründen sich auf die Beschaffenheit der Weiden und Wiesen und auf die Kleefähigkeit des Ackerlandes. Eine feine Schafheerde hat keinen Werth, wenn es ihr an Weide fehlt oder wenn sie auf niedriger, feuchter Weide der Verhütung ausgesetzt ist. Die an sich sehr milchreiche Kuh wird unproduktiv sein, wenn ihr nur saure Weide oder saures Heu geboten werden kann.

Schädliche Weiden und geringes Stallfutter sind oft gar nicht zu beseitigen; wenn doch, so gehören jahrelange Mühen und große Opfer dazu.

§. 15.
Technische Gewerbe.

Mit vielen Landgütern sind technische Gewerbe verbunden, welche, wenn sie in einem richtigen Verhältnisse zu der Wirthschaft stehen, einen großen Einfluß auf die Erträge ausüben können. Wenn sie namentlich, wie die Brennereien, Brauereien, Stärkefabriken, Zuckerfabriken und Oelmühlen die Wirthschaft mit Futter versorgen, so wirken sie eben so wohlthätig auf die Erträge der Viehzucht, als durch vermehrten Düngergewinn auf den Ackerbau. Dergleichen Fabriken geben der Wirthschaft ein reges inneres Leben, vorausgesetzt, daß sie innerhalb der Schranken des landwirthschaftlichen Betriebs geführt werden. Sie dürfen deshalb auch nur in dieser Richtung zur Abschätzung kommen, weil sie, in ausgedehnterem Maßstabe betrieben, entweder nicht mehr als Zubehör angesehen werden dürfen oder mehr nachtheilig als vortheilhaft auf das Ganze einwirken können.

§. 16.

Gebäude.

Der Zustand der Gebäude wird selten so berücksichtigt, als er es verdient. Wer aber gezwungen gewesen ist, durch Bauen großen Geldaufwand zu machen, wird den Werth guter Gebäude zu schätzen wissen. Aber nicht blos die bauliche Beschaffenheit, sondern auch die Räumlichkeit der Gebäude ist bei der Werthschätzung eines Landgutes zu berücksichtigen. In letzterer Beziehung können zwei Fälle vorkommen: Ueberfluß oder Mangel an Gebäuderaum. Eines ist so schlimm wie das andere. Ueberfluß an Gebäuderaum erheischt bedeutende Reparaturkosten, welche um so mehr unnütz aufgewendet werden, als Kartoffeln, Rüben, Getreide, Futter eben so vortheilhaft und noch vortheilhafter im Freien in Mieten und Feimen als in Kellern, Scheunen und auf Böden aufbewahrt werden. Der Mangel an Gebäuderaum äußert sich besonders nachtheilig in Bezug auf die Viehstände, sowohl in Stallfütterungs- als in Weidewirthschaften. Mangel an Viehställen erschwert die Ordnung, und das Vieh leidet an seiner Gesundheit, was namentlich bei den Schafen eine unbestrittene Thatsache ist. Ein geräumiger und warmer Stall gilt bei diesen als halbes Futter.

§. 17.

Gefälle.

Die Gefälle an Natural- und Geldzinsen, Dienstleistungen, Lehngeldern, Zehnten kommen gegenwärtig aus dem Grunde bei der Werthschätzung eines Gutes nicht mehr in Betracht, weil sie in den allermeisten Fällen abgelöst sind. Nur in dem Falle hat man sie zu berücksichtigen, wenn bei der Ablösung nicht das Kapital gezahlt worden ist, sondern von dem Ablösungskapitale eine bestimmte Rente entrichtet wird. Dieselbe hat dann auf den Preis eines Gutes großen Einfluß. Wie hoch sich diese Jahresrente beläuft, ist sehr leicht zu ermitteln.

§. 18.

Abgaben und Lasten.

Die Abgaben an den Staat sind eine bekannte Größe. Je nachdem sie höher oder niedriger sind, ist der Werth der Güter ein größerer oder geringerer. Man darf sie deshalb bei der Werthschätzung eines Gutes nicht unberücksichtigt lassen.

Die Abgaben für Gemeinde-, Kirchen- und Schulzwecke müssen Gegenstand einer genauen und zuverlässigen Ermittelung sein. Ihr jährlicher Betrag, kapitalisirt, ist ebenso wie die Staatsabgaben von dem Werthe des Gutes in Abzug zu bringen. Dasselbe gilt von den Lasten, welche auf einem Gute haften. Der Kapitalwerth derselben ist um so leichter zu ermitteln, als die Lasten durch Ablösung bereits in ein Geldkapital umgewandelt worden sind.

§. 19.

Staatsverfassung.

Ohne den Schutz und die Fürsorge einer weisen Regierung gibt es keinen ruhigen Genuß eines glücklichen Wohlstandes. Es ist daher nicht gleichgültig, welche Verfassung in einem Staate besteht, und man muß darauf bei dem Erwerb eines Gutes wesentlich Rücksicht nehmen.

Wenn Gerechtigkeit nach allen Seiten hin das Princip des Staates ist, dann kann sich der Landwirth wohl befinden, denn auch sein Gewerbe wird unter diesen Umständen gedeihen.

Eine geregelte Polizei, schnelle und einfache Justiz, eine gute Gesindeordnung gewähren dem Landwirth Schutz in allen Fällen, während Willkür Person und Vermögen in Gefahr bringt und die Landwirthschaft nicht gedeihen läßt.

Auch durch freien Handel wird die Landwirthschaft sehr begünstigt, indem durch ihn dem Landwirth Gelegenheit geboten ist, seine Erzeugnisse auf das Beste zu verwerthen.

§. 20.

Gerechtsame.

Zu den Gerechtsamen, welche einem Gute auch noch gegenwärtig zustehen, gehören in vielen Ländern die Patrimonialgerichtsbarkeit und das Patronatsrecht. In der Regel haben diese Berechtigungen keinen Geldwerth; gleichwohl wird sie der humane Landwirth nicht unterschätzen, da er durch sie seine Untergebenen schonen, auf sie bildend und veredelnd einwirken kann.

Andererseits ist manches Gut noch belastet durch Wege-, Fußsteige- und Wasserleitungs-Berechtigungen, welche einem Fremden zustehen und nicht allein Unannehmlichkeiten, sondern auch große Nachtheile herbeiführen. Solche Lasten hindern die freie Disposition und treten der Kultur hemmend entgegen. Sie müssen deshalb Gegenstand einer besonderen Schätzung sein.

§. 21.

In Vorstehendem sind die Hauptrücksichten angegeben, welche man bei dem Erwerb eines Gutes zu nehmen hat; sie müssen dem angehenden Landwirth um so mehr vorgeführt werden, als er sie sehr leicht übersehen kann. Wenn man nur erst aufmerksam auf eine Sache ist, so läßt sich dieselbe auch ermitteln; die Grundlagen dazu werden die nachfolgenden Kapitel liefern.

Die Landwirthschaft in ihrem Naturzustande ist allerdings das einfachste Gewerbe; wenn sie sich aber an den allgemeinen staatswirthschaftlichen Verband anreiht, so ist sie von inneren und äußeren Verhältnissen abhängig. Sie ist ein Staat im Kleinen, und der Landwirth muß sowohl Minister des Äußeren als des Inneren sein. Wie im Großen, so auch im Kleinen; eine weise Regierung, eine kräftige Leitung und vornehmlich eine geregelte und sparsame Benutzung der Finanzen verbürgen das Resultat.

Vierte Abtheilung.

Die Arbeit.

§. 1.

Werth der Arbeit für den Landwirth.

Erst durch die Arbeit erhält die Landwirthschaft Werth; ohne die Arbeit würde der Grund und Boden unproduktiv sein. Die Arbeit ist der wichtigste Faktor des Landwirths —, sie regelrecht und sparsam zu benutzen des Landwirths größte Kunst.

Hinsichtlich der Arbeitskraft steht der Mensch obenan, weil er ohne alle andere Beihülfe die Arbeit, und zwar mit Nachdenken, deshalb aber vernünftig verrichten kann.

Die Elemente wie Wasser, Wind, Feuer (durch den Dampf)

gehören zwar auch zu den arbeitenden Kräften, indem durch sie Maschinen in Bewegung gesetzt werden, aber sie können nie ohne Mitwirkung der Menschen arbeiten.

Dasselbe gilt auch von den Zugthieren.

Uebrigens ist die Arbeit der Maschinen für den Landwirth durchaus nicht zu unterschätzen; namentlich für große Güter in menschenarmen Gegenden sind sie ein dringendes Bedürfniß. Durch die Maschinen werden viele Menschenhände erspart, und da durch jene zugleich die Arbeit sehr gefördert und vielfach auch besser verrichtet wird (Säen, Dreschen, Reinigen der Körnerfrüchte, Zerkleinern des Futters) als durch Menschenhände, so arbeiten die Maschinen auch wohlfeiler.

Immer übt aber die Bevölkerung einen großen Einfluß auf den Werth der Landgüter, deshalb muß man für den Menschen sorgen, daß er kräftig bleibt, um viel zu arbeiten, und ihn heranbilden, damit er die Arbeit vernunftgemäß ausführe.

§. 2.

Gespann-Arbeiten.

Als Gespanne werden gewöhnlich Pferde, Ochsen oder Kühe, weniger Esel und Maulthiere benutzt. Ueber die verschiedene Anwendung und den verschiedenen Werth dieser Viehgattungen als Gespannkräfte verbreitet sich das folgende Kapitel. Hier soll nur die große Bedeutung der Gespanne für den Betrieb der Landwirthschaft hervorgehoben werden. Muß man auch die Garten- oder Spatenkultur, welche mit der Hand ausgeführt wird, als die höchste Kultur des Bodens betrachten, so kann doch diese Kultur theils der mangelnden Menschenkräfte, theils ihrer Kostspieligkeit halber nur von den ganz kleinen Wirthschaften mit Erfolg betrieben werden. Abgesehen aber auch von der Ackerarbeit braucht der Landwirth nothwendig die Gespannkraft zu den verschiedenartigen Fuhren. In dem Grade wie die Landwirthschaft sich auf einen höhern Standpunkt geschwungen, haben sich die Arbeiten mit dem Gespann verbessert. Die Werkzeuge und Maschinen, welche damit in Bewegung gesetzt werden, haben eine größere Vollkommenheit erlangt.

Sollen aber die Gespanne den höchsten Nutzen für die Arbeitsbeschickung gewähren, so müssen sie kräftig sein; wer sich mit schwachen, schlechtgenährten Zugthieren behilft, kann den Boden nie so bearbeiten, daß derselbe den höchstmöglichen Ertrag giebt. Besser ist es jedenfalls, statt vier schwacher Gespanne, welche dürftig genährt werden, drei starke Gespanne zu halten, die man kräftig nährt. Mit den Arbeiten des Gespanns verhält es sich ebenso wie mit den Arbeiten des Menschen; nicht für das Tagewerk, sondern für die Leistung muß man die Kosten berechnen.

§. 3.

Pferde, Ochsen und Kühe als Gespanne.

Ob Pferde oder Ochsen als Gespanne den Vorzug verdienen, ist eine Frage, welche sich im Allgemeinen nicht zutreffend beantworten läßt. Nur die örtlichen Verhältnisse vermögen den Ausschlag zu geben, ob Pferde oder Ochsen vortheilhafter zur Arbeit sind.

Am besten wird es stets sein, nicht ausschließlich die eine Gespannart, sondern beide zusammen zu halten, da sich die eine besser für diese, die andere besser für jene Arbeit eignet.

Allerdings ist nicht zu läugnen, daß die Pferde theurer in der Unterhaltung sind als die Ochsen; durch Körnerersparniß im Sommer und Winter, wo die Pferde weniger und weniger angestrengt zu arbeiten brauchen, läßt sich aber die Ernährung der Pferde verwohlfeilern. Die geringere Arbeit der Ochsen ist größtentheils eine Folge weniger nahrhaften Futters, womit dieselben abgespeist werden. Die Natur hat dem Ochsen fast dieselben Kräfte und dieselbe Ausdauer verliehen wie dem Pferde; Kraft und Ausdauer erhöhen sich durch eine gute Pflege, reichliches Futter und zeitweilige Ruhe. Für viele Arbeiten, z. B. das Pflügen, eignet sich der stetige Ochse sogar besser als das lebhaftere Pferd. Dagegen haben die Pferde einen entschiedenen Vorzug, wenn es auf Schnelligkeit der Arbeit ankommt, wie z. B. bei dem Eggen, und wenn es gilt, entferntere Reisen zu machen. Schnelligkeit der Bewegung sowohl als weite Märsche sind der Natur des Ochsen zuwider, weil er seines gespaltenen Hufes wegen die Mühseligkeiten einer langen Reise und die Hindernisse schlechter Wege nicht aushalten kann, wozu noch kommt, daß im Winter wegen Glätte oder Blachfrost die Ochsen auch füglich nicht benutzt werden können. Diese verschiedenen Rücksichten liefern den Beweis, daß ein gemeinschaftliches Wirken der beiden Gespannarten ganz angemessen ist.

Muß man auch zugeben, daß die Pferde jede Arbeit leisten können, welche zum Betriebe gehört, so darf man doch außer der kostbarern Unterhaltung die größern Kosten der Anschaffung und die größere Abnutzung des Pferdes gegenüber dem Ochsen nicht unberücksichtigt lassen.

Wenn man von dem Grundsatze ausgeht, daß der Landwirth am sichersten und wohlfeilsten den Bedarf an Vieh selbst erzieht, so ist gegen diesen Grundsatz in der Mehrzahl der Fälle nichts einzuwenden; aber die Kosten der Aufzucht sind sehr verschieden bei den verschiedenen Viehgattungen. So stehen z. B. im Allgemeinen sowohl die Kosten als die Schwierigkeiten der Aufzucht eines Pferdes mit denen der Aufzucht eines Ochsen in keinem Verhältniß. Die Regel kann jedoch Ausnahmen erleiden durch die Lokalität. Dieselbe bewirkt zuweilen, daß die Aufzucht der Pferde nicht mehr kostet, als die der Ochsen, und daß daher jene große Vortheile herbeiführt. Dieses zu unterscheiden ist die Sache des Verstandes, und es lassen sich keine bestimmten Regeln angeben.

Mit dem größten Unrecht werden die Kühe zu wenig zum Zuge benutzt, obwohl sie hierzu ebenso geeignet sind als die Ochsen. Jener Vorwurf trifft namentlich diejenigen Gegenden, wo die Milchwirthschaft große Vortheile bringt. In allen Fällen läßt sich aber die Milchnutzung mit der Benutzung zum Zuge wohl verbinden.

Angenommen, es hielte ein Landwirth 20 Ochsen zur Arbeit und 20 Kühe lediglich zum Milchertrag und zur Kälberzucht, so würde er mit 30 zum Zuge eingerichteten Kühen jedenfalls dieselbe Arbeit und dieselbe Nutzung erzielen, als mit 20 Ochsen und 20 Kühen. Dadurch würde er nicht unwesentlich an Futter ersparen, und diese Ersparniß könnte er dazu verwenden, daß er entweder noch zehn Milchkühe oder 100 Stück Schafvieh halten könnte. Die Kuh ist lebendig und thätig, und wenn sie in ihrer Jugend zum Ziehen gewöhnt, wenn sie reichlich genährt, wenn ihr durch Einrichtungen des Wechselgespannes die erforderliche Erholung gewährt wird, so ist die Verminderung des Milchertrages nur unbedeutend und gegen den durch die Arbeit herbeigeführten Vortheil von keinem Gewicht, zumal es Erfahrungssache, daß die Milch arbeitender Kühe fetter ist als die müßigstehender. Die meisten Landwirthe eifern zwar gegen das Arbeiten mit den Kühen und läugnen die Vortheile, welche damit verbunden sind; diese sind aber in der Regel solche, welche mit der Kuharbeit noch keine Versuche angestellt haben, sich solcher Arbeit schämend.

Mit der gleichen Zahl von Kühen, als vorher Ochsen gehalten wurden, kann man allerdings nicht ausreichen, weil eine jede Kuh wenigstens zwei Monate vor und nach dem Kalben geschont werden muß; indeß brauchen vier Kühe immer nur einen Arbeiter, und zu berücksichtigen ist der schwer in die Wagschale fallende Umstand, daß die Kuh, auch wenn sie müßig steht, Milch und Kalb liefert, während der Ochse außer der Arbeit weiter keinen Nutzen gewährt; denn Dünger und Fleisch liefert die Kuh auch.

§ 4.

Berechnung der für eine Wirthschaft nöthigen Gespannkräfte.

Bei der Berechnung der nöthigen Zugkraft für ein gegebenes Landgut hat man vielfache Rücksichten zu beobachten. Zuvörderst kommt es auf die Art des Gespannes selbst an. Zwei Wechsel-Ochsen sind einem Pferde gleich zu rechnen. Die Leistungen eines Pferdes gegen die eines andern sind aber so verschieden, daß, wenn man auch Normalsätze aufstellen wollte, sie doch stets den örtlichen Verhältnissen angepaßt werden müßten. Nicht minderen Einfluß auf die Leistungen der Zugthiere übt die Ernährung derselben aus. Man kann dieses bei solchen Pferden beobachten, welche zum Ziehen schwerer Lasten anhaltend verwendet werden; durch starke Fütterung lassen sich die Kräfte derselben sehr stark anspannen.

Nächstdem bedingt die Beschaffenheit des Bodens, der Grad der Kultur und die Art und Weise der Bewirthschaftung einen sehr wesentlichen Unterschied in der Zahl der Gespanne. Es ist einleuchtend, daß eine sich bereits in hoher Kultur befindende Wirthschaft leichtere Arbeit bedarf, als eine solche, bei welcher die Bearbeitung des Bodens durch Mangel an Kultur erschwert ist und Meliorationen anhaltend Kräfte erfordern.

Ebenso üben die Wege, die Lage des Orts, die Entfernung der Felder von dem Hofe und die Entfernung des Hofes von den Marktstädten einen großen Einfluß auf die nöthigen Zugkräfte aus. Thaer nimmt bei einer Dreifelderwirthschaft auf 22 Morgen Wintersaat ein Pferd an und berechnet die nothwendige Zugkraft für 1000 Morgen Ackerland auf 15 Pferde. Daß dieselben bei solchem Maßstabe kräftige Thiere und gut genährt sein müssen und daß sie zu Nebenbeschäftigungen nur wenig gebraucht werden dürfen, ist in der Berechnung schon angenommen. Auf 50 Morgen Ackerland ein Pferd ist im Allgemeinen für jeden Wirthschaftsbetrieb ausreichend. Damit können noch Meliorations-Arbeiten bestritten werden. Fallen diese Rücksichten weg oder erleichtern Lokalität und sonstige günstige Verhältnisse den Betrieb, so genügt pr. 100 Morgen ein Pferd. Auf den zu der Herrschaft Reisen gehörenden Gütern, welche eben so verschieden in ihrer Lage und in ihrem Boden als in ihren Absatzverhältnissen sind, werden im Durchschnitt auf 1000 Morgen dritter Klasse acht Pferde und 20 Ochsen im Wechselgespann gehalten. Das Ausreichende dieser Gespannkräfte ist durch die Erfahrung erprobt; diese kann auch nur allein maßgebend sein, und jede Vorausberechnung, sie möge auf noch so sicher scheinenden Grundlagen beruhen, wird nicht vorauszusehenden Veränderungen unterworfen bleiben.

Gleichwohl sind solche Berechnungen dem angehenden Landwirthe als Grundlage zu derartigen Veranschlagungen zur Uebung anzurathen. Die Anleitungen Thaer's sind unschätzbar und können als sicherer Leitfaden dienen.

§. 5.

Pflügen.

Bei der für die Landwirthschaft so wichtigen Pflugarbeit kommt die Art und Weise der Ausführung wesentlich in Betracht, wenn man die tägliche Leistung berechnen will. Die Verschiedenheit ist so groß, daß Einige $1^1/_2$, Andere 3 Morgen als Tagewerk für zwei Ochsen annehmen. Ganz besonderen Einfluß auf die Größe der täglichen Pflugarbeit hat die Breite der Streifen, da dieselben von Einigen 12 Zoll, von Anderen nur 6 Zoll breit genommen werden; ferner die Bindigkeit oder Lockerheit, die ebene oder steile Lage, die Jahreszeit (Länge des Tages), die Tiefe der Pflugfurche, die Witterung.

Die Größe der täglichen Pflugarbeit wird aber auch bedingt von der Größe und Stärke des Zugviehes und von seiner Ernährung, indem kleines oder schlecht genährtes Zugvieh weniger leistet als großes, gut genährtes. Es läßt sich mithin eine allgemeine Norm über die tägliche Größe der Pflugarbeit nicht annehmen, da dieselbe von Verhältnissen abhängig ist. Mit einem leichten Pfluge in kultivirtem Boden und mit starkem Zugvieh kann das Tagewerk bei einer Streifenbreite von 9 Zoll auf 3 Morgen gesteigert werden. Auf schwerem Boden mit einem starken Pfluge, schwachem Gespann und bei schmalen Pflugabschnitten wird man dagegen täglich nicht mehr als $1^1/_2$ bis 2 Morgen beschaffen können. Bei 3 Morgen täglicher Pflugarbeit muß das Zugvieh und der Arbeiter 4 Meilen machen; mehr kann selbst bei den günstigsten Verhältnissen nicht verlangt, aber auch nicht erzielt werden.

§. 6.

Eggen.

Noch größere Verschiedenheit in der Leistung als bei dem Pflügen tritt bei der Arbeit des Eggens ein; die Größe der täglichen Leistung mit einem Viergespann von Pferden wechselt hier von 10 bis 25 Morgen.

Zuvörderst ist es auch hier die Beschaffenheit des Bodens, welche den Unterschied in der Größe der täglichen Leistung bewirkt, dann die Art der Egge, die Art und Weise der Ausführung und endlich die Kraft des Zugviehes.

Ist der Boden sehr verunkrautet oder sehr steinig oder schollig, so ist eine schnelle Bewegung mit der Egge unmöglich, und man muß dann wohl mit einer Leistung von 10 Morgen pr. Tag zufrieden sein. Wird quer oder rund geeggt, so schreitet die Arbeit langsamer vorwärts, als wenn man der Länge nach eggt; die größere Wirksamkeit des Quereggens ersetzt aber das geringere Quantum des Eggens in die Länge.

Beim Eineggen der Saat, welchem sich keine Hindernisse entgegenstellen, kann man das höchste Quantum der Arbeit erreichen.

§. 7.

Düngerausfuhr.

Bei der Düngerausfuhr kommt es vornehmlich auf die Entfernung der Felder vom Hofe, auf die Beschaffenheit der Wege, die Art des Düngers, die Menge der Auflader und darauf an, ob mit oder ohne Wechselwagen gefahren wird.

Die Ausfuhr des Düngers ist eine der wichtigsten Arbeiten des Landwirths, und da sie viel Zeit und Kräfte erfordert, ist es höchst wichtig, sie so geregelt und kraftsparend als möglich einzurichten. Es ist zuvörderst darauf zu sehen, daß die Zahl der Auflader mit den verwendeten Fuhren in einem richtigen Verhältniß stehe; hierbei muß man die Gattung des Düngers berücksichtigen, da sich der eine besser, der andere schwerer auflädet. Durch Wechselwagen wird die Arbeit sehr gefördert, und wenn darauf gehalten wird, daß die Umspannung schnell erfolgt, daß das Abladen durch einen besonders dazu bestimmten Ablader rasch von Statten geht, wenn überhaupt in die ganze Arbeit Regsamkeit und Leben gebracht wird, so kann man allerdings das Doppelte von dem leisten, was bei schlendriansmäßigem Verfahren ausgeführt wird. Ein besonderer Ablader ist schon aus dem Grunde höchst nöthig, weil ohne diesen die Vertheilung des Düngers immer unregelmäßig erfolgen wird. Häufig wird auch das Gewicht des Düngers zu wenig berücksichtigt; man ladet von leichtem Dünger nicht mehr auf als von schwerem und fährt jenen mit demselben Viergespann als diesen. Wie viel Centner übrigens eine Fuhre Dünger enthalten soll, läßt sich nicht bestimmen, da Beschaffenheit der Wege, Stärke des Gespanns und Art des Düngers von großem Einfluß darauf sind.

§. 8.

Erntefuhren.

Noch wichtiger als die Düngerfuhren ist eine gut geregelte Ausführung der Erntefuhren. Häufig verwendet man dazu alles disponible Gespann und vernachlässigt darüber andere nothwendige Arbeiten. Das Auf- und Abladen übt den größten Einfluß auf den raschen Fortgang der Fuhren aus. Daß das Auf- und Abladen geregelt von Statten gehe und die

Wagen niemals warten dürfen, ist ein Umstand, welcher vorzugsweise Berücksichtigung verdient. Wechselwagen sind auch hier nothwendig, ebenso die rasche Besorgung des Umspannens. Beim Abladen muß man die Höhe und die Länge der Bansen berücksichtigen und danach die Anzahl der Arbeiter bestimmen. Man sucht dabei oft an Arbeitern zu sparen, schadet sich aber dadurch sehr.

Die Entfernung des Feldes von der Scheuer, die Art des Getreides, seine Schwere, die Beschaffenheit der Wege, die Art der Wagen geben den Ausschlag, ob man zwei- oder vierspännig fahren muß. Mit Strenge ist darauf zu halten, daß die Erntefuhren nicht langsam geschehen, denn von der Förderung derselben hängt oft das gute Einbringen oder das Verderben der Früchte ab.

Bei einer Fläche von 1200 Morgen Ackerlandes, wenn dasselbe nicht zu entfernt von dem Wirthschaftshofe gelegen ist, genügen 12 wohlgenährte Pferde, um sämmtliche Erntefuhren bequem bestreiten zu können.

§. 9.

Verfahren der Produkte.

Das Verfahren der Produkte auf die Märkte übt deshalb einen großen Einfluß auf die Haltung des Gespannes aus, weil dazu in der Regel nur Pferde gebraucht werden können, wenn zumal die Entfernung von der Marktstadt groß ist. Die Nähe der Absatzorte bestimmt sogar nicht selten den Werth eines Gutes, da es Gegenden gibt, in welchen die Produkte nur in große Entfernungen hin abgesetzt werden können. In solchen Verhältnissen sind technische Gewerbe von großem Vortheil, da deren Fabrikate stets leichter zu verfahren sind als die rohen Produkte.

Die Nähe eines guten Absatzortes ist eine große Wohlthat für ein Gut und bei der Werthschätzung desselben sehr zu berücksichtigen. Intelligenz kann aber auch bei einer entfernteren Lage des Absatzortes viel helfen, wenn man die besseren Wege benutzt, hiernach die Ladung vermehrt, bald zweispännig, bald vierspännig fährt, überhaupt Alles nach den Verhältnissen einrichtet und verändert.

Der Mensch hängt zu sehr an alten Gewohnheiten. Man sieht es noch täglich, daß bei dem besten Wege nicht mehr geladen wird, als bei dem schlechtesten. Das hergebrachte Quantum wird in allen Fällen beibehalten. In manchen Verhältnissen würde sich das Miethen eines Speichers in der Marktstadt gut verzinsen; man könnte dann die beste Witterung, die besten Wege, die angemessenste Zeit zu den Marktfuhren benutzen und dadurch die höchsten Preise erzielen.

§. 10.

Baufuhren.

Das Bauen ist für den Landwirth nur störend und kostspielig. Es ist ein nothwendiges Uebel, und wohl dem, der nicht gezwungen ist zu bauen. Möge man die Baumaterialien selbst haben oder sie kaufen müssen, Arbeit und Fuhren kosten immer Geld.

Wo größere Bauten ausgeführt werden sollen, muß auch das Gespann danach bemessen werden; denn mit dem zum gewöhnlichen Wirthschaftsbetriebe nothwendigen Gespann lassen sich, wenn die Wirthschaft selbst nicht darunter leiden soll, nicht alle Baufuhren bestreiten. Das Bauen kann allerdings sehr unterstützt werden, wenn die Materialien zu einer Zeit angefahren werden können, wo keine dringenden landwirthschaftlichen Arbeiten zu verrichten sind, und darauf sollte auch gebührende Rücksicht genommen werden; namentlich sollte man harte Winterwege oder Schlittenbahn mit Energie zu den Baufuhren benutzen. Man kann bei dieser Einrichtung viel an Gespannkräften ersparen, ohne den nothwendigen landwirthschaftlichen Arbeiten Abbruch zu thun.

Für die Arbeiten aber, welche während der Ausführung des Baues nothwendig sind und mit den Feldarbeiten zusammentreffen, müssen die erforderlichen besonderen Gespanne und Wagen vorhanden sein. Man leistet dann mit einem Zweigespann, wenn es zu derselben Arbeit fortgesetzt verwendet wird, eben so viel, als wenn man ein Viergespann dem Pfluge oder der Egge entzieht und zu Baufuhren verwendet.

§. 11.

Nebenfuhren.

Bei der Berechnung des Gespanns sind immer auch einige Nebenfuhren zu veranschlagen. Wenn man 300 Arbeitstage jährlich annimmt, können wohl 30 auf Nebenfuhren berechnet werden. Es gehören dahin die Fuhren zur Abholung des Gesindes, des Arztes, städtischer Bedürfnisse u. s. w. In manchen Wirthschaften sind solche Nebenfuhren höchst störend, weil sie sich durch verschiedene Gewohnheiten erweitert haben. Diese muß man einzuschränken bemüht sein, eingeschlichene Mißbräuche ganz abstellen und nöthige Bedürfnisse als Rückladung mit den Marktfuhren zu beschaffen suchen.

In dringender Arbeitszeit dürfen zu Nebenfuhren auch die Sonntage benutzt werden. Man richtet dies abwechselnd ein, damit die Menschen nicht anhaltend die Kirche versäumen, und gibt ihnen für dergleichen Leistungen eine kleine Entschädigung.

§. 12.
Handarbeit.

Die wichtigste Arbeit für den Landwirth ist die Handarbeit. Ihre Beschaffung und ihren Preis hat der Landwirth weniger in der Gewalt, als Beschaffung und Preisbestimmung der Gespann-Arbeiten, weil beide Umstände von der Bevölkerung des Ortes, der Gegend und von den sonst stattfindenden Verhältnissen abhängig sind. Die Nähe großer Städte erhöht den Preis der Handarbeiten; da aber andererseits der Landwirth von einer solchen Lage auch Nutzen hat, so gleicht sich der höhere Preis der Arbeit nicht nur aus, sondern der Landwirth bleibt durch die höhere Nutzung des Bodens noch im Vortheil, vorausgesetzt, daß nicht Arbeitermangel herrscht, denn derselbe ist für den Landwirth weit drückender als Theuerung der Arbeit allein.

Zur Fütterung und Pflege des Viehes, sowie zu den Arbeiten mit den Gespannen hält der Landwirth am besten Dienstboten, mit denen er über eine bestimmte Dienstdauer Contrakte abschließt.

Zu den angegebenen Arbeiten darf der Landwirth mit den Arbeitern nicht täglich wechseln, weil sonst die Wartung des Viehes unregelmäßig stattfinden und die Geschirrarbeit nicht pflichtmäßig, in vielen Fällen auch nicht gut ausgeführt werden würde. Auch ist es durchaus nothwendig, daß derjenige, welcher mit dem Vieh arbeitet, dasselbe auch zu verpflegen hat, sonst würde das Interesse für einen guten Zustand desselben gar bald verschwinden.

Außer den Dienstboten zu festbestimmten Vorrichtungen sollen je nach der Größe der Wirthschaft noch einer oder einige Dienstboten über den Etat gehalten werden, damit der Betrieb nirgends ins Stocken kommt. Mehr darüber in dem §. über das Hofgesinde.

Was die Beschaffung der übrigen Handarbeiter, welche zum Betriebe erforderlich sind, anlangt, so entscheidet darüber allerdings die Lokalität. Wo diese es aber nur irgend gestattet, verdient die Akkordarbeit den Vorzug vor allen anderen Ablohnungsarten.

§. 13.
Akkordarbeit.

Geschicklichkeit und Fleiß üben auf die Arbeit einen so großen Einfluß aus, daß der Landwirth auf alle Weise bemüht sein muß, diese Eigenschaften seiner Arbeiter nach Möglichkeit zu erwecken und zu heben. Bewerkstelligen läßt sich dieses durch eine zweckmäßige Anleitung und durch die Hervorrufung des eigenen Interesses. Ein tüchtiger Arbeiter muß sich gut nähren, damit er Kräfte behält; er muß sich aber auch angemessen kleiden können, damit er der Ungunst der Witterung zu trotzen vermag; endlich muß er im Stande sein, sich die besten Geräthe anzuschaffen. Damit er alles dieses kann, muß ihm die Gelegenheit zu einem angemessenen Verdienst gegeben werden. Noch ist dafür nicht überall genügend gesorgt, und deshalb die nicht seltene Erscheinung, daß wenig Arbeit und diese noch dazu schlecht verrichtet wird.

Man beobachte einen Holzhauer in einer großen Stadt, welcher im Akkord arbeitet. Mit welcher Sicherheit und Gewandtheit handhabt er seine Arbeit! Dieses geschieht aber aus keinem anderen Grunde, als weil er im Akkord und mit zweckmäßigen Werkzeugen arbeitet und fleißig ist vom grauen Morgen bis in die Nacht. Der Mann verdient täglich einen Thaler und darüber; aber er verdient ihn wirklich, weil er die entsprechende Menge Arbeit dafür leistet. Dabei gewinnt aber nicht nur der Arbeiter, sondern auch der Arbeitgeber, denn letzterer erreicht seinen Zweck schneller. Daß der Arbeiter bei der Akkordarbeit oft einen hohen Verdienst hat, rührt auch mit davon her, daß er bei seiner Arbeit von Frau und Kindern unterstützt wird; denn die ganze Familie hat ein Interesse daran, daß die in Verdung genommene Arbeit sobald als möglich vollendet wird.

Wie thätig sind ferner die Fabrikarbeiter, wenn sie nach dem Stücke bezahlt werden; wie kurz sind ihre Ruhestunden, wie lange arbeiten sie über den Feierabend hinaus! Das Interesse ist es, welches diesen Fleiß hervorbringt; denn je größer die Leistung, desto größer der Verdienst. Es gibt auch keinen richtigeren Maßstab, die Arbeit angemessener zu bezahlen. Läßt der Landwirth im Tagelohn arbeiten, so hat er fast immer Verlust. Soll es aber möglich sein, die Accordarbeit da, wo sie noch nicht besteht, einzuführen, so muß sich der Arbeitgeber zuvörderst daran gewöhnen, den Arbeitern den höhern Lohn zu gönnen, ja sich darüber freuen, wenn sie ihn verdient haben. Wollte er den in Folge größerer Leistung verdienten höhern Lohn wieder herunterdrücken, so würde auch die Intelligenz erdrückt werden, und die Akkordarbeit würde der Arbeit im Tagelohn gegenüber keinen Vortheil mehr gewähren.

Ganz besonders ist die Akkordarbeit da an ihrem Platze, wo Mangel an Arbeitern herrscht; denn hier kann man diesen Mangel durch fleißigere Arbeit theilweise ersetzen.

Wenn sich z. B. der Landwirth mit den Arbeitern einigt, eine Wiese von einer bestimmten Größe für 10 Thaler im Akkord abzumähen, wozu früher 80 Tagewerke erforderlich waren, so werden 30 Mann die 10 Thaler in einem Tage verdienen. Sie werden, um dies zu ermöglichen, zeitig aufstehen, kurze Mahlzeiten halten, über den Feierabend hinaus arbeiten, gute Werkzeuge anwenden, und da sie ihren Verdienst im Voraus berechnen können, sich durch bessere Nahrung zu angestrengterer Arbeit stärken.

Die Akkordarbeit ist bei dem Arbeiter auch insofern von Bedeutung, als sie Ehrgefühl erweckt, und als er sich größere Achtung erwirbt, für den Arbeitgeber dagegen insofern, als eine Menge von Aufsehern erspart wird, welche anderweitig nützlich verwendet werden können.

Die Akkordarbeit läßt sich aber nicht auf einen Schlag einführen, da im Anfange mancherlei Vorurtheile der Arbeiter, namentlich der Verdacht, von dem Arbeitgeber übervortheilt zu werden, zu bekämpfen sind. Beharrlichkeit und überzeugende Belehrung führen aber endlich doch zum Ziel.

Der größere Theil der landwirthschaftlichen Arbeiten läßt sich im Akkord ausführen, am leichtesten aber die, welche die wichtigsten sind und den größten Einfluß auf den Betrieb ausüben, z. B. die Getreide- und Futterernte.

Man zahlt pro magdeb. Morgen für völliges Abernten des Getreides bis zur Abfuhr 17½—22½, für das Mähen und Trocknen des Wiesenfutters 16—22 Sgr., je nachdem die Arbeiter wohlfeiler oder theurer sind. Ein fleißiger Arbeiter verdient auf diese Weise, wenn die Witterung günstig ist, 16—20 Sgr. täglich.

Nicht minder leicht lassen sich die Grabenarbeiten verdingen, aber auch für andere Arbeiten lassen sich feste Lohnsätze aufstellen.

Z. B. für eine Zeile Düngerbreiten bei 60 Ruthen Länge	1	Sgr.	— Pf.
Für desgleichen Schlamm oder schweren Dünger . . .	1	„	8 „
Für ein Schock Seile anzufertigen	—	„	4 „
Für eine Mandel Schauben aus Stroh zu binden . .	1	„	— „
Für eine Klafter Holz zu machen incl. Rodung der Stöcke	10—12	„	— „
Für ein Schock Reisig einzuhacken	6—8	„	— „

Das Dreschen des Getreides geschieht um den 14ten bis 16ten Scheffel, je nachdem es gut oder weniger schüttet oder höher oder niedriger im Preise steht.

Die Kartoffelernte erfolgt nach der Furche; man gibt den Arbeitern die 15te bis 20ste Furche, je nachdem der Ertrag reichlich oder gering ist, und sieht auf diese Weise diese so wichtige Arbeit schnell gefördert, ohne Gefahr zu leiden, vom Froste übereilt zu werden, was nicht selten vorkommt. Hat man überhaupt eigene Arbeiterfamilien, so ist es besser, sie ihren Bedarf an Kartoffeln auf diese Weise verdienen zu lassen, als ihnen Garten- oder Ackerland zu überweisen, wo sie mehr Arbeit verschwenden, als ihnen Nutzen daraus erwächst.

Für alle übrigen Arbeiten, welche ebenfalls noch im Akkord verrichtet werden können, lassen sich keine bestimmten Lohnsätze feststellen. Ihre Preisbestimmung hängt von der Zeit, den verschiedenen Verhältnissen und der Lokalität ab. Eine erst ins Leben getretene Einrichtung erweitert sich dann schnell, und die Erfahrung hilft sie befördern. Wenn man hinreichend Arbeiterfamilien im Orte hat, so ist dies ein großes Glück, und man hat dann nur dahin zu wirken, daß sie ihre Existenz auf eine beiden Theilen ersprießliche Weise finden. Fehlt es an Arbeitern, so muß man allerdings für deren Herbeiziehung soweit sorgen, als sie zum Betriebe nöthig sind. Sich auf auswärtige Arbeiter allein zu verlassen, ist immer gefährlich. Ueber die Annahme solcher Arbeiterfamilien in einem folgenden Kapitel.

§. 14.
Tagelohn.

Aus dem vorstehenden Kapitel geht schon hervor, daß die Bezahlung nach dem Tagewerke keineswegs zu denjenigen Ablohnungsarten gehört, welchen der Landwirth huldigen soll. Sie ist aber doch nicht völlig zu vermeiden; weil es Arbeiten gibt, welche sich nicht im Akkord ausführen lassen.

In diesem Falle muß man darauf sehen, daß die Arbeiter immer zu solchen Arbeiten verwendet werden, zu welchen sie sich geschickt und fähig zeigen. Man muß es vermeiden, sie unausgesetzt anzutreiben, sonst erregt man Erschlaffung, Gleichgültigkeit, Verdruß. Wer immer unzufrieden ist, erreicht zuletzt am wenigsten. Ein Lob zur rechten Zeit nützt oft mehr als hundert Scheltworte. Jeder Mensch hat sein Ehrgefühl, und wo es schwach ist, muß man es zu heben suchen. Eine regelmäßige Bezahlung des Lohnes befördert die Arbeit und vermehrt die Lust dazu.

Die Lohnsätze im Tagelohn müssen nach dem Zeitaufwande und der Anstrengung eingerichtet werden. An längeren Tagen verdient der Arbeiter mehr als an kürzern, und die schwerere Arbeit erheischt einen höhern Lohn als die leichtere.

Uebung macht den Meister; deshalb ist es gut, für manche Arbeiten bestimmte Leute zu haben und sie bei diesen Arbeiten zu belassen. Oft richten auch bei einer und derselben Arbeit wenige Arbeiter mehr aus als eine größere Zahl derselben, weil die gegenseitige Unterhaltung vermieden wird.

§. 15.
Das Hofgesinde.

Von der glücklichen Wahl und richtigen Behandlung des Gesindes hängt der ordnungsgemäße Gang des Wirthschaftsbetriebes ab. Es ist daher höchst wichtig, daß der Landwirth sein besonderes Augenmerk darauf richtet.

Um gute Dienstboten zu erhalten, ist es vor Allem nothwendig, dieselben gerecht zu behandeln.

Es ist ein wohlthuendes Gefühl, in seiner Umgebung nur Menschen zu sehen, welche ihre Pflichten gern und mit Liebe erfüllen und daran gewöhnt sind, das Interesse der Herrschaft als das ihrige zu betrachten. Wie sehr dies den Lebensgenuß erhöht und die Wirthschaft fördert, ist bekannt genug, und man sollte glauben, daß Jeder bemüht sein müsse, solche Verhältnisse zu gestalten. Auch der Dienende hat Rechte, er hat Ansprüche auf Billigkeit, denn er begibt sich der Freiheit seines Willens, er arbeitet für das Interesse des Arbeitgebers, und dieser muß dieses Verhältniß anerkennen.

Der Arbeitgeber muß es verstehen, die verschiedenen Fähigkeiten der Dienstboten dem Zwecke anzupassen und zu benutzen; er muß genau unterscheiden, aus welcher Quelle vorkommende Fehler entspringen und, wenn der gute Wille nicht fehlt, nachsichtig sein. Ein jeder Mensch hat Fehler und begeht deren; das Vollkommene wandelt nicht unter der Sonne.

Eine pünktliche Bezahlung des Lohnes und Verabreichung aller sonstigen vertragsmäßig zugesicherten Emolumente ist eine fernere Bürgschaft für gute Dienstboten. Ein jeder Arbeiter ist seines Lohnes werth, und es ist unstatthaft, wenn der Dienende genöthigt ist, sein Verdientes mühsam und oft lange vergebens zu erbitten. Eher muß sich der Arbeitgeber selbst einschränkeu, ehe er hierin eine Unordnung duldet. Der Dienende hat bei oft nur geringem Lohne seine regelmäßigen Ausgaben für Kleidung und andere Lebensbedürfnisse; er freut sich, wenn der Termin heranrückt, um seine Bedürfnisse befriedigen zu können, und er darf nicht getäuscht werden, wenn er nicht Lust und Liebe zur Arbeit verlieren soll. Die Unregelmäßigkeit solcher Auszahlungen ist aber auch für den Brotherrn nachtheilig; die Rückstände häufen sich zu beträchtlichen Summen, die Zahlung wird ihm immer schwerer, und der Dienende sieht sich am Ende genöthigt, unredliche Wege einzuschlagen, um seiner Noth zu steuern. Wenn der Arbeitgeber pünktliche Pflichterfüllung von Seiten seiner Dienstboten verlangt und zu verlangen das Recht haben will, so muß er zuvörderst die eigenen Pflichten gegen dieselben nicht minder pünktlich erfüllen.

Auch die Sorge für die Zukunft der Dienstboten nach langer Dienstzeit derselben sollte von keiner Dienstherrschaft unberücksichtigt gelassen werden; eine derartige Sorge ist ebenso im Interesse der Herrschaft als der Dienstboten.

Die ländlichen Dienstboten werden in der Regel auf ein Jahr gemiethet. Ihre Umzugszeit ist Weihnachten, und in Entlassungsfällen wird ihnen ein Vierteljahr vorher gekündigt. Sie empfangen über Führung, Leistungen ꝛc. ein Zeugniß, um anderweitig Aufnahme zu finden. Diese Einrichtung ist sehr zweckmäßig; leider werden aber gewöhnlich die Dienstzeugnisse sehr oberflächlich, nicht selten sogar wissentlich falsch ausgestellt. Deshalb auch die Erscheinung, daß sich die Dienstboten nicht bestreben, treu, ehrlich, fleißig, sittlich zu sein; sie wissen ja, daß sie, trotz ungenügender Führung, doch ein gutes Zeugniß erhalten und auf Grund dessen wieder einen andern Dienst finden. Dieser grobe Mißbrauch sollte aber abgeschafft werden, denn dadurch betrügen sich die Dienstherrschaften gegenseitig, und die Dienstboten werden nicht gebessert, sondern im Gegentheil mehr und mehr verschlechtert.

Das Hofgesinde zerfällt in mehrere Klassen, und in diesen waltet wieder eine gewisse Rangordnung ob, welche entweder durch die größere Bedeutsamkeit und Verantwortlichkeit des Dienstes oder durch das Alter der Dienstzeit bestimmt wird. Den wichtigsten Platz unter allen Dienstboten nehmen die Schäfer ein, weil sie den kostbarsten Theil des lebenden Inventariums und namentlich denjenigen unter ihrer Obhut haben, welcher durch Vernachlässigung am leichtesten Schaden leidet. Sie gehören eigentlich nicht zum Hofgesinde; über die Art ihrer Anstellung wird später das Erforderliche beigebracht werden.

Als Vorsteher des Hofgesindes sind die unter dem Namen Vogte, Schaffer ꝛc. angestellten Unteraufseher zu betrachten. Die Aufrechthaltung der Ordnung unter dem Hofgesinde und auf dem ganzen Hofe ist ebenso ihre Sache als die Anweisung und Beaufsichtigung der verschiedenen Arbeiten. Sie haben einen wichtigen Wirkungskreis und können sich sehr verdient machen, wenn sie den Anforderungen entsprechen. Man wählt sie aus denjenigen Knechten, welche sich durch Geschicklichkeit, Treue und Fleiß auszeichnen. Sie müssen in den ihnen angewiesenen Schranken erhalten werden und nicht in den Offiziantenstand aufrücken. Wo der Umfang des Gutes nicht sehr bedeutend ist, und wo nicht die Art und Weise der Wirthschaftsführung so viel Aufsicht nöthig macht, daß der Vogt hinreichend Beschäftigung hat, ist es gerathen, ihn zum Vorarbeiter zu machen, weil der Vogt durch Müßiggang schnell verdorben werden kann.

Auf solchen Vorwerken, welche vom Sitze des Verwalters entfernt sind, ist die Stellung des Vogtes sehr wichtig, weil er daselbst den Verwalter zu vertreten hat.

Auf manchen Gütern müssen die Vogte neben der Aufsichtführung auch noch die Inventarienstücke im Stande erhalten; dies ist deshalb eine zweckmäßige Vereinigung der Obliegenheiten eines Vogtes, weil dadurch die ordnungsmäßige Haltung des todten Inventariums am besten gesichert wird.

Der Lohn des Vogtes hängt von seiner Stellung ab, ist aber gewöhnlich nicht hoch und darf es nicht sein, weil er sonst zu leicht aus der Kategorie der Dienstboten heraustreten würde.

In vielen Gegenden erhält der Vogt, außer den zureichenden Naturalien, 30 bis höchstens 40 Thaler jährlichen Geldlohn.

Die übrigen zum Hofgesinde gehörigen Arbeiter bestehen z. B. bei einem Gute von 1000 Morgen Fläche:

aus 3 Pferdeknechten, von denen ein jeder zwei bis vier Pferde zu verpflegen hat;
„ 6 Ochsenknechten, um mit den nöthigen 6 Ochsengespannen zu arbeiten;
„ 1 Ochsenhirten, welcher die Ochsen verpflegt und bei den Wechselgespannen zutreibt;
„ 1 Kuhhirten zum Hüten und Füttern der Kuhheerde;
„ 2 Mägden zu 30 Kühen;
„ 1 Magd zur Fütterung und Pflege der Schweine;
„ 1 Hausmagd, welche die Gesindekost bereiten und andere nothwendige Arbeiten in einem Hauswesen verrichten muß.

Damit ist für das nöthige Bedürfniß gesorgt; alle übrigen Arbeiten werden durch Lohnarbeiter ausgeführt.

Von den Pferdeknechten hat der älteste die Aufsicht im Stalle, und bei Straßenfuhren müssen die andern Knechte ihm gehorchen.

Bei den Ochsenknechten tritt derselbe Fall ein; hier hat namentlich der älteste die Aufsicht bei der Bodenbestellung zu übernehmen.

Wenn man in der Wahl dieser Aeltesten glücklich ist, so hat man eine Garantie für Aufrechthaltung der Ordnung, weil diese Leute einen sehr wohlthätigen Einfluß auf ihre Kameraden ausüben können.

Was die Unterhaltung des Gesindes anlangt, so hängt sie von den Verhältnissen ab, in welchen sich die Hauswirthschaft befindet.

Das beste und wohlfeilste Verfahren ist ohne Zweifel, sämmtliche Dienstboten an einem Tische zu speisen; dazu gehört aber eine zuverlässige und verständige Haushälterin. Besteht dagegen das Hofgesinde zum größern Theile aus Verheiratheten, so ist es schwer, jene Art der Beköstigung einzuführen. Man muß ihnen dann eine separate Wohnung einräumen und ihnen Naturalien zur Unterhaltung verabreichen.

Bei der Speisung am Gesindetische rechnet man auf den Kopf jährlich 7 Scheffel Getreide zu Brot und 12 Metzen Küchenspeise.

Bei Verabreichung von Naturalien muß jeder verheirathete Dienstbote mindestens 10 Scheffel Brotgetreide und 1 Scheffel Küchenspeise erhalten.

Auf der Herrschaft Reisen besteht das Hofgesinde sämmtlich aus verheiratheten Personen. Je zwei Familien wohnen in einer Stube und kochen an einem Herde, wodurch an Feuerungsmaterial, welches ihnen verabreicht werden muß, erspart wird.

Lohn empfängt der Pferdeknecht 20 Thlr.
der Ochsenknecht 16 Thlr.

An Deputat erhält sowohl der Pferdeknecht als der Ochsenknecht

zu Brot	10	Schffl.	—	Mtz.	Roggen
an Küchenspeise . .	—	„	8	„	Weizen
	1	„	2	„	Gerste
	1	„	2	„	Erbsen
	1	„	2	„	Hirse
	1	„	2	„	Haidekorn
2 Brackschafe,					
als Entschädigung für Bier	1	„	—	„	Gerste
18 Fuhrfurchen zu Kartoffeln,					
2 Beete zu Flachs					

und die Erlaubniß, sich ein Schwein zu mästen.

Damit kommen die Leute, wenn sich die Frau etwas nebenbei verdient, zur Nothdurft aus.

§. 16.
Arbeiterfamilien.

Wenn es in einem Orte an Arbeitern mangelt, so ist es durchaus nothwendig, Arbeiterfamilien heran zu ziehen, damit die zum Betriebe der Wirthschaft erforderlichen Arbeiten gesichert werden.

Ueber die Art und Weise der Abfindung solcher Arbeiterfamilien ist man verschiedener Ansicht. An einigen Orten gibt man ihnen Wohnung und weist ihnen ein Stück Grund und Boden an, von welchem sie sich ernähren und für welches sie Arbeit leisten müssen. Diese, dem abgeschafften Robotverhältnisse ähnliche Einrichtung muß aber als eine ganz ungenügende bezeichnet werden, weil der Arbeiter zu viel mit seiner eigenen Wirthschaft zu thun hat; das Interesse bindet ihn nur an diese, nicht an die herrschaftliche; die Arbeit wird daher schlecht und nachlässig geleistet, und dem Diebstahl ist um so mehr Thor und Thür geöffnet, als der Arbeiter das Vieh, welches er hält, nicht mit eigen erbautem Futter zu ernähren vermag.

Anderwärts erhalten die Arbeiterfamilien, außer freier Wohnung und Holz, Naturalien in Gebunden und Körnern. Auch bei dieser Einrichtung fehlt dem Arbeiter das Interesse des Brotherrn; die Arbeit bleibt eine gewöhnliche Hofarbeit, und da auch bei dieser Art und Weise der Ablohnung dem Arbeiter die Haltung von wenigstens einer Kuh gestattet werden muß, so entsteht daraus der oben angeführte Nachtheil. Das zweckmäßigste Verfahren ist jedenfalls die Anstellung von Arbeiterfamilien auf folgende Weise:

Der Arbeiter empfängt freie Wohnung und Heizung, hat die Erlaubniß, ein Schwein zu halten und erhält den Stall dazu. Dafür verpflichtet er sich, jährlich mit Mann und Frau gegen bestimmte Lohnsätze zu arbeiten; dabei wird folgender Maßstab festgestellt:

Von Georgi bis Johannis empfängt der Mann täglich	5 Sgr.,	die Frau	3 Sgr.	6 Pf.
von Johannis bis Michaelis . . .	6 „	„ „	4 „	— „
von Michaelis bis Ostern	4 „	„ „	2 „	6 —

Die Arbeiter sind verpflichtet, jede Arbeit in Akkord zu nehmen, und werden ihnen dabei die früher angeführten Lohnsätze garantirt.

Im Winter dreschen sie für den 14.—16. Schffl., wodurch sie sich das Brotgetreide verdienen; die erforderlichen Kartoffeln erwerben sie durch die Ernte derselben auf dem herrschaftlichen Gute im Akkord.

Garantie muß man den Arbeitern gewähren, wenn das Verhältniß beginnt. Ist die Einrichtung erst getroffen und finden die Leute dabei ihr Auskommen, so wird der Neuanziehende von den älteren unterrichtet. Ein solches Verhältniß hat seine großen Annehmlichkeiten, und man gewinnt außer wohlfeilen Arbeitern auch solche, welche sich für die Sache interessiren.

Außer dem gewöhnlichen Hofgesinde würde man bei einem Gute von 1200 Morgen Fläche 12 Arbeiterfamilien bedürfen und damit, vorausgesetzt, daß die Hauptarbeiten im Verdunge geleistet werden, den Betrieb vollkommen sicher stellen.

Fünfte Abtheilung.

Der Boden.

Der Boden ist die Grundlage des ganzen landwirthschaftlichen Betriebes. Bei der großen Verschiedenartigkeit des Bodens ist dessen Kenntniß Gegenstand einer sehr wichtigen Lehre, weil sein Werth den Werth eines Landgutes bedingt. Diese Kenntniß wird aber um so schwieriger, als die verschiedensten Rücksichten den Werth des Bodens begründen. Wesentlich verhilft die chemische Untersuchung zur Kenntniß des Bodens; doch ist dabei auch das Auge, namentlich was die physikalischen Eigenschaften des Bodens anlangt, nicht ausgeschlossen. Einen wichtigen Einfluß auf den Boden äußern Lage, Wärme und Düngung. Namentlich hängt von der größern oder geringern pflanzenerzeugenden Kraft der Reinertrag des Bodens ab. Deshalb soll auch der Landwirth seinem Boden die größte Aufmerksamkeit schenken.

§. 1.
Bestandtheile des Bodens.

Der Boden ist aus mehreren Bestandtheilen zusammengesetzt, welche in unorganische oder mineralische und in organische oder pflanzlich-thierische eingetheilt werden. Zu den ersteren gehören die Erdarten, einige Metalle und Salze, zu den letztern der Humus. Unter den Erdarten kommt die Sand- und Thonerde am häufigsten vor, während sich die Kalkerde seltener findet. Die unorganischen Bestandtheile des Bodens vermögen für sich allein nicht Pflanzen zu entwickeln, sondern sie werden dazu erst geeignet, wenn mit ihnen organische Körper verbunden sind.

Zu den Erdarten gehören:

Die Sanderde; sie besteht aus größeren (Kiesel) oder kleineren Körnern (Flugsand), welche weder einen Zusammenhang unter sich haben, noch im Wasser erweichbar sind. Feine Sanderde ist zum Pflanzenbau nicht geeignet; sie wird dazu erst fähig durch eine Mischung mit andern Erdarten, namentlich mit Thonerde. Häufig ist der Sanderde Eisenerde beigemischt, und davon rührt die gelbe Farbe der erstern her.

Die Thonerde ist jene fettanzufühlende Erdart, welche der Sanderde Zusammenhang ertheilt; sie besteht aus einer innigen Verbindung der Thonerde mit der Kieselerde und zeichnet sich außer durch ihre Klebrigkeit noch durch die Eigenschaft aus, daß sie das Wasser begierig einsaugt. Je nachdem die Thonerde mit mehr oder weniger Sanderde vermengt vorkommt, unterscheidet man magern und fetten Thon.

Die Kalkerde oder der kohlensaure Kalk wird zwar nur unter die zufälligen Bestandtheile des Bodens gerechnet, aber es gibt doch wenige Felder, welche davon ganz entblößt sind. 1—2 Prozent sind schon im Stande, den Boden zu verbessern, indem die Kalkerde die Säuren neutralisirt. Der Kalk kommt in der Erde nie in reinem Zustande, sondern stets in Verbindung mit Kohlensäure vor; durch Brennen verliert er diese und heißt dann gebrannter Kalk.

Die Mergelerde ist eine innige Verbindung des kohlensauren Kalks mit dem Thon. Man unterscheidet schlechthin Mergel, wenn Kalk und Thon in gleicher Menge vorhanden sind; Kalkmergel, wenn der Kalk vorherrscht; Thonmergel, wenn der Thon vorherrscht; Sandmergel, wenn der Sand vorherrscht. Die Mergelerde unterscheidet sich von der Thonerde dadurch, daß sie nicht so fest wie diese, von der Kalkerde dadurch, daß sie nicht so locker wie diese ist. Ihr Vorhandensein verräth sich durch Aufbrausen, wenn man sie in Verbindung mit einer Säure bringt.

Die Gypserde oder der schwefelsaure Kalk ist eine Verbindung des Kalkes mit der Schwefelsäure; sie kommt theils in der Form festen Gesteins, theils in der Form von Erde vor und ist wenig verbreitet.

Die Eisenerden verrathen sich dadurch, daß sie den anderen Erdarten eine gelbliche Farbe mittheilen; gewöhnlich kommen sie in der Thon- und Sanderde vor. In geringer Menge befördern sie die Bindigkeit des leichten Bodens und die Lockerheit des schweren Bodens, begünstigen auch durch ihren Sauerstoff die Zersetzung des Humus; in größerer Menge vorhanden (eisenschüssiger Boden) machen sie dagegen den Boden unfruchtbar.

Der Humus. Er ist hervorgegangen aus verwesten Pflanzen- und Thiertheilen und bildet einen krümlichen, braunen oder schwarzen Körper, welcher stark säurehaltig ist. Man unterscheidet verkohlten Humus, welcher die Form der Kohle hat und im mulmigen Boden vorkommt, der dem Zutritt des atmosphärischen Sauerstoffes verschlossen ist; sauern Humus, der sich mit einer Säure verbunden hat und ebenso wie der verkohlte Humus nur dann dem Pflanzenwachsthum günstig ist, wenn solcher Humus der Luft ausgesetzt oder mit gebranntem Kalk in Verbindung gebracht wird; ferner milden Humus, der frei von kohliger und saurer Beschaffenheit und deshalb dem Pflanzenwachsthum günstig ist. Zu dem Humus gehört auch der Torf; derselbe unterscheidet sich von dem gewöhnlichen Humus dadurch, daß er mehr unverweste Pflanzentheile enthält. In angemessener Menge im Boden vorhanden, verbessert der Humus denselben in physikalischer Hinsicht, während er den Boden verschlechtert, wenn er in zu großer Menge in demselben vorkommt. In milder Form enthält der Humus eine bedeutende pflanzennährende Kraft.

§. 2.

Klassification und Bonitirung des Bodens.

Hinsichtlich der vorherrschenden Bestandtheile des Bodens theilt man denselben in verschiedene Klassen ein, und zwar:

Thonboden, welcher 42 Procent fetten Thon enthält;

Lehmboden, welcher nicht unter 32 Procent fetten Thon enthält;
sandigen Lehmboden, welcher nicht mehr als 75 Procent Sand enthält;
lehmigen Sandboden, der nicht mehr als 85 Proc. Sand enthält;
ackerbaren Sandboden, welcher nicht mehr als 94% Sand enthält;
Mergelboden, welcher 8 Procent Kalk enthält;
Kalkboden, welcher über 20 Procent kohlensauren Kalk enthält;
Humusboden, welcher über 20 Proc. Humus enthält. In niedrigen feuchten Lagen heißt solcher Boden Bruch- oder Moorboden.

Es ist einleuchtend, daß diese Eintheilung den wirklichen Werth des Bodens nicht feststellen kann. Die Wissenschaft reicht hier nicht aus, weil Lage, Klima und Kulturstand den entscheidendsten Einfluß auf den Werth des Bodens ausüben.

Bei gegenseitigen Landausgleichungen, also bei den in Folge der Servituts-Ablösungen und Separationen nothwendig vorkommenden Abfindungen und Umtauschen müssen aber bestimmte Normalsätze angenommen und der Boden in gewisse Klassen eingetheilt werden, um hiernach eine Werthsberechnung anstellen zu können (ökonomische Klassification).

Längere Uebung und Erfahrung bringt allerdings in das Geschäft des Bonitirens einige Zuverlässikeit; aber wenn selbst alle Verhältnisse, welche auf den Werth des Bodens Einfluß ausüben, gebührend und mit aller Sachkenntniß berücksichtigt werden, so ist dennoch eine vollständige Sicherheit der Beurtheilung des Bodens nicht denkbar, weil die Verschiedenheit zu groß, die Täuschung zu leicht und der Zeitpunkt des Bonitirens selbst zu entscheidend ist.

Bei der Bonitirung nimmt man im Allgemeinen 6 Hauptklassen an, deren einige durch Unter-Abtheilungen ausgeglichen werden. Bei dieser Klassification wird die Nutzungsfähigkeit und der Reinertrag des Bodens zu Grunde gelegt. Die Eintheilung ist:

I. Klasse.
II. „ a und b.
III. „ a und b.
IV. „ a, b und c.
V. „
VI. „

Die Klasse I kommt nicht oft vor; sie enthält denjenigen starken Weizenboden, welcher durch tiefe Krume und gesunde Lage die größte Sicherheit und den höchsten Ertrag gewährt und mindestens mit 5 Scheffeln Roggen reinen Ertragswerth vom preuß. Morgen angesprochen werden kann.

Die Klasse IIa ist ebenfalls starker Weizenboden mit einer etwas minder tiefen Krume und auf $4^1/_2$ Scheffel Roggen Reinertrag anzusprechen.

Klasse IIb kommt schon häufiger vor. Sie enthält den gewöhnlichen Weizenboden, namentlich denjenigen, welcher seiner Bindigkeit und der nahen Lehmunterlage wegen Weizen sicherer trägt als Roggen; sein Roggen-Reinertrag ist 4 Scheffel.

Die Klasse IIIa ist der wahre Gerstenboden, stets zum Weizenbau geeignet, aber eben so sicher Roggen tragend. Man kann seinen Reinertrag an Roggen auf $3^1/_2$ Scheffel schätzen.

Die Klasse IIIb trägt bei guter Kraft und Kultur noch Weizen, ist aber als die Grenzlinie für dessen zweckmäßigen Anbau zu betrachten. Für den Roggen ist dieser Boden das wahre Element. Dieser Boden liefert $2^1/_2$ Scheffel Roggen Reinertrag.

Die Klasse IVa trägt Roggen, kleine Gerste, Kartoffeln und Erbsen mit großer Sicherheit. Der Reinertrag an Roggen beläuft sich auf 2 Scheffel.

Die Klasse IVb kann nur noch bei hoher Kultur mit Vortheil zu Gerste benutzt werden. Roggen-Reinertrag $1^1/_2$ Scheffel.

Die Klasse IVc faßt allen unsicheren Boden in sich; vielfach wird diese Klasse mit dem Namen „nasses Haferland" bezeichnet. Weizen kann dieser Boden bei guter Kultur noch eher tragen als Roggen, Gerste nur unsicher. Hafer findet hier seinen angemessenen Standort; der Boden kann durch diese Frucht höher genutzt werden, als die vorhergehende Klasse und ist dann dem Werthe nach der Klasse IVa gleich zu schätzen. Dieser Boden ist nur durch eine nachtheilige Lage oder schlechte Kultur in diese niedrige Klasse gekommen; ist daher seine Verbesserung durch Kultur, namentlich genügende Entwässerung möglich, so kann er in eine höhere Klasse versetzt werden.

Klasse V ist nur zum Anbau von Roggen, bei gutem Düngungszustande auch zum Anbau von Kartoffeln und Haidekorn geeignet. Gedüngt gibt Roggen einen guten Ertrag, zeichnet sich namentlich durch Güte der Körner aus.

Klasse VI muß füglich in den Bereich des Forstlandes gezählt werden und läßt sich als solches am sichersten nutzen. Dünger verdient dieser Boden nicht mehr, weil er denselben nicht verwerthet. Er trägt Roggen nach mehrjähriger Ruhe; da aber auch sein Weidewerth in dieser Zwischenzeit nur gering anzusprechen ist, so ist seine Benutzung durch Anpflanzung von Holz um so lohnender, als der Werth desselben von Jahr zu Jahr steigt.

Nur in dem Fall ist dieser Boden auch zum Frucht=, namentlich Roggenbau geeignet, wenn die blaue oder gelbe Lupine auf ihm fortkommt, da er durch diese Pflanze so bereichert wird, wie selbst nicht durch die stärkste Mistdüngung, während die Lupinendüngung ungleich wohlfeiler ist als die Mistdüngung.

§. 3.

Die Steine und ihr Einfluß auf den Boden.

Es ist ohne Zweifel, daß größere Steine, welche unbeweglich im Boden liegen, der Kultur desselben nachtheilig werden. Sie nehmen den sonst nutzbaren Raum ein und sind wahre Konservatoren der Quecken. Sie vom Felde zu entfernen, ist Gegenstand der Kultur. Aber auch die beweglichen so großen Steine, welche den Pflug aus der Richtung bringen, sind schädlich, weil sie die regelmäßige Ackerarbeit stören, namentlich das Eggen erschweren, die Werkzeuge verletzen und nachtheilige Vertiefungen in den Beeten veranlassen, welche der Nässe eine schädliche Einwirkung gestatten und Quecken erzeugen.

Dagegen ist die Wegschaffung der kleineren Steine, welche alle diese Uebelstände nicht herbeiführen, nur Gegenstand der vollendeten Kultur. Es ist sogar ohne Zweifel, daß bei manchem Boden diese Steine vortheilhaft auf das Gedeihen der Früchte wirken. Es ist bekannt, daß die Feldsteine Feuchtigkeit anziehen, und dies ist auf trocknem Boden eine sehr wohlthätige Wirkung. Dazu kommt noch, daß die kleinern Steine, namentlich auf hoch und abhängig gelegenen Aeckern, die angebauten Pflanzen gegen die Gewalt der Winde und gegen den Frost schützen, auch das Abschwemmen der Ackerkrume verhüten, daß ferner manche Steinarten verwittern und den Boden vermehren. Nur auf Futterfeldern werden die obenaufliegenden Steine abgelesen, damit sie ein niedriges Abmähen der Futterpflanzen nicht verhindern.

§. 4.

Der Untergrund.

Die Unterlage des Bodens oder diejenige Bodenschicht, welche unmittelbar auf die kultivirte Ackerkrume folgt, übt einen entscheidenden Einfluß auf den Werth des Bodens aus. Sie hat schon zu vielen Täuschungen Veranlassung gegeben, weil man häufig der Meinung ist, daß eine fette, lehmige Unterlage das sichere Zeichen eines reichen Bodens sei.

Ist der Untergrund strenger, undurchlassender Lehm und folgt derselbe unmittelbar auf die Ackerkrume, so muß diese an Nässe leiden, und daraus entsteht nothwendig Unfruchtbarkeit.

Außerdem wird durch einen sehr strengen Untergrund die Bearbeitung des Bodens bedeutend erschwert, was die Produktionskosten erhöht und den Reinertrag erheblich schmälert. Der fruchtbarste und sicherste Boden ist immer derjenige, welcher einen durchlassenden Untergrund hat, der aus einer hinreichend tiefen Lage tragbarer Erde besteht. Solcher Boden kann dann durch tiefe Bearbeitung zu einer sichern und hohen Ertragsfähigkeit gebracht werden, namentlich wenn der thonige oder lehmige Untergrund eine Beimischung von Kalk enthält.

Sand- oder Kiesunterlage beeinträchtigt die Fruchtbarkeit keineswegs, sobald die Ackerkrume nicht auch aus Sand besteht. Liegt auf einem sandigen Untergrunde Lehm- oder Thonboden, so erhält man einen sehr guten Boden, der weder an übermäßiger Nässe noch an Austrocknung leiden würde.

§. 5.

Lage und Hang des Bodens.

Bei der Beurtheilung des Bodens hat man auch seine Lage ganz besonders zu berücksichtigen.

Alles überflüssige Wasser ist dem Gedeihen der Früchte nachtheilig; die Möglichkeit, dem Boden das richtige Verhältniß von Feuchtigkeit zu verschaffen, ist daher von großer Wichtigkeit. Sehr zweckdienlich befördert dies ein sanfter Abhang; neigt sich dieser gegen Mittag, wodurch die Erwärmung begünstigt wird, so erhöht sich dadurch der Werth des Bodens.

Undurchlassender Boden ist noch schwieriger trocken zu legen in ebener Lage als der durchlassende. Die Benutzung jenes Bodens als Ackerland bringt deshalb wenig Vortheil. Besser ist es, ihn, wenn er sich dazu eignet oder wenn es die Verhältnisse gestatten, als Wiese zu benutzen.

§. 6.

Umgebung des Bodens.

Eine namentlich vor Nord- und Ostwinden geschützte Lage trägt nicht wenig zur Fruchtbarkeit des Bodens bei. In England würde man den für keinen guten Landwirth halten, welcher nicht für die Umzäunung seiner Felder Sorge trägt. Man wählt dazu lebendige Hecken aus Weißdorn. Diese Einfriedigung ist ein sehr zu berücksichtigender Gegenstand der höheren Kultur. Ersetzt wird diese künstliche Einfriedigung, wenn sich auf der Nord- und Ostseite des Ackerlandes Wald oder Holzstreifen befinden.

Die freie Fläche bestreicht der Wind, und nichts entzieht die nothwendige Feuchtigkeit schneller als dieser. Hat ferner ein Ausfrieren der

Saaten stattgefunden, so haben sicher die kalten Frühjahrs-Nord- oder Ostwinde einen großen Theil der Schuld daran getragen.

§. 7.

Zustand des Bodens.

Den Zustand des Bodens begründet die Bearbeitung, Düngung und Entwässerung desselben. Ist für alle drei Bedürfnisse genügend und zweckmäßig gesorgt, so wird auch der Zustand des Bodens den Fähigkeiten desselben entsprechen. Wenn man weiß, wie schwer es ist, einen vernachlässigten Boden in Kultur und Kraft zu bringen, so ist es natürlich, daß auch der Zustand einen großen Einfluß auf den Werth des Bodens ausüben muß. Fehlerhafte Fruchtfolgen, Mangel an Düngung oder Verwendung des Düngers zu unsichern Früchten, eine falsche und namentlich feuchte Bearbeitung können den besten Boden so herunterbringen, daß seine Erträge die Produktionskosten nicht mehr decken.

Ein solcher heruntergebrachter Boden verlangt große Opfer, wenn man ihn wieder hinaufbringen will. Die Mittel, welche das Gesammt-Verhältniß einer Wirthschaft dazu darbietet, verdienen besondere Berücksichtigung.

§. 8.

Werth des Bodens.

Der Werth des Bodens hängt von seiner Güte und von der Art seiner Benutzung ab. Die Kosten der Produktion und der Absatz der Produkte haben auf den Werth des Bodens einen entschiedenen Einfluß; deshalb ist der Werth des Bodens in der Nähe großer Städte und in sehr bevölkerten Gegenden am höchsten.

Gartenfrüchte und Handelsgewächse bringen in der Regel den höchsten Ertrag; da sie aber dem Boden nicht genug zurück gewähren, um eine Reproduktion der Kraft zu bewirken, so können sie nur da auf vortheilhafte Weise angebaut werden, wo Dünger in der Nähe ist oder sonst billig beschafft werden kann. Dies ist in der Nähe großer Städte und an der Seeküste der Fall. Der Landwirth in größeren Verhältnissen kann nicht blos Gemüse oder Handelsgewächse bauen; er braucht auch Futter für sein Vieh und Streh, um Dünger zu gewinnen, denn ohne diesen würde die Produktionskraft des Bodens bald aufhören.

In wenig bevölkerten Gegenden, wo die Arbeit theuer ist und nur mit Mühe genügend beschafft werden kann, hat der Boden einen viel geringeren Werth als da, wo die Arbeiter in ausreichender Menge um geringen Lohn zu haben sind, weil sich in jenem Falle die Produktionskosten vermehren; fehlt es dazu noch an Absatz der Produkte, so muß der Werth des Bodens noch mehr sinken, denn der Ertrag desselben hängt von dem Preise der Produkte ab. Uebrigens hat der Boden, je nach seiner Güte, einen größern oder geringern Werth.

Sechste Abtheilung.

Die Beurbarung und Verbesserung des Bodens.

§. 1.

Die Umwandlung bisher gar nicht oder schlecht benutzten Bodens in tragfähiges Ackerland ist von eben solcher Wichtigkeit, wie die Verbesserung des bisher schon zum Ackerbau verwendeten Bodens, der aber den einen oder andern wesentlichen Mangel hatte und deshalb keinen so hohen Ertrag gab, als er nach Beseitigung der Mängel geben konnte.

Ehe man aber derartige Beurbarungen und Verbesserungen vornimmt, muß man wohl untersuchen und berechnen, ob sie auch mit Nutzen ausführbar sind und die darauf verwendeten Kosten lohnen werden; denn im andern Falle würde der Landwirth besser thun, die Beurbarungen und Verbesserungen zu unterlassen, da sein Bestreben zunächst dahin gerichtet sein muß, nicht nur den Rohertrag, sondern auch den Reinertrag zu erhöhen.

§. 2.

Holzrodung.

Ehe man zur Umwandlung von Holzboden in Ackerland schreitet, ist genau zu untersuchen, ob sich der Boden zum Ackerbau eignet, und ob das Grundstück, als Feld benutzt, einen höhern Reinertrag gewähren wird, als es bisher gegeben hat. Steile Bergwände, nördliche Abhänge mit sehr schwerem, nassem Boden, Flugsand bleiben am besten dem Holzanbau überwiesen.

Hat man sich davon überzeugt, daß die Umwandlung von Holzboden in Ackerland von Vortheil sein wird, so muß nach dem Fällen und Abräumen der Bäume und Gebüsche die nächste Arbeit die sein, das etwa nasse Land trocken zu legen und dann die zurückgebliebenen Baumstöcke und Wurzeln so auszuroden, daß sie der nachfolgenden Bearbeitung mit Ackergeräthen kein Hinderniß entgegenstellen.

Am besten wird die Rodung in Akkord gegeben, so zwar, daß sie von den Arbeitern mit der Rodehacke 12 Zoll tief ausgeführt wird. Damit die Arbeiter das Roden nicht oberflächlich verrichten, ist es rathsam, ihnen außer dem Geldlohne einen bestimmten Antheil an den auszugrabenden Wurzeln zu gewähren. Außerdem ist es der Vorsicht angemessen, einen Theil des Geldlohnes bis dahin innezubehalten, wo das Rodeland mit dem Pfluge bearbeitet worden ist, damit sich der Arbeitgeber von dem innebehaltenen Lohne bezahlt machen kann, wenn in Folge oberflächlicher Rodung starke Beschädigungen an den Ackergeräthen entstehen.

Ist das im Herbst und Winter gerodete Land im Frühjahre genug abgetrocknet, so wird es mit schweren hölzernen Eggen tüchtig geeggt, unmittelbar nach dem Eggen Hafer hineingesäet und derselbe mit der Egge untergebracht. Hierauf werden die herausgeeggten Wurzeln abgelesen, die Egge wird nochmals angewendet, und dann folgt die Walze. Im Herbst wird die Haferstoppel gepflügt und im zweiten Jahre nochmals Hafer angebaut. Im dritten Jahre baut man gedüngten Winterroggen, im vierten Jahre Grünfutter, und von da an kann das Land mit in die Rotation aufgenommen werden.

§. 3.

Umwandlung des Torf- und Bruchbodens in Ackerland.

Will man reinen Torfboden in Ackerland umwandeln, so muß derselbe zuvörderst so weit trocken gelegt werden, daß das Zugvieh keine tiefen Eindrücke mehr macht. Nachher wird die Oberfläche des Landes mit einem mit scharfem Pflugmesser und scharfer Schar versehenen Pfluge 1—1¼ Zoll tief abgeschält. Ist der auf diese Weise zu Tage gebrachte Torf ausgetrocknet, so beginnt man an der dem Winde entgegengesetzten Seite mit dem Anzünden mittelst Reisig oder Stroh. Ist erst einmal eine Stelle in Gluth, so kann das Feuer leicht dadurch weiter verbreitet werden, daß man von der glühenden Masse mit Schaufeln auf andere Stellen trägt, bis das ganze Grundstück unter Feuer gesetzt ist. Damit sich dasselbe nicht über die Grenze des Grundstücks verbreiten kann, soll man zuerst die Ränder ringsherum brennen. Sollte an einzelnen Stellen das Feuer in die Tiefe dringen, so muß man die Brandstellen ringsum graben, festtreten und mit Wasser ausgießen. Nach dem Brennen wird einspännig flach gepflügt, Winterraps eingesäet, eingeeggt und eingewalzt. Nachher werden die nöthigen Wasserfurchen gezogen. Als zweite Frucht folgt Gerste, als dritte Hafer, in den ein Gemisch von Gras- und Kleesamen gesäet wird. Dieses Kleegrasgemenge wird zwei Jahre zum Mähen und ein Jahr als Weide benutzt. Hierauf wird das Grundstück wieder gebrannt und dann ebenso genutzt wie im ersten Turnus.

Der Bruchboden muß zunächst auch entwässert werden; dann wird er wie der reine Torfboden geschält. Das Brennen weicht aber von dem

Brennen des Torfbodens ab. Der geschälte Bruchboden wird nämlich alsbald nach dem Schälen mit dem Spaten in $1^1/_2$ Fuß lange und furchenbreite Stücke zertheilt; je 3—4 derselben stellt man gegeneinander gelehnt auf, so daß hohle Häufchen entstehen. Sind die Stücken völlig ausgetrocknet, so werden aus ihnen Brennhaufen gebildet. Man legt nämlich zuerst einige sehr trockne Stücke platt auf die Erde, schüttet auf diese glühende Kohlen und umgibt diese mit senkrecht aufzustellenden trocknen Stücken. Noch feuchte Stücken legt man am besten oben auf die kleinen Meiler. Das Feuer zu dem zweiten Meiler nimmt man von dem ersten, zu dem dritten von dem zweiten und so fort. Sollte ein Haufen nicht fortbrennen, so muß er umgesetzt und von Neuem angezündet werden.

Sind sämmtliche Häufchen vollständig zu Asche gebrannt, so wird dieselbe sofort gestreut, wobei unvollständig verbrannte Stücke zerkleinert werden müssen. Die Benutzung des gebrannten Bruchbodens ist dieselbe wie die des gebrannten Torfbodens. Statt Raps kann man aber im ersten Jahre Weizen bauen.

§. 4.

Umwandlung von Grasland in Ackerland.

Grundstücke, welche bisher als Wiese oder Weide benutzt worden sind, ihrer trocknen Lage halber aber nur sehr wenig Futter erzeugen oder mit sehr geringen Pflanzen bestanden sind, werden sehr vortheilhaft in Ackerland umgewandelt, vorausgesetzt, daß der Boden bis zu einer angemessenen Tiefe bearbeitet werden kann. Um solche Flächen in Ackerland umzuwandeln, werden sie mit einem mit vier Zugthieren bespannten, mit scharfem Sech und Schaar und gut wendendem Streichbret versehenen Pfluge umgerissen und so lange liegen gelassen, bis der Rasen morsch geworden ist; dann wird zum zweiten Male gepflügt und mit einer schweren, mit scharfen Zinken versehenen Egge geeggt und entweder eine Winterfrucht oder Kartoffeln angebaut. Letztere wählt man, wenn der Boden sehr fest sein sollte. Hat solcher Boden eine Hackfrucht getragen, so kann er in die Rotation mit aufgenommen werden.

§. 5.

Umwandlung von Haideboden in Ackerland.

Ein mit Haidekraut bewachsener Boden, welcher gewöhnlich sauern Humus enthält, wird am besten in der Weise urbar gemacht, daß man ihn entwässert, dann die Sträucher ausrodet, die größeren Steine entfernt, das Haidekraut anzündet, wobei man jedoch vorsichtig sein muß, daß sich das Feuer nicht über die Grenzen des Grundstücks verbreitet. Um dieses zu ermöglichen, soll man rings um das Grundstück einige Fuß breit das Haidekraut abmähen. Nach dem Abbrennen wird sofort flach gepflügt, dann Mergel oder Kalk aufgefahren, gebreitet und flach untergepflügt. Als erste Frucht baut man Buchweizen, als zweite Roggen an. Nach dem Roggen benutzt man das Land einige Jahre zur Weide und säet zu diesem Zwecke unter den Roggen weißen Klee. Kann man solches Land mit Stallmist düngen, so kann es fortgesetzt zum Frucht- und Futterbau verwendet werden; im entgegengesetzten Falle muß man es, nachdem es einige Halmfrüchte getragen und einige Jahre zur Weide daniedergelegen hat, wieder brennen.

§. 6.
Entfernung der Stein- und Kieshorste.

Die zuweilen in dem Ackerlande vorkommenden einzelnen Stellen, welche nur eine schwache Bodenschicht haben, unter welcher unmittelbar Steine oder Kies liegen, geben stets einen geringen Ertrag, da die Pflanzen nur seicht zu wurzeln vermögen und namentlich bei anhaltender Hitze und Trockenheit verkümmern. Man muß deshalb solche Stellen verbessern. Dieses geschieht dadurch, daß man im zeitigen Frühjahre oder im Spätherbst solche Brand- oder Schrindstellen bis 18 Zoll tief ausgräbt, den ausgeworfenen Schutt abfährt und die durch das Ausgraben entstandene Vertiefung mit guter Erde ausfüllt.

§. 7.
Entfernung großer Steine.

Steine, welche so groß sind, daß sie der Pflug nicht zu heben und heraufzubringen vermag, müssen gesprengt oder versenkt werden. Um Steine zu sprengen, verfährt man folgendermaßen: Man umgräbt den Stein ringsherum so, daß seine Grundlage frei wird; dann belegt man ihn mit brennbaren Stoffen, welche in der Nähe zu haben sind, zündet diese an und ist besorgt, daß die Gluth den Stein möglichst von unten und von allen Seiten bestreicht. Ist der Stein glühend, so wird er mit kaltem Wasser begossen und mit Schlägeln stark gepocht, worauf er in Stücke zerspringt, welche abgefahren werden.

Statt des Feuers kann man sich auch des Pulvers zum Sprengen bedienen. Zu diesem Zwecke bohrt man in den Stein ein 9—15 Zoll tiefes Loch so, daß dasselbe gerade auf den Mittelpunkt der größten Masse des Steines trifft. Ist der Stein sehr umfangreich, so muß nach jedesmaligem Sprengen ein neues Loch gebohrt werden. Das Bohrloch wird etwa zu einem Fünftel seiner Tiefe mit Sprengpulver angefüllt. An die eine Seite des Loches steckt man dann eine Nadel, welche so dick wie eine Gänsespule und so lang ist, daß sie noch einige Zoll über das Loch emporragt, wo sie mit einem zollweiten Ringe versehen sein muß. Das Loch wird nun 1 Zoll hoch mit gutem Lehm fest belegt und dann mit angefeuchteten Ziegelstückchen, die mit einem eisernen Stempel und Hammer eingestampft werden, so ausgefüllt, daß auf der Oberfläche eine kleine Vertiefung bleibt. Jetzt wird die Nadel herausgezogen und das durch sie entstandene Loch mit Pulver so weit gefüllt, daß dasselbe auch in die kleine Vertiefung des Bohrloches zu liegen kommt. Auf das Pulver wird ein langer Streifen Schwamm gelegt und dieser an dem von dem Pulver entfernten Ende angezündet, worauf sich die Arbeiter schnell 100 Schritte weit entfernen müssen.

Um große Steine zu versenken, befreit man sie ringsherum von der Erde und gräbt an der Seite, nach welcher sie die meiste Neigung haben, ein so großes Loch, daß der Stein bequem darin Raum hat, und noch 2 Fuß hoch leerer Raum zur Ausfüllung mit guter Erde bleibt. Sobald die Grube fertig ist, wird in dieselbe der Stein von der entgegengesetzten Seite mit Hebebäumen hineingestürzt, jeder leere Raum des Loches mit Erde ausgestampft und die Oberfläche des Loches selbst mit guter Erde ausgefüllt.

Das Sprengen oder Versenken großer Feldsteine lohnt sich aber nur dann, wenn sie nicht in zu großer Menge im Acker vorkommen.

§. 8.

Planiren des Bodens.

Ein Feld, auf welchem kleine Erhöhungen und Vertiefungen vorkommen, bietet insofern mancherlei Nachtheile dar, als sich dasselbe nicht gut bestellen läßt, und als die Früchte auf den erhöhten Stellen bei Trockenheit und Hitze vertrocknen, während sie in den vertieften Stellen bei Nässe ersaufen. Solche Felder muß man planiren. Man trägt nämlich sowohl auf den Hügeln als in den Senken die Ackerkrume ab, bringt sie in Haufen, gräbt dann die erhabenen Stellen so tief ab, daß sie mit dem ebenen Theil des Ackers in gleiche Lage kommen, füllt mit dem durch die Abgrabung erhaltenen Material die Senken aus und bringt dann sowohl auf die erhöht gewesenen abgegrabenen, als auf die früher vertieften nun ausgefüllten Stellen die gute Erde zurück.

Kommen auf einem Acker neben Erhöhungen nicht auch Vertiefungen und umgekehrt vor, so vertheilt man die überflüssige Erde von solchen Stellen auf den ganzen Acker; kommen blos Vertiefungen vor, so muß man das zur Ausfüllung derselben erforderliche Erdreich von benachbarten

Grundstücken herbeischaffen, vorausgesetzt, daß die Entfernung keine zu große ist, denn sonst würde sich die Verbesserung nicht lohnen; man müßte sie denn gelegentlich und nach und nach ausführen.

§. 9.

Entwässerung.

Wenn ein angemessener Grad von Feuchtigkeit im Boden zum Gedeihen der angebauten Pflanzen unerläßlich ist, so übt dagegen ein Uebermaß von Feuchtigkeit den ungünstigsten Einfluß aus, indem dadurch der Boden bis zur Unbestellbarkeit herabsinken kann; im günstigsten Falle wird er doch bei weitem die Erträge nicht liefern, welche er geben könnte und würde, wenn sein Feuchtigkeitsverhältniß ein angemessenes wäre. Eine der ersten und wichtigsten Bodenverbesserungen ist daher die Entwässerung.

Die Trockenlegung nasser Felder kann auf verschiedene Weise geschehen, je nach den Ursachen, durch welche die Nässe veranlaßt wird.

Entsteht die Nässe der Felder daraus, daß dieselben tiefer liegen als die Umgebungen, und daß von diesen die Nässe in jene eintritt, so muß man das Wasser von den umgebenden Grundstücken auffangen, noch ehe es in den Acker eintritt. Zu diesem Zwecke legt man an der tiefsten Stelle der Umgebung Auffangegräben an, gibt diesen ein angemessenes Gefälle und leitet das Wasser in ihnen in einen Bach, Fluß, Teich 2c.

Entsteht dagegen die Nässe in den Feldern selbst durch Quellen, oder ist das Ackerland von solcher Beschaffenheit, daß das überflüssige Regen- und Thauwasser nicht oberflächlich ablaufen, auch nicht in die Tiefe versickern kann, so muß man in dem Acker selbst die nöthigen Veranstaltungen zur Entwässerung treffen. Dieselbe geschieht hier durch Anlage von Entwässerungsgräben, die man an den geeigneten Stellen, namentlich am Ursprung der Quellen, tief genug und mit dem gehörigen Gefälle anlegt und an den tiefsten Stellen fortführt, bis sie sich an der Grenze des Feldes in einen Auffangegraben entleeren.

Die Entwässerungsgräben können offen und verdeckt sein. Die offenen verdienen aber keine Empfehlung, da sie vielerlei Nachtheile haben; dieselben bestehen in Bodenverschwendung, Behinderung der Ackerbestellung, Beherbergung von Unkraut und Ungeziefer, öftere Reinigung und Wiederherstellung. Die bedeckten Gräben sind zwar kostspieliger in der Herstellung, aber doch wohlfeiler, da sie alle die Mängel nicht haben, welche von den offenen Gräben gerügt worden sind.

Die bedeckten Gräben können in verschiedener Art und Weise ausgeführt werden. Man kann nämlich die Sohle der Entwässerungsgräben mit Steinen, Holz, Reisig, Stroh, Rasen bis 1 oder 1½ Fuß von der

Oberfläche so belegen, daß hinreichende Zwischenräume zum Durchsickern des Wassers bleiben. Man nennt solche Anlagen auch Dauchen. Auf diese Stoffe wird gute Erde so hoch gebracht, daß die Oberfläche der Gräben mit derjenigen des Ackers in völlig gleicher Ebene liegt. Derartige Entwässerungsanlagen sind aber deshalb nicht zu empfehlen, weil sie nur kurze Zeit dauern; das Füllmaterial senkt sich nämlich bald, die Zwischenräume verstopfen sich in Folge dessen, und der Wasserabzug ist nun gehemmt. Man sieht sich deshalb genöthigt, solche Entwässerungsanlagen bald zu erneuern, was um so mehr Berücksichtigang verdient, als ihre Herstellung eben so große Kosten verursacht, als die Entwässerungsanlagen von unbegrenzter Dauer.

Besser als die sogenannten Dauchen sind diejenigen Entwässerungsgräben, deren Sohle man eine feste Grundlage von gebrannten Steinen (Platten) gibt, auf der man einen Kanal von Backsteinen anbringt. Die Hälfte des leeren Raumes des Grabens füllt man dann mit Ziegelstücken aus, auf welche bis zur Oberfläche des Ackers Erde kommt. Derartige Anlagen leiten das Wasser sehr gut ab, sind dauerhaft, aber kostspielig.

Ganz dasselbe gilt auch von den Ziegeldrains. Man versteht darunter solche Entwässerungsanlagen, welche auf die Art hergestellt werden, daß man auf die Sohle des Entwässerungsgrabens gebrannte Platten von Ziegelmasse legt, auf die man dann Hohlziegel stellt, so daß ein fortlaufender Abzug gebildet wird.

Besser als alle die bisher angeführten Entwässerungsanlagen sind die Röhrendrains, weil dieselben nicht kostspieliger als die Dauchen und die Ziegeldrains sind und dem Zwecke weit besser genügen. Durch die Röhrendrains wird nicht nur der nasse Boden angemessen trocken gelegt, sondern auch der kalte Boden erwärmt, der feste gelockert, indem die Luft zu größerer Tiefe einzudringen vermag. In Folge dessen geschieht es, daß der früher nasse, kalte, zähe Boden frühzeitiger bestellt und abgeerntet werden kann, daß er ganz sicher Früchte trägt, und zwar gegen früher, ehe er drainirt wurde, um 100—200 Prozent mehr. Daraus geht die sehr große Wichtigkeit der Drainirung alles an stockender Nässe leidenden Bodens hervor, und man kann mit Recht die Drainirung die wichtigste aller Bodenverbesserungen nennen. Sie sollte selbst dann nicht unausgeführt bleiben, wenn das nöthige Geld dazu zu hohen Zinsen geborgt werden müßte, denn schon nach wenigen Jahren ist das auf die Drainirung verwendete Kapital in Folge der durch sie bewirkten höhern Erträge vollständig zurückbezahlt.

Die Röhren zu diesen Drains sind aus Thon gebrannt, 1 Fuß lang und von verschiedenem Durchmesser. Sie werden unmittelbar auf die

Sohle des Grabens gelegt. Hat man eine passende Masse, nämlich bildsamen Thon, welcher weder zu mager noch zu fett ist, und eine gute Drainröhrenpresse, so kann man den nöthigen Bedarf an Drainröhren selbst anfertigen; im andern Falle muß man sie kaufen; doch ist dabei weniger auf Wohlfeilheit, als auf tüchtige Waare Rücksicht zu nehmen, da die Drainanlage nur dann eine gute und dauerhafte sein kann, wenn man dazu gute Röhren anwendet.

Für die Nebendrains genügt ein Durchmesser der Röhren von 1—1½ Zoll; nur bei sehr langen Wasserleitungen wendet man in Abständen von 50 laufenden Ruthen Röhren von größerem Durchmesser an, so daß für die ersten 50 laufenden Ruthen Röhren von 1 Zoll, für die folgenden 50 laufenden Ruthen Röhren von 1½ Zoll, dann von 2 Zoll ꝛc. angewendet werden. Für die Hauptdrains wählt man Röhren von 3 bis 4 Zoll Durchmesser.

Die beste Zeit zum Drainiren ist die zweite Hälfte des Sommers, weil dann der Boden am trockensten ist; man kann aber auch im zeitigen Frühjahr, sobald der Frost aus dem Boden ist, drainiren. Am besten lassen sich Klee- und Getreidestoppel und Brache drainiren.

Hat man größere Strecken zu drainiren, so wird man wohlthun, das zu drainirende Land in verschiedene Schläge abzutheilen und in jedem Jahre einen derselben zu drainiren.

Ehe man mit der Ausführung des Drainirens beginnt, muß man von den diesen Verbesserungen zu unterwerfenden Grundstücken von einem Sachverständigen eine Planlage anfertigen lassen. In derselben sind die Lage der Grundstücke, die Form ihrer Oberfläche, die Beschaffenheit der Ackerkrume und des Untergrundes, die Schichtungsverhältnisse der Bodenarten und das Gefälle ins Auge zu fassen, weil von diesen Verhältnissen die Möglichkeit der Drainirung und die Art und Weise ihrer Ausführung abhängt. Die Lage des Bodens entscheidet über die Abführung des Wassers und die Richtung der Gräben; die Form der Oberfläche über die etwaige vorherige Planirung; die Beschaffenheit der Ackerkrume und des Untergrundes über Anzahl und Tiefe der Gräben. Am wichtigsten ist unstreitig das Gefälle; denn ist kein genügendes Gefälle vorhanden, so kann das Wasser nicht abgeleitet werden.

Sobald der Plan der Drainanlage entworfen ist, zeichnet man oder läßt man zeichnen eine Karte von der ganzen Anlage und dann die Richtung der Ableitungsgräben, Haupt- und Nebendrains abstecken.

Der in der Regel offene Ableitungsgraben hat die Bestimmung, das Wasser aus den Hauptdrains aufzunehmen und es aus dem Acker zu führen. Gut ist es, wenn man das Drainwasser in Fischteiche leitet oder zur Bewässerung der Wiesen verwendet.

Die Hauptdrains dienen zur Aufnahme des Wassers aus den Saug- oder Nebendrains. Jene müssen stets an der tiefsten Stelle des zu entwässernden Feldes angelegt werden. Hat das Feld einen gleichmäßigen Hang, so genügt ein Hauptdrain; bei wellenförmiger Beschaffenheit des Feldes aber muß jede einigermaßen bedeutende Vertiefung mit einem Hauptdrain versehen werden.

Die Saug- oder Nebendrains haben die Bestimmung, die überschüssige Feuchtigkeit aus dem Boden aufzusaugen. Sie münden in den Hauptdrain. Damit dieses um so sicherer geschieht, müssen die Saugdrains parallel und mit der Richtung des Gefälles laufen. Nur dann findet eine Abweichung von dieser Regel statt, wenn das Feld stark wellenförmig ist. In diesem Falle muß es in so viel Abtheilungen als nöthig gebracht werden; jede Abtheilung erhält dann ihren Hauptdrain und die erforderlichen parallelen Saugdrains.

Die Saugdrains sollen in den Hauptdrain stets in einem schiefen Winkel einmünden.

Um Steigung und Gefälle des zu entwässernden Feldes und die Beschaffenheit seiner Oberfläche kennen zu lernen, muß es vor der Absteckung der nöthigen Gräben nivellirt werden.

Wie die Planlage, so überläßt derjenige Landwirth, welcher des Drainirens nicht kundig ist, auch die Ausführung der Anlage am besten einem Drain-Techniker. Am besten, schnellsten und wohlfeilsten geschieht die Ausführung des Drainirens durch Leute, deren Geschäft die Herstellung von Drainanlagen ist.

Von Wichtigkeit bei der Ausführung von Drainanlagen ist die Tiefe der Lage, die Entfernung der Röhrenstränge von einander, das Gefälle und die Länge der Drains.

Was die Tiefe der Lage der Drains betrifft, so ist eine tiefe Lage derselben stets vortheilhafter als eine flache, weil im erstern Falle eine größere Bodenfläche trocken und zwar genügend trocken gelegt wird. Auch wird durch tiefe Drainirung der Untergrund mehr verbessert. Dazu kommt noch der wichtige Umstand, daß, je tiefer man drainirt, die Röhrenstränge um so weiter auseinandergelegt werden können, so daß also durch eine tiefe Drainirung zugleich an Kosten erspart wird. Unter 4 Fuß Tiefe sollte man die Drainröhren nicht legen; besser ist noch eine Tiefe von 5—6 Fuß.

Die Entfernung der Saugdrains von einander hängt ab theils von der Menge Wasser, welches sie aufzunehmen haben, theils von der Tiefe der Draingräben. Bei einer Tiefe der Drains von 4 Fuß kommen die

Röhrenstränge 48 Fuß auseinander zu liegen, bei jedem Fuß Tiefe mehr kommen die Röhrenstränge 12 Fuß weiter von einander zu liegen, so daß also bei 6 Fuß tiefen Draingräben die Röhrenstränge 76 Fuß entfernt von einander zu liegen kommen. Außer der Tiefe der Draingräben hat auch die Beschaffenheit des Bodens Einfluß auf die Entfernung der Röhrenstränge, so zwar, daß schwerer Boden eine geringere, leichter und lockerer Boden eine größere Entfernung der Röhrenstränge von einander bedingt.

In Betreff des Gefälles kann man annehmen, daß ein solches von 1 Zoll auf 100 Fuß genügt; nur da, wo es nothwendig ist, das Wasser schnell abzuleiten, muß man ein Gefälle von 2 Zoll auf je 100 laufende Fuß herbeiführen. Das erforderliche Gefälle wird entweder mit der Wasser- oder Setzwage oder dadurch ermittelt, daß man Wasser in die angefertigten Draingräben gießt und den Lauf desselben beobachtet.

Was schließlich die Länge der einzelnen Röhrenstränge anlangt, so richtet sich dieselbe nach dem Durchmesser der Röhren, nach dem Gefälle und nach der Menge des abzuleitenden Wassers. Je geringer der Durchmesser der Röhren, je schwächer das Gefälle und je mehr Wasser abzuleiten ist, desto kürzer müssen die Röhrenstränge von demselben Durchmesser der Röhren sein. Bei Feldern von bedeutender Länge hilft man sich dann damit, daß man von 500 zu 500 Fuß Röhren von größerem Durchmesser, wie schon früher angegeben, anwendet. Ist dieses aber wegen zu großer Länge des Feldes nicht möglich, so müssen in größeren Abständen sogenannte Sammeldrains angelegt werden, welche das Wasser aus den Saugdrains aufnehmen und es den Hauptdrains zuführen. Nach Vincent soll man Röhrensträngen von 1 Zoll Durchmesser keine größere Länge als 900 Fuß geben. Röhrenstränge von 2 Zoll Durchmesser der Röhren kann man dagegen 2100, von 3 Zoll Durchmesser bis 6000 Fuß lang machen.

Damit das Wasser ungehindert abfließen kann, müssen die Drains in geraden Linien angelegt werden; sollte dieses die Bodenbeschaffenheit nicht gestatten, so muß man die ganze Anlage so einrichten, daß sich die Röhrenstränge in sanften Bogen hinziehen und kein Stauen des Wassers in ihnen stattfindet.

Sehr wichtig ist die Ausführung der Grabenarbeit selbst. Zunächst wird die obere Breite der Gräben durch doppelte Schnuren abgesteckt. Die Breite der Gräben ist verschieden nach der Art der Drains. Saugdrains verlangen die geringste obere Breite, Sammeldrains eine etwas größere, Hauptdrains eine noch größere. Die obere Breite hängt aber auch von der Tiefe der Gräben ab. Bei 3 Fuß Tiefe beträgt die obere Breite 12 Zoll, bei 4 Fuß 13 Zoll, bei 5 Fuß 15 Zoll, bei 6 Fuß 16 Zoll, die Breite der Sohle bei den Saugdrains 3, bei den Hauptdrains 4—6 Zoll.

Zuerst werden die Hauptdrains, dann die Sammeldrains, zuletzt die Saugdrains ausgeworfen, und zwar beginnt man damit stets an der tiefsten Stelle, um dem sich in dem ausgeworfenen Graben ansammelnden Wasser sofort Abfluß zu verschaffen. Gestattet es die Beschaffenheit des Erdreichs, so ist es am besten, den Graben seiner ganzen Länge nach fertig zu machen, ehe man ihn mit Röhren belegt. In sehr nassem oder losem Boden, namentlich in Triebsand, darf man dagegen nur kurze Strecken der Gräben auf einmal auswerfen, und muß diese dann sofort mit Röhren belegen, theils damit die Gräben nicht wieder einstürzen, theils damit sie nicht unter Wasser gesetzt werden.

Beim Auswerfen der Gräben bringt man die Ackerkrume auf die eine, den Untergrund auf die andere Seite.

Die gewöhnlichen Geräthe, Hacke und Schaufel, genügen zur Anfertigung von Draingräben durchaus nicht; man muß vielmehr die englischen oder belgischen Draingeräthe anwenden. Dieselben bestehen aus Spaten von verschiedener Breite, der Hackenschaufel, der Rinnenhacke und dem Pickel. Zum Ausheben der obersten Erdschicht von 1 Fuß Tiefe bedient man sich des Breitspatens, zum Ausheben der folgenden Erdschicht von 1 Fuß Tiefe des Stichspatens, zur Aushebung der untern Erdschicht von $1^1/_2$ Fuß Tiefe des Drainspatens; will man noch tiefer gehen, so muß der Hohlspaten angewendet werden. Trifft man auf sehr festen oder steinigen Untergrund, so muß man dem Spaten mit der Spitz- oder Pickelhaue vorarbeiten. Sobald man mit dem Drainspaten zu arbeiten beginnt, muß die losgestoßene Erde mit der Hackenschaufel herausgeschafft werden. Diese kann aber nur bis zu einer Breite des Grabens von 4 Zoll angewendet werden; beginnt der Graben schmäler zu werden, so muß man sich zum Herausschaffen der Erde der Rinnenhacke oder des Schwanenhalses bedienen.

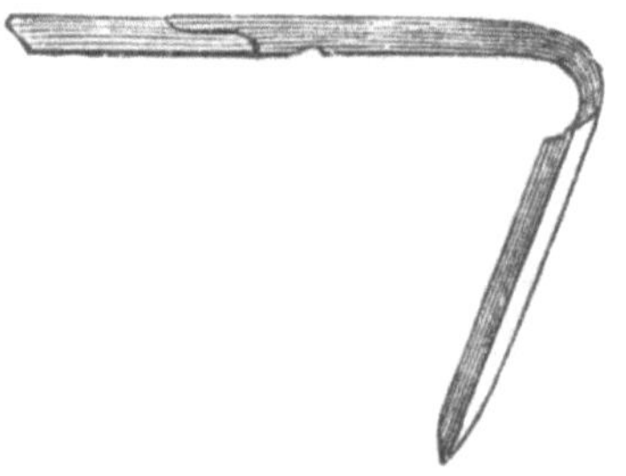

Fig. 1. Röhrenhaken.

Bei festem Erdreich läßt man die Gräben gern einige Zeit offen, ehe man sie mit Röhren belegt, damit die Grabenwände gehörig abtrocknen können.

Das Legen der Röhren geschieht zuerst in den Hauptdrains, dann in den Sammeldrains, schließlich in den Saugdrains. In allen Drains muß die Sohle fest und eben sein, damit die Röhren glatt und fest zu liegen kommen. In die Hauptdrains, welche auf der Sohle so weit sind, daß ein Arbeiter darin stehen kann, werden die Röhren mit den Händen, in die Sammel- und Saugdrains dagegen mit einem Röhrenhaken (Fig. 1) gelegt. Der Arbeiter ergreift damit eine am Boden liegende Röhre, senkt sie auf die Grabensohle, legt sie an die vorhergehende Röhre an und tritt sie etwas fest. Wichtig bei dieser Arbeit ist, daß die Röhren mit den Mündungen oder Stoßfugen dicht an einander zu liegen kommen, damit keine festen Stoffe eindringen können. Da dieses bei triebsandigem Boden nicht wohl zu vermeiden ist, so muß man hier noch besondere Mittel anwenden, um dem entgegenzuarbeiten. Die Anwendung von Muffen (gebrannte Thonringe, welche je zwei Röhren so mit einander verbinden, daß sie die Fuge derselben überdecken) zu diesem Behuf ist zu kostspielig. Denselben Zweck erreicht man ebenso sicher und weit wohlfeiler, wenn man die Röhren an den Stoßfugen mit Scherben, Ziegel- und Schieferstückchen umgibt.

Die Einmündung der Nebendrains in die Sammeldrains und dieser in die Hauptdrains geschieht entweder dadurch, daß man in die Hauptröhre ein so großes Loch schneidet, daß man die kleinern Röhren passend in dasselbe einfügen kann, oder daß man besondere Kreuzröhren anwendet.

Unmittelbar nach dem Legen der Röhren müssen die Gräben zugefüllt werden. Ehe dieses aber geschieht, muß die Röhrenleitung noch einmal nachgesehen werden, ob sich die eine oder die andere Röhre verrückt hat, um sie wieder in Ordnung zu bringen. Zuerst schüttet man die Hauptdrains, dann die Sammel- und Nebendrains zu, und zwar beginnt man mit dieser Arbeit an der tiefsten Stelle; die besonders gelegte Ackerkrume bringt man, wenn der Untergrund sehr schlecht sein sollte, wieder oben auf.

Wichtig ist noch die Ausmündung der Röhren da, wo sie zu Tage treten. Damit an dieser Stelle die Röhren fest liegen und keine Unterwaschung stattfindet, verwendet man entweder 2 Fuß lange Röhren oder, was noch besser ist, man mauert die Mündung ein Stück in das Feld hinein aus. Dies hat zugleich den Vortheil, daß die Röhrenleitung an der Mündung von boshaften Menschen nicht beschädigt werden kann. Damit übrigens von der Mündung aus keine Verstopfung der Röhrenleitung stattfinden kann, sind die Röhren an der Mündung wöchentlich einmal zu reinigen.

Sollte sich ein Drain verstopft haben und das Wasser nicht mehr abführen, so muß man an der betreffenden Stelle aufgraben und den Schaden ausbessern. Eine solche Stelle macht sich sofort bemerklich an der oberflächlichen Nässe.

Was die Kosten der Drainirung anlangt, so lassen sich dieselben nicht für alle Fälle zutreffend angeben; sie werden bedingt theils von der Bodenbeschaffenheit, theils von dem Preis der Drainröhren und der Arbeit. In dem allergünstigsten Falle kann man den Magdeburger Morgen mit einem Geldaufwande von 4 Thlr. drainiren; im ungünstigsten Falle erhöht sich der Betrag auf 18 Thlr. Der Mittelsatz ist 8 Thlr. pr. Morgen.*)

§. 10.

Auffahren entgegengesetzter Erdarten.

Ein sehr belangreiches Bodenverbesserungsmittel ist das Auffahren entgegengesetzter Erdarten. So kann man z. B. einen sehr strengen Thon- und Lehmboden dadurch wesentlich verbessern, daß man denselben mit Sand-, Torf-, Moor- oder Mergelerde überfährt, während sich ein sehr leichter, loser Boden, z. B. der Sand-, Moor-, Torfboden dadurch sehr verbessern läßt, daß man denselben mit Lehm- oder Thonerde überfährt.

So nutzreich aber auch eine derartige Verbesserung des Bodens ist, so darf man sie doch nur in dem Falle vornehmen, wenn die darauf zu verwendenden Kosten im Einklange stehen mit dem wirklichen Nutzen. Dies wird dann der Fall sein, wenn die entgegengesetzte Erdart in der Nähe zu haben und noch mehr, wenn sie im Untergrunde des zu verbessernden Grundstücks befindlich ist, und wenn die Auffuhr derselben zu einer Zeit geschieht, wo Gespanne und Arbeiter zu andern nothwendigen Arbeiten nicht gebraucht werden. Ist dagegen die entgegengesetzte Erde aus großer Entfernung herbeizuschaffen, so wird eine solche Verbesserung mehr kosten, als sie werth ist, und man muß sie dann unterlassen.

Ist das Auffahren entgegengesetzter Erdarten mit Nutzen ausführbar, dann muß es zu richtiger Zeit geschehen. Die beste Zeit dazu ist der Spätherbst. Sofort nach dem Aufbringen ist die Erde gleichmäßig auszubreiten, damit sie durch Frost und atmosphärische Luft gelockert, gemürbt und befruchtet wird. Im Frühjahr, sobald der Boden genugsam abgetrocknet ist, wird die aufgebrachte Erde geeggt und seicht untergepflügt.

Wie hoch man die entgegengesetzte Erdart aufzubringen hat, wenn sie Wirkung hervorbringen soll, läßt sich im Allgemeinen nicht bestimmen, indem viel dabei auf die Erdart selbst ankommt. Unter 3—4 Zoll hoch wird aber kaum eine sichtbare Wirkung zu verspüren sein.

---

*) Ausführliche und sehr faßliche Anleitung zum Drainiren gibt die Schrift von Vincent: „Die Drainage nasser und kalter Ländereien.“ Leipzig, Veit & Comp. 15 Ngr.

§. 11.

Einhägung der Felder.

Die Einhägungen werden in todte und lebende unterschieden. Die ersteren werden entweder aus Feldsteinen, wenn solche vorhanden sind, oder aus Holz oder durch Erdaufwürfe, die letzteren durch lebendige Hecken von Weißdorn, Akazien, Buchen, Weiden, Birken ꝛc. gebildet.

Der große Nutzen, den solche Einhägungen gewähren, besteht darin, daß sie die heftigen, rauhen Winde abhalten, das Austrocknen des Bodens verhüten, gegen die Kälte schützen, die feuchten Niederschläge begünstigen, die insektenvertilgenden Vögel hegen. Sie können daher mit Recht sehr empfohlen werden, insonderheit auf der Nord- und Ostseite der Felder. Den Vorzug verdienen allerdings die lebendigen Einhägungen vor den todten, weil jene durch Holzertrag noch Nutzen gewähren und zur Verschönerung der Feldmark wesentlich beitragen. Nur bei Ueberfluß an Feldsteinen dürfte die Anwendung dieser zu Einhägungen gerechtfertigt erscheinen, da sie, auf diese Weise zusammengestellt, so lange ihren nützlichen Platz haben, bis sie zu einem andern Zwecke verwendet werden können. Umzäunungen von todtem Holz eignen sich am wenigsten für das Feld, da sie sehr kostspielig in der Unterhaltung sind und dem Zwecke weniger entsprechen.

Bei den Einhägungen der Felder ist übrigens die Beschaffenheit des Bodens zu berücksichtigen, da dem einen Boden das nachtheilig werden kann, was dem andern zum größten Vortheile gereicht. So dürfen die feuchten Aecker nicht durch Hecken eingeschlossen werden, da man bei ihnen gerade das Austrocknen, welches die Hecken verhindern, zu wünschen hat.

Außer dem Schutze, welchen die Einhägungen den angebauten Früchten und dem Boden selbst gewähren, haben sie auch noch großen Nutzen in den Gegenden, wo der Weidegang der Thiere, namentlich des Rindviehes, gebräuchlich ist, da sie das Weiden sehr begünstigen und erleichtern; denn man erspart dadurch an Aufsichtskosten, die Thiere weiden weit ungestörter und sind auch mehr gegen die Ungunst der Witterung geschützt als auf offenen Weideplätzen.

Die beste Holzgattung für den lebendigen Zaun ist der Weißdorn. Man muß ihn aber in eigenen Pflanzschulen aufziehen, wenn man eine sichere und regelmäßige Hecke erreichen will. Man findet ihn wohl wildwachsend in Wäldern und Dornengebüschen; aber es hält schwer, ihn durch Versetzen fortzubringen, und niemals ist man im Stande, mit solchem wilden Weißdorn eine geregelte Hecke zu erzielen.

Auch Akazien, Weiden, Birken ꝛc. können zur Einhägung dienen, wenn man sie nur niedrig hält, damit sie durch ihre Beschattung nicht schaden.*)

Siebente Abtheilung.

Die Düngung.

§. 1.

Werth des Düngers.

Die Pflanzen, welche Gegenstand des landwirthschaftlichen Anbaues sind, brauchen zu ihrem Wachsthum außer dem Standort und außer dem Wasser, dem Licht und der Wärme auch assimilirbare Nahrungsstoffe. Letztere sind theils organische, theils unorganische. Früher glaubte man, daß der organische, der aus Pflanzen und Thieren hervorgegangene Dünger, der Humus, die hauptsächlichste Pflanzennahrung sei, und man beachtete deshalb auch nur diesen, während man die Mineralstoffe zur Ernährung der Pflanzen kaum in Betracht zog. Die Chemie hat in dieser Beziehung Licht verbreitet; sie hat unläugbar nachgewiesen, daß die Mineralstoffe ebenso wichtig und unentbehrlich zur Ernährung der Pflanzen sind als die organischen Düngemittel, daß nur durch die angemessene Anwendung beider der höchste Erfolg beim Pflanzenbau zu erreichen ist.

Im Allgemeinen muß derjenige Dünger als der wirksamste bezeichnet werden, durch welchen dem Boden diejenigen Nahrungsstoffe für die Pflanzen zurückerstattet werden, an welchen er durch wiederholte Ernten vorzugsweise erschöpft worden ist. Wenn sich unter der Zahl der verschiedenen Düngemittel der Stallmist in den allermeisten Fällen am besten bewährt, so kommt dies daher, daß derselbe nicht nur die zur Ernährung der Pflanzen nothwendigen organischen, sondern auch die ebenso nothwendigen mineralischen Stoffe in angemessener Menge und Verbindung enthält. Hiernach ist also festzuhalten, daß, wenn man rationell düngen will, man den mineralischen Pflanzennährstoffen eine ebenso große Bedeutung beilegen muß als den organischen. Da aber erstere weit weniger erschöpft werden als letztere, so bedarf es nur für gewisse Pflanzenarten, welche viel unorganische Nährstoffe aus dem Boden nehmen, einer besondern künstlichen Zufuhr von mineralischen Nahrungsstoffen; sonst genügt die öftere Bear-

*) Eine ausführliche und sehr gute Anleitung zur Anlage und Pflege der Hecken gibt die Schrift: „Anleitung zur Anlage, Pflege und Benutzung lebendiger Hecken" von Dr. A. v. Lengerke. 3. Auflage von Dr. Gloger. Mit 25 Abbildungen. Leipzig, Veit & Comp. 1860.

beitung des Bodens, namentlich vor Winter, indem dadurch die unorganischen im Boden befindlichen Nährstoffe verwittert und aufgeschlossen werden, sowie die Auffuhr von Stallmist, da derselbe gleichzeitig organische und mineralische Pflanzennährstoffe enthält.

Der Dünger ist der Hebel des Pflanzenbaues; ohne ihn ist kein Gedeihen der Pflanzen möglich, und keine noch so fleißige Bearbeitung des Bodens, keine Fruchtfolge, kein noch so zweckmäßiges Wirthschaftssystem kann ihn entbehrlich machen.

Je kräftiger die Pflanzen wachsen, desto größer ist die Reproduktion derselben, und da sie einen nicht geringen Theil ihrer Nahrung aus der Atmosphäre nehmen, so ist eine Steigerung des Kraftzustandes des Bodens die nothwendige Folge einer sorgsamen Produktion und Anwendung des Düngers.

Der arme Sandboden wird durch Düngung zu den höchsten Erträgen gebracht, während der reichste Marschboden nach und nach seinen Werth verliert, erschöpft wird, wenn ihm nicht durch die Düngung neue Pflanzennährstoffe zugeführt werden.

Es ist daher einleuchtend, daß die Sorge für die Beschaffung und Vermehrung des Düngers zu den wichtigsten Aufgaben des Landwirths gehört; was er darin leistet, wird sich stets reichlich lohnen durch die besten Erfolge im Pflanzenbau.

§. 2.

Eintheilung des Düngers, welcher dem Boden einverleibt wird.

Sämmtliche Düngerarten, welche der Landwirth dem Boden zuführt, werden eingetheilt in Stallmist, rein thierischen Dünger, pflanzlichen Dünger, flüssigen Dünger, mineralischen Dünger, Mengedünger und künstlichen Dünger.

Die atmosphärischen Nahrungsstoffe, welche hauptsächlich aus Sauerstoff und Kohlensäure bestehen, nehmen die Pflanzen ohne Zuthun ihres Züchters auf, und deshalb ist auf dieselben nicht weiter einzugehen.

§. 3.

Stallmist.

Den ersten Platz unter den verschiedenen Düngerarten nimmt aus Gründen, welche schon früher erwähnt sind, der Stallmist ein. Derselbe besteht aus den festen und flüssigen Auswürfen der auf dem Stalle gehaltenen Thiere, gemengt mit pflanzlichen oder mineralischen Streumitteln. Der Stallmist ist aber nicht nur der beste, sondern auch der wohlfeilste Dünger, weil der Landwirth Zug- und Nutzvieh halten muß. Futterkräuter,

Stroh, der größte Theil der Knollen, der Rüben und des Kohls und ein kleiner Theil der Körner, welche die eigenen Grundstücke erzeugt haben, werden theils dem Vieh verfüttert, theils zur Einstreu verwendet, dadurch in Dünger und zur Nahrung neuer Gewächse umgewandelt. Je mehr also der Boden erzeugt, desto mehr kann ihm in der Form als Dünger wieder gewährt werden. Nach der Produktion des Bodens, namentlich des Futters, richtet sich die Größe des Viehstandes, und davon hängt wieder ab die Masse des zu erzeugenden Düngers. Daraus folgt, daß der Ertrag einer Wirthschaft abhängt von dem richtigen Verhältniß, in welchem der Futterbau zu dem Viehstande steht. Je reichlicher und kräftiger man das Vieh nähren kann, und je reichlicher und besser die Einstreu ist, desto mehr und besserer Dünger wird erzielt. Geringer Viehstand, kärgliche Fütterung, mangelhafte Einstreu bringen eine Wirthschaft schnell herunter, weil es an Dünger zur genügenden Befruchtung der Felder fehlt. Brennereien, Brauereien, Oelmühlen, Zuckerfabriken, welche durch ihre Abfälle reichliches Futter gewähren und dadurch die Haltung eines erhöhten Viehstandes begünstigen, sind deshalb sehr geeignet, eine Wirthschaft zu heben.

Daß die Einstreu zu jeder Jahreszeit ausreiche, wird der Fürsorge des Landwirths besonders empfohlen. Es treten häufig Fälle ein, wo sie zu einer Zeit fehlt, welche zur höchsten Produktion des Düngers die geeignetste ist. Namentlich ist dieses in den Sommermonaten der Fall, wo die Menge des saftigen Futters die meiste Einstreu erfordert.

Zur Einstreu benutzt man dasjenige Stroh, welches sich entweder zum Füttern nicht eignet oder welches die Thiere in den Raufen zurücklassen. Nächst dem Stroh werden aber auch andere Vegetabilien, als Laub, Nadelstreu, Hack- oder Schneidelstreu, Haideplaggen und in Ermangelung der Pflanzenstreu oder, um den Stallmist zu vermehren, Erde mit Vortheil angewendet. Alle Streumittel müssen die Eigenschaft haben, die thierischen Auswürfe aufzufangen, und die pflanzlichen insbesondere noch, sich zu zersetzen.

Der Wald kann namentlich in stroharmen (gebirgigen) Gegenden sehr wesentlich zur Aufhülfe einer Wirthschaft beitragen, und die größtmögliche Benutzung der Waldstreu ist dem Landwirth in solcher Lage dringend zu empfehlen, vorausgesetzt, daß dadurch dem Walde selbst nicht geschadet, der Holzwuchs nicht beeinträchtigt wird.

Nadelstreu, sowohl Rech- und Hackstreu, ist der Laubstreu vorzuziehen: jene zersetzt sich leichter und ist zum Einsaugen der Feuchtigkeit geschickter. Da aber die Waldstreu längere Zeit zur Fäulniß braucht als die andern pflanzlichen Streumittel, so verwendet man sie gern als Unterlage in den

Viehställen oder man läßt, wenn sie zum Einstreuen verwendet wird, den Mist längere Zeit liegen, ehe man ihn ausfährt.

Von großer Wichtigkeit ist die Aufbewahrung und Behandlung des Stallmistes.

Die Aufbewahrung und Behandlung kann entweder im Stall oder auf der Düngerstätte geschehen. Am besten bewahrt man den Stallmist im Stall unter den Thieren auf, weil er daselbst nicht von Luft, Regen, Sonne getroffen, in Folge dessen nicht seiner werthvollsten Bestandtheile beraubt wird. Diese Aufbewahrungsweise verlangt aber eine besondere Stalleinrichtung; der Stall muß nämlich höher als gewöhnlich sein, und Krippen und Raufen müssen höher und tiefer gestellt werden können.

Wird der Stallmist auf der Düngerstätte aufbewahrt, so ist vor Allem dafür zu sorgen, daß dieselbe von zweckmäßiger Beschaffenheit ist.

Die Hauptrücksichten, welche man bei Anlegung einer Düngerstätte zu nehmen hat, sind folgende:

1) Daß sie geräumig genug sei.
2) Daß nichts von der Flüssigkeit, welche aus den Ställen in die Düngergrube geleitet wird, verloren geht.
3) Daß außer dem Regen kein anderes Wasser von Dächern u. dgl. auf die Düngerstätte fließen kann. Deshalb muß sie ringsherum mit einem kleinen gepflasterten Erddamm versehen sein. Die Dächer sollen Dachrinnen und Abfallröhren haben.
4) Daß sie nicht zu sehr den Winden und der brennenden Sonnenhitze ausgesetzt ist. Um dieses zu ermöglichen, umpflanzt man sie mit Roßkastanien oder der gemeinen Pappel.
5) Daß sie eine angemessene Tiefe hat. Sie darf nicht eben gelegen sein, weil sonst die Jauche ablaufen und Luft und Sonne den Mist ausdorren würde; sie darf aber auch nicht zu tief sein, weil sonst der Mist ausgelaugt werden würde. Die angemessenste Tiefe der Düngerstätte beträgt bei muldenförmiger Gestalt derselben 2 Fuß. Nach der Mitte zu muß sie Gefälle haben (mindestens 2 Fuß auf je 12 Fuß Länge), damit sich daselbst die Jauche ansammeln kann.
6) Daß die Düngerstätte auf der Sohle und an den Seitenwänden undurchlassend ist. Man erreicht dieses durch Pflasterung oder Ausschlagung mit fettem Thon.
7) Daß man bequem mit den Wagen aus- und einfahren und dieselben auch stark genug beladen kann.

In die Düngerstätte bringt man den Mist von Rindvieh, Pferden, Schweinen und alle zersetzbaren Abfälle, welche in der Wirthschaft vorkommen und sorgt dafür, daß eine regelmäßige Aufschichtung und Mengung stattfindet, damit der Mist nicht hohl zu liegen kommt, weil er sonst schimmeln würde. Das Mengen und Festtreten des Mistes besorgt am besten das Vieh. Zu diesem Zwecke muß die Düngerstätte umzäunt sein.

Damit sich der Mist auf der Düngerstätte so viel als möglich gleichmäßig zersetzt und in der Zersetzung nicht zu weit vorschreitet, muß er stets in einem angemessen feuchten Zustande erhalten werden, indem man ihn so oft als nöthig mit Jauche begießt.

Um den werthvollsten Stoff des Stallmistes, das Ammoniak, nach Möglichkeit in demselben zurückzuhalten, soll man diesen entweder mit Erde durchschichten oder die Oberfläche mit Gyps, Braunkohlen- oder Torfasche bestreuen oder mit verdünnter Schwefelsäure begießen.

Zu lange darf man den Mist nicht auf der Düngerstätte aufbewahren, weil er sich sonst zu stark zersetzt, zu viel an Menge und Güte verliert. Der Mist soll nicht verfaulen, sondern blos anfaulen. Letzteres ist der Fall, wenn er eine gelbbraune Farbe angenommen hat und mürbe geworden ist, so daß er sich bequem laden läßt.

So sehr man sonst dem völlig zersetzten und fast zu Speck gewordenen Dünger den Vorzug vor dem blos angefaulten gab, so ist man doch jetzt darüber einig, daß man dadurch nicht allein an Düngermasse, sondern auch am Werthe bedeutenden Verlust erleidet. Wenn die Felder das ganze Jahr offen und zugänglich wären, so würden Düngerstätten ganz überflüssig sein, und man würde den größten Gewinn davon haben, wenn man den Dünger bald aus dem Stalle auf den Acker brächte. An Masse würde dadurch jedenfalls gewonnen, aber auch an Güte, da sich die Gase, welche sich bei der Gährung entwickeln, nicht ungenützt in der Luft verflüchtigen, sondern der Ackerkrume zu gute kommen würden.

Es ist daher keinem Zweifel unterworfen, daß es am vortheilhaftesten ist, den Dünger so oft als möglich auf die Felder zu fahren; es erheischt dies aber wieder sehr wesentliche Rücksichten, wenn eine zweckmäßige Verwendung des Stallmistes stattfinden soll.

Der Dünger muß einen gehörig vorbereiteten Platz auf dem Felde finden, und seine Gährung in demselben vor sich gehen. Es ist daher unzweckmäßig, ihn bei Frostwetter auszufahren, weil er dann nicht untergepflügt werden kann. Eher kann er im Sommer auf dem bearbeiteten Boden ausgebreitet einige Zeit ohne Nachtheil liegen bleiben, weil dann der Boden in der Verfassung ist, die flüchtigen Bestandtheile des Mistes einzusaugen. Ein baldiges Unterpflügen ist aber immer besser; nur darf der Stallmist nicht auf nassen Boden gebracht und nicht in der Nässe untergepflügt werden, weil er sonst verkohlen würde.

Man muß also auf das Gedeihen der Frucht rechnen können, zu

welcher man den Dünger verwendet, denn mit dem Mißrathen derselben geht auch der Dünger verloren.

Es ist daher wichtig, den Dünger nur zu sicheren Früchten zu verwenden. Nun kann zwar jede Frucht durch außergewöhnliche Verhältnisse mißrathen; dennoch ist die eine diesem Mißrathen mehr ausgesetzt als die andere. Dieses berücksichtigen manche Landwirthe zu wenig und erleiden dadurch große Verluste.

Namentlich sind es die Hülsenfrüchte, welche in frischem Dünger häufig dem Mißrathen unterworfen sind.

Nächstdem verdient auch die Beschaffenheit des Bodens eine nothwendige Beachtung in Bezug auf die Anwendung der verschiedenen Arten des Stallmistes und seiner größern oder geringern Zersetzung.

Hitzigen Dünger (Schafmist und ganz frischen Mist) auf scharfen Boden zu bringen oder ganz zersetzten Dünger auf kalten, feuchten, bindenden Boden, würde dem Zwecke nicht entsprechen.

Man muß durch die Düngung stets einen doppelten Zweck zu erreichen suchen, Kräftigung und zugleich mechanische Verbesserung des Bodens. Deshalb paßt der hitzige Schafdünger und der frische Stallmist mehr auf tiefen, schweren, kalten Boden, der Rindviehmist und aller in vorgeschrittenem Grade der Zersetzung sich befindliche Stallmist mehr für den leichten, scharfen, warmen Boden.

Ein regelmäßiges Vertheilen oder Ausbreiten des Düngers ist gleichfalls zu beobachten, da größere Klumpen mit der Egge wieder an die Oberfläche gebracht werden, und dadurch nicht allein ein ungleicher Stand der Frucht, sondern auch Verlust an Dünger verursacht wird.

Da es anderer nothwendiger Arbeiten wegen nicht immer möglich ist, den Dünger zu der Zeit auszufahren, daß er bald untergepflügt werden kann, so ist man verschiedener Meinung, auf welche Weise er dann am besten auf dem Felde zu conserviren sei.

Einige fahren ihn im Winter in große Haufen und decken ihn mit Erde zu. Dieses Verfahren ist dann ein ganz gutes, wenn die Erdbedeckung so stark und dicht ist, daß die Luft keinen Zutritt zu dem Dünger hat.

Andere streuen den Mist sofort nach seiner Ausfuhr aus; auch dieses Verfahren ist zu empfehlen, vorausgesetzt, daß die Felder keine sehr geneigte Lage haben, denn sonst würden bei Regen und Thauwetter die düngenden Bestandtheile des Mistes fortgeschwemmt werden. Bei ebener Lage der Felder dagegen kann man den Stallmist ohne Bedenken längere Zeit ausgebreitet liegen lassen, vorausgesetzt, daß das Feld gepflügt ist, weil sich in diesem Falle die Gase des Mistes nicht in die Luft verflüchtigen, sondern in den Boden eindringen.

Das schlechteste Verfahren ist offenbar dasjenige, den Mist in kleine Haufen abzuschlagen und diese längere Zeit stehen zu lassen, weil sich in diesen kleinen Haufen das Ammoniak ungenützt in die Luft verflüchtigt, und nichts weiter zurückbleibt, als die kraftlosen festen Excremente und die Streu.

Die Ueberdüngung mit Stallmist ist nur dann von Vortheil, wenn es darauf ankommt, einer sehr schwächlichen Saat Hülfe zu bringen. In diesem Falle darf man kurzen Mist und zwar vor Winter anwenden. Im Frühjahr, ehe die Vegetation beginnt, harkt man die strohigen Theile ab.

Von Wichtigkeit ist schließlich noch die Stärke der Düngung. Es ist fehlerhaft, zu stark, es ist aber auch fehlerhaft, zu schwach zu düngen; düngt man zu stark, namentlich zu Halmfrüchten, so muß man gewärtig sein, Lagerkorn zu erhalten und viel Stroh, aber wenig Körner zu ernten. Düngt man dagegen zu schwach, so werden sich die Kosten der Düngung nicht lohnen. Ueber die Stärke der Düngung entscheidet theils die Fruchtart, theils die physikalische Beschaffenheit, der Reichthum und die Armuth des Bodens an Pflanzennahrungsstoffen. Oelgewächse, Kartoffeln, Rüben, Kohl vertragen eine sehr starke Düngung. Erschöpften Boden muß man stark, noch düngerkräftigen Boden dagegen schwach düngen. Was die physikalische Beschaffenheit des Bodens anlangt, so verlangt der bindende, kalte Boden starke, der leichte, warme Boden schwache, aber öfter zu wiederholende Düngung.

§. 4.
Rein thierischer Dünger.

Der rein thierische Dünger ist noch wirksamer als der Stallmist, weil er mit keinen Streumitteln versetzt ist, aber nicht so nachhaltig als dieser. Zu dem rein thierischen Dünger gehören eine große Menge von Düngemitteln, doch sollen hier nur die hauptsächlichsten und gebräuchlichsten angeführt werden. Zu denselben gehören der Pferch, die Hornspäne, die Wollenlumpen, das Knochenmehl und der Guano. Manche dieser Düngemittel, insonderheit Guano und Knochenmehl, pflegt man mit dem Namen concentrirte Düngemittel zu belegen, weil sie in einem kleinen Umfange eine große Menge Pflanzennahrung, entweder Stickstoff oder Phosphorsäure, enthalten. Da aber die concentrirten Düngemittel nicht alle die Stoffe in sich vereinigen, welche die Kulturpflanzen zu ihrer Ernährung bedürfen, so sind sie auch keine vollkommenen Düngemittel, und es ist daher entschieden falsch, denselben Boden fortgesetzt mit einem und demselben unvollkommenen Düngemittel zu düngen. Vielmehr dürfen die concentrirten Düngemittel nur in Verbindung mit Stallmist oder abwechselnd mit diesem angewendet werden, wenn nicht nach und nach die Ernten immer geringer werden sollen. Vorzugsweise gilt dieses von dem bindenden, kalten Boden; denn auf denselben hat der Stallmist außer der Zufuhr von Pflanzennährstoffen auch noch die Wirkung, daß er ihn lockert und erwärmt, eine Wirkung, welche die concentrirten Düngemittel nicht auszuüben vermögen.

Pferch oder Hordenschlag. Mit der Veredlung der Schafe wird diese Art der Düngung nach und nach ganz aufhören, da sie sich nur für gröbere Schafe eignet.

Zu dem Behufe des Pferchens macht man leichte Umzäunungen von Latten oder Strauchwerk auf dem Felde, welches man düngen will, und hält daselbst die Schafe über Nacht. Am nächsten Tage wird die Umzäunung weiter gerückt und so fort, bis das ganze Feld gedüngt ist. Man kann dem Hordenschlage eine schnelle Wirkung nicht absprechen; nachhaltend ist sie aber nicht; daß man an Dünger gewinnt, wenn man die Schafe bei guter Streu im Stalle behält, ist die Meinung vieler Landwirthe. In gewissen Fällen ist aber das Pferchen doch von großem Vortheil, nämlich bei von dem Schafstalle sehr entfernten Weiden und bei von dem Wirthschaftshofe weit entlegenen oder dem Düngerwagen unzugänglichen Feldern. Nur muß bei dem Horden die Gesundheit der Schafe berücksichtigt werden, man darf nicht bei Kälte, Nässe, rauhen Winden horden. Damit sich das Ammoniak nicht aus dem Pferch in die Luft verflüchtigt, ist jeder Feldstreifen, sobald er behordet ist, flach umzupflügen.

Hornspäne. Die Abfälle der Hornarbeiter sind ein sehr gutes, nachhaltendes Düngemittel, welches sich für alle Bodenarten eignet. Da sie sich aber im Boden schwer und langsam zersetzen, so muß man sie vor ihrer Anwendung mit Jauche tränken und in Haufen gähren lassen. Man eggt sie zugleich mit der Saat ein. Auf den Morgen verwendet man 16—18 Scheffel als eine mittelstarke Düngung.

Wollenlumpen. Man kann sie in den Papierfabriken oder von Hadersammlern kaufen. Wer sehr lockern, trockenen Boden zu bewirthschaften hat, soll die Gelegenheit zur Erwerbung solcher Lumpen nicht versäumen, denn sie bringen auf solchem Boden eine doppelte Wirkung hervor, sie düngen nicht nur, sondern ziehen auch die Feuchtigkeit in sich und geben dieselbe bei Trockenheit an die Pflanzenwurzel ab. Damit die düngende Wirkung der Wollenlumpen nicht zu spät eintritt, muß man sie vor ihrer Verwendung stark mit Jauche tränken und in Haufen gähren lassen. Auf den Morgen wendet man 18 Ctr. dieser Lumpen an.

Knochenmehl. Dasselbe wirkt vorzüglich durch seinen reichen Gehalt an phosphorsaurem Kalk. Es enthält aber auch Stickstoff, welcher in Verbindung mit Wasserstoff in Ammoniak umgewandelt wird. Um das Knochenmehl mit Vortheil anzuwenden, muß es so fein als möglich gepulvert sein, weil es dann um so schneller und kräftiger wirkt. 1 Centner Knochenmehl ersetzt 30—36 Ctr. des besten Stallmistes vollkommen. Am richtigsten wendet man das Knochenmehl als Zwischen- und Beidünger, namentlich zu Getreide, an. Gesteigert wird seine Wirkung durch Vermischung mit Guano oder Chilisalpeter. Am sichersten wirkt das Knochenmehl auf Boden von mittler Bindigkeit; weder in stark bindendem und sehr feuchtem, noch in sehr leichtem, lockerm und trocknem Boden wirkt es sicher. Seine Anwendung geschieht am besten zur Wintersaat. Die Menge, welche man von dem Knochenmehl auf den Morgen aufzubringen hat, ist verschieden nach der Bodenbeschaffenheit. Schwerer Boden verlangt mehr, leichter weniger. Auch die Beschaffenheit des Knochenmehls selbst ist entscheidend über die Stärke der Düngung. Von grobem Knochenmehl braucht man mehr, von feinem weniger. Zu einer vollen Düngung braucht man von grobem Knochenmehl 6—8, von feinem 3—4, als Bei- oder Zwischendüngung von grobem 3—4, von feinem $1^1/_2$—2 Ctr. pr. Morgen. Man streut das Knochenmehl breitwürfig vor der Aussaat des Samens aus und bringt es mit der Egge unter. Zu Hackfrüchten wendet man es als Stufendüngung an. — In neuerer Zeit stellt man aus dem Knochenmehl in Verbindung mit Schwefelsäure ein künstliches Präparat dar, welches den Namen saurer phosphorsaurer Kalk oder Superphosphat führt. Dasselbe wirkt schneller und kräftiger als das reine Knochenmehl und eignet sich besonders zum Düngen der Rüben, des Klees und des Grases. Es wirkt auf allen Bodenarten, mit Ausnahme der nassen, wird zu $1^1/_2$—2 Ctr. pr. Morgen breitwürfig ausgestreut und flach untergebracht. Man kann dieses Präparat selbst auf folgende Weise darstellen: Man trennt das Knochenmehl durch Sieben in feines, mittelfeines und grobes. Zuerst behandelt man das grobe Knochenmehl, indem man dasselbe mit einer Mischung von 30 Proc. englischer Schwefelsäure und 15 Proc. Wasser (beide Procente auf die Gesammtmenge des Knochenmehls bezogen) innig vermischt. Ist die Masse in einen gleichmäßigen Brei verwandelt, so vereinigt man mit ihm allmälig das mittelfeine und dann noch das feine Knochenmehl. Die Schwefelsäure muß man auf einmal zu den vorher mit Wasser angefeuchteten Knochen bringen und auf eine möglichst innige Mengung bedacht sein.

Guano. Derselbe ist nicht nur unter den concentrirten, sondern überhaupt unter allen Düngemitteln das wirksamste, weil es den Pflanzenwuchs sehr schnell und überaus stark fördert. Dies geschieht in Folge seines sehr reichen Stickstoffgehalts und seines Gehalts an Phosphorsäure. Der Guano besteht aus den Auswürfen der Seevögel und den Cadavern anderer Seethiere. Von den vielen Sorten, welche im Handel vorkommen, ist der peruanische der beste. Da mit dem Guano großer Betrug getrieben wird, so muß man die Kennzeichen des echten, unverfälschten kennen. Diese sind starker ammoniakalischer Geruch, geringe Wasserhaltigkeit und wenig Rückstand einer weißlichen oder graulichen Asche nach dem Verbrennen. 1 Ctr. guter Guano hat denselben Düngerwerth wie 60 Ctr. Rindviehmist, doch ist er nicht so nachhaltend; schon auf die zweite Frucht wirkt er nur schwach. Man kann den Guano, mit Ausnahme des hitzigen Sandbodens, auf allen Bodenarten und zu allen Früchten anwenden; wenn er aber wirken soll, verlangt er zu seiner Auflösung Feuchtigkeit im Boden; bei Trockenheit des Bodens zeigt er keine Wirkung. Die Aussaat des Guano (durchschnittlich 250 Pfd. pr. Morgen) geschieht unmittelbar vor der Saatfurche, da sich sein Stickstoff um so weniger verflüchtigt, wenn er untergepflügt wird. Uebrigens ist es am besten, den fein gepulverten Guano für sich allein, ohne Mengung mit andern düngenden Stoffen, am wenigsten mit Asche, auszustreuen. Mit großem Vortheil kann man den Guano auch zur Ueberdüngung schwächlicher Saaten anwenden, was aber bei feuchtem Boden geschehen muß.

Eine neue Art Guano, aus Seefischen bereitet und deshalb **Fischguano** genannt, kam in der neuesten Zeit in den Handel und hat sich bewährt. Zwar ist er nicht so reich an Stickstoff und Phosphorsäure als der Vögelguano, doch kommt jener hinsichtlich seiner Düngerkraft gleich nach diesem, mit dem er die Art der Anwendung gemein hat.

§. 5.

Pflanzlicher Dünger.

Die meisten pflanzlichen Düngemittel bereichern zwar den Boden nicht in dem Maße wie die andern Düngerarten, weil ihnen der reiche Gehalt an organischen und unorganischen Pflanzennährstoffen abgeht, immerhin gewähren sie aber dem Landwirth einen beachtenswerthen Düngerzuschuß und haben außerdem noch den Vortheil, daß sie für hitzigen Boden geeigneter sind als manche Stallmistarten und der rein thierische Dünger. Von den vielen rein pflanzlichen Düngemitteln seien nur folgende, welche allgemeiner in Anwendung kommen, erwähnt.

Seegewächse, als **Meerlinsen**, **Post**, **Tang**. An der Seeküste sind diese Gewächse nicht ohne Wichtigkeit; sie geben aber nur dann gute Düngemittel ab, wenn sie nicht in nassem Zustande untergepflügt werden.

Schlamm. Man findet in abgelassenen Teichen nicht selten einen wahren Schatz an dem seit vielen Jahren aufgehäuften Schlamm, welcher durch Fäulniß von Wasserkräutern, Laub, Insekten und durch den Absatz des Wassers selbst entstanden ist. Seine düngende Kraft ist in Folge seines Gehalts an Stickstoff und salpetersaurem Salz sehr groß und nachhaltend, weshalb die Kosten seiner Gewinnung stets reichlich ersetzt werden. Namentlich hat der Schlamm der Teiche, welche mit Gehöften und Feldern in Verbindung stehen, deshalb den größten Werth, weil ihm bei Regengüssen eine große Menge Pflanzennahrungsstoffe zugeführt werden. Ehe man den Schlamm zur Düngung anwendet, muß man ihn längere Zeit in Haufen setzen. Ist sein Humus von saurer Beschaffenheit, so macht sich eine Zusetzung von gebranntem Kalk nothwendig.

Moder. Derselbe besteht aus verwesten Pflanzen. Sein Werth ist deshalb geringer als der des Schlammes, allein er verfehlt dennoch seine Wirkung nicht, kommt gewöhnlich auch in größeren Massen vor, und wenn er längere Zeit der Luft ausgesetzt oder in Haufen mit gebranntem vermischt gelagert hat, damit ein Abstumpfen der freien Humussäure stattfindet, so wird er mit Vortheil zur Düngung angewendet und verbessert auch den Boden auf viele Jahre hinaus physikalisch. Auf den Morgen fährt man 300—400 Ctr. auf. Am vortheilhaftesten bringt man ihn auf die Felder, welche den Sommer über gebrachpflügt werden, vertheilt ihn mit der Egge gut, zertheilt ihn durch Walzen und pflügt ihn dann unter.

Torf. Derselbe ist ein sehr gutes Düngemittel, da er bei seiner Zersetzung viel Kohlensäure erzeugt. Am besten eignet er sich seiner lockernden Eigenschaft halber für schweren Boden. Vor seiner Anwendung bringt man den Torf in Haufen, um ihn der Einwirkung der Luft und Sonne auszusetzen, streut ihn, nachdem der saure Humus neutralisirt worden ist, auf dem zu düngenden Felde 3—4 Zoll dick aus, läßt ihn einige Zeit ausgebreitet liegen, gibt dann eine halbe Stallmistdüngung und pflügt Torf und Mist unter.

Oelkuchen. Sie sind wegen ihrer Reichhaltigkeit an Stickstoff und phosphorsauren Salzen nächst dem Guano und dem Knochenmehl das vorzüglichste Düngungsmittel, wirken aber nicht nachhaltend. Man wendet sie in feingepulvertem Zustande 15 Ctr. pr. Morgen am besten zu Getreide an und bringt sie entweder mit der Egge oder noch besser mit dem Pfluge unter. Auch kann man sie zum Ueberstreuen schwacher Saaten gebrauchen. Zu ihrer schnellen und starken Wirkung gehört angemessene Feuchtigkeit im Boden.

Gründüngung. Das Wesen derselben besteht darin, daß man auf dem zu düngenden Felde Pflanzen anbaut, welche dicke Stengel und viele und fleischige Blätter ansetzen, sehr dick ansäet und diese Gewächse, wenn sie anfangen in die Blüte zu treten, unterpflügt. Solche Gewächse, welche eine große Masse geben, sind Hülsenfrüchte, Buchweizen, Raps, Rübsen, namentlich aber die gelbe und blaue Lupine. Eine Gründüngung mit diesen Lupinen auf ganz armem Boden (sechsjährigem Roggenlande) wirkt oft stärker als eine Düngung mit Stallmist.

Sehr wichtig ist bei der Gründüngung, daß man den Boden nach dem Unterpflügen der Frucht gehörig erliegen läßt, ehe man ihn wieder pflügt oder besäet. Die zur Düngung bestimmte Frucht muß sich erst zersetzen, sonst bringt man sie wieder auf die Oberfläche, und will man bald darauf säen, so bleibt der Boden hohl, was den nachtheiligsten Einfluß auf das Gedeihen einer jeden Frucht ausübt.

Außerdem daß durch die Gründüngung den angebauten Pflanzen Nahrung zugeführt wird, hat sie auch noch den Vortheil, daß durch sie Düngerfuhren erspart werden, und daß es möglich wird, auch sehr weit entlegene oder für den Düngerwagen unzugängliche Felder zu düngen. Die Gründüngung eignet sich aber nur für lockern, warmen Boden; für schweren, kalten, feuchten Boden ist sie durchaus nicht geeignet. Am wichtigsten ist sie für den an Sterilität grenzenden Sandboden seit der Zeit geworden, wo man in der gelben und blauen Lupine die Eigenschaft entdeckt hat, daß diese Pflanzenarten den Boden noch mehr bereichern als der Stallmist.

§. 6.

Flüssiger Dünger.

Sowohl der menschliche Urin als der thierische Harn sind überaus beachtenswerthe Düngemittel, wenn man sie in Behältern sammelt. Keinen Tropfen dieses flüssigen Goldes sollte der Landwirth verloren gehen lassen, denn 10 Pfund desselben enthalten ebenso viel Stickstoff als 1 Pfund Guano.

Harn und Urin sammelt man am besten in einer in der unmittelbaren Nähe der Düngerstätte angebrachten Jauchengrube, welche undurchlassend, aber zur Abhaltung des Regenwassers mit dicht fugenden Bohlen belegt und mit einer Pumpe versehen sein muß. In diese Grube wird derjenige Harn aus den Viehställen, welchen die Streu nicht einsaugt, sowie die Jauche aus dem tiefsten Punkte der Düngerstätte geleitet, auch der Urin gegossen. Damit das kohlensaure Ammoniak aus diesem flüssigen Dünger nicht entweicht, muß man ihm zeitweilig etwas Schwefelsäure oder Gyps zusetzen.

Am schicklichsten wird die Jauche zum Begießen des Mistes auf der Düngerstätte verwendet. Außerdem benutzt man sie am zweckmäßigsten zur Mengedüngerbereitung. Will man sie zur unmittelbaren Düngung anwenden, so darf dies nie in frischem Zustande geschehen. Man fährt sie in großen Fässern, welche auf einem Wagen liegen und an denen an der Ausflußöffnung ein Vertheilungsbret angebracht ist, vor oder nach einem Regen auf Wiesen, Kleefelder oder auf die Felder, welche mit Kraut oder Rüben bepflanzt werden sollen, und vertheilt sie sehr gleichmäßig. Zu Getreide angewendet bewirkt sie leicht Lager.

§. 7.
Mineralischer Dünger.

Früher war man der Ansicht, daß die mineralischen Düngestoffe bloße Reizmittel seien. Die Chemie hat aber gelehrt, daß sie wirkliche, sehr werthvolle Pflanzennährmittel sind. Manche von ihnen wirken auch noch in der Art, daß sie die im Boden angehäuften organischen Stoffe zersetzen und den Pflanzenwurzeln mundgerecht machen, den verkohlten und sauren Humus in genießbare Pflanzennahrung umwandeln und Unkräuter und Insekten tödten. Die wichtigsten mineralischen Düngemittel sind folgende:

Der Kalk. Er zieht Kohlensäure aus der Luft an und gibt sie an die Pflanzen ab, wandelt den sauren Humus in milden um, lockert den bindenden Boden, zerstört Insekten und Unkrautgesäme, löst die organischen Reste im Boden auf. Seine höchste Wirksamkeit äußert er auf thonigem, kaltem, verunkrautetem Boden. Er bringt vernachlässigtes Land schnell in fruchtbaren Zustand. Vermöge seiner zersetzenden Wirkung ist aber seine Nachhaltigkeit nicht so groß als seine augenblickliche Kraftäußerung, und man sagt von ihm, er mache reiche Väter, aber arme Kinder, wenn nach ihm nicht stark mit Stallmist gedüngt wird.

Auf armem Boden äußert der Kalk eine nachtheilige Wirkung, weil er in demselben nichts mehr aufzulösen findet. Man kalkt zu Kartoffeln, Bohnen, Erbsen, Raps, Weizen. Der Kalk wird in gelöschtem Zustande unter dem Namen Mehlkalk angewendet. Das Löschen erfolgt von selbst durch die Einwirkung der Luft. Man deckt den in kleinen Haufen auf dem Felde abgeschlagenen Kalk mit einer Schicht von Erde oder Rasen zu. Ist er in Pulver zerfallen, so wird er bei Windstille auf die rauhe Saatfurche gestreut.

Der Kalk darf nicht untergepflügt, auch nicht bei nasser Witterung aufgebracht werden, weil er sonst alle Wirkung verlieren würde. Die innige Vermengung des Kalkes mit dem Boden ist sehr wichtig, und das Eggen darf daher nicht gespart werden. In Bezug auf die Quantität, welche man anwendet, kommt es auf den Boden und die Beschaffenheit des Kalkes an. Schwerer und verunkrauteter Boden bedarf einer größern Quantität, wenn die Düngung wirksam sein soll, als leichter Boden, feuchter mehr als trockner, kräftiger mehr als magerer. 50 Scheffel Mehlkalk ist als eine starke, 20 Scheffel als eine schwache Düngung anzusehen. Auf demselben Acker darf man das Kalken erst nach 9—12 Jahren wiederholen.

Der Mergel. Er ist eine innige Verbindung des kohlensauren Kalkes mit dem Thon und wirkt wesentlich ebenso wie der Kalk. Man unterscheidet verschiedene Arten von Mergel: Kalkmergel, wenn der Kalk vorherrscht; Thonmergel, wenn der Thon vorherrscht; Sandmergel, wenn der Sand vorherrscht.

Schwerz sagt über den Mergel Folgendes:

„Die Farbe des Mergels ist ebenso verschieden als die quantitative Mischung seiner Bestandtheile. Er ist weiß, gelb, hell- und dunkelblau, schmutziggrün, braun, dunkelroth, grau und schwarz, welches von dem mehr oder weniger Thon, dem mehr oder weniger Kalk und der Beimischung von anderen zufälligen Bestandtheilen, wie Eisen, Humus rc. herrührt. Aus der Farbe allein läßt sich also nicht mit Sicherheit auf die Güte des Mergels schließen.

In Bezug auf die Gestalt kommt er bald als ein gelbes Mehl, bald als ein feuchter Teig, der an der Luft erhärtet und dann wieder zerfällt, manchmal als rothe Erde, als ein grüner Stein von schiefrigen Platten, am häufigsten aber als ein gewöhnlicher, fetter, sanft anzufühlender und zerfallender Lehm vor.

Alle diese Varietäten des Mergels ohne Ausnahme zerfallen, wenn sie mehr oder weniger Zeit an der Luft gelegen haben, von selbst. Thun sie solches nicht, so ist es kein Mergel.

Der Kalkgehalt verräth sich durch Aufbrausen mit Säuren ganz sicher.

Man hat auch noch einen Muschelmergel, dessen Bestandtheile aus Schlamm und verwitterten Schalthieren zusammengesetzt sind. Er bildet eine graue, erdige, sehr fruchtbare Schicht und kommt besonders in Mooren vor.

Obgleich der Mergel für alle Bodengattungen paßt, so entscheiden doch seine Bestandtheile, für welchen Boden ein gegebener Mergel sich am meisten eignet. So schickt sich der Thonmergel mehr für Sandboden, der Sandmergel mehr für Thonboden, der Kalkmergel mehr für einen Boden, der an Säuren leidet oder geringen Kalkgehalt hat. Eben diese Eigenschaften des Mergels und des Bodens erheischen einige Vorsicht bei der Anwendung des Mergels, und ein Feld kann um so leichter übermergelt werden, je weniger seine Eigenschaften zu den Eigenschaften des Bodens passen. Wenigstens geht dann immer ein Zweck verloren. Thon auf Thon, Sand auf Sand zu bringen, wird wohl meistens eine verlorene Arbeit sein.

Die Vortheile, welche der Mergel gewährt, sind sehr große. Er ist eins der kräftigsten Mittel zur Zerstörung der meisten Unkräuter, besonders der Quecken und Wucherblume. Nur widersteht ihm die blaue Kornblume und der wilde Mohn. Ein Acker, der durch schlechte Bewirthschaftung ganz verwildert und herabgekommen ist, wird durch den Mergel auf einmal verbessert und zu ungewohnter Fruchtbarkeit erhoben. Auf Boden, der keinen Lein, keine Erbsen, Wicken, Möhren, Gerste noch Raps tragen will, darf man nur mergeln, um sich die befriedigendsten Ernten von diesen Früchten zu versprechen. Auch der Klee wächst vortrefflich nach einer Mergelung.

Unter allen Früchten jedoch gedeiht keine so gut nach dem Mergel als der Hafer. Derselbe greift aber seiner Ueppigkeit wegen den Boden sehr an. Durch den großen Ertrag des Hafers haben sich Einige verleiten lassen, diese Frucht sogleich auf das Mergeln, und zwar mehrmal hintereinander zu säen; sie haben aber ihre Aecker auf mehrere Jahre dadurch verdorben. Sehr wirksam zeigt sich der Mergel auch auf Neubrüchen. Bei manchem Wildlande ist das Ueberführen mit Mergel eine unerläßliche Bedingung zu einem guten Erfolge der Urbarmachung des Bodens. Ist dieser auch so schlecht, daß er nur einzelne Haferhalme hervorzubringen vermag, so wird doch durch das Mergeln jeder Halm zur Garbe.

Die Dauer der Wirkung des Mergels ist verschieden. Es gibt solche Mergelarten, die ihre Kraft sogleich, andere, die sie erst nach 4—5 Jahren äußern. Annehmen darf man, daß die frühere Wirkung mit 10—12 Jahren abnimmt und sich nach 20 Jahren gänzlich verliert.

Erfahrung ist es, daß ein Land, welches einmal gemergelt worden, nach einer gewissen Periode wieder gemergelt werden muß, wenn es sich nicht mit Quecken überziehen und kaum mehr die Hälfte an Früchten wie vorher aufbringen soll."

In Bezug auf die Anwendung des Mergels ist es nöthig, daß er nur auf Brache gebracht und erst nach gänzlicher Austrocknung gestreut wird. Nachdem dieses geschehen, wird tüchtig gewalzt und geeggt. Hat er so den Winter hindurch gelegen, so wird er im späten Frühjahr flach untergepflügt. Um ihn auf das innigste mit der Ackerkrume zu mischen, muß noch mehrere Mal gepflügt und geeggt werden. Vor der Saatfurche fährt man Dünger auf.

Von Thonmergel rechnet man 40 bis 50 Fuhren auf den Morgen, von Kalkmergel genügen 2 Fuhren.

Der Gyps. Wir lassen auch darüber den mehrerfahrenen Schwerz sprechen:

„Unter den verschiedenen kalkhaltigen Substanzen steht der Gyps oder schwefelsaure Kalk oben an. Die nährende Eigenschaft bei dem Gypse läßt sich nicht läugnen; denn sonst könnte seine Einwirkung auf die Vegetation durch bloßes Ueberstreuen der Blätter nicht so auffallend groß sein, daß sie manchmal der einer vollständigen Düngung gleich kommt. Diese nährende Eigenschaft scheint der Gyps vorzüglich seinem Gehalt an Schwefel zu verdanken, daher man ihn auch, um seine Güte auszumitteln, in gepulvertem Zustande in einem offenen Gefäße über das Feuer bringt. Je stärker der Schwefelgeruch alsdann ist, den der Gyps aufstößt, um so größer wird seine Wirkung auf die Vegetation sein.

Der Gyps wirkt hauptsächlich auf die Kleearten, überhaupt auf die Pflanzen mit Schmetterlingsblumen, wie Wicken, Linsen, Erbsen, Bohnen; dann auf Kohl, Rüben und Oelgewächse, wie Raps, Rübsen und Lein; endlich auf Buchweizen und Mais.

Es gibt auch einzelne Felder und Stellen, selbst ganze Länder, wo der Gyps keine oder doch nur eine unbedeutende Wirkung hervorbringt. Es findet dies seinen Grund in dem feuchten Klima oder dem Gehalte des Bodens an Gyps.

Die größte Wirkung bringt der Gyps auf leichten, trocknen, warmen, frei und etwas hoch gelegenen Feldern. Auf thonigem Boden wirkt er nur dann, wenn er außer der angegebenen Lage noch viel Kalk oder Humus enthält oder tüchtig gedüngt wird. Auf keinem Felde, sagt Meyer von Kupferzell, der Apostel des Gypsens, ist der Gyps wirksamer als auf trocknen, vorzüglich sonnig gelegenen; auf schattigen oder feuchten Feldern wirkt er nicht. Auch thut er keine oder eine nachtheilige Wirkung auf Boden, der bei der Hitze den Pflanzen das Wachsthum versagt. In dem Falle zumal ist der schwärzliche Boden."

Auch die Witterung ist von Einfluß auf die Wirkung des Gypses. In trocknen, kalten, nassen Frühjahren ist er von wenig oder gar keiner Wirkung. Dagegen ist dieselbe außerordentlich, wenn April und Mai mäßig feucht und warm sind. Feuchtigkeit und Wärme sind es allein, welche die Vollkraft dieser düngenden Substanz gehörig entwickeln können.

Der Gyps wird gewöhnlich im Frühjahre, wenn der Klee den Boden zu beleben anfängt oder die Hülsenfrüchte ein paar Zoll hoch sind, ausgestreut. Man wählt dazu einen warmen stillen Tag mit feuchter Luft oder den Zeitpunkt, wo der Thau noch auf den Blättern liegt.

In allen Gegenden, wo man den Gyps kennt, sieht man ihn für das Palladium des Kleebaues, der Stallfütterung, der Viehzucht, der ganzen Landwirthschaft an. Nur seit der Einführung seines Gebrauches hat der Kleebau sich in den meisten Gegenden Deutschlands recht zu erheben angefangen. Ohne Gyps hat man an einigen Orten gar keinen oder doch nur schlechten Klee. Wirkt der Gyps aber auf die Ueppigkeit des Kleewuchses, so wirkt er auch durch diesen wieder auf den Acker und auf die nach dem Klee folgenden Saaten, und zwar so, daß z. B. Weizen nach gegypstem Klee besser geräth als nach gedüngtem. Auf den Morgen genügen 2 Schffl. gepulverter Gyps vollkommen.

Das Düngesalz. Es besteht aus den Abfällen der Salinen und wirkt hauptsächlich durch seinen Gehalt an Gyps. Vorzugsweise wendet man es zu Klee und Getreide an. Zu Klee streut man es ebenso auf wie den Gyps; zu Getreide bringt man es zugleich mit dem Samen unter. Das Düngesalz darf nur in ganz trocknem Zustande angewendet werden und verlangt zu seiner Auflösung Feuchtigkeit. Auf schwerem Boden wendet man 3 Schffl., auf leichtem 2 Schffl. pr. Morgen an.

Der Chilisalpeter. Er ist ein Naturprodukt Perus und erst in der neuesten Zeit als Dünger mit ausgezeichnetem Erfolg angewendet worden. Er wirkt hauptsächlich durch seinen reichen Gehalt an Stickstoff und salpetersaurem und salzsaurem Salze und steht an pflanzennährender Kraft dem Guano nicht nach, ist aber flüchtiger und weniger nachhaltend als dieser. Am vortheilhaftesten wendet man ihn zu Halmfrüchten, Lupinen, Lein, Mohn, Hanf, Erbsen, Wicken, Linsen, Klee, Gras an. Der Chilisalpeter eignet sich mehr für leichten als für schweren Boden. Vor seiner Anwendung muß er zerkleinert und mit der dreifachen Menge Erde oder Sand gemengt werden. Das Ausstreuen auf die Pflanzen muß bei feuchter, ruhiger, nicht heißer Witterung geschehen. Auf den Morgen wendet man $1^1/_2$ Ctr. an, und zwar in der Art, daß man den Dünger halbirt und die zweite Hälfte 2—3 Wochen später ausstreut als die erste.

Von großem Erfolge sind auch der alte Lehm von Gebäuden und der gebrannte Lehm. Ihre düngende Eigenschaft ist hinreichend erwiesen, und soll man diese Stoffe, wenn sie in einer Wirthschaft vorkommen, niemals unbenutzt lassen.

Die Asche. Alle Aschenarten wirken sehr günstig auf undurchlassenden Thon- und Lehmboden, wenn sie in trocknem Zustande angewendet werden. Ihre Wirkung kommt der des Kalkes und Gypses gleich. Die Torf- und Braunkohlenasche wirkt hauptsächlich durch ihren Gypsgehalt sehr vortheilhaft auf Klee, Hülsenfrüchte, Lein. Je weißer sie von Farbe ist, einen desto größern Werth hat sie. 20 Scheffel pr. Morgen sind eine genügend starke Düngung. Dasselbe gilt von der Holzasche, die man entweder zu 3—4 Scheffel zur Kopfdüngung oder zu 10 Scheffel als Bodendüngung anwendet. Die Seifensiederasche, zu 40 Scheffel pr. Morgen angewendet, wirkt ganz ähnlich wie der Kalk, am auffallendsten auf bindendem, feuchtem Boden. Soll aber die Asche eine Wirkung äußern, so darf sie nicht ausgelaugt sein und muß deshalb unter Obdach aufbewahrt werden.

§. 8.

Mengedünger oder Compost.

Der Mengedünger ist ein sehr wichtiger Hülfsdünger. Da sich in jeder Wirthschaft Gelegenheit zu seiner Anfertigung darbietet, so sollte man diese nicht unterlassen.

Der Mengedünger besteht aus einer Mischung verschiedener düngender Stoffe, welche, wenn sie nicht gesammelt werden, der Wirthschaft verloren gehen würden. Am rathsamsten legt man die Mengedüngerhaufen in der Nähe derjenigen Grundstücke an, welche mit dem Compost gedüngt werden sollen. Die Hauptgrundlage der Mengedüngerhaufen ist Erde, Schlamm, Torf; zur Mischung verwendet man allerlei pflanzliche und thierische Abfälle, als Thiercadaver, Blut, Stroh, Holzabfälle, Unkräuter, Sägespäne 2c. Damit sich diese Stoffe besser und schneller zersetzen, mischt man sie mit gebranntem Kalk, Asche oder Mergel. Diese verschiedenen Stoffe werden schichtenweise angewendet, in der Art, daß zuerst eine Schicht Erde oder Schlamm, dann eine Schicht thierischer oder pflanzlicher Stoffe und auf diese eine Schicht Kalk, Mergel oder Asche kommt. So fährt man abwechselnd fort, bis der längliche, nach oben schräg zulaufende Haufen eine Höhe von etwa 6 Fuß erreicht hat. Oben gibt man ihm eine muldenförmige Vertiefung, in welche von Zeit zu Zeit Jauche gefüllt wird. Haben die Composthaufen einige Zeit gelegen, so werden sie gut umgestochen. Dieses Umstechen wird noch einige Mal wiederholt. Ist dieser Dünger zu einer gleichförmigen, gut verrotteten Masse geworden, so wird er gepulvert und bei trockner Witterung entweder zum Ueberstreuen der Saaten oder zur Bodendüngung angewendet; er darf aber nicht tief untergebracht werden. Sehr vortheilhaft verwendet man auch den Abtrittsmist zur Mengedüngerbereitung in der Art, daß man ihn mit trockner gepulverter Erde in Haufen bringt, diese mit Gyps versetzt und von Zeit zu Zeit umgräbt. Man erhält daraus die sogenannte Poudrette, ein überaus kräftiges Düngemittel. Falsch ist es dagegen, Stallmist zur Bereitung des Mengedüngers anzuwenden, weil derselbe in dem Mengedüngerhaufen zu sehr zusammenschwindet, so daß man sich einer Düngerverschwendung schuldig machen würde.

§. 9.

Kunstdünger.

Die künstlichen Dünger datiren aus der neuesten Zeit. Sie werden in besondern Fabriken aus verschiedenen düngenden Stoffen, von denen die mineralischen die vorherrschenden sind, dargestellt, sind aber für alle die Landwirthe unentbehrlich, welche einen der Größe der Wirthschaft angemessenen Futterbau betreiben, einen diesem angemessenen Viehstand halten, den Stallmist rationell behandeln, die Jauche mit Fleiß sammeln, Mengedünger bereiten und ein zweckmäßiges Wirthschaftssystem eingeführt haben. Sollte trotzdem noch ein Düngerzuschuß von Außen nothwendig sein, so ist es allemal gerathen, Guano, Knochenmehl oder Chilisalpeter, Oelkuchen zu kaufen, als sich von gewissenlosen Düngerfabrikanten betrügen zu lassen, denn in der Mehrzahl der Fälle bestehen die um theuern Preis angebotenen Kunstdünger aus werthlosen Stoffen, während sie, wenn sie einen Geld- und Düngerwerth haben sollen, reich an Stickstoff und Phosphorsäure sein müssen.

In größern Wirthschaften, wo viel pulverförmige Düngemittel angewendet werden, sollte man dieselben statt mit der Hand mit einer Düngersäemaschine ausstreuen. Diese gewährt der Handarbeit gegenüber

Fig. 2. Beerend'sche Düngerstreumaschine.

große Vortheile; das Ausstreuen erfolgt nämlich gleichmäßiger, man kann auch bei stärkerm Winde streuen, die Gefahr der Erkrankung der Arbeiter fällt weg, wenn dieselben Wunden an den Fingern und ätzende Düngemittel auszustreuen haben. Eine sehr gute Düngerstreumaschine ist die Beerend'sche (Fig. 2). Dieselbe besteht aus einem Karren. Auf der Achse desselben befindet sich ein Kasten und unter diesem eine mit Löchern versehene Walze, in welche der Dünger fällt und durch welche er gleichmäßig vertheilt wird.

Achte Abtheilung.

Die Feldbestellung.

§. 1.

Allgemeine Regeln.

Die wichtigste Arbeit bei dem Ackerbau ist die Bearbeitung des Bodens im Allgemeinen und das Pflügen im Besondern. Deshalb muß der angehende Landwirth darauf sein besonderes Augenmerk richten. Der Zweck der Beackerung ist, den Boden in denjenigen Zustand zu bringen, welcher für das Wachsthum und Gedeihen der Pflanzen der geeignetste ist. Hierzu gehören: Wenden, Mengen und Krümeln des Bodens, wodurch derselbe aufgeschlossen und die pflanzennährenden Mineralien zersetzt werden, auch die atmosphärischen Nahrungsstoffe besser eindringen können; ferner Formung des Bodens, Zerstörung der nachtheiligen Unkräuter und Unterbringung des Düngers. Den Boden richtig zu bearbeiten ist eine große Kunst, und da diese auf die Resultate des Ackerbaues so entscheidend einwirkt, muß sie Gegenstand unausgesetzter Lehre sein.

Die Feldbestellung ist aber eine Kunst, welche man nicht in einer bestimmten Frist und mechanisch erlernen kann; es gehört dazu eine Jahre lange Aufmerksamkeit, ein stetes Forschen nach den Ursachen der verschiedenen Erfolge und eine große Berücksichtigung der mechanischen Beschaffenheit, des Kraft- und Kulturzustandes der Felder und der nie gleich wirkenden Witterungseinflüsse.

Erst dann, wenn man diese Faktoren kennen gelernt hat, ist man in der Lage, eine geeignete Bodenbearbeitung ausführen zu können, vorausgesetzt, daß man auch noch die dazu am besten geeigneten Geräthe und ihre nöthige Handhabung kennt.

Die Bestellung des Bodens wird noch viel zu sehr als eine rein mechanische Arbeit betrachtet, und mancher sonst brave praktische Landwirth begeht darin noch bedeutende Fehler, weil er entweder die Lokalität und Witterungsverhältnisse zu wenig beachtet oder Alles der mechanisch erlernten Form oder dem beständigen landüblichen Gebrauche unterwirft.

Eine jede Furche, welche man dem Boden gibt, hat ihren Zweck und muß ihn erfüllen; deshalb muß auch jede Furche mit Sorgfalt und Aufmerksamkeit gegeben werden, gleichviel, ob es die Saatfurche oder eine Vorbereitungsfurche ist. Nach dem allgemeinen Gebrauche hat man für jede Pflanzengattung eine für alle Fälle bestimmte Art der Bearbeitung, welche gewöhnlich durch eine gewisse Anzahl von Pflug- oder Hakenfurchen erreicht werden soll. Dieses Verfahren ist aber falsch. Kann nämlich der beabsichtigte Zweck der Beackerung mit einer oder zwei Furchen erreicht werden, so wäre es nachtheilig und Kraft und Zeit verschwendend, deren vier anzuwenden, weil dem Boden die nöthige Zeit geraubt wird, sich zu erliegen, und weil die Arbeit das kostbarste Kapital des Landwirths ist, mit dem er haushalten soll.

Was man bei dem einen Ackerstücke vernünftigerweise an Arbeit ersparen kann, wird man vielleicht mit Vortheil einem andern zuwenden können; deshalb darf die Feldbestellung nicht nach einer bloßen Gewohnheit geschehen, sondern sie muß dem Zweck entsprechen, den man durch sie erreichen will.

Auch in der rechten Zeit des Pflügens wird viel gefehlt; davon hängt aber der Erfolg auch wesentlich ab. Noch üben Vorurtheile über viele Landwirthe ihre Macht aus, denn noch immer gibt es bestimmte Tage, an welchen die Einsaat dieser oder jener Frucht beendet sein muß, und danach richtet man sich dann auch mit der Beackerung, welche aber in Folge dessen häufig zu unrechter Zeit geschieht.

Der Pflug darf niemals den Boden berühren, wenn derselbe zu naß oder, wie dies im Frühjahre öfter vorkommt, noch gefroren ist. Der Nachtheil solcher Bestellung läßt sich durch keine später angewendete Mühe verbessern.

Man muß dem Boden immer Zeit lassen, sich zu *erliegen*. Ohne diese Rücksicht schadet eine oftmalige Bearbeitung mehr als sie nützt. Der Boden empfängt erst in der Zeit der Ruhe zwischen einer und der andern Furche die erforderliche *Gare*. Die untergebrachten Vegetabilien werden zersetzt und gewähren neuen Nahrungsstoff; der atmosphärische Sauerstoff zersetzt die mineralischen Bodenbestandtheile, und dadurch wird der Boden nicht nur mechanisch, sondern auch chemisch verbessert.

Das zu viele Pflügen und förmliche Pulverisiren des Bodens ist nicht selten die Ursache einer vollständigen Mißernte, weshalb das nöthige

Erliegen des Bodens nicht genug berücksichtigt werden kann. Im Allgemeinen kann man annehmen, daß der bindende Boden öfter als der leichte, an sich lockere bearbeitet werden muß. Letzterem würde man durch häufige Bearbeitung mehr schaden als nützen, man würde ihn insbesondere gänzlich austrocknen. Man richte sich also mit der Bodenbestellung weniger nach dem Kalender als nach Bodenbeschaffenheit und Witterungsverhältnissen. Regelrecht und später ist allemal besser, als früher, aber schlechter. Das Pflügen zur unrechten Zeit ist nicht allein die Ursache einer, sondern vieler Mißernten, weil es den Boden verdirbt, und weil die Erfahrung lehrt, daß eine Mißernte mehrere andere im Gefolge hat.

§. 2.

Der Pflug.

Unter allen Ackerwerkzeugen ist der Pflug das unentbehrlichste. Es gibt eine große Menge verschiedener Arten von Pflügen, da ein jedes Land seine eigenthümliche Pflugform hat. Je nachdem der Pflug ein Vordergestell hat oder nicht, unterscheidet man Pflüge mit Vordergestell, die gebräuchlichsten, Stelz- oder Radpflüge, welche vorn im Grindel eine Stelze, einen Schuh oder ein Rad zur Unterstützung und sichern Führung haben, und Schwingpflüge, bei denen die Zugthiere unmittelbar an den Pflugbaum gespannt werden. Die Schwingpflüge verlangen lockern und reinen Boden und geübte Pflüger und empfehlen sich im Allgemeinen nicht. Besser sind die Stelz- oder Radpflüge und die Pflüge mit Rädervordergestell, weil dieselben in jedem, auch dem unartigsten Boden angewendet werden können, sicherer gehen und weniger geübte Pflüger verlangen. Man macht zwar dem Rädervordergestell den Vorwurf, daß es die Zugkraft vermehre; wenn es aber nur leicht gebaut und mit hohen Rädern versehen ist, wenn namentlich das in der Pflugfurche gehende Rad um etwas höher ist als das auf der Landseite gehende, dann ist jener Vorwurf ungegründet.

Die Erfordernisse eines guten Pfluges sind:

1) seine Leichtigkeit, damit keine übermäßige Zugkraft zu seiner Führung erfordert wird;
2) seine Festigkeit und Dauerhaftigkeit. Diese ist nicht allein wegen der Unterhaltungskosten, sondern auch deshalb zu berücksichtigen, damit keine Arbeitsversäumniß stattfinde, welche bei wenig standhaften Pflügen während der Arbeit leicht vorkommt;
3) seine Wohlfeilheit und damit verbundene Einfachheit. Die erstere hat überall Werth für den Landwirth; die letztere ist deshalb

nothwendig, damit vorkommende Reparaturen von den eigenen Leuten ohne Schwierigkeit ausgeführt werden können;

4) daß er so konstruirt ist, um beliebig seicht oder tief gestellt werden zu können;
5) daß er eine egale, reine, horizontale Sohle hinterläßt;
6) daß er die abgeschnittenen Streifen gut umlegt.

Sobald ein Pflug allen diesen Erfordernissen entspricht, ist er für den beabsichtigten Zweck vollkommen geeignet.

Die Hauptbestandtheile des Pfluges sind:

1) das Sech, Kolter oder Messer, welches der Schar vorarbeitet; seine Spitze darf von der Spitze der Schar höchstens 1 Zoll entfernt sein;
2) die Schar, welche den Erdstreifen von dem Boden abschneidet;
3) das Streichbret, welches die Furche umwendet und bricht; das geschwungene eiserne Streichbret ist weit besser als das gerade hölzerne;
4) die Sohle oder das Pflughaupt, auf welchem die Schwerkraft ruht und die Schar angebracht ist; sie ist am besten von Eisen;
5) die Gries-, Pflug- oder Hauptsäule, welche die Sohle mit dem Grengel verbindet und gewöhnlich eine schräge Richtung nach vorn zu hat;
6) der Grengel (Grindel, Pflugbaum), vermittelst welchem der Pflugkörper fortgezogen wird und in welchem das Sech angebracht ist;
7) die Sterzen (Pflughalter), welche zur Haltung des Pfluges dienen.

Von der Konstruktion und richtigen Stellung des Pflugs hängt dessen Leichtigkeit, Haltbarkeit und der richtige Gang ab. Ein jeder angehende Landwirth muß lernen, einen Pflug zusammenzustellen, da er nur dadurch erst begreifen lernt, wozu ein jeder Bestandtheil dient, welchen Zweck er erfüllen soll und wie er zu verändern oder zu verbessern ist, wenn er jenen Zweck nicht erfüllt.

Der Zweck des Pfluges ist Wenden und Lockern des Bodens, damit die Vegetabilien, welche die Oberfläche überzogen haben, zersetzt werden und die mineralischen Bestandtheile des Bodens durch Einwirkung der Atmosphäre verwittern; ferner Unterbringung des Düngers und in manchen Verhältnissen des Samens.

Alle Pflüge, welche den Zweck haben, den Boden zu wenden, kann man in drei Abtheilungen bringen: in Beet- oder Ebenen-Pflüge, Wechsel- oder Gebirgspflüge und Ruchadlo's.

Die Beet- oder Ebenen-Pflüge zeichnen sich dadurch aus, daß sie ein feststehendes Streichbret haben, mittelst welchem die Pflugfurche nach zwei Seiten hin umgewendet und dadurch Beete gebildet werden.

Obwohl fast jede Gegend ihren eigenthümlichen Pflug hat, so sind doch die meisten dieser Pflüge nicht der Art konstruirt, daß sie alle Zwecke der Pflugarbeit gleich gut erfüllen. Manche verlangen zu viel Zugkraft, manche gehen nicht tief genug, manche wenden nicht gut 2c. Deshalb ist es rathsam, fehlerhaft gebaute landübliche Pflüge ab- und gut konstruirte, gute und viele Arbeit liefernde anzuschaffen. Unter letztere Pflüge gehören vornehmlich:

1) Der Grignon-Pflug. Derselbe kann benutzt werden als Schwingpflug und als Karrenpflug. Er zeichnet sich aus durch gut gewundenes Streichbret, gut geformte Schar und einen sinnreichen Regulator, welcher eine einfache und bequeme Stellung des Pfluges gestattet. Dieser Pflug ist leicht zu führen, verlangt wenig Zugkraft, geht bis 8 Zoll tief und wendet und krümelt gut.

2) Der verbesserte flandrische oder Schwerz'sche Pflug, ein Stelzenpflug mit nur einer Sterze und geschweiftem eisernen Streichbret, läßt keinen ungepflügten Kamm stehen, wendet gut, bringt tief in den Boden ein, erfordert wenig Zugkraft, eignet sich für alle Bodenarten und macht besonders gute Arbeit auf strengem Thonboden.

3) Der schottische Schwingpflug (Fig. 3). Die kleine Schar, welche

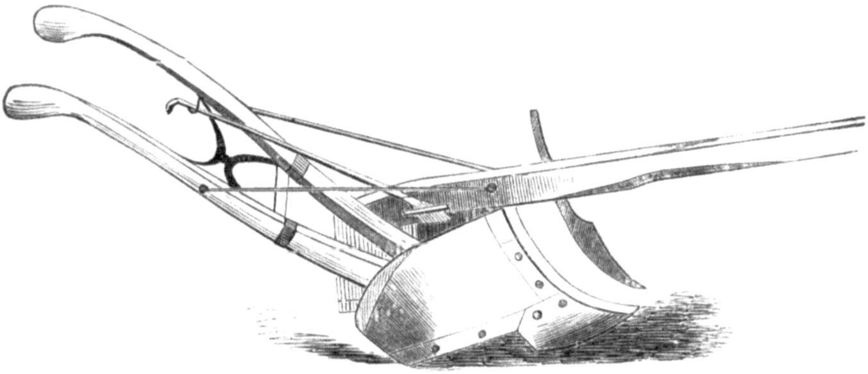

Fig. 3. Der Schwingpflug.

die Unkrautwurzeln scharf abschneidet, schärft sich von selbst; das gut geformte Streichbret wendet sehr gut. Man kann mit diesem Pfluge, welcher leicht geht, nach Belieben seichter oder tiefer pflügen, ihn auch mit einem Vordergestell versehen.

4) Ransome's und Sim's eiserner Pflug (Fig. 4), ein Radpflug; Grindel, Sterzen, Streichbret sind von Eisen, letzteres lang und

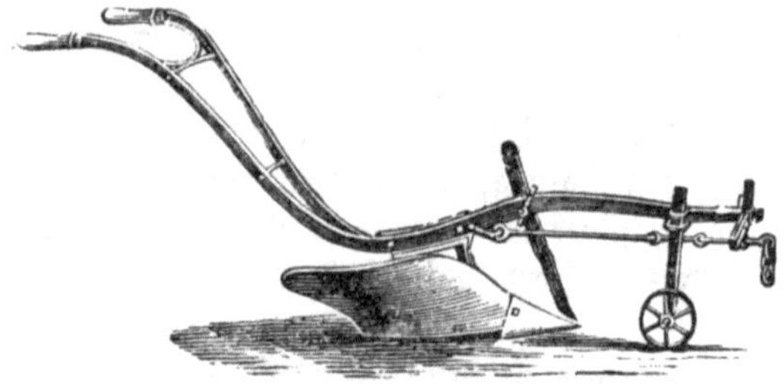

Fig. 4. Ransome's und Sim's eiserner Pflug.

gewunden; er geht sehr sicher, wendet gut, macht überhaupt vortreffliche Arbeit.

5) Der amerikanische Tiefpflug (Fig. 5). Bei der großen

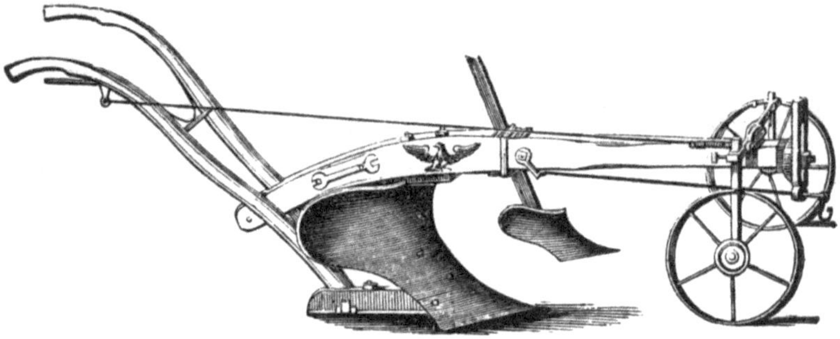

Fig. 5. Der amerikanische Tiefpflug.

Wichtigkeit der Vertiefung des Ackerbodens sollte in keiner Wirthschaft ein tiefgehender Beetpflug fehlen. Ein vorzüglicher Pflug dieser Art ist der amerikanische Tiefpflug, mit dem man bis 18 Zoll tief pflügen kann. Dieser Pflug hat zwei Schare, von denen die kleinere, die sogenannte Schälschar, Grasnarbe und Unkräuter abschält und tief legt.

Die Wechsel- oder Gebirgspflüge sind in Gebirgsgegenden, wo die Felder abhängig gelegen sind, unentbehrlich, indem sie die Zugthiere weniger anstrengen. Von den Ebenenpflügen unterscheiden sie sich durch versetzbares Streichbret und bewegliches Sech. Ist man am Ende der Felder angekommen, so wird das Streichbret umgesetzt; dadurch geschieht es, daß alle Furchen auf dieselbe Seite gelegt werden.

Die Ruchadlo's, welche erst in neuerer Zeit eingeführt worden sind, sind aus dem Pflug und Haken zusammengesetzt. Schar und Streichbret bestehen aus einem Stück, oder vielmehr die Schar verrichtet zugleich die Dienste des Streichbretes. Die Ruchadlo's sind leicht und sicher zu führen, erfordern wenig Zugkraft, legen die Furchen gut um, krümeln

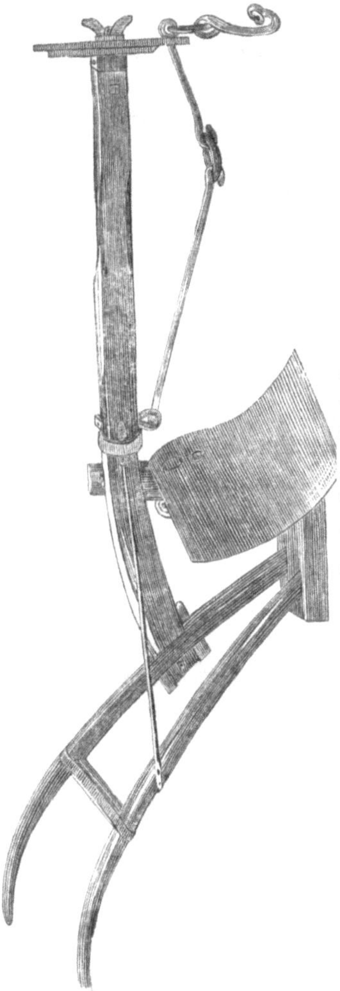
Fig. 6. Der Stöcker'sche Ruchadlo.

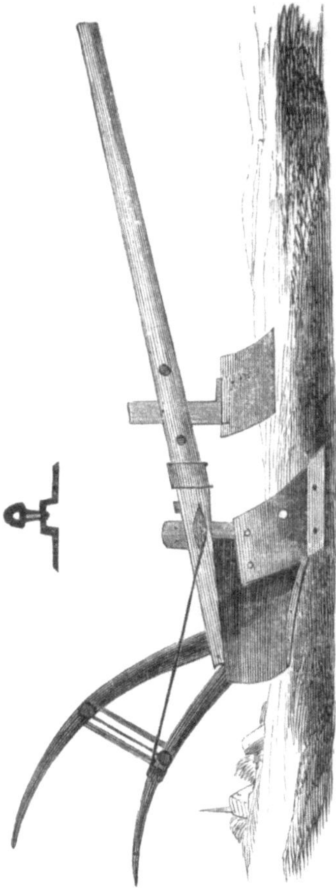
Fig. 7. Der Otto'sche Ruchadlo.

dieselben zugleich weit besser als alle andern Pflüge und arbeiten sowohl in leichtem als schwerem Boden zu voller Zufriedenheit. Fig. 6 ist der Stöcker'sche, Fig. 7 der Otto'sche Ruchadlo, beide die besten Pflüge ihrer Art.

§. 3.
Der Haken, Ruhrhaken.

Der Haken unterscheidet sich von dem Pfluge dadurch, daß jener einen ganzen Keil, der Pflug nur einen halben Keil darstellt, kein Sech und kein Streichbret hat, durch welches der Boden auf eine Seite gelegt und umgewendet wird. Er hat entweder zwei senkrechte Streichbreter oder auch bloße Streichhölzer, oft fehlen aber auch diese ganz. Die Schar ist dreieckig, durch dieselbe wird der Boden getheilt und auf beide Seiten geworfen.

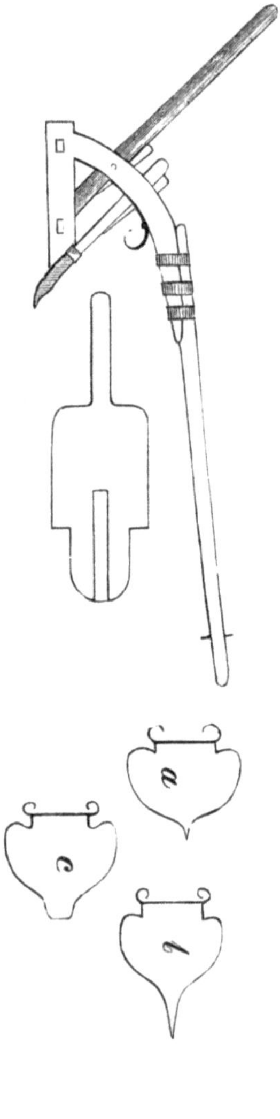

Fig. 8. Der Ochsenhaken.

Der Haken kann daher den Pflug nicht ersetzen, sondern nur in Verbindung mit diesem gebraucht werden. Er ist nicht geeignet, die Ackerkrume umzuwenden, sondern nur den gewendeten Boden zu lockern und zu krümeln. Dieser Hauptzweck wird durch den Haken mit einer Furche sicherer als durch den Pflug mit mehreren Furchen erreicht; dadurch aber hat der Haken einen hohen Werth für die Bearbeitung des Bodens.

Er wird gewöhnlich nur zum Ruhren des Landes in die Quere gebraucht, und man kann dabei seine Wirksamkeit nicht durch Querüberpflügen mit dem Pfluge ersetzen. Der Ruhrhaken lockert und öffnet die Erde für die Einwirkung der Luft, welche auf die Zersetzung jener so wohlthätig einwirkt.

Dabei ist der Ruhrhaken ein sehr einfaches, wenig kostspieliges und leichtes Werkzeug. Der gebräuchlichste Haken ist der mecklenburger (Fig. 8 stellt den Ochsen-, Fig. 9 den Pferdehaken dar). Derselbe ruht auf einem Baum, welcher den Pferden unter dem Bauche quer durch reicht und an den Sielenringen befestigt ist. Damit dadurch die Zugthiere weniger angestrengt werden, ist eine eiserne Stange in einem ziemlich tief rei-

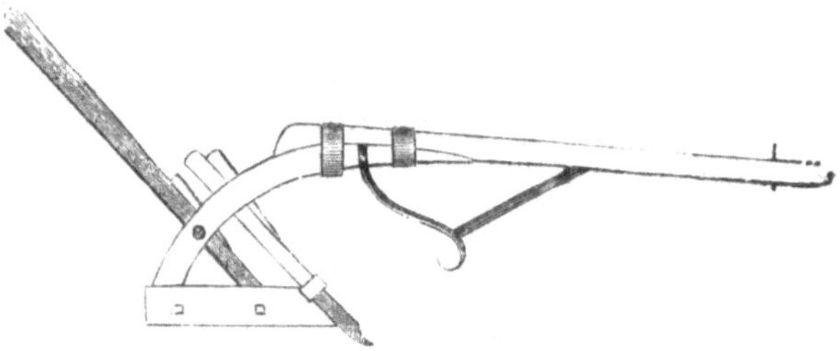

Fig. 9. Der Pferdehaken.

chenden Winkel zwischen Krümmel und Baum angebracht und an diese Winkel die Zugwage angelegt.

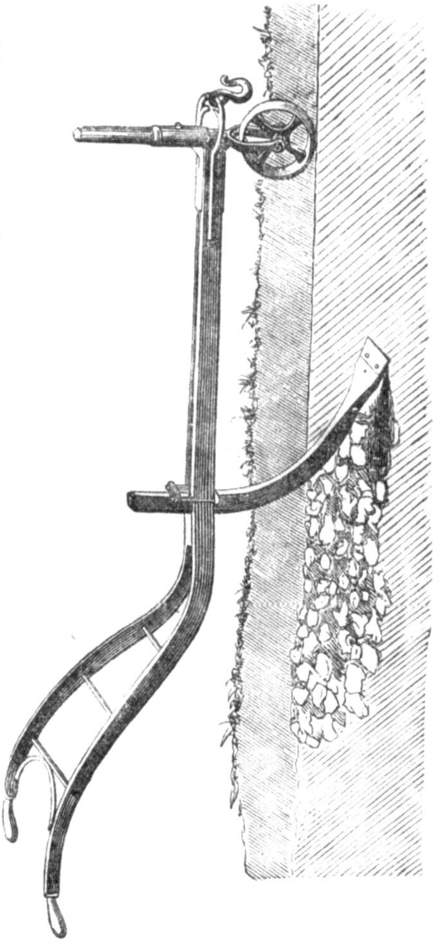

Fig. 10. Smith'scher Untergrundpflug.

§. 4.

Der Untergrundpflug.

Wenn das Ackerland nicht ohne Gefahr mit dem tiefgehenden Beetpflug vertieft werden kann, vielleicht weil der Untergrund von sehr schlechter Beschaffenheit ist oder weil man noch nicht Dünger genug hat, um den heraufgebrachten rohen Untergrund befruchten zu können, dann gewährt der Untergrundpflug eine treffliche Aushülfe, den Boden gefahrlos zu vertiefen, weil dieser Pflug, in der von dem Beetpflug gemachten Furche gehend, den Untergrund 5 bis 20 Zoll tief lockert und krümelt, ohne ihn heraufzubringen. Unter den verschiedenen Konstruktionen der Untergrundpflüge nimmt der von Pintus in Berlin nachgebaute *Smith'sche* (Fig. 10) eine der ersten Stellen ein. Dieser aus Eisen bestehende Pflug ist sehr dauerhaft; er läßt sich zu einem Furchengange von 6—20 Zoll Tiefe stellen und braucht nur eine Anspannung von zwei Pferden. Auch der *amerikanische Untergrundpflug* (Fig. 11) ist zu empfehlen.

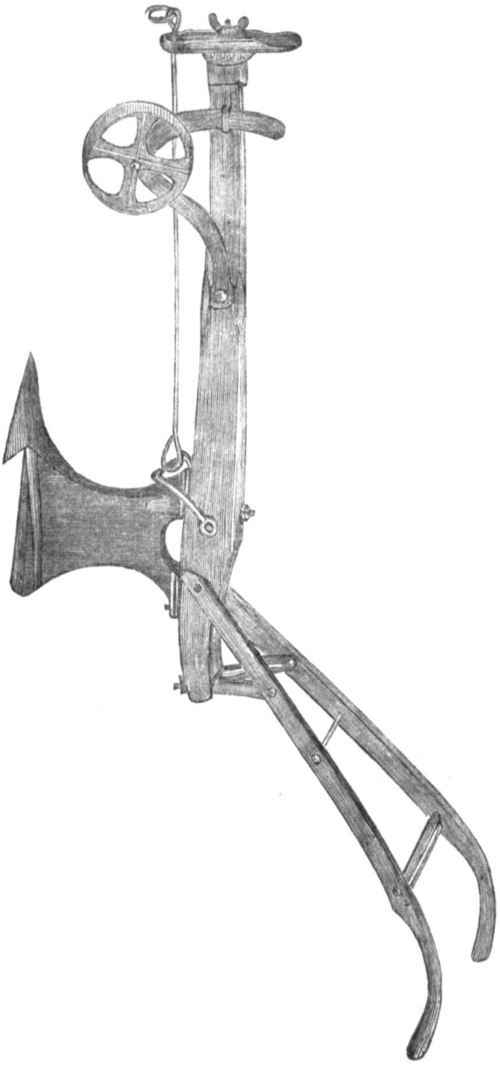

Fig. 11. Der amerikanische Untergrundpflug.

§. 5.

Die Furchenegge und die Pferdehacke.

Beide Geräthe haben einen und-denselben Zweck, nämlich die leeren Zwischenräume der in Reihen angebauten Früchte zu lockern, zu krümeln

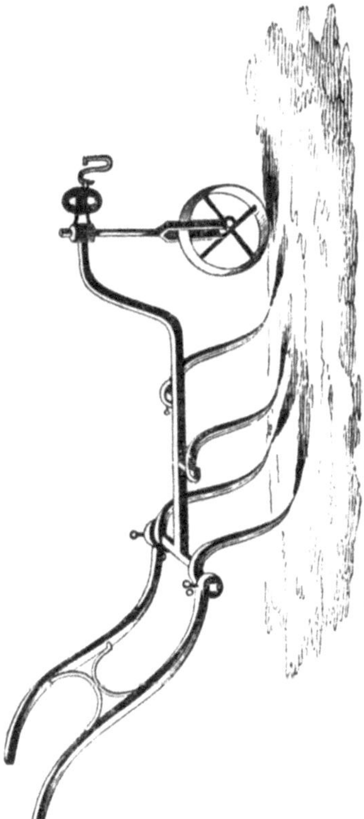

Fig. 12. Furchenegge.

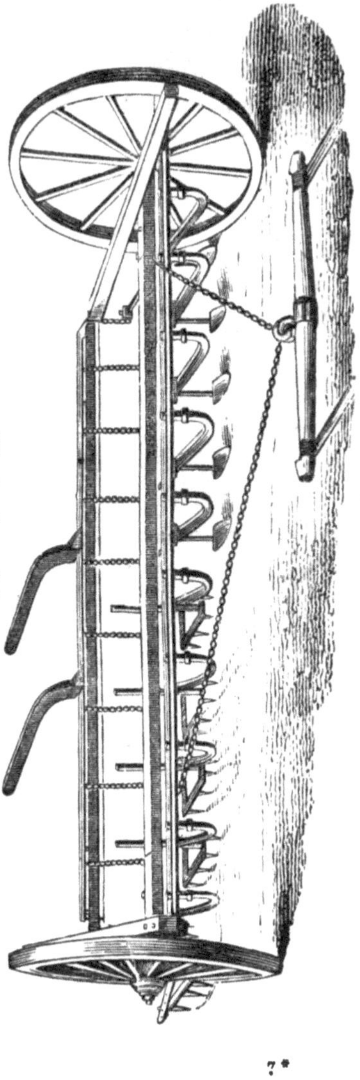

Fig. 13. Neuhaus'sche Pferdehacke.

und von Unkraut zu reinigen. Die Furchenegge hat die Gestalt einer dreieckigen Egge; die drei Balken sind mit eisernen Zinken versehen. Die beiden Seitenbalken lassen sich hinten mittelst einer Leier enger oder näher stellen, je nach der Entfernung der Pflanzenreihen. Die Pferdehacke besteht aus einem Gestell von drei Balken mit zwei Sterzen. In den Balken sind eiserne gekrümmte Füße eingelassen, welche, da in den Rahmen Löcher in verschiedenen Entfernungen angebracht sind, weiter auseinander oder näher zusammengestellt werden können. Eine derartige Pferdehacke (Fig. 12) bearbeitet nur eine Reihe; es gibt aber auch Pferdehacken, welche mehrere Reihen in einem Zuge bearbeiten, wodurch natürlich die Arbeit sehr gefördert wird. Fig. 13 und 14 stellen solche Pferdehacken dar. Fig. 13 ist die Neuhaus'sche, Fig. 14 die Smith'sche Pferdehacke.

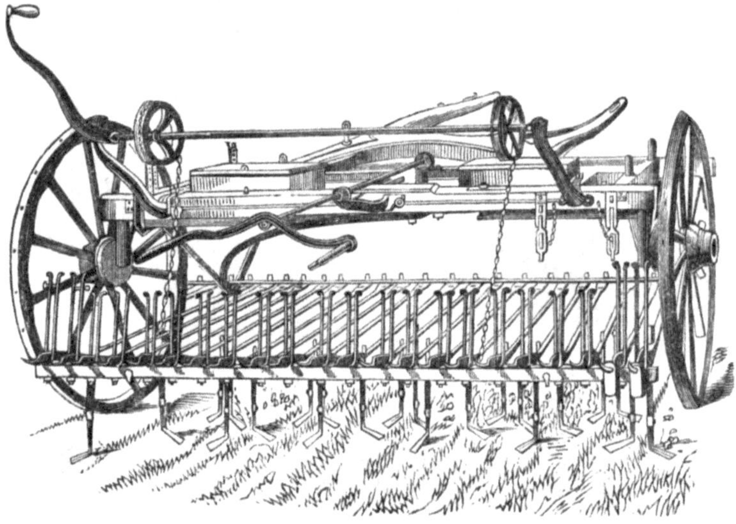

Fig. 14. Smith'sche Pferdehacke.

Die Pferdehacke dringt noch tiefer in den Boden ein und vertilgt das Unkraut noch besser als die Furchenegge.

§. 6.

Der Häufelpflug.

Derselbe hat Aehnlichkeit mit dem Haken, es sind ihm aber zwei enger oder weiter zu stellende Streichbreter beigegeben. Der Häufelpflug wird nach der Furchenegge oder der Pferdehacke angewendet und dient zum Hinanstreichen der durch jene Geräthe gelockerten und gekrümelten Erde

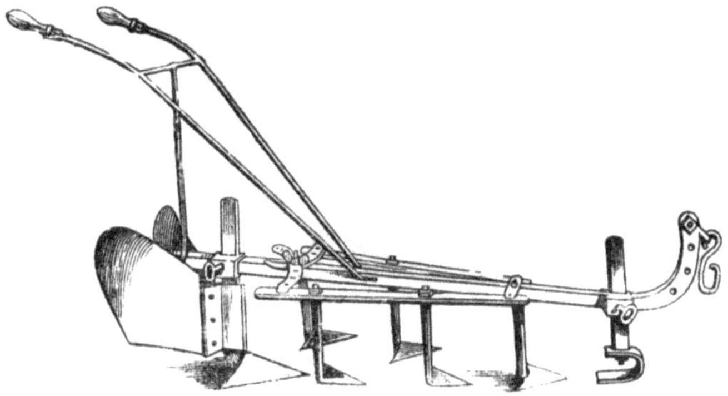

Fig. 15. Häufelpflug.

an die in Reihen angebauten Pflanzen. Fig. 15 stellt einen mit der Furchenegge verbundenen Häufelpflug dar.

§. 7.

Der Skarifikator.

Der Skarifikator besteht aus einem Gestell mit zwei oder drei Balken, in welche mehrere vorwärts gekrümmte Messer, gleich den Pflugsechen, befestigt sind, jedoch so, daß jedes Messer seinen eigenen Schnitt macht und nicht eins dem anderen in demselben Zuge folgt. Der Zweck dieses Geräths ist, in den bindenden Boden tiefer einzuschneiden, als es die Egge thun kann, seine feste Borke abzutrennen und zu zerkleinern und das Unkraut auszuziehen; deshalb bedient man sich desselben besonders auf verquecktem Ackerlande. Man hat verschiedene Konstruktionen von Skarifikatoren, bald mit, bald ohne Rädervordergestell, bald mit einem Rade vorn im Grindel, welches höher und niedriger gestellt werden kann. Das Gestell selbst ist dem des Exstirpators ähnlich, der Unterschied liegt nur in den Messern oder Eisen. Der in Fig. 16 dargestellte Skarifikator ist ein sehr wirksames Geräth.

Fig. 16. Scarificator.

§. 8.

Der Exstirpator.

Er besteht aus einem Gestelle mit zwei Balken, in welchen die Eisen befestigt sind, die am unteren Ende eine kleine Schar, der Form nach wie eine Hakenschar, aber in horizontaler Richtung, haben. Die hintern Eisen folgen stets in den Zwischenräumen der vordern, so daß kein Theil des Bodens unberührt bleibt. Das Gestell hat einen Grengel wie der Pflug, welcher, wie dieser, auf einem Vordergestell ruht, und Sterzen zum Halten. Man hat Exstirpatoren mit 5 bis 7 und mehr Scharen. Einer der besten Exstirpatoren ist der Traiprain-Exstirpator. Er ist ganz von Eisen, und der Rahmen enthält in den Reihen 7 Füße mit kleinen gewölbten Scharen. Man kann ihn zum Tiefer- und Flachergehen stellen. Er verlangt eine Zugkraft von zwei Pferden und überzieht auf einmal eine Fläche von 3 Fuß Breite.

Thaer hält dem Exstirpator eine große Lobrede; er sagt:

„Dieses Instrument ist so wirksam, daß es nicht nur an die Stelle jeden flachen Pflügens treten kann, sondern dieses auch in Ansehung seiner Wirkung auf die Pulverung und Mengung der Erde und Ausrottung des Unkrauts weit übertrifft. Da nun ein Instrument mit sechs Scharen in der hinteren Reihe mittelst vier Pferden und zwei Menschen wenigstens dieselbe Arbeit macht (eigentlich wohl mehr, weil der Zug rascher geht), wie sechs Pflüge mit zwölf Pferden und sechs Menschen, so erhellt hieraus die große Arbeitsersparung, welche man dadurch erreicht. Der Exstirpator kann zur Bearbeitung der Brache, wenn man dazu die erste Furche mit dem Pfluge zu voller Tiefe gegeben hat, ohne weiteres Pflügen gebraucht werden, und die vollständigste und reinste Brache, die man haben kann, bewirken, wenn man sich dessen nur zu gehöriger Zeit bedient und das Unkraut nicht zu stark aufkommen läßt. Er ebnet den Boden dabei weit mehr als der Pflug, indem er die Erde von den obern Stellen löst, etwas fortschleppt und mit Hülfe der Egge in die Sinken vertheilt, besonders wenn man ihn nach allen Direktionen abwechselnd gebraucht. Man kann auch die Saat damit recht gut unterbringen. Den vor Winter gestürzten Acker bereitet er zur Sommerung, besonders zur Gerste, auf eine vorzügliche Weise. Die Erde wird, so tief es nöthig ist, dadurch aufs feinste gepulvert, so daß die zarten Wurzeln der jungen Pflanzen sogleich ihre Nahrung finden können. Dennoch wird die Winterfeuchtigkeit im Boden weit mehr erhalten, als wenn derselbe gepflügt wird, was in dürren Frühjahren ein großer Vortheil ist. Die Unkrautwurzeln kommen an die Luft, werden mehreremal losgerissen und sterben ab. Die Unkrautsamen aber kommen zum Keimen und werden durch wiederholte Anwendung des Exstirpators zerstört. Am auffallendsten ist der Nutzen dieses Instruments, wenn der Acker nach behackten Früchten, durch deren Bau er im vorigen Sommer in der Tiefe überflüssig gelockert worden, im Frühjahr zur Gerste vorbereitet wird. Nur mittelst dieser Kultur baue ich mit glücklichem Erfolge große zweizeilige Gerste auf Boden, der so sandig ist, daß er diese nicht tragen würde, wenn er im Frühjahr mittelst des Pfluges bearbeitet werden müßte. Sehr zweckmäßig wird ferner der Exstirpator auf einem umgebrochenen Kleefelde angewandt, wenn dieses nicht Krume genug durch einmaliges Pflügen erhalten hat. In dem Falle muß man es sonst dreimal pflügen, was dann die Bestellung der Winterung natürlich sehr verspätet. Mit dem Exstirpator kann man ihm Krume genug verschaffen und das Absterben der Kleewurzeln bewirken. Von gleichem Nutzen ist er ferner bei der Erbsen- und Wickenstoppel. Da es nämlich sehr darauf ankommt, diese unmittelbar nach der Aberntung umzupflügen, nun aber der Acker vor der Einsaatzeit der Winterung sich wieder zu sehr bindet, auch krautig wird, so müßte er zum zweitenmale gepflügt werden, was aber viel Aufenthalt geben würde. Durch dieses Instrument gibt man ihm schnell eine frische Krume, in welche man unmittelbar einsäen kann. Endlich finde ich es sehr nüzlich, um das Kartoffelfeld kurz vor dem Herauskommen der Kartoffeln, wenn sich auch schon einige Blättchen zeigen, damit flach zu überziehen. Hierdurch wird das vorher gekeimte Unkraut völlig zerstört, und die Kartoffeln kommen ganz rein heraus. Man glaubt dieses zwar auch durch das Eggen zu bewirken, besonders wenn man das Land in rauher Furche liegen läßt, bis die Kartoffeln herausgekommen sind; aber man erreicht dies weit unvollständiger, als wenn man gleich nach dem Einlegen eggt, wo das Unkraut gleichmäßiger keimt, und es dann mit dem Exstirpator zerstört. Doch kann dies bei dem Legen der Kartoffeln in aufgeworfenen Rücken, wie sich versteht, nicht stattfinden."

§. 9.

Der Krimmer oder Geier.

Dieses Ackergeräth kommt in zwei verschiedenen Formen vor, entweder gestaltet wie Fig. 17 oder wie eine gleichseitige dreieckige Egge, deren Balken mit eisernen Zinken besetzt sind, welche unten in kleine Schare verlaufen. Die Arbeit des Krimmers kommt ziemlich mit der des Exstirpators überein, ersterer leistet aber bessere Dienste auf schwerem, scholligem, steinigem Boden und zur Vertilgung des Hederichs.

§. 10.

Der Grubber.

Derselbe ist eigentlich ein verbesserter Exstirpator. Mit großem Vortheil wird er angewendet zur Bearbeitung der Brache, selbst auf dem schwersten Boden, statt der zweiten Pflugfurche auf Saatäckern, zur Zertheilung und Durcharbeitung des Düngers, besonders aber zur Bearbeitung derjenigen Aecker, welche zu Hackfrüchten bestimmt sind. Der Grubber

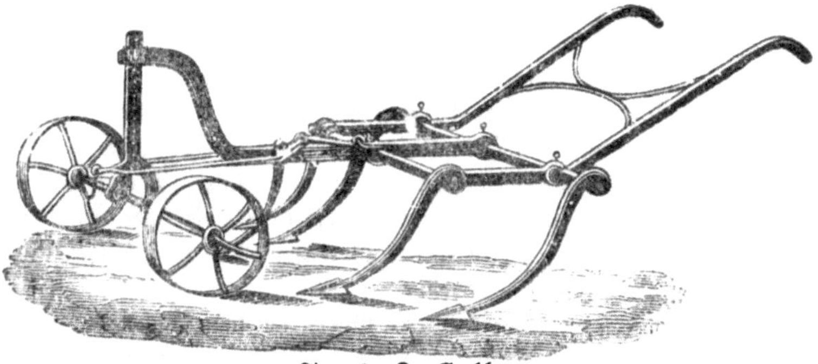

Fig. 17. Der Grubber.

dringt zu großer Tiefe in den Boden, krümelt denselben gut und hebt die Unkräuter vortrefflich heraus. Seine Konstruktion ist aus Fig. 17 ersichtlich.

§. 11.

Die Grabgabeln.

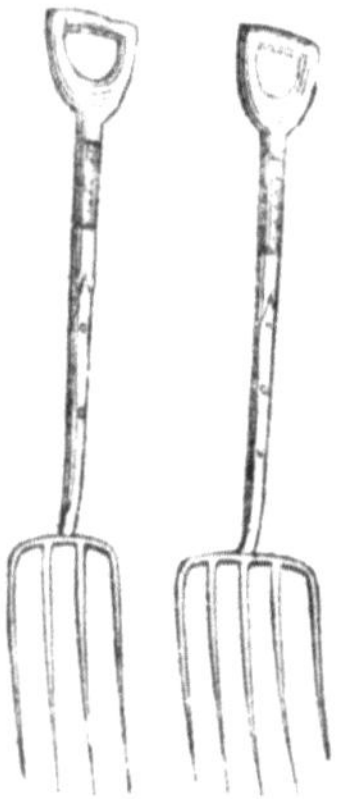

Fig. 18.
Die Grabgabeln.

Mit diesen Handgeräthen, welche in Fig. 18 bildlich dargestellt sind, bezweckt man Vertiefung des Bodens. Sie werden in der Art angewendet, daß Arbeiter mit ihnen in der von dem Beetpflug aufgeworfenen Furche gehen und dieselbe 6 Zoll tief durchstechen und lockern. Man bezweckt dadurch eine Lockerung des Untergrundes, ohne denselben auf die Oberfläche zu bringen.

§. 11.

Die Egge.

Die Egge ist dem Landwirth das, was der Rechen dem Gärtner. Ohne sie ist an keine vollständige Bearbeitung zu denken, und ihre Leistung für die Lockerung, Krümelung und Ebenung des Bodens, sowie die Zerstörung der Unkräuter ist, wird sie rechtzeitig angewendet, außerordentlich. Außer zu den angegebenen Zwecken dient die Egge auch noch zur Unterbringung des Samens.

Man hat vielerlei Gattungen von Eggen. Die wohlfeilsten sind die ganz hölzernen, bei denen entweder die starken buchenen Zähne mit festen Wieden an Stäbe gebunden sind, wie die sogenannten polnischen Eggen, oder wo in den Eggenbalken statt hölzerner Zinken eiserne befestigt sind. Die letzteren werden mit Vortheil zum Eineggen der Saat bei gut vorbereitetem Boden gebraucht. Die ersteren finden eine vollkommen gerechtfertigte Anwendung, wenn der Boden noch viel Steine hat und die Kultur überhaupt nicht weit vorgeschritten ist. Sie sind wohlfeil und erfüllen dabei den Zweck vollkommen, da sie, mit Steinen beschwert, auch tief genug eindringen und zum Heraufbringen der Quecken, der nach vorwärts zu stehenden Zähne wegen, vollkommen geeignet sind. Die Eggen mit eisernen Zinken machen den Boden allerdings klarer; wo aber viel Steine vorkommen, sind solche Eggen theure Werkzeuge, die eines fast täglichen und kostspieligen Ersatzes bedürfen.

Für schweren, stark verkrauteten Boden hat man Eggen mit schwereren Balken und stärkern eisernen Zinken. Diese werden dann aber nur zur Lockerung und Krümelung des Bodens, nicht zum Eineggen der Saat angewendet. Man eggt der Länge nach, querüber, schräg und in der Runde, doch ist das Rundeggen nicht zu empfehlen.

Einen sehr wohlthätigen Einfluß auf die Lockerung übt das Quereggen aus, indem dadurch die Pflugstreifen vollständig gekrümelt werden. Auch die Quecken werden auf diese Weise am besten an die Oberfläche gezogen.

Wie beim Pflügen ist auch beim Eggen der Zeitpunkt, wann man dasselbe anwendet, von der höchsten Wichtigkeit. Tage und Stunden können dabei einen großen Unterschied hervorbringen.

Nassen Boden soll man niemals eggen, weil sonst eine nachtheilige Kruste die natürliche Folge sein würde. Strengen Thonboden darf man aber auch nicht vollständig abtrocknen lassen, ehe man ihn eggt, weil sonst die Pflugstreifen erhärten und von der Egge nicht mehr zermalmt werden würden.

Tritt daher eine günstige Witterung für das Eggen ein, so muß diese Arbeit jeder andern vorgehen.

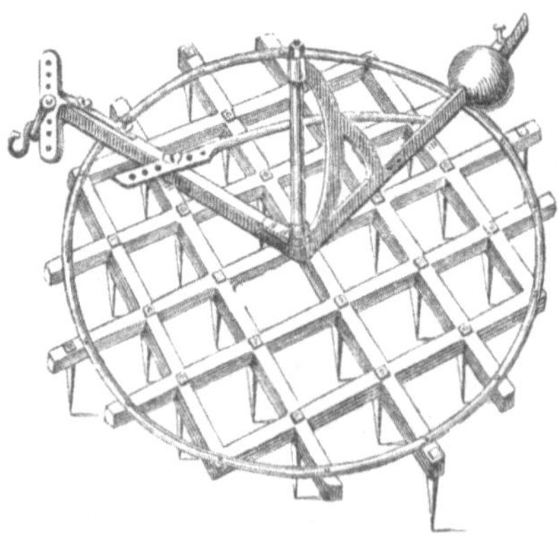

Fig. 19 Die rotirende Egge.

Im Allgemeinen soll man den Acker nicht öfter eggen als er gepflügt oder gehakt worden ist, mit Ausnahme der Unterbringung der Saat, denn ein zu häufiges Eggen schadet mehr als es nützt. Namentlich soll man nach dem Pflügen wieder verhärteten, sehr scholligen, stark verunkrauteten Boden statt der Egge mit Skarifikator, Exstirpator, Kriminer oder Grubber bearbeiten.

Der raschern Bewegung wegen, welche einen größern Erfolg mit sich führt, spannt man in die Egge am besten Pferde.

Gute Konstruktionen der Egge sind die Roville-Egge und die Zickzack-Egge. Letztere schmiegt sich allen Erhöhungen und Vertiefungen des Bodens an, krümelt sehr gut und überzieht mit einem Strich eine ziemlich große Fläche, so daß sie die Arbeit sehr fördert. Die rotirende Egge (Fig. 19) ist eine neue Konstruktion.

§. 13.

Die Walze.

Die Walze ist ein sehr nützliches Ackerwerkzeug und sollte in keiner wohleingerichteten Wirthschaft fehlen, da ihre Anwendung, wenn sie auch nicht unausgesetzt wie die der Egge stattfindet, doch oft von den heilsamsten Folgen ist. Ihre Wirksamkeit ist in manchen Fällen durch nichts zu ersetzen. Sie dient

1) zur Zermalmung derjenigen Erdklöße, welche wegen ihrer Härte der Egge widerstanden haben. Was die Walze nicht zertrümmert, drückt sie in die Erde ein, wodurch die Klöße entweder zersetzt oder von der darauf folgenden Egge überwältigt werden. Außer den Erdklößen drückt die Walze auch die Steine in den Boden ein. Dadurch wird das spätere dichte Abmähen der Frucht an dem Boden sehr begünstigt;
2) zur Bindung des losen Bodens. Bei aufziehendem, sehr porösem oder bei trockenem Boden oder überhaupt in sehr trockener Zeit ist die Walze das einzige Mittel, dem Boden diejenige Bindigkeit zu geben, welche die Wurzeln der Pflanzen zu ihrem Wachsthume nöthig haben. Zugleich hilft sie in solchem Boden die Feuchtigkeit besser bewahren;
3) zur innigern Verbindung des Samens mit dem Boden, was bei trockener Witterung und bei feinen Samen oft sehr wichtig ist;
4) zur Wiederbefestigung der Pflanzen, wenn dieselben in losem, aufziehendem Boden von dem Frost gehoben worden sind. Gleichzeitig drückt die Walze in solchem Boden die Risse und Klüfte zu;
5) zur Tödtung manchen Ungeziefers, namentlich der Ackerschnecken, des Ackerwurms 2c.

Die Konstruktion der Walze ist verschieden; gewöhnlich ist sie rund und bald aus einem Stücke bestehend, bald aus mehreren zusammengesetzt. Letztere Konstruktion, die Gliederwalze, verdient den Vorzug, weil jede der drei Walzen (—‾—) auf allen Stellen des Bodens gleichmäßig wirken kann und kein Schleppen stattfindet. Sie darf nicht zu lang sein, weil sie sich sonst zu unbequem regieren läßt und weniger wirksam ist. Ihre beste Länge ist 4 bis 5 Fuß bei einem Durchmesser von 1 bis $1^1/_2$ Fuß. Außer der runden glatten Walze hat man auch die Narben- oder Scheibenwalze, welche zur Zermalmung der Erdklöße eine weit größere Wirkung ausübt als die runde, glatte Walze. Bei der Scheibenwalze ist der Baum entweder kannelirt oder mit Leisten beschlagen. Bei trockner Witterung arbeitet sie sehr schön; ist aber der Boden einigermaßen feucht, so setzen sich die Krinnen voll Erde, und die Scheibenwalze ist dann unzweckmäßiger als die glatte. Noch wirksamer als die Scheibenwalze ist Croskill's

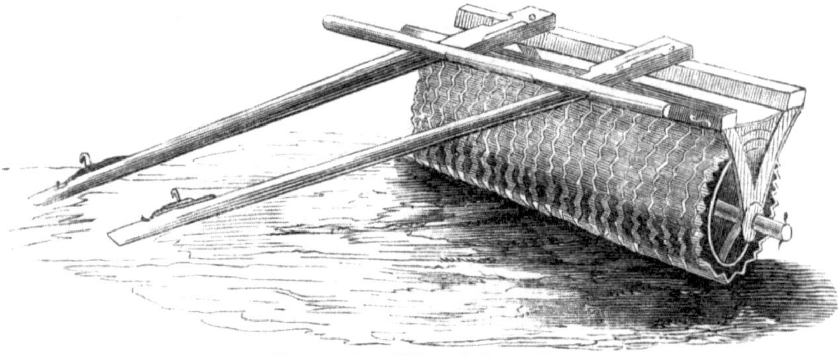

Fig. 20. Croskill's Schollenbrecher.

Schollenbrecher (Fig. 20), welcher, außer zur Zerkleinerung der Schollen, auch sehr zweckmäßig Anwendung zur Bindung losen Bodens findet.

Die Walze darf nur bei trockener Witterung und nie bei nassem Boden angewendet werden.

§. 14.

Der Marquer oder Rinnenzieher.

Der Marquer ist eine Art großer Rechen und wird dann von Menschen gehandhabt, oder er hat Aehnlichkeit mit dem Exstirpator, aber nur eine Reihe verstellbarer Füße und wird dann von Zugthieren fortbewegt. Er dient zur Vorzeichnung der Saat- und Pflanzenreihen auf dem vorher zur Saat und Pflanzung vollständig zubereiteten Boden.

§. 15.

Das Beet.

Die Beete dienen zur Eintheilung des Bodens, zur schnellern Erwärmung desselben, zur Ableitung der Feuchtigkeit und manchmal auch zur Ersparung an Arbeit. An den beiden Endpunkten längs der Beete werden

Angewende angelegt, welche zum Umwenden der Zugthiere und Ackergeräthe dienen. Durch das Umwenden müssen nothwendig Erhöhungen an der Stelle entstehen, wo die Ackergeräthe ausfahren, da sie jedesmal Boden mitbringen und zurücklassen; es ist daher nothwendig, die Angewende, so oft es nothwendig ist, abzugraben und abzufahren, so daß sie noch etwas niedriger zu liegen kommen als die Ackerbeete, weil sonst der Abzug des Wassers nicht stattfinden könnte.

Da der Hauptzweck der Beete die schnellere Erwärmung des Bodens und Ableitung des Wassers ist, so gehören sie namentlich für den Boden, welcher beides bedarf.

§. 16.

Das Ebenpflügen.

Das Ebenpflügen bietet so viel scheinbare Vortheile, daß es oft zum Nachtheile empfohlen worden ist. Es ist richtig, daß in den Furchen, welche zwischen den Beeten sind, eine vollständige Frucht nicht gedeihen kann, daß daher durch dieselben immer ein gewisser Ausfall im Ertrag stattfinden muß; daß dies bei dem Ebenpflügen vermieden wird; daß bei demselben auch eine regelmäßigere Vertheilung des Düngers stattfindet; daß die ebene Fläche das Abmähen der Frucht begünstigt, und daß das ganze Feld eine angenehme Außenseite erhält. Wenn aber diese einseitigen Vortheile die Veranlassung zum allgemeinen Mißrathen der Frucht werden können, so muß man einen kleinen Nachtheil ertragen, um die Hauptsache zu retten.

Dieser Fall tritt aber ein:

1) Wenn der Boden kalt und feucht ist; dann sind die erhöhten Beete mehr geeignet, die wohlthätigen Sonnenstrahlen aufzufangen und die überflüssige Feuchtigkeit abzuleiten, wodurch die der Vegetation nachtheilige Kälte und Feuchtigkeit verschwindet.
2) Wenn der Boden flachgründig ist. Durch die Beete wird nämlich die wenige Ackerkrume zusammengehäuft und dadurch das Gedeihen der Frucht begünstigt; beim Ebenpflügen wird die wenige Ackerkrume so vertheilt, daß sie zum Gedeihen der Frucht nicht hinreicht.
3) Wenn sich ein Boden noch in geringer Kultur befindet. Die wohlthätige Einwirkung der Atmosphäre zersetzt die im Boden befindlichen Säuren und befördert seine Gare.
4) Wenn der Untergrund des Bodens die Nässe von oben nicht durchläßt; dann reichen die Wasserfurchen, welche man über den ebengepflügten Acker zieht, zur Abführung des Wassers nicht aus, und es müssen auch die einzelnen Beetfurchen hierzu dienen.

§. 17.

Richtung der Beete.

Bei der Richtung der Beete muß vor Allem auf den Hang gesehen werden, damit sich die Furchen auf dem nächsten Wege des Wassers entledigen können. Ist dies aber gleichgültig, so müssen erhabene Beete, sie mögen breit oder schmal sein, von Norden nach Süden gelegt werden, damit beide Seiten gleichmäßig von der Sonne durchdrungen werden können, weil sonst der nördliche Hang gegen den südlichen zurückstehen würde.

In bergigen Gegenden oder bei steilen Abhängen ist es zweckmäßiger, die Beete horizontal um den Abhang herumlaufend oder aber schräg und gelind anlaufend anzulegen. Das erste ist bei sanften, das letzte bei steilen Abhängen rathsam.

Wenn die Beete dem Abhange entlang angelegt werden, so ist die Arbeit des Pflügens sehr erschwert, und bei Regengüssen reißt das Wasser große Löcher, während bei der schrägen Richtung um den Abhang herum die Bearbeitung erleichtert wird, das Wasser langsamer herunterfließt.

§. 18.

Breite der Beete.

Die Breite der Beete ist sehr verschieden, sie wechselt von vier bis mehr als zwanzig Furchen.

Beete von mehr als zwanzig Furchen nähern sich schon dem Ebenpflügen, weil die durch die Beete bezweckte Wölbung der großen Breite wegen nicht mehr mit Erfolg bewirkt werden kann.

Wo der Boden sehr bindend und naß ist, oder wo er eine sehr stark geneigte Lage hat oder sehr flachgründig ist, sind schmale Beete, sogenannte Bifange, an ihrem Orte, und keine Theorie kann ihre Nothwendigkeit wegdisputiren. Das Gedeihen der Frucht hängt davon ab, und man ist im Irrthum, wenn man durch die Wölbung der Beete und die Furchen Verluste an fruchtbarem Boden zu erleiden glaubt. Auf solchem Boden würde man bei sehr breiten Beeten oder gar ebenem Pflügen fast gar keine Ernte machen. Wo die angegebenen Verhältnisse nicht stattfinden, verdienen die mehrfurchigen Beete den Vorzug, und sehr fehlerhaft würde es sein, ohne Noth Bifange anzulegen, da diese überall da, wo sie die Nothwendigkeit nicht verlangt, große Nachtheile mit sich bringen. Auf breitern Beeten läßt sich der Dünger gleichmäßiger vertheilen und besser unterbringen, man kann tiefer pflügen, besser eggen und walzen, die neuern bessern Ackergeräthe, namentlich die Säemaschine, anwenden, man erspart an Samen, gewinnt bei der Ernte mehr Stroh, und die Früchte leiden im Winter und Frühjahr weniger von Frösten und Thauwasser.

Bei Umänderung der Beete oder bei Veränderung ihrer Richtung muß man mit großer Vorsicht zu Werke gehen, da, wenn dies plötzlich und ohne Vorbereitung geschieht, die alten Furchen noch Jahre lang zu erkennen sind. Es entstehen Vertiefungen, wo sie nicht sein sollen, es sammelt sich Wasser in denselben, und der Boden leidet so, daß das Gedeihen der Frucht gefährdet wird. Am besten ist es, solche Umänderungen nach Kartoffeln oder überhaupt zur Sommerfrucht vorzunehmen.

§. 19.
Tiefe des Pflügens.

Die Tiefe des Pflügens wechselt von 6 bis 15 Zoll. Im Allgemeinen pflügt man immer noch viel zu flach, und dies ist sehr häufig die Ursache des Mißrathens der angebauten Früchte oder doch geringer Ernten. Flaches Pflügen ist nur statthaft beim Stürzen der Stoppeln und des Dreesches, bei der Saatfurche, beim Unterpflügen des Düngers, wenn der Untergrund bei Mangel an Dünger von sehr schlechter Beschaffenheit ist, und wenn unter sehr leichter Ackerkrume eine undurchlassende Bodenschicht liegt; diese darf man nicht durchbrechen, weil sonst die Ackerkrume ganz ausdorren würde.

Diese Fälle ausgenommen, ist das Tiefpflügen (worunter man eine Vertiefung des Bodens von 12 bis 15 Zoll versteht) stets sehr vortheilhaft, weil dadurch folgende große Vortheile erreicht werden: 1) die Pflanzenwurzeln vermögen tiefer einzudringen, was ein schnelleres und besseres Wachsthum der Pflanzen zur Folge hat; 2) zu große Nässe und zu große Trockenheit wird beseitigt, weil die überflüssige Feuchtigkeit in größere Tiefe hinabdringen kann, wo sie eine Reserve für trockene Zeiten bildet; 3) die untern Bodenschichten werden verbessert, indem der Sauerstoff der Luft sie durchdringen kann; 4) die Verwitterung der unorganischen Bestandtheile des Bodens wird begünstigt und dadurch den Pflanzen vermehrte Nahrung zugeführt; 5) dem Lagern des Getreides wird vorgebeugt, nämlich der tiefen Wurzelung desselben halber; 6) die Tilgung des Unkrautes geschieht besser und nachhaltiger.

So groß aber auch die Vortheile des Tiefpflügens sind, so muß man doch sehr vorsichtig damit verfahren, wenn man sich nicht sehr schaden will. Vor allen Dingen darf man nur nach und nach mit der Vertiefung des Bodens vorgehen; man darf nie mehr von dem rohen Untergrunde auf die Oberfläche bringen, als man mit Stallmist vollkommen hinreichend befruchten kann; ferner muß die tiefe Furche im Herbst gegeben werden, damit der Frost den heraufgebrachten Untergrund mürbt und derselbe längere Zeit der Einwirkung des Sauerstoffs der Luft ausgesetzt ist; endlich muß man den durch Tiefpflügen vermehrten Boden im Anfange auch öfter bearbeiten. Die Hauptsache bei dem Tiefpflügen ist aber vorhergegangene Vermehrung des Düngers.

Die angeführten Rücksichten braucht man nicht zu beobachten, wenn man nicht den tiefgehenden Beetpflug, sondern den Untergrundpflug zur Bodenvertiefung anwendet. Die Ursachen davon sind schon früher angeführt worden.

§. 20.

Breite der Pflugstreifen.

Die Breite der Streifen, welche man mit dem Pfluge abschneidet, hängt von der Beschaffenheit des Bodens ab. Es ist zwar richtig: je schmaler die Streifen sind, desto mehr wird der Boden zerbröckelt, desto sicherer ist der Erfolg der Egge, und desto besser die Bearbeitung im Allgemeinen; allein der Werth der Arbeit selbst bleibt auch zu berücksichtigen, und es macht einen erheblichen Unterschied aus, ob die Streifen 6 oder 12 Zoll breit genommen werden. Bei einem schon durchgearbeiteten, leicht zerfallenden Boden kann man sich eine Beschleunigung der Pflugarbeit durch breitere Streifen mit Recht erlauben, da bei solchem Boden die Egge immer noch gute Arbeit machen wird; anders ist es bei schwerem, feuchtem, überhaupt bindigem Boden; je breiter bei diesem die Streifen sind, desto schwerer ist seine Zersetzung, und desto weniger greift die Egge an. Was man also bei jenem Boden an Arbeit ersparen kann, wende man diesem zu. Die mittlere Breite der Pflugstreifen ist 9 Zoll. Sie erweitert oder vermindert sich, je nachdem es der Boden erfordert, auf 12 oder 6 Zoll.

§. 21

Die Brachfurche.

Die erste Furche, welche man zur Bestellung der Winterfrucht gibt, nennt man Brachfurche. Die Benennung kommt von Brechen her, weil der Boden in der Zeit, wo seine Bearbeitung vorgenommen wird, gewöhnlich hart ist und ein wirkliches Umbrechen erfordert. Die erste Furche zu den Sommerfrüchten, welche gewöhnlich im Herbst erfolgt, nennt man die Stürzfurche, herrührend vom Umstürzen der stehenden Winterstoppel.

Die Brachfurche beginnt nach beendeter Sommereinsaat im Juni. Je zeitiger sie erfolgen kann, desto mehr Zeit gewinnt der Boden, sich zwischen den folgenden Furchen zu erliegen und die erforderliche Gare zu erreichen.

Bei der Brachfurche bleibt zu berücksichtigen, ob der Boden eine Wendefurche nach derselben erfordert. Dieser Fall tritt bei schwerem oder unreinem eine wiederholte Bearbeitung erfordernden Boden und dann ein, wenn der Dünger nicht vor die Brachfurche, sondern auf dieselbe gefahren wird. In diesem Falle gibt man die Brachfurche weniger tief, damit beim Wenden frischer Boden heraufgebracht werden kann, um die erste Furche damit zu decken. Fährt man den Dünger vor die Brachfurche, und ist der Boden überhaupt so locker, rein und kultivirt, daß die Wendefurche füglich erspart werden kann, oder ist die Zeit für alle Furchen nicht ausreichend, so muß die Brachfurche mit größerer Sorgfalt und in der regelmäßigen Tiefe gegeben werden. Um die Lockerheit zu befördern, müssen dann auch die Streifen schmaler sein; denn je weniger Furchen überhaupt gegeben werden, desto größere Sorgfalt muß man dann auch auf eine jede einzelne verwenden, weil keine folgt, um die Fehler der vorhergehenden zu verbessern, sondern eine jede ihren eigenen Zweck zu erfüllen hat.

Eine regelmäßige Feuchtigkeit befördert die Arbeit und die schnellere Zersetzung des Bodens; man hüte sich aber, die Brachfurche sowie jede andere Furche zu geben, wenn der Boden naß ist.

Der wohlthätigen Einwirkung der Atmosphäre wegen ist es vortheilhaft, die Brachfurche eine Zeit lang in rauher Furche liegen zu lassen. Ist der Boden aber so bindig und fest, daß man Schollen zu befürchten hat, so muß man eilen, ihn bald nach dem Pflügen einzueggen, ehe er austrocknet.

§. 22.

Die Wendefurche.

Die Wendefurche folgt auf die Brachfurche, und zwar dann, wenn sich der Boden nach der letztern erlegen hat. Wäre dies nicht der Fall, so würde man die umgebrochene Krume unzersetzt wieder an die Oberfläche bringen, und es würde dadurch der wichtige Zweck der Wendefurche verfehlt werden. In solchem Falle würde es besser sein, wenn die Zeit ein längeres Erliegen nicht gestattet, die Wendefurche ganz wegzulassen, denn das öftere Rühren im Boden wird dann nachtheilig.

Sehr wichtig wird die Wendefurche, wenn sie zur Unterbringung des Düngers dient; denn es ist keinem Zweifel unterworfen, daß dies die rechte Zeit ist, dem Dünger seine höchste Wirksamkeit zu verschaffen. Wird der Dünger vor die Brachfurche gefahren, so kommt er in den unkultivirten Boden, seine Zersetzung beginnt erst später, und die dem Boden so wohlthätige Gährung kann nur unvollkommen eintreten. Vor der Wendefurche findet der Dünger einen bereits zersetzten thätigen Boden, und seine Wirksamkeit tritt sofort ein. So weit man es nun mit der Arbeit bestreiten kann und so weit man das Wenden überhaupt für nöthig erachtet, muß man bemüht sein, den Dünger vor der Wendefurche aufzufahren.

Ein sorgsames Eineggen der Wendefurche befördert die schnellere Gare des Bodens; es ist daher nie zu versäumen, dabei aber wo möglich trockenes Wetter abzuwarten, damit etwa vorhandene Quecken zusammengeeggt und weggebracht werden können. Daß die Wendefurche etwas tiefer als die Brachfurche gegeben werden muß, ist bereits im vorigen Paragraphen erwähnt worden.

§. 23.

Die Ruhrfurche.

Die Ruhrfurche hat die Lockerung des Bodens zum Zweck, und da hiermit das Aufschließen desselben für die atmosphärische Einwirkung und eine Hervorbringung der Unkräuter an die Oberfläche verbunden wird, so ist die Wirksamkeit dieser Furche für den Boden von den wohlthätigsten Folgen. Durch die Lockerung und das Oeffnen wird die Einwirkung des atmosphärischen Sauerstoffs auf den Boden befördert, und wird er dann wieder durch die Egge verschlossen, so entwickelt sich eine wohlthätige Gährung.

Für feuchten, viel Säure enthaltenden oder unreinen Boden ist die Ruhrfurche durch keine andere Furche zu ersetzen. Mit keiner kann man so die Quecken herausbringen und die Säuren neutralisiren, als mit dieser. Ist die Wendefurche weggelassen worden, so ist der Zweck, welchen die Ruhrfurche erfüllen soll, noch wichtiger, und sie muß mit einer großen Sorgfalt und schmalen Pflugstreifen gegeben werden. Trockenes Wetter ist für die Ruhrfurche besonders geeignet; bei nassem muß man sie ganz unterlassen; treffen auf sie zufällig starke Regengüsse, ehe sie eingeeggt werden konnten, so lasse man den Boden vor dem Eineggen wieder abtrocknen.

Die Ruhrfurche wird entweder schräg oder querüber gegeben, wodurch die Pflugstreifen, wo sie noch nicht ganz zersetzt sind, vollends zerbröckelt werden. Wiederholt man das Ruhren, so geschieht es, um seine Wirksamkeit zu erhöhen, jedesmal nach einer andern Richtung.

§. 24.

Die Saatfurche.

Wenn der Boden durch die Vorfurchen gehörig gelockert und gereinigt ist und sich demnächst wieder erlegen oder die nothwendige Gare erlangt hat, was sich durch ein üppiges Aufschießen der Unkräuter bekundet, so folgt die Saatfurche. Dieselbe darf nie so tief gegeben werden, daß roher Boden auf die Oberfläche kommt.

Die Hauptrücksicht bei der Saatfurche ist ein gleichmäßiges, sorgsames Pflügen, damit ein regelrechtes Beet hergestellt wird und Vertiefungen oder sonstige Unregelmäßigkeiten vermieden werden.

Das sorgfältigste Eineggen der Saatfurche ist nothwendig; nur ganz leichten Sandboden braucht man vor der Saat nicht zu eggen.

§. 25.

Beet- und Wasserfurchen.

Zur Ableitung des überflüssigen Wassers gehören zunächst die Beetfurchen, weshalb die Beete auch stets dem Abhange nach angelegt werden sollen. Die Beetfurchen werden in allen Winterfeldern, in Sommerfeldern nur auf bindendem, stark feuchtem Boden mit dem Beetpflug seicht ausgestrichen. Unterbleiben muß des Reißens halber das Ausstreichen auf sehr abhängigen Feldern; hier dürfen die Beetfurchen nur da geöffnet werden, wo sie in die Wasserfurchen einmünden.

Aus den Beetfurchen wird das Wasser durch größere Abzugsfurchen, welche die Beete quer oder in schräger Richtung durchschneiden, aufgenommen. Die Anlegung dieser die Beete durchschneidenden sogenannten Wasserfurchen verdient eine große Aufmerksamkeit, weil sie gewissermaßen die Adern sind, in denen das Wasser sich sammeln und die es fortführen sollen. Sie müssen stets tief genug dem Abhange nach gezogen werden und das Wasser in möglichst gerader Richtung aus dem Felde führen. Ihre Anlegung wird häufig unwissenden Leuten übertragen, die, von Vorurtheilen befangen, gerade den Hauptzweck dadurch zu erreichen glauben, daß sie einer Wasserfurche so viel Krümmungen als möglich geben, ohne den Abhang oder den naturgesetzlichen Fall des Wassers zu verstehen oder zu berücksichtigen. Nur auf abhängigen Feldern muß man die Wasserfurchen, um das Reißen des Wassers zu verhüten, bogenförmig anlegen. Da, wo die Wasserfurchen aus dem Felde treten, müssen sie geöffnet werden, damit das Wasser ungehinderten Abfluß hat.

Neunte Abtheilung.

Die Saat und Pflanzung.

§. 1.
Der Samen.

Alles Saatgut muß vollkommen ausgebildet, reif, gesund und keimfähig sein, wenn es vollkommene Pflanzen erzeugen und einen guten Ertrag liefern soll.

Hat man das Saatgut nicht selbst erzeugt, sondern gekauft, so muß man es vor der Aussaat auf seine Keimfähigkeit probiren, indem man eine Handvoll desselben in einen leinenen Lappen wickelt, denselben mit Wasser befeuchtet, in der Nähe der Ofenwärme hält und nie trocken werden läßt. Aus der Anzahl der gekeimten Körner kann man beurtheilen, ob der Samen zur Aussaat tauglich ist oder nicht.

Den Samen einzuquellen oder anzukeimen ist im Allgemeinen nicht räthlich, weil man Gefahr läuft, daß, wenn nach der Aussaat längere Trockenheit einfällt, die Keime theilweise abspringen. Bei manchen Samenarten darf man aber das Ankeimen nicht unterlassen; es sind dies alle die, welche lange im Boden liegen, ehe sie keimen und in Folge dessen von dem Unkraute überwuchert werden. Darunter gehören Mais, Möhren, Rüben. Das Ankeimen besteht darin, daß man die Samen entweder in Wasser legt oder sie mit Sägespänen, Sand mischt, in Haufen bringt und bis zur Aussaat feucht erhält.

Die Samen vor der Aussaat in der Art zu düngen, daß man sie mit düngenden Stoffen einhüllt, ist nicht zu empfehlen; einmal sind die von den Düngerhandlungen ausgebotenen Samendünger theuer und werthlos, dann soll aber der Boden so viel Pflanzennahrungsstoff enthalten, daß man die Samendüngung anzuwenden nicht nöthig hat.

Eine andere Bewandniß hat es mit dem sogenannten Einbeizen des Saatgutes zu dem Behuf, um gewissen Krankheiten vorzubeugen. Insonderheit gilt dieses von dem Weizen zur Hintanhaltung des Brandes. Das Einbeizen wird am besten in folgender Art ausgeführt: 1 Pfund feuchter Chlorkalk wird in ein Gefäß mit 4 Quart Wasser (pr. Scheffel Saatgut) übergossen, die Mischung zwei Stunden stehen gelassen und während dieser Zeit öfter umgerührt. Das zu beizende Getreide wird währenddem mit Wasser gut gewaschen, wobei Alles, was obenauf schwimmt, entfernt wird; dann gießt man das Wasser ab und so viel von dem Chlorwasser darauf, daß die Körner davon bedeckt sind. Nach zwei Stunden gießt man die Flüssigkeit, welche sich nicht in die Körner eingezogen hat, ab und trocknet diese durch Vermischung mit feinem Sand.

Von besonderer Wichtigkeit ist der Samenwechsel; nur darf man nicht glauben, daß derselbe unter allen Umständen in gewissen Zeiträumen wiederholt werden müsse; vielmehr ist der Wechsel des Saatgutes nur dann nothwendig, wenn die Frucht in ihren guten Eigenschaften merkbar zurückgegangen ist, in der Menge und Güte des Ertrags nachläßt. In solchem Falle stellt sich der Samenwechsel als nothwendig und wohlthätig heraus. Er besteht darin, daß man Saatgut aus solchen Gegenden bezieht, wo die betreffenden Früchte in der höchsten Vollkommenheit gedeihen.

§. 2.
Zeit der Aussaat.

Hinsichtlich der Zeit der Aussaat darf man sich nie nach dem Kalender richten; sie hängt vielmehr ab von der Pflanzenart, dem Klima, der Witterung und der Bodenbeschaffenheit.

Roggen wird stets zeitiger als Weizen, Raps zeitiger als Rübsen, Hafer zeitiger als Gerste gesäet. Nie soll man bei nassem Boden und nasser Witterung säen, weil sonst eine gleiche Vertheilung der Samen nicht stattfinden kann, der Boden auch eine feste Kruste enthält. Falsch ist es aber auch, in so ausgetrockneten Boden zu säen, daß derselbe bei der Bearbeitung stäubt; denn so lange nicht Regen einfällt, liegt der Samen, ohne zu keimen.

Sommerfrüchte soll man niemals eher säen, bis der Boden der Art erwärmt ist, daß der Samen die nöthigen Bedingungen zum Keimen findet. Aus diesen Gründen taugen die sehr frühen Saaten nichts. Hinwiederum soll man auch nicht zu spät säen, denn wenn dem Boden durch Sonne und Wind die Winterfeuchtigkeit geraubt ist, liegt der Samen sehr lange, ehe er aufgeht. Eine Ausnahme hiervon machen nur Mais und Buchweizen, welche sehr empfindlich sind gegen Fröste, und die daher nicht eher gesäet werden dürfen, bis die Nachtfröste vorüber sind.

Die Herbstsaat muß in einem kalten Klima früher vorgenommen werden als in einem warmen, damit sie Zeit hat, sich zu bestocken und dem Winter besser zu widerstehen. Zu früh soll man aber auch nicht säen, besonders in sehr warmen, sonnigen Lagen oder leichtem, sehr düngerkräftigem Boden, weil man sonst Gefahr läuft, daß sich die Früchte ihres üppigen Wuchses halber lagern und faulen.

Der Einfluß, den der Boden auf die Saatzeit hat, besteht darin, daß man nie eher säen soll, bis das Land gründlich von Unkraut gereinigt ist, und nie eher, als bis sich der zur Saat gepflügte Acker wieder gesetzt hat. Ferner hat man zu berücksichtigen, daß man den bindenden, kalten, feuchten Boden im Frühjahr später, im Herbst eher zu besäen hat, als den lockern, warmen, trockenen Boden.

§. 3.

Stärke der Aussaat.

Gewöhnlich wird noch zu dick gesät und dadurch nicht nur viel Saatgut verschwendet, sondern auch der Ertrag verringert.

Die Stärke der Aussaat richtet sich hauptsächlich nach der mechanischen Beschaffenheit und der Düngerkräftigkeit des Bodens. Schwerer, bindender Boden, besonders wenn er sehr kloßig ist, verlangt stärkere Einsaat als der mildere, lockere, klare Boden. Der fruchtbare, düngerkräftige Boden muß dünner besäet werden als der arme Boden, welcher stärker zu besäen ist, um die hier fehlende Bestockung durch einen dichtern Stand der einzelnen Pflanzen zu ersetzen.

Auch die Zeit der Aussaat hat Einfluß auf die Größe der Samenmenge. Frühe Aussaat des Wintergetreides muß bedeutend schwächer ausgeführt werden als die späte, weil sich jene stärker bestockt.

Ferner kommt in Betracht die tiefe Lockerung des Bodens. Tief bearbeiteten Boden muß man schwächer besäen als flach bearbeiteten, weil sich in jenem die Pflanzen stärker bestocken.

Altes Getreide muß etwas stärker gesäet werden als neues, weil von jenem einzelne Körner ihre Keimkraft verloren haben können.

Pflanzenarten, die sich stark bestocken, wie z. B. der Weizen, oder sich stark ausbreiten, wie z. B. der Mais, müssen schwächer gesäet werden als die sich nicht stark bestockenden, wie z. B. der Hafer.

Schwache Aussaat auf gutem Boden gibt, besonders bei tiefer Ackerkrume, hohes Getreide, begünstigt die Entwickelung der Wurzeln, des Halmes, der Aehre und der Körner. Solche Saaten kommen aber etwas später zur Reife. Starke Aussaaten geben schwächere Pflanzen, welche eher zur Reife gelangen.

§. 4.

Verbindung des Saatgutes mit dem Boden.

Zum Keimen braucht das Samenkorn Feuchtigkeit, Wärme und den Zutritt der Luft. Deshalb darf es niemals tiefer in den Boden gebracht werden, als die Luft einzudringen vermag. In porösen Boden dringt die Luft tiefer ein als in gebundenen, weshalb der Samen in jenem Boden tiefer untergebracht werder kann als in diesem. Im Allgemeinen hat eine flach liegende Saat vor einer tiefliegenden sehr wesentliche Vorzüge, weil jene durch Luft und Wärme schneller und gleichmäßiger entwickelt wird und gesündere und kräftigere Pflanzen erzeugt. Bei Getreidekörnern ist die angemessenste Tiefe 1 Zoll; größere Samenkörner, wie z. B. die Hülsenfrüchte, können $1^1/_2$ bis 2 Zoll tief untergebracht werden, während die feinen Samen nur eine halbzöllige Erdbedeckung vertragen. Aus dem Gesagten geht hervor, daß es stets fehlerhaft ist, die Samen mit Pflug oder Haken unterzubringen, weil sie zu tief zu liegen kommen. Die Egge ist, außer zur Unterbringung der feinen Samen, aber auch nicht das geeignete Instrument, die Samen dem Boden einzuverleiben, weil sie nicht zu gleichmäßiger Tiefe untergebracht werden, insbesondere viele Samen auf der Oberfläche des Ackers liegen bleiben und eine Beute der Vögel werden. Das zweckmäßigste Verfahren ist, die größern Samen mit dem Exstirpator unterzubringen, dann aber noch zu eggen.

§. 5.
Die Methoden der Saat.

Am gebräuchlichsten ist die Handsaat. Sie ist aber keineswegs die beste, im Gegentheil sind mit ihr viele Nachtheile verbunden. Diese bestehen aus ungleichmäßiger Vertheilung des Saatgutes überhaupt und bei starkem Winde insbesondere, und in großer Samenverschwendung. Diese Nachtheile stellen sich um so größer heraus, je ungeübter oder nachlässiger der Säemann ist.

Die Handsaat wird verschieden ausgeführt, je nach der Größe der Samen und der Breite der Beete. Größere Samen werden mit der vollen Hand, kleinere (die sich am schwierigsten gleichmäßig vertheilen lassen) nur mit 3 Fingern gegriffen.

Schmale Beete werden über die Hand, von der linken nach der rechten Seite besät, und der Säemann geht dabei in der Beetfurche. Breite Beete werden im Bogen besäet. Kann der Säemann das breite Beet mit einem Wurfe besäen, so geht er auf der Mitte des Beetes; muß er aber zwei Würfe machen, so macht er einen Rundgang, indem er auf der einen Seite des Beetes hinauf- und auf der andern Seite herabgeht. Sind die Beete so breit, daß sie nicht mit zwei Würfen besäet werden können, so müssen Signale ausgesteckt werden, damit kein Strich unbesäet bleibt. Bei groben Samen ist dieses Signalstecken nicht so nothwendig als bei feinen, die man nicht auf dem Boden liegen sieht.

Uebrigens läßt sich die Handsaat nicht durch Beschreibung, sondern blos durch eigene Ausübung erlernen, und der angehende Landwirth hat darauf alle Sorgfalt zu verwenden.

Weit besser als die Handsaat ist die Maschinensaat oder die mit Säemaschinen ausgeführte Saat. Die Vorzüge derselben vor der Handsaat bestehen: 1) in der großen Samenersparniß, die man mindestens zu einem Drittheil veranschlagen kann; 2) in der Unabhängigkeit von dem Winde; 3) in der Unabhängigkeit von den Säeleuten; 4) in der sehr gleichmäßigen Vertheilung der Samen; 5) bei denjenigen Säemaschinen, welche den Samen auch unterbringen, in der gleichmäßigen und angemessen hohen Erdbedeckung. Aus diesen Gründen machen sich die Kosten, welche man auf die Anschaffung von Säemaschinen verwendet, sehr bald bezahlt.

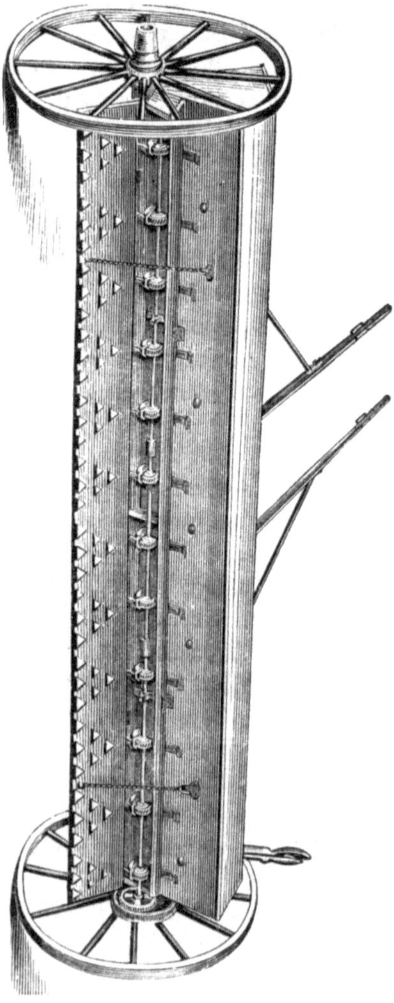

Fig. 21. Thorner Säemaschine.

Wie schon angedeutet worden ist, unterscheidet man breitwürfig und in Reihen säende Maschinen.

Die breitwürfig säenden Maschinen stehen hinter den in Reihen säenden Maschinen deshalb zurück, weil jene den Samen nicht zugleich unterbringen; doch sind die breitwürfig säenden Maschinen für solche Früchte, welche die Reihensaat nicht lieben, nicht zu entbehren. Unter den breitwürfig säenden Säemaschinen für gröbere Samen ist die Thorner Säemaschine (Fig. 21) besonders zu empfehlen. Diese Maschine ist 12 Fuß breit; der zur Aufnahme der Saat bestimmte Kasten ruht auf einer eisernen Axe, welche an jedem Ende von einem Rade getragen wird. In diesem Saatkasten befinden sich 12 Abtheilungen, in deren jeder wieder ein eiserner Kasten angebracht ist, welcher nach unten und nach der Außenseite eine schräge Stellung hat. Unter jedem dieser Kästen befindet sich eine Klappe, wodurch man in den Stand gesetzt ist, blos mit einem Theile der Maschine säen zu können. An der hintern Außenseite der Maschine befindet sich eine eiserne Welle mit 12 Schaufelrädern, welche den Samen aus dem Saatkasten herausscharren. Ein unter dem Schaufelrad angebrachtes, mit dreieckigen Klötzchen versehenes Fallbret vertheilt die Samen und streut sie regelmäßig auf den Acker.

Sehr verbreitet und empfehlenswerth ist auch Schmidt's Säemaschine (Fig. 22).

Für feine Sämereien (Klee, Gras, Rüben, Raps ꝛc.) ist die in Fig. 23 dargestellte Handsäemaschine sehr zu empfehlen. Sie wird von einem Arbeiter geschoben und besteht aus einem Karrengestell mit einem Rade und einem Saatkasten. Die Samen werden durch rotirende Bürsten durch die im Samenkasten befindlichen Oeffnungen herausgetrieben.

Wie schon erwähnt, verdienen die in Reihen säenden Maschinen dann den Vorzug vor den breitsäenden, wenn es darauf ankommt, die Früchte in Reihen zu stellen: Reihensaat, Drillkultur. Diese Saatmethode und die mit ihr verbundene Kultur

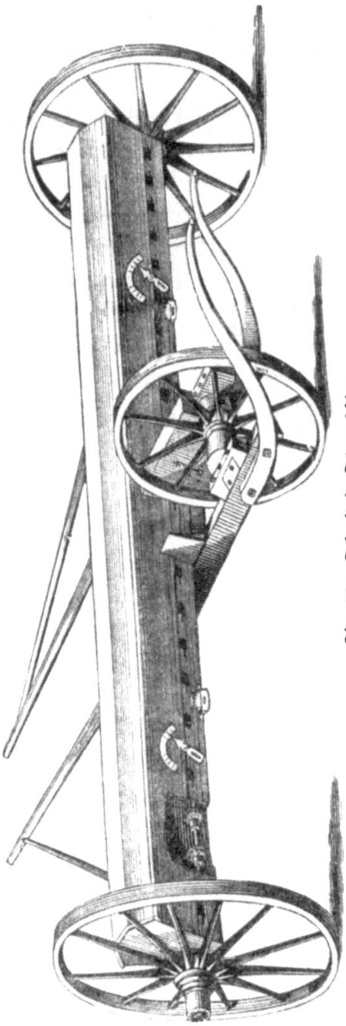

Fig. 22. Schmidt's Säemaschine.

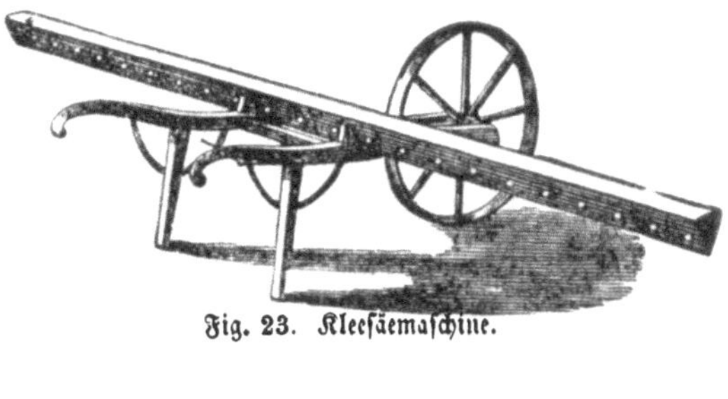

Fig. 23. Kleesäemaschine.

ist die höchste Kultur. Sie vereinigt in sich die folgenden sehr großen Vorzüge: 1) es wird bedeutend an Saatgut gespart; 2) die Samen werden zu gleichmäßiger und zweckentsprechender Tiefe durch die Maschine selbst untergebracht; 3) die Pflanzen kommen in Reihen zu stehen, so daß sie den Einwirkungen der Luft, der Sonne und des Lichts besser ausgesetzt sind, sich stärker bestocken, weiter ausbreiten können; sie sind gegen das Lagern, auch gegen die schädliche Einwirkung überflüssiger Nässe geschützt; 4) die leeren Zwischenräume zwischen den Reihen können während des Wachsthums der Pflanzen bearbeitet, behackt und behäufelt werden, wodurch der Boden gelockert, gekrümelt und gereinigt wird; dieses ist nicht nur von großem Einfluß auf das Wachsthum und Gedeihen der Reihensaat, sondern auch auf die nachfolgende Saat. In Folge alles dessen geschieht es, daß die Reihensaaten einen höhern Ertrag in Menge und Güte geben als die breitwürfigen Saaten. Das Behacken geschieht bei den Wintersaaten schon im Herbst einmal, wenn sich die angebauten Pflanzen von den Unkräutern unterscheiden lassen; im Frühjahr wird es, sobald der Boden abgetrocknet ist, wiederholt. Sommergewächse pflegt man im Frühjahr zweimal zu behacken. Ein Behäufeln der Halmfrüchte findet selten statt, und bei trocknem Boden und trockner Witterung muß es ganz unterbleiben. Früher baute man nur Bohnen, Mais, Raps, Möhren und einige andere Handelsgewächse in 10 bis 12 Zoll von einander entfernten Reihen an; gegenwärtig wendet man aber die Drillkultur auch auf das Getreide an, gibt aber hier den Pflanzenreihen nur einen Abstand von 7 Zoll, um keinen Ausfall am Strohertrag zu erleiden. Am besten gedeiht der Weizen in Reihen; aber auch die andern Getreidearten lieben die Reihensaat sehr und lohnen dieselbe gut.

So sehr sich aber auch die Reihensaat bewährt, so ist dieselbe doch nicht überall anwendbar; sie verlangt vielmehr gut gekrümelten, steinfreien, nicht mit langem, frischem Mist gedüngten Boden und möglichst ebene Lage desselben.

Zur Ausführung der Reihensaat gibt es eine große Anzahl verschieden konstruirter Maschinen. Für größere Wirthschaften ist unstreitig Garrett's Drillmaschine (Fig. 24) die beste. Sie besteht aus zwei mit einander verbundenen Apparaten; der erste dient zum Ausschöpfen, der zweite zum Vertheilen und Unterbringen der Samen. Der Schöpfapparat besteht aus einer in einem Saatkasten horizontal gelagerten Welle, auf welcher in gewissen Entfernungen runde Scheiben mit Schöpflöffeln auf beiden Seiten befestigt sind. Die von den umgehenden Schöpflöffeln aufgenommenen Samen werden durch dieselben Schöpflöffel in seitliche Trichter geführt und von diesen in die einzelnen Trichter des Vertheilungs-

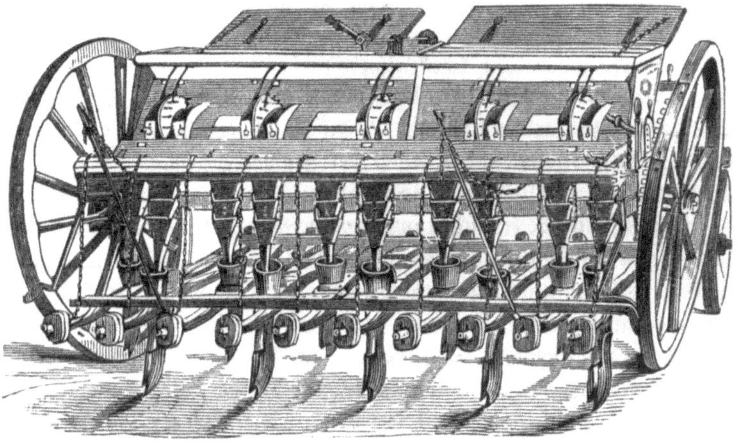

Fig. 24. Garrett's Drillmaschine.

apparates geleitet. Die letztern Trichter stehen mit Hebeln in Verbindung, welche eine Schar tragen, welche im Boden eine Rinne macht; in der Oeffnung der Schar ist eine Röhre befestigt, durch welche der Same in die Rinne fällt. Die Hebel, an welchen die Schare sitzen, sind beweglich, so daß sie tiefer oder flacher in den Boden eingreifen können; auch lassen sich die Schare näher zusammen oder weiter von einander stellen.

Für kleinere Wirthschaften ist die **schottische Drillmaschine** (Fig. 25) besonders zu empfehlen. In den Samenkasten a werden die

Fig. 25. Schottische Drillmaschine.

Samen geschüttet; durch den Hebel f wird das Ablaufen des Samens aus dem Samenkasten regulirt; durch die Marquere gg wird die Saatbreite angezeigt. Die ganze Maschine ruht auf 2 Rädern cc; d ist die Hebeldeichsel für das Pferd; e Stangen zur Führung der Maschine.

§. 6.
Pflanzung.

Die meisten Rübenarten, Kohl oder Kraut, Tabak und einige andere Handelspflanzen werden nicht auf den Acker, auf dem sie angebaut werden sollen, gesäet, sondern die Aussaat der Samen geschieht auf besondern Pflanzenbeeten, und von diesen werden die Pflanzen auf den Acker versetzt.

Die Pflanzenbeete müssen an einem geschützten Orte angelegt werden. Der Boden derselben muß locker, warm, fein zubereitet, kräftig, aber nicht zu stark gedüngt sein, damit die Pflanzen nicht zu mastig emporwachsen. Die Saat geschieht dick, am besten in Reihen; um sie gegen Nachtfröste zu schützen, bedeckt man die Samenbeete, bis sich die Pflänzchen über der Oberfläche zeigen, mit Stroh oder Reisig.

Haben die Pflanzen eine Höhe von 6 bis 8 Zoll erreicht, so werden sie mit möglichster Schonung der Wurzeln ausgezogen und auf den Acker verpflanzt. Gut ist es, das Verpflanzen bei feuchtem Boden und bedecktem Himmel vorzunehmen, weil dann die Setzlinge um so besser anwurzeln. Ist man genöthigt, in ausgetrockneten Boden zu pflanzen, so soll man die Setzlinge mit den Wurzeln in ein Gefäß stellen, welches mit Wasser, Federviehmist und Lehm, Alles zu einem dünnflüssigen Brei angerührt, angefüllt ist.

Entweder wird auf den ebenen Boden gepflanzt, der vorher gewalzt und mit dem Marquer überzogen worden ist, um dadurch die Pflanzenlinien anzuzeigen, oder die Pflanzung geschieht auf Dämmen, die mit dem Häufelpflug angetrieben worden sind. Das erste Verfahren verdient den Vorzug auf trockenem, das letzte auf etwas feuchtem Boden.

Die Löcher, in welche die Pflanzen eingesetzt werden, sind mit dem Pflanzholz so tief vorzubohren, als die Wurzeln lang sind, denn diese müssen mit ihrer Spitze auf dem Boden der Pflanzlöcher gerade stehen, dürfen sich nicht umlegen, weil sie sonst nicht kräftig wachsen würden. Ist die Pflanze in das Pflanzloch eingesetzt, so wird dasselbe mit klarer Erde zugefüllt und diese so fest angedrückt, daß die Pflanze ganz fest steht. Damit sich das Regenwasser um die Pflanze ansammeln kann, macht man rings um dieselbe in die Erde eine kleine Vertiefung.

Zehnte Abtheilung.

Die Ernte.

§. 1.

Hier ist nur von der Ernte des Getreides die Rede; über die Ernte der andern Feldfrüchte ist das Nothwendigste bei der Beschreibung der Kultur derselben angeführt.

§. 2.

Zeitpunkt der Ernte.

Im Allgemeinen beginnt man mit der Ernte des Getreides zu spät und zieht sich dadurch große Nachtheile zu. Diese bestehen in dem Ausfallen einer großen Menge Körner beim Mähen, Binden, Aufstellen, Aufladen, in der Verringerung der Qualität der Körner, indem die werthvollen Bestandtheile derselben, Stärkemehl und Zucker, in minder werthvolle, nämlich in Holzfaser und Gummi, umgewandelt werden, endlich in der Verschlechterung des Strohes als Futtermittel. Man ernte deshalb lieber zwei Tage zu früh als zwei Tage zu spät. Nur verfalle man auch nicht in den entgegengesetzten Fehler eines zu frühzeitigen Beginnens der Ernte, wo die Körner noch umfänglicher und schwerer werden, weil man sonst an schönem Ansehen, Gehalt und Gewicht der Körner Verlust erleidet. Alle zum Verkauf oder zum Verbacken und Verfüttern in der eigenen Wirthschaft bestimmten Körner, vorzugsweise Weizen und Gerste, ernte man in der Gelbreife, weil diese das schönste und gehaltreichste Korn und das beste Futterstroh liefert; das zu Saatgut bestimmte Getreide dagegen lasse man auf dem Halme vollständig reif, jedoch auch nicht überreif werden.

§. 3.

Abtrennung des Getreides von den Halmen.

Die Geräthe, welche zum Abschneiden des Getreides verwendet werden, sind verschieden, theils nach der Größe der Wirthschaft, theils nach den Fruchtarten. Sie sind:

1) Die Sichel. Sie macht sehr reine und gute Arbeit, so daß das mit der Sichel abgeerntete Feld nicht nachgeharkt zu werden braucht, man auch nicht nöthig hat, die Sturzenden des Getreides zu dreschen, weil sich in ihnen keine Aehren befinden. Diese Vortheile der Sichelarbeit werden

aber weit überwogen durch deren Nachtheile, welche darin bestehen, daß eine zu hohe Stoppel stehen bleibt, also Strohverlust entsteht, und daß die Sichelarbeit sehr wenig fördert; sie eignet sich deshalb nur für kleine Wirthschaften, welche zur Ernte keine Lohnarbeiter brauchen.

2) Die Sense. Sie ist das gebräuchlichste Instrument zum Abernten des Getreides. Zwar wird mit ihr die Frucht etwas verwirrt, so daß die Garben am Sturzende und Aehrenende gedroschen werden müssen, aber diese vermehrte Arbeit kann um so weniger in Betracht kommen, als die Sensenarbeit mehr als doppelt so sehr fördert als die Sichelarbeit, und als bei jener mehr Stroh gewonnen wird.

Die Sensen, welche zum Abschneiden des Getreides angewendet werden, sind verschieden, je nachdem Wintergetreide oder Sommergetreide abzuernten ist. Zur Aberntung des Wintergetreides bedient man sich der Sense ohne Harken oder Zähne. Mit derselben wird das Getreide so angehauen, daß sich die losgetrennte Frucht an die noch anstehende anlehnt. Jedem Mäher folgt eine Frauensperson, welche die abgehauene Frucht abmäht und in Gelegen auf die Stoppel legt. Das kürzere Sommergetreide wird dagegen mit der Harkengestellsense auf Schwaden gemäht.

3) Das Sichet (Fig. 26). Es ist eine Art Sense, welche zum Ab-

Fig. 26. Das Sichet.

schneiden der Lagerfrucht, dann auch der Hülsenfrüchte, zweckmäßig angewendet wird.

4) Die Mähemaschinen. Die Mähemaschinen sind gegenwärtig so verbessert, daß sie mit Nutzen zum Abernten des Getreides angewendet werden können, vorausgesetzt, daß sich dem nicht unüberwindliche Hindernisse entgegenstellen. Dazu gehören wellenförmiger Boden, mit Gräben durchschnittenes Ackerland, stark verwirrte Frucht. Die beste Arbeit lie-

fern sie auf ebenem Boden, bei aufrechtem Stande der Frucht und starken Halmen. Eine gute Mähemaschine ist besonders an ihrem Platze, wo es an Erntearbeitern mangelt. Hier erspart sie nicht nur bedeutend an Geldlohn, da sie täglich circa 20 Morgen abmäht, sondern sie beschleunigt auch die Ernte ungemein, so daß Körner und Stroh nicht überreif werden und man sehr oft der ungünstigen Witterung enteilt. Für große Güter in menschenarmen Gegenden ist die Mähemaschine eine unschätzbare Wohlthat. Es gibt eine große Anzahl verschiedenartig konstruirter Mähemaschinen; die beste unter allen ist die Cormick'sche mit selbstthätiger Ablegevorrichtung. Sie wird von zwei an der Seite angespannten Pfer-

Fig. 27. Bell'sche Mähemaschine.

den gezogen, der Kutscher sitzt auf ihr, und ein Mann geht ihr nach, um dem Kutscher die einzuschlagende Richtung zuzurufen, die etwaigen Hindernisse zu beseitigen und das Schmieren zu besorgen. Der Schneideapparat besteht aus einer großgezackten Säge, welche zwischen eisernen Zacken hin- und herläuft; ein schweres Schwungrad regelt die Bewegung der Sägen, zwischen welche eine hölzerne Welle mit vier Flügeln das Getreide drückt. Das abgeschnittene Getreide fällt auf eine mit Zink beschlagene Plattform, von welcher es durch eine selbstthätige Ablegevorrichtung abgestreift und in geregelten Gelegen auf die Stoppel geworfen wird. Auch die verbesserte Bell'sche Mähemaschine (Fig. 27) leistet gute Arbeit.

§. 4.

Trocknen des Getreides.

Es ist immer mißlich, das Getreide in Gelegen oder halben Garben so lange auf der Stoppel liegen zu lassen, bis es ziemlich getrocknet ist, denn fällt während dieser Zeit anhaltender Regen ein, so kommt der Wirth in Gefahr, daß die Körner auswachsen, das Stroh morsch, selbst faulig wird. Deshalb ist es gut, das Getreide nicht in Gelegen zu trocknen, sondern es gleich hinter der Sense oder Maschine her zu binden und aufzustellen. Nur in dem Falle erleidet diese Regel eine Ausnahme, wenn das Getreide in nassem Zustande abgehauen wurde oder wenn es viel saftige Unkräuter oder Klee enthält. Im letztern Falle muß man es allerdings 1 bis 2 Tage in Gelegen liegen lassen, ehe es gebunden wird. Dieses gilt vom Wintergetreide; Sommergetreide bleibt in der Regel so lange auf den Schwaden liegen, bis es zum Binden und Einfahren trocken genug ist.

§. 5.

Binden des Getreides.

Zum Binden des Getreides in Garben und Bunde verwendet man am besten Seile von starkem Roggenstroh, welche schon vor der Ernte im Akkord angefertigt worden sind. Damit sie beim Binden nicht reißen, werden sie kurz vor der Ernte mit Wasser befeuchtet. Von dem Getreide selbst Bänder zu knüpfen, ist deshalb nicht rathsam, weil das Stroh zu morsch ist und weil die Körner aus den Aehren solcher Bänder verloren gehen. Damit sich die Garben und Bunde beim Aufstellen, Auf- und Abladen nicht auflösen, muß fest gebunden werden. Die Garben und Bunde darf man nicht zu umfänglich machen, weil sie sonst längere Zeit zum Austrocknen und Nachreifen bedürfen würden. Das Wintergetreide wird mit den Händen auf die Strohseile getragen, das Sommergetreide mit dem Handrechen in Wickel oder Bunde aufgerecht und die Strohseile untergeschoben.

§. 6.
Aufstellung des gebundenen Getreides.

Alsbald nach dem Binden muß das Getreide von der Erde in die Höhe gebracht und in geordnete Haufen aufgeschichtet werden, damit es durch Einwirkung der Luft und Sonne austrocknet und nachreift und gegen Regen besser geschützt ist. Das Wintergetreide wird entweder in Stiegen oder in Kreuzmandeln oder in Puppen gesetzt. Aber sowohl in Stiegen als in Kreuzmandeln ist das Getreide bei ungünstiger Witterung am wenigsten gegen das Auswachsen geschützt. Das beste Aufstellungsverfahren des Wintergetreides ist das Puppen. Es geschieht folgendermaßen: Ein Arbeiter stellt eine Garbe senkrecht fest auf den Boden; zwei andere Arbeiter lehnen an die senkrechte Garbe 4 Garben schräg an; diese 5 Garben werden unter den Aehren fest mit einem Strohseile zusammengeschnürt. Nun ergreifen die Arbeiter eine sechste umfängliche, weit vom Sturzende gebundene Garbe und setzen diese als Haube auf die 5 aufrecht stehenden Garben, so daß die Halme der Deckgarbe die Aehren der fünf stehenden Garben nach allen Seiten gut bedecken. Der Regen läuft so schnell ab und kann auch, wenn er längere Zeit anhält, nicht schaden. Zwar verursacht das Aufstellen der Puppen mehr Arbeit als das Aufstellen der Stiegen und Kreuzmandeln, man ist aber auch gesichert, daß das Getreide in den Puppen nicht so leicht verdirbt. Das Sommergetreide wird gewöhnlich in Dachhaufen gesetzt, in der Art, daß man auf die Stoppel 5 Bunde platt legt, auf diese 4, auf diese 3, auf diese 2 und auf diese 1 Bund; dadurch entsteht ein abgeschrägter Haufen. Diese Aufstellungsmethode genügt, wenn die Früchte auf dem Schwaden hinlänglich getrocknet und nachgereift sind. Die Haufen müssen übrigens, um das Einfahren zu erleichtern, in geraden Reihen aufgestellt werden.

§. 7.
Nachrechen oder Nachharken.

Sobald das Getreide in Haufen aufgestellt ist, muß das Feld (außer wenn mit der Sichel geschnitten worden ist) nachgeharkt werden, um die losen Halme zu sammeln. Entweder geschieht diese Nachernte mit dem Handrechen oder mit der Hungerharke [Fig. 28] (ähnlich dem Handrechen, aber in allen Theilen weit stärker) oder mit der englischen Stoppelharke (Fig. 29). Durch letztere, welche mit einem Zugthier bespannt

Fig. 28. Hungerharke.

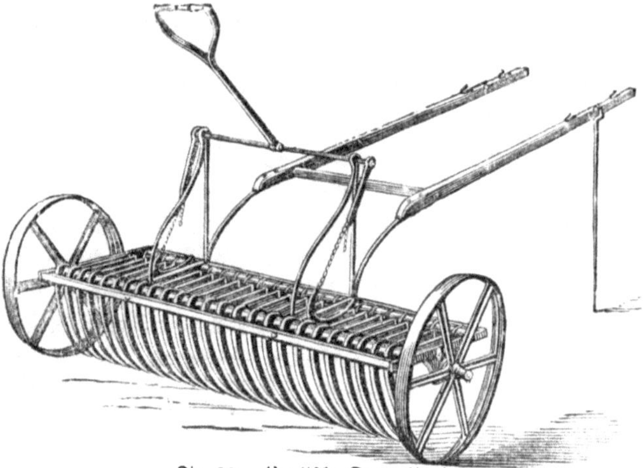

Fig. 29. Englische Stoppelharke.

wird, wird die Arbeit am meisten gefördert und am saubersten verrichtet. Das zusammengeharkte Getreide läßt man reihenweise liegen und trägt es dann in lockere Haufen in unmittelbarer Nähe der Mandeln oder Puppen zusammen. Es wird ungebunden aufgeladen.

§. 8.

Behandlung des Getreides bei Regen.

Die ungünstigste Witterung während der Zeit, wo das Getreide abgeerntet ist, ist abwechselnder Regen mit Sonnenschein, indem dann die Körner am leichtesten und schnellsten auswachsen. Damit bei solcher Witterung das Getreide nicht verdirbt, muß fleißig in demselben gearbeitet werden. In Gelegen oder Schwaden liegende Frucht muß so oft als nöthig mit den Händen (Wintergetreide) oder dem Rechenstiele (Sommergetreide) gewendet und gelüftet, gebundenes Getreide wieder aufgelöst, ausgebreitet und gewendet werden.

§. 9.
Einfahren des Getreides.

Das Getreide darf nie eher eingefahren werden, bis die Körner hart, das Stroh vollkommen ausgetrocknet und Unkräuter, resp. Klee so gedörrt sind, daß sie beim Zusammendrehen keinen Saft von sich geben. Nie fahre man Getreide in nicht vollkommen trocknem Zustande ein, weil es sonst in der Scheune verderben würde. Man nehme den Grundsatz zur Richtschnur: Besser das Getreide verdirbt auf dem Felde als in der Scheune. Man fahre nicht früh und Abends im Thau, noch weniger im Regen ein, sondern wähle dazu wo möglich die sonnigen Tagesstunden. Die Garben und Bunde müssen so von den Haufen mit der Langgabel abgenommen werden, wie sie aufgelegt worden sind, und beim Aufgabeln mit dem Aehrentheile nach oben gerichtet auf den Wagen gelangt werden, um Körnerverlust zu vermeiden. Man sehe auf zweckmäßiges Laden, damit unterwegs nichts verloren geht, noch weniger mit dem geladenen Fuder umgeworfen wird. In Gebirgsgegenden bedient man sich statt der langen Erntewagen vortheilhafter eines kurzen Karrens, wie ein solcher in Fig. 30

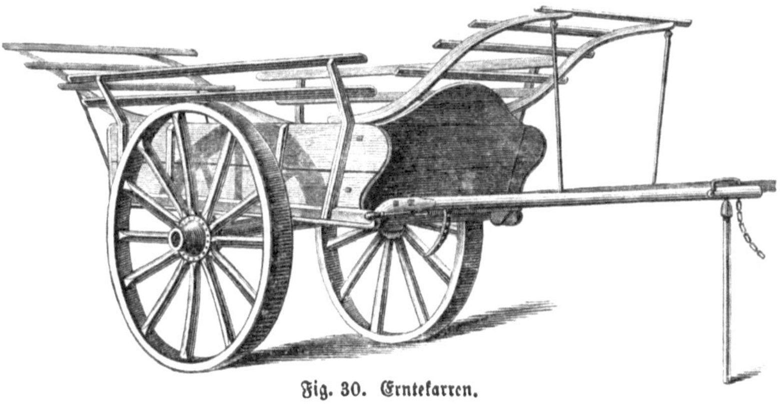

Fig. 30. Erntekarren.

bildlich dargestellt ist. Derselbe wird mit einem Pferde bespannt, faßt verhältnißmäßig viel Frucht, welche fest liegt, und ist der Gefahr des Umwerfens weniger leicht ausgesetzt.*)

*) Eine ausführliche Anleitung zur Ernte gibt die Schrift: „Anleitung zum rationellen Betriebe der Ernte" von Dr. W. Löbe. Mit 46 Abbildungen. Leipzig. Veit & Comp. 1861.

Elfte Abtheilung.

Anbau des Getreides und der Hülsenfrüchte (Halmfrüchte).

§. 1.

Der Winterweizen.

Der Winterweizen ist eine der wichtigsten Getreidearten, sowohl wegen seines reichen Ertrages an Stroh und Körnern, als wegen des höheren Preises der letzteren gegenüber anderen Getreidearten. Es ist daher billig, auf die Erweiterung seines Anbaues so viel als möglich hin zu wirken und ihm denjenigen gegen andere Getreidearten etwas begünstigten Standort zu verschaffen, welchen er verlangt, aber auch reichlich vergütet. Dieses setzt natürlich voraus geeigneten Boden und zusagendes Klima.

Es gibt sehr viele Sorten des Winterweizens; man kann sie sämmtlich eintheilen in weiße und gelbe oder braune. Unter dem weißen Weizen nimmt der Frankensteiner den ersten Rang ein. Er gedeiht in warmem und schwerem Boden gut und bleibt rein und echt, artet aber auf anderem Boden leicht aus, gibt einen geringeren Ertrag und wird oft durch Brand heimgesucht. Er eignet sich deshalb nur für ähnliches Klima und ähnlichen Boden wie in der Frankensteiner Gegend. Für rauheres Klima empfiehlt sich der polnische weiße Weizen mehr. Derselbe ist zwar kleiner im Korn als der Frankensteiner, hat aber eine sehr dünne Schale, ist schwer im Gewicht und wird zu den feinsten Mehlfabrikaten besonders gesucht. Auch von dem Vorwurfe eines geringeren Ertrages und der Weichlichkeit in Bezug auf das Ueberstehen nachtheiliger Witterungseinflüsse, welchen man dem Frankensteiner in ihm nicht zusagenden Klima und Boden mit Recht macht, muß man den polnischen weißen Weizen frei sprechen.. Auch dem Brande ist derselbe weniger ausgesetzt als selbst der gelbe Weizen, welcher in dieser Beziehung vor dem weißen überhaupt bevorzugt ist. Der gelbe Weizen ist größer im Korn, aber nicht schwerer, weil er gewöhnlich eine etwas dickere Schale hat. Wenn er ganz rein ist und eine Goldfarbe hat, wird er dem weißen gleich geachtet; fängt aber seine Farbe an, mehr ins Bräunliche zu fallen, oder wird er gar scheckig, wozu er sich mehr neigt als der weiße, so wird sein Werth erheblich verringert. Eine der besten braunen Weizensorten ist der englische Merygold. Er zeichnet sich durch lange und starke Aehren und Körner, schöne goldgelbe Farbe der letztern und durch straffen Stand aus.

Der Weizen verlangt einen warmen, etwas bindigen, in Kultur stehenden, mit aller Kraft versehenen Boden mit durchlassendem Untergrunde. Die Meinung, daß er nur auf schwerem, thonigem Boden gedeihe, ist längst berichtigt; wenn er auch auf leichtem Boden nicht fortkommt, so gedeiht er doch sehr gut auf einem Boden, welcher den Klassen III a und b angehört, wenn derselbe sonst nur die oben erwähnten Eigenschaften besitzt.

Den Dünger muß man zu Weizen so zeitig als möglich fahren, damit derselbe vor der Einsaat bereits zersetzt und mit dem Boden vermischt ist. Wenn man den Dünger erst unmittelbar vor der Saatfurche auffährt, so entstehen Geilstellen, auf welchen die Körner flach und scheckig werden. Außer mit Stallmist kann man zu Weizen auch sehr vortheilhaft mit Guano, Knochenmehl, Oelkuchen düngen.

Der geeignetste Standort des Weizens ist nach reiner Brache, doch gedeiht er auch nach Raps vorzüglich und zeichnet sich nach demselben durch schönes Korn aus. Auch nach Bohnen und Klee kann man mit Vortheil Weizen bauen, wenn der Boden rein ist und alte Kraft besitzt. Kommt der Weizen in reine Brache oder folgt er nach Klee, so muß zu ihm fleißig gedüngt werden; nach Raps und Bohnen verlangt er keine frische Düngung, da zu den Vorfrüchten stark gedüngt zu werden pflegt.

Wird der Weizen in reine Brache gesäet, so genügt, wenn der Boden rein und locker ist, eine dreifurchige Bestellung. Die Brachfurche wird gedüngt, dann gut geruhrt und zur Saat gepflügt. Bei schwererem Boden oder wenn sich derselbe nach der Brachfurche nicht genügend zersetzt hat oder wenn er nicht ganz rein von Unkraut ist, macht sich eine vierte Furche, die Wendefurche, nothwendig. Nach Raps, Bohnen, Klee ist eine dreifurchige Bestellung die sicherste Bürgschaft für das Gedeihen des Weizens. Die einfurchige Bestellung kann nur bei einem sehr begünstigten Boden zu einem sicheren Resultate führen.

Die beste Saatzeit für den Weizen ist jedenfalls von Mitte September bis Mitte October, je nach Lage und Klima. Wenn auch eine spätere Aussaat oft noch gedeiht, so bleibt sie doch immer unsicher, weil die schwächliche Pflanze dem harten Winterfroste leicht unterliegt. Bei der breitwürfigen Saat braucht man pro Morgen 12, bei der Reihensaat 8 Metzen.

Der Weizen verlangt eine schwache Bedeckung; am besten bringt man ihn mit dem Exstirpator unter und läßt dann noch die Egge folgen.

Auf den Samen kommt sehr viel an, wenn die Frucht gedeihen soll, und man muß deshalb bemüht sein, ihn so rein und gesund als möglich zu verwenden. Schwache und nicht völlig reif gewordene Körner liefern krankhafte Pflanzen, welche dann den dem Weizen so nachtheiligen Brand erzeugen. Das sicherste Mittel, dieser Krankheit vorzubeugen, ist, den Weizen bald nach der Ernte, vor dem Schwitzen, also von dem Erntewagen herunter, so zu überdreschen, daß man nur die reifsten Körner, welche am leichtesten ausfallen, zum Samen erhält. Außerdem muß man den Samen einbeizen.

Da der Weizen in Folge der starken Düngung und seines weichen Strohes zum Lagern geneigt ist, so beugt man demselben durch Abschneiden der üppig aufschießenden Saat vor. Man nennt dieses Abschneiden Schröpfen. Es muß im Frühjahr bei warmer Witterung geschehen, ehe der Weizen in den Stengel treibt. Je zeitiger es geschieht, desto weniger kann man damit Schaden anrichten; ja, wenn man begründete Besorgnisse hegt, Lagerweizen zu bekommen, so kann man den Weizen in seiner ersten Vegetation vollständig abmähen.

Das Aufeggen der jungen Saat im zeitigen Frühjahr, sobald der Boden abgetrocknet ist, wirkt sehr wohlthätig auf Wachsthum und Bestockung. Der kränkelnden Frucht kann man damit vollständig aufhelfen; man darf keinen Nachtheil von dieser Operation befürchten, wenn man selbst so stark eggt, daß die Pflanzen kaum mehr sichtbar sind. Sie bekommen durch das Eggen neues Leben. Bei aufziehendem, während des Winters stark aufgesprungenem Boden ist auch das Ueberwalzen der Saat sehr zu empfehlen. Die Reihensaat wird schon einmal im Herbst, sobald die Pflanzen sichtbar sind, zum zweiten Male im Frühjahr behackt.

Die Ernte des Weizens erfordert eine sehr große Aufmerksamkeit. Im Allgemeinen beginnt man damit immer noch zu spät. Sie muß durchaus vorgenommen werden, bevor das Korn hart wird; wartet man länger, so verlieren sowohl Körner als Stroh bedeutend an Werth. Erstere bekommen eine rauhe, dicke Schale, fallen dann auch leicht aus, und das Stroh wird schwarz oder fleckig. Die Käufer geben dem in der Halbreife geernteten Weizen' stets den Vorzug vor dem in voller Reife geernteten.

Der durchschnittliche Ertrag vom Morgen beläuft sich auf 12 Schfl. Körner und 22 Ctr. Stroh. Das Gewicht des Weizens wechselt von 80 bis 96 Pfund der Scheffel. Das Weizenstroh hat einen höheren Futterwerth als Roggenstroh, wird aber von diesem für andere Zwecke, als zur Bedachung, zu Seilen u. s. w. übertroffen.

§. 2.
Der Sommerweizen.

Der Sommerweizen steht in Qualität der Körner und Länge des Strohs dem Winterweizen bedeutend nach. Deshalb ist sein Anbau auch nur da zu empfehlen, wo das Klima den Anbau des Winterweizens nicht gestattet. Er verlangt einen reinen Boden, der weniger bindend zu sein braucht als zu Winterweizen, doch muß er besonders tief kultivirt, kräftig, durchlassend, aber genugsam feucht sein.

Der günstigste Standort für den Sommerweizen ist Grünzeugacker; er findet hier einen durchgearbeiteten Boden, welchen man ihm bei zeitiger Einsaat auf andere Weise nicht gut gewähren kann. Doch kann der Sommerweizen auch nach Raps, Bohnen, Klee folgen. Verlangt er frische Düngung, so muß der Dünger in zersetztem Zustande angewendet werden. Die Bearbeitung des Bodens muß womöglich noch sorgfältiger als zu Winterweizen geschehen.

Die Saat muß bis spätestens Mitte April stattfinden. Man braucht von dem vollkommenen, eingebeizten Samen 14 Metzen pro Morgen bei breitwürfiger, 10 Metzen bei Reihensaat. Aufeggen, Schröpfen, Behacken hat der Sommerweizen mit dem Winterweizen gemein.

Der Sommerweizen ist eine sehr unsichere Frucht, weil ihm Kälte und Nässe oder ein schneller Wechsel der Witterung leicht schaden. In 7 Jahren darf man nur 5 Mal auf sein Gedeihen rechnen. Der durchschnittliche Ertrag vom Morgen ist 5 Schfl. Körner, deren Gewicht von 60 bis 90 Pfund wechselt, und 15 Centner Stroh, das an Futterwerth das Stroh des Winterweizens übertrifft.

§. 3.
Der Winterroggen.

Der Winterroggen nimmt unter allen Getreidearten die wichtigste Stelle ein, weil er für Deutschland die Brotfrucht, weil sein Gedeihen am sichersten ist, weil er mit jedem Boden fürlieb nimmt und selbst noch auf magerem Sande entsprechende Erträge liefert. Man kann den Roggen, namentlich in allen den Wirthschaften, welche vorzugsweise Roggenboden haben, als einen Hebel solcher Wirthschaften deshalb betrachten, weil er allein den armen Boden durch seine Strohmassen in die Höhe bringen kann.

Der Roggen kommt im Verhältniß zu anderen Getreidearten nur in wenigen Sorten vor. Am häufigsten wird der gewöhnliche kurze Roggen angebaut, da er am genügsamsten, ausdauerndsten und sichersten ist. Nächstdem ist der Probsteier Roggen am verbreitetsten, weil er reichlich vollkommene Körner trägt, lange starke Halme treibt und sich selten lagert; doch eignet sich diese Sorte weniger für rauhes Klima. Endlich ist noch zu gedenken des s. g. Staudenroggens, welcher sich durch seine starke Bestockung auszeichnet und deshalb dünn gesäet werden muß.

Der Roggen gedeiht am besten in einem leichten, lockeren Boden; sandiger Lehmboden mit durchlassender Unterlage ist sein Element. In strengem Thon- und Lehmboden versagt er ebenso wie in dem schlammigen Moorboden, wogegen er noch in dem dürrsten Sandboden gut fortkommt. Gibt er hier auch keinen hohen Ertrag, so läßt sich mit ihm solcher Boden doch noch am besten benutzen.

Reine Brache lohnt der Roggen selten; er folgt deshalb nach einer Vorfrucht. Die besten Vorfrüchte für ihn sind Rübsen, Klee, Tabak, Hülsenfrüchte und Buchweizen. Häufig wird er auch nach Kartoffeln und Rüben gebaut, was aber falsch ist, indem sich seine Aussaat zu sehr verspätigt und weil er in allzu sehr gepulverten Boden kommt. Die Folge davon ist dünner Stand.

Nach gedüngten Vorfrüchten verlangt der Roggen keine frische Düngung; sonst muß ihm eine solche, immer aber keine starke, gegeben werden. Auf schlechtem Sandboden ist die blaue oder gelbe Lupine die beste Vorfrucht für den Roggen, da sie den Acker in einer Kraft hinterläßt, welche einer Mistdüngung gleichkommt.

Die Bestellung zum Roggen ist sehr verschieden; sie richtet sich hauptsächlich nach den Vorfrüchten. Wird der Roggen in reiner Brache angebaut, so ist eine dreifurchige Bestellung hinreichend, wenn der Boden rein und mürbe ist. Wird der Dünger vor die Brachfurche gefahren oder gar nicht gedüngt, so ist die dreifurchige Bestellung sogar zweckmäßiger als eine mehrfurchige, weil der Boden länger Zeit zum Erliegen hat. Man bracht im Juni, ruhrt im August und säet im September. Reicht aber die Zeit aus, um den Dünger vor die Wendefurche zu fahren, so ist auf ein noch besseres Resultat zu rechnen und die Wirkung des Düngers selbst entscheidender. Zu Roggen kann übrigens die Düngung vor der Saatfurche ohne Nachtheil gegeben werden; man hat dadurch Gelegenheit, den im Herbst gewonnenen Dünger auf das zweckmäßigste anzuwenden.

Folgt der Roggen nach einer anderen Getreideart oder nach sich selbst (was sich freilich mit den Regeln des Fruchtwechselsystems nicht verträgt und blos durch Boden- und Düngungsverhältnisse entschuldigt werden kann), so säet man ihn entweder auf die zweite Furche oder auf die erste. Im ersteren Falle, welcher eintreten muß, wenn der Boden nicht ganz rein und mürbe ist, pflügt man die Stoppel bald nach der Ernte flach um, eggt den Boden gut ein und läßt ihn liegen bis zur Zeit der Einsaat. Bei reinem und kultivirtem Boden ist die einfurchige Bestellung vorzuziehen. Man kann dann die Stoppel vorher zur Weide benutzen und wählt einen günstigen Moment, um ihn zur Saat zu pflügen. Es versteht sich von selbst, daß diese Furche mit großer Sorgfalt gegeben werden muß; Hauptsache und für das Gedeihen entscheidend bleibt es, daß dies wenigstens 3 Wochen vor der Einsaat geschieht. Je mehr der Boden grün ausschlägt, ein desto sichereres Zeichen seiner Gare ist dieses und desto sicherer der Erfolg. Vor der Saat wird der Boden der Länge nach und schräg stark übergeeggt, und dann der Samen ausgestreut und gut untergebracht. Bei großer Trockenheit thut man gut, den Samen noch einzuwalzen.

Eine gleiche Bestellung läßt man dem Roggen nach anderen Vorfrüchten angedeihen. Haben diese den Boden rein und mürbe verlassen, so ist die einfurchige Bestellung in derselben Art und Weise, wie eben angegeben, ausreichend. Ist der Boden unrein, so sichert, wenn sonst die Zeit ausreicht, eine dreifurchige Bestellung am besten das Gedeihen der Frucht. Man kann dann allerdings das Feld zur Weide nur wenig benutzen, denn das Umbrechen der Stoppel muß sofort nach der Ernte geschehen. Nachdem der Acker eingeeggt einige Wochen gelegen und sich gesetzt hat, wird er geruhrt, die Unkräuter werden so viel als möglich durch die Egge herausgebracht, und wenn sich der Boden erlegen hat, zur Saat gepflügt.

Folgt Roggen nach Klee, so ist unter allen Umständen die dreifurchige Bestellung vorzuziehen; um dies bewerkstelligen zu können, ist dem sicheren Gedeihen des Roggens ein Kleeschnitt zum Opfer zu bringen. Reicht die Zeit aber zu einer dreifurchigen Bestellung nicht aus, muß vielmehr die Bestellung auf eine Furche erfolgen, so muß man wenigstens zeitig genug zur Saat pflügen, damit der Acker noch Zeit gewinnen kann, sich vor der Einsaat zu setzen. Wollte man den Acker bald nach dem Umbrechen des Klees einsäen, so würde er hohl bleiben, und unter zehn Malen würde der Roggen neun Mal mißrathen.

Der Anbau des Roggens nach Kartoffeln ist, wie schon erwähnt, nicht rathsam. Geschieht es aber doch, so kann nur die einfurchige Bestellung einen günstigen Erfolg herbeiführen.

Die einfurchige Bestellung ist mithin beim Anbau des Roggens vielseitig in Anwendung zu bringen; überhaupt ist es gewiß, daß das viele Pflügen, wenn die Hauptbedingung des Gedeihens des Roggens, das Erliegen des Bodens, nicht erfüllt ist, immer Nachtheil bringt, ohne dabei die vermehrte Arbeit zu veranschlagen.

Was die Zeit der Aussaat anlangt, so soll dieselbe von Mitte September bis Mitte October erfolgen. Eine spätere Saat ist stets mißlich, weil die Pflanze zu schwach in den Winter kommt.

Die Zubereitung des Bodens übt übrigens einen entscheidenden Einfluß auf die Saatzeit aus. Der Roggen verlangt mehr als jede andere

Frucht einen erlegenen, gahren Boden; der Roggen soll deshalb nicht eher ausgesäet werden, als bis dieser Zustand erreicht ist.

Was das Samenquantum anlangt, welches auf den Morgen auszusäen ist, so richtet sich dasselbe nach der Qualität des Kornes, nach der Zeit der Saat und nach der Kraft des Bodens. Ist der Roggen klein in Körnern oder säet man Staudenroggen, so braucht man weniger; bei zeitiger Aussaat und kräftigem Boden findet ein starkes Bestocken statt, und das Quantum der Aussaat wird auch unter diesen Umständen verringert. Es wechselt von 10 bis 16 Metzen pr. Morgen, je nachdem auf ein größeres oder geringeres Bestocken gerechnet werden kann. Der Samen wird ebenso untergebracht wie der des Weizen; dieses darf nur bei trocknem Boden und bei trockner Witterung geschehen.

Nach der Einsaat des Roggens ist auf eine vollständige Abwässerung des Feldes das größte Augenmerk zu richten. Nässe schadet dem Roggen mehr als jeder anderen Frucht und wird nicht selten die alleinige Ursache einer totalen Mißernte. Namentlich leidet der Roggen durch die Frühjahrsnässe, ehe die Vegetation eintritt, und man darf es nie unterlassen, in dieser Zeit dem Regen- und Schneewasser einen schnellen Abfluß zu verschaffen.

Das Durcheggen im Frühjahr liebt der Roggen nicht, wogegen es ihm bei kümmerlichem Stande sehr gut bekommt, wenn er überwalzt wird. Die Krankheiten des Roggens beschränken sich hauptsächlich auf den Honigthau und das Mutterkorn. Der Honigthau, aus einer klebrigen Substanz bestehend, zerstört oft die Körner gänzlich, wenn er nicht bald durch Regen abgewaschen wird. Gegen diese Krankheit kann der Landwirth nichts ausrichten.

Das Mutterkorn, jene bekannte hornartige, violett gefärbte Mißbildung des Roggenkornes, läßt sich ebenfalls nicht vermeiden, da man über seine Entstehungsart noch nicht im Klaren ist. Das Mutterkorn, in großer Menge genossen, ist Menschen und Thieren nachtheilig; es erzeugt Schwindel und Erbrechen.

Das Schröpfen des Roggens ist, wie es beim Weizen angewendet wird, nicht gebräuchlich und auch deshalb nicht nothwendig, weil der Roggen nicht so leicht lagert als der Weizen. Dagegen wird das Abweiden starker Saaten im Herbst und Frühjahr mit den Schafen vielfach angewendet. Ob dasselbe vortheilhaft oder nachtheilig für die Saaten sei, darüber sind die Meinungen verschieden. Ist die Saat im Herbst so stark, daß man ein Ueberwachsen und Fäulniß zu befürchten hat, so ist dies ein Nachtheil, dem man durch das Abweiden begegnet. Nachtheil hat das Beweiden aber stets, und besser ist es in jedem Falle, wenn die Saat zwar kräftig ist, aber kein Abweiden erfordert. Es schwächt die Saat unbedingt, und der Vortheil der Weidenutzung dürfte mit dem durch das Beweiden verursachten geringeren Ertrage niemals in einem richtigen Verhältnisse stehen.

Weniger nachtheilig ist das Beweiden der Saat bei hartem Winterfrost. Vortheilhaft ist es aber auch nicht, und da man hierbei selten das richtige Maß hält, der Vortheil für die Schafe aber nie groß ist, weil man nicht mit Bestimmtheit auf dieses Weidefutter rechnen, und weil das Weiden oft nur in kurzen Zeitabschnitten geschehen kann, wodurch nur die Futterordnung gestört wird, so würde ein gänzliches Einstellen dieser aus früheren Zeiten herstammenden Gewohnheit im Allgemeinen nur Vortheil bringen.

In Bezug auf die Ernte des Winterroggens gilt, was den Anfang derselben anlangt, dasselbe, was beim Winterweizen gesagt worden ist. Man fängt im Allgemeinen noch viel zu spät an; denn wartet man, bis das Korn vollkommen reif und hart ist, so muß man, ehe das letzte eingebracht werden kann, nothwendig einen großen Verlust durch Ausfall erleiden. Das Korn selbst bekommt eine viel härtere Schale, und das Stroh verliert bedeutend an Futterwerth.

Anfangen muß man mit der Ernte, wenn das Stroh bleich ist; dies ist der sicherste Beweis, daß es von unten abgestorben ist und dem Korn keine Nahrungstheile mehr zuführen kann. Letzteres wird in abgemähtem Zustande eben so gut nachreifen als auf dem Halme.

Durchschnittlich erntet man vom Morgen 6 Scheffel Körner und 18 Ctr. Stroh. Das Gewicht des Roggens wechselt von 75 bis 85 Pfd. pro Schffl. Der auf Sandboden erzeugte erreicht das höchste Gewicht und ist überhaupt sowohl zur Saat als zu Mehl der ausgezeichnetste.

§. 4.

Der Sommerroggen.

Der Sommerroggen ist namentlich für Gebirgsgegenden eine sehr wichtige Frucht, weil er daselbst oft den Winterroggen ersetzen muß. Liefert auch der Sommerroggen in der Regel einen geringeren Körnerertrag als der Winterroggen, so ist dafür die Qualität der Körner des erstern besser, und auch das Stroh hat einen höhern Futterwerth.

Der Sommerroggen verlangt denselben Boden als der Winterroggen. Vorzugsweise gedeiht er gut in feuchten Klimaten. Ist im Herbst der Boden gestürzt, so kann der Sommerroggen auf die zweite Furche im zeitigen Frühjahr, wo möglich schon im Februar, spätestens März, sobald nur der Boden trocken geworden, gesäet werden. Muß gedüngt werden, so fährt man den Dünger schon zur Herbstfurche auf.

Wird der Sommerroggen nicht an Stelle des Winterroggens angebaut, so sind die besten Vorfrüchte gedüngte Kartoffeln oder Rüben; nach letztern pflügt man blos im Herbst einmal und bearbeitet im Frühjahr den Acker mit Exstirpator oder Grubber. Weil man auf das Bestocken des Sommerroggens weniger rechnen kann, als beim Winterroggen, so erfordert jenes auch eine etwas stärkere Aussaat; man kann durchschnittlich 16, vom Staudenroggen 12 Metzen pro Morgen annehmen.

Die Reife tritt gewöhnlich 2 Wochen nach der des Winterroggens ein.

Der Ertrag beläuft sich durchschnittlich auf 5 Schffl. Körner, die mindestens ebenso schwer wiegen als der Winterroggen, und 15 Ctr. Stroh vom Morgen.

Vielfach wird der Sommerroggen im Gemenge mit Hülsenfrüchten, insbesondere mit Linsen, angebaut, welches Gemenge ein sehr gutes Brotgetreide gibt.

§. 5.
Die Gerste.

Es gibt eine große Anzahl verschiedener Sorten Gerste; die beiden gebräuchlichsten Sorten sind die **große zweizeilige** und die **kleine vierzeilige**. Nach diesen verdienen ihrer besondern Güte halber noch besonderer Erwähnung: 1) Die **schottische Annatgerste**, wegen ihrer Einträglichkeit und ihres großen, vollen, mehlreichen Korns; 2) die **Jerusalemsgerste**, wegen ihrer starken Bestockung, seltenen Lagerung und ihres reichen Ertrags; sie beansprucht aber guten und kräftigen Boden; 3) die **Chevaliergerste**, wegen ihrer starken Bestockung, ihres sehr reichen Ertrags an Korn und Stroh und der vorzüglichen Qualität des Korns; 4) die **Himmelsgerste**, wegen ihrer großen und schweren Körner.

Die große zweizeilige Gerste, sowie die Annat-, Jerusalems-, Chevalier- und Himmelsgerste verlangen einen warmen, tiefen fruchtbaren Boden, dem es weder an der nöthigen Kraft noch an Bindigkeit gebricht, doch muß er dabei mild sein und sich locker und klar bestellen lassen.

Kalter, eisenhaltiger, mooriger Boden eignet sich zum Anbau der Gerste durchaus nicht; in solchem Boden ist die Gerste immer mißlich; da häufig in die Gerste Klee gesäet wird, so ist die Kleefähigkeit des Bodens auch eine Bedingung für den Anbau der Gerste.

Der Anbau dieser Gerstesorten findet entweder nach gedüngter Winterung oder nach gedüngten Hackfrüchten (Kartoffeln und Rüben) statt.

Im ersteren Falle ist eine dreifurchige Bestellung nöthig. Man stürzt die Stoppel vor Winter, läßt den Acker über Winter in rauher Furche liegen, eggt ihn im Frühjahr, sobald der Boden trocken geworden, ruhrt ihn bald darauf und läßt ihn dann bis zur Zeit der Einsaat gut eingeeggt liegen. Nach Hackfrüchten ist eine einfurchige Bestellung im Herbst ausreichend. Die Saat findet von Ende April bis Mai statt; früher kann sie um deshalb nicht ausgeführt werden, weil sich sonst die Ruhrfurche nicht erliegen könnte, was wegen Ausschlagen des Unkrautes wesentlich nothwendig ist.

Ganz besonders darf in kaltem Klima und dem mehr undurchlassenden und zur Feuchtigkeit sich hinneigenden Boden die Einsaat der Gerste nie übereilt werden, weil sie durch Kälte und Nässe sehr leicht leidet. Die zeitige, oft schon im März beginnende Einsaat eignet sich nur für einen warmen, durchlassenden Boden, ist aber auch dann bei ungünstiger Witterung gefährdet; bei günstiger Witterung hat aber die Frühgerste entschiedene Vorzüge vor der Spätgerste.

Der Samen wird am besten mit dem Exstirpator untergebracht. Bei Trockenheit des Bodens und der Witterung ist auch das Walzen sehr gut.

Das Samenquantum richtet sich nach der Kraft des Bodens und wechselt von 16 bis 20 Metzen pro Morgen.

Die Ernte muß in der Gelbreife geschehen. Der durchschnittliche Ertrag beläuft sich auf 12 Schffl. Körner und 14 Ctr. Stroh vom Morgen.

Der Werth der Körner verhält sich zum Roggen wie 4 zu 6. Wegen des verschiedenartigen Gebrauches der Gerste zur Brennerei, Bierfabrikation, zu Graupen, Grütze u. s. w. stellt sich der Preis nicht selten dem Roggenpreise gleich oder übersteigt denselben wohl gar.

Das Stroh hat, wenn es gut eingebracht ist, einen hohen Futterwerth und wird von Pferden, Schafen und Rindvieh gleich gern gefressen. Block rechnet 5$^{1}/_{5}$ Pfund Gerstenstroh gleich 1 Pfund Roggenkörner.

Die kleine vierzeilige Gerste nimmt mit einem leichteren Boden vorlieb als die große, verlangt aber Bodenkraft wie diese.

Man kann die Einsaat bis in den Juni hinaus verschieben. In Folge dessen fällt die ganze Vegetationsperiode in die wärmere Jahreszeit, und da um Johannis gewöhnlich einige Regentage eintreten, so fehlt es der Frucht gerade in der entscheidendsten Periode ihres Wachsthums auch selten an der nöthigen Feuchtigkeit.

In Bezug auf den Werth der Körner der kleinen Gerste, so stellt sich derselbe zur großen wie 6 zu 7.

Der Körnerertrag ist durchschnittlich 8 Schffl. vom Morgen; in Stroh ist die kleine Gerste eben so ertragreich wie die große, und dasselbe hat vollkommen gleichen Futterwerth mit diesem.

§. 6.

Der Hafer.

Die am meisten angebauten Sorten des Hafers sind: der große weiße Rispenhafer, der Fahnenhafer, der frühe oder Obsthafer, der schwere englische Hafer, der Grau- oder Rauhhafer, der schottische Berwickhafer und der schwarze Hafer. Der große weiße Rispenhafer wächst hoch ins Stroh, gibt viele und schwere Körner und hat für den allgemeinen Anbau den höchsten Werth. Der Fahnenhafer gibt gewöhnlich einen reichen Körnerertrag; die Körner haben aber ein geringeres Gewicht als die des Rispenhafers. Der Obsthafer verlangt einen kräftigen Boden, hat die schwersten Körner, seine Reife fällt aber gewöhnlich mit der Roggenernte in eine Zeit; wird er nicht rechtzeitig geerntet, so knickt er völlig zusammen, als wäre das Feld durch Schloßen heimgesucht worden. Er gibt einen geringeren Ertrag im Stroh, und seine Körner verursachen wegen ihrer harten Schale den Pferden stumpfe Zähne. Der schwarze Hafer hat ebenfalls sehr schwere Körner, welche jedoch denselben Nachtheil bei der Fütterung hervorbringen als die des Obsthafers, und da er im Allgemeinen einen geringen Ertrag gibt, und die Körner leicht ausfallen, so eignet er sich zum Anbau im Großen nicht. Der schwere englische Hafer ist von üppigem Wuchs, hat aber dickschalige Körner, welche arm an Mehl sind. Der Grauhafer ist eine der vorzüglichsten Sorten, besonders für sehr geringen Boden. Der schottische Berwickhafer dürfte wohl die beste Hafersorte sein, da er bei schwerem Gewicht der Körner reichlich scheffelt und sich selten lagert; er fällt aber leicht aus, und man muß ihn dieserhalb zu geeigneter Zeit ernten.

Der Hafer ist eine für den landwirthschaftlichen Betrieb sehr wichtige Frucht, weil er mit geringem Boden vorlieb nimmt und auch dort noch wächst, wo andere Getreidearten nicht mehr fortkommen. Er zeichnet sich durch Ergiebigkeit und Futterwerth des Strohes aus, und weil er Feuchtigkeit sehr gut verträgt, so ist er zur Besäung von Teichen und nassem Moorboden, sowie für kalte eisenhaltige Gründe eine sehr wohlthätige Frucht, aber auch auf dürrem Sandboden gedeiht er noch. Den höchsten Ertrag liefert er aber auf einem etwas bindenden, feuchtigkeithaltenden Boden.

Sein Standort ist gewöhnlich in der letzten Tracht nach einer Düngung.

Die höchsten Erträge liefert er auf Neubruch, nach Klee oder Hackfrüchten; kann man ihm solche Standorte anweisen, so lohnt er durch eben so sichere als außerordentliche Erträge.

Frischen unverrotteten Dünger, vor die Saatfurche gefahren, liebt der Hafer nicht; überhaupt macht er keinen Anspruch auf frische Düngung.

Die Bestellung des Ackers ist sehr einfach.

Auf warmem, trocknem, nicht sehr bindendem Boden ist eine einfurchige Bestellung im Herbst hinreichend; im Frühjahr wird dann der Boden vor der Saat mit Grubber, Skarifikator oder Exstirpator bearbeitet. Bindender, kalter, undurchlassender Boden muß dagegen im Herbst gestürzt werden. Im Frühjahr wird dann die rauhe Furche eingeeggt und zur Saat gepflügt.

Wo der in rauhen Furchen liegen gelassene Boden durch die Winternässe zusammengeschwemmt worden ist, was bei schwarzem, durchlassendem, bindigem Boden der Fall ist, säet man im Frühjahr auf die Herbststürze und darf den sichersten und lohnendsten Ertrag erwarten.

Die Zeit der Aussaat ist vom März bis April. Wenn ungünstige Witterung nicht nachtheilig wirkt, so gibt die frühe Saat immer einen größeren Körnerertrag als die späte, daher das Sprüchwort: Maihafer kein Hafer.

Streng zu vermeiden bei der Hafersaat ist aber Nässe des Bodens.

Das Quantum der Aussaat hängt von der Kraft des Bodens ab. Es können bis 1 Schffl. 8 Mtz. pr. Morgen gesäet werden; eine zu dünne Aussaat ist nachtheilig, weil auf ein Bestocken weniger gerechnet werden darf als beim Wintergetreide, und weil ein möglichst schneller Schutz vor dem Einfluß der Sonnenhitze wesentliche Bedingung zum Gedeihen ist.

Untergebracht wird der Hafer wie die Gerste. Steht er auf bindendem Boden, so bekommt ihm ein Aufeggen sehr gut, wenn er einige Zoll herangewachsen ist, während ihm in diesem Stadium des Wachsthums das Walzen sehr zusagt, wenn der Boden leicht ist.

Bei der Ernte ist besonders auf die rechte Zeit des Abmähens Rücksicht zu nehmen. Ueberreif fällt der Hafer leicht aus, und das Stroh bricht; er muß dieserhalb in der Gelbreife geerntet werden. Dagegen hält er viel aus, wenn er abgemäht ist; weder Stroh noch Körner verlieren durch mäßigen Regen an Werth. Nothwendig ist es, daß man den Hafer, ehe er eingefahren wird, mäßig rösten läßt; man versteht darunter Befeuchtung durch Thau oder Regen, so daß sich die Spreu leicht löst und die Körner weniger fest an den Rispen hängen. Dadurch wird das Dreschen sehr erleichtert.

Das Stroh ist ein kräftiges Nahrungsmittel für Rind- und Schafvieh; ist der Hafer nicht sehr üppig und rohrartig gewachsen, so steht sein Stroh dem Gerstenstroh im Futterwerth nicht nach. Für melkendes Vieh ist aber das Haferstroh weniger gedeihlich als das Gerstenstroh, weil jenes auf die Milcherzeugung nachtheilig wirkt.

Der Ertrag des Hafers ist auf gutem Boden außerordentlich, 25 Schffl. pr. Morgen, während der Körnertrag auf armem Boden bis auf 8 Schffl. herabsinkt; der Strohertrag ist dort durchschnittlich 20, hier 10 Ctr. vom Morgen, und die Strohmasse wirkt entscheidend auf die Kraft des Bodens.

§. 7.
Die Hirse.

Die Hirse kommt in zwei Sorten vor, die gelbe Kolbenhirse und die weiße Rispenhirse; erstere ist in quantitativer, letztere in qualitativer Hinsicht besser.

Die Hirse gehört zu den unsichersten Früchten, weil ihr Gedeihen nicht nur von der Beschaffenheit und Kraft des Bodens, sondern auch von den Einflüssen der Witterung abhängt. Begünstigt letztere ihr Wachsthum, so sind ihre Erträge außerordentlich. Der Unsicherheit wegen eignet sie sich aber zum Anbau im Großen nicht, denn der Landwirth muß dem Zufalle so wenig überlassen, als es möglich ist.

Die Hirse verlangt einen trockenen, warmen, tiefen, lockeren, kräftigen, frisch gedüngten Boden. Hauptbedingung ihres Gedeihens ist Wärme. Trifft sie Kälte und Nässe, besonders auf bindigem Boden, so ist ihr totales Mißrathen entschieden.

Sehr nachtheilig wird der Hirse das Unkraut, und man wählt deshalb zu ihrem Anbau solchen Boden, welcher dasselbe am wenigsten erzeugt.

Neubruch ist daher der günstigste Standort für dieselbe, und ihre Erträge sind auf solchem oft außerordentlich. Nächstdem baut man sie am besten nach Klee und gedüngten Hackfrüchten an. Der Dünger darf möglichst keinen Unkrautsamen enthalten.

Die Zeit der Aussaat ist der Mai, nachdem die Nachtfröste vorüber sind. Man braucht pr. Morgen 2½ Metzen Samen bei der breitwürfigen, 1½ Metze bei der Reihensaat; letztere ist vorzuziehen. Der Same muß in jeder Hinsicht tauglich sein, um den Brand zu vermeiden.

Die Bestellung zur Hirse ist folgende: Im Herbst wird gepflügt und gestürzt, im Frühjahr gut geeggt, gewendet und sorgfältig gerührt. Wenn sich hiernach der Boden erlegen, wird die Hirse gesäet und mit der Egge untergebracht.

Das Eggen der Hirse, wenn sie einige Zoll hoch ist, wendet man besonders dann an, wenn Regen den Boden festgeschlagen hat.

Um das Unkraut zu vertilgen, muß man die breitwürfige Saat jäten, die Reihensaat zwei Mal behacken.

Mit der Ernte muß man beginnen, wenn die meisten Körner reif sind. Die geschnittene Hirse wird sogleich gebunden, eingefahren, oberflächlich abgedroschen und dann erst rein ausgedroschen. Zum Enthülsen hat man entweder besondere Handhirsemühlen oder es geschieht in den Mahlmühlen durch Stampfen.

Der durchschnittliche Ertrag vom Morgen ist 12 Schffl. Körner und 20 Ctr. Stroh.

Das Stroh hat, wenn es gut aufkommt, einen mit dem Gerstenstroh gleichen Futterwerth. Es erhitzt sich sehr leicht und muß daher an einem trockenen, luftigen Orte aufbewahrt werden.

Die Hirse leidet oft viel durch Brand. Da derselbe durch unvollständige, nicht völlig gereifte Samenkörner entsteht, so begegnet man dieser Krankheit am sichersten durch Abschwemmen aller unvollkommenen Körner.

§. 8.

Der Mais.

Der Mais oder türkische Weizen, Kukuruz, Welschkorn kommt in einer großen Anzahl von Sorten und Spielarten vor. Die Hauptrücksicht ist zu nehmen auf frühere oder spätere Reife. In allen nördlichen Gegenden darf man nur frühe Maissorten anbauen. Zu denselben gehören vornehmlich der kärntensche, badische, Perlmais, Cinquantino, canadische und gelbe Zwergmais, für südliche Gegenden der gelbe große und der weiße große Mais.

Der Mais ist nächst der Kartoffel und Rübe die einträglichste Frucht und deshalb des Anbaus in hohem Grade werth. Er verlangt vor Allem Lockerheit und Feuchtigkeit, demnächst auch Tiefe und Kräftigkeit des Bodens. Seinen besten Standort findet er auf solchen Stellen, welche gegen den Wind geschützt sind und wo sich häufig feuchte Niederschläge ereignen; deshalb gedeiht er am besten in Gebirgsthälern. Am besten kommt er in einem lehmigen Sandboden fort. Thon- und Moorboden verträgt er nicht. Zu ihm muß um so stärker mit Stallmist gedüngt werden, je rauher das Klima und je weniger warm der Boden ist.

Der Mais kann nach jeder Frucht folgen, am zuträglichsten ist es ihm jedoch, wenn er in reiner Brache oder nach Klee, gedüngten Hackfrüchten angebaut wird.

Die Bearbeitung des Ackers muß in der Art geschehen, daß er bis zur Saat locker und möglichst rein von Unkraut ist.

Große Sorgfalt ist auf die Auswahl der Samen zu verwenden, um den Brand zu vermeiden, dem der Mais sehr unterworfen ist. Der Same muß schon im Herbst ausgesucht werden. Man wählt nämlich die vollkommensten Kolben mit den vollkommensten Körnern aus, hängt sie an einen trocknen, luftigen Ort auf Stangen und nimmt kurz vor der Saat nur die Körner des mittleren Theils der Kolben zu Saatgut.

Die Aussaat darf nur bei trocknem Boden und erst dann geschehen, wenn die Nachtfröste überstanden sind. Sie muß in Reihen erfolgen, am besten mit dem Maisdriller.

Man braucht auf den Morgen 5 bis 6 Metzen Samen.

Um das Feld gut zu benutzen, kann man zwischen den Maispflanzen in den Reihen Faseolen, Kürbisse oder Kartoffeln anbauen.

Sterben Maispflanzen ab, so ist nachzupflanzen.

Wenn die Samen spät auflaufen und in Folge dessen das Feld verunkrautet, so muß gut geeggt werden. Ist der Mais 4 Zoll hoch, so erfolgt das erste, 14 Tage darauf das zweite Behacken; bei 1 Fuß Höhe der Pflanzen wird das erste Mal, bei 2 Fuß Höhe das zweite Mal behäufelt, stets bei trockner Witterung und trocknem Boden. Durch den Wind geknickte Stengel muß man abschneiden und verfüttern, ebenso die unterhalb hervorbrechenden Schossen. Nach der Befruchtung, wenn sich die Körner vollkommen ausgebildet haben, wird geköpft, indem man die Wipfel mit den männlichen Blüthen abschneidet. Später beseitigt man auch die zu vielen Kolben, indem man jeder Pflanze höchstens drei Kolben läßt.

Wenn die Körner hart sind, schreitet man zur Ernte, die, da die Kolben nicht zu gleicher Zeit reifen, nach und nach, aber stets bei trockner Witterung und noch vor Eintritt von Frösten geschieht. Die Kolben werden abgebrochen und noch an demselben Tage von den obern Deckblättern befreit (entfedert). Dann werden sie auf luftigen Böden oder in Oefen getrocknet. Die Stengel werden dicht an dem Boden abgeschnitten und zum Trocknen aufgestellt.

Der Ertrag an Körnern schwankt von 18 bis 30 Scheffel vom Morgen. An Stroh, Schossen, Deckblättern, Kolben kann man durchschnittlich 40 Centner rechnen. Körner, Stroh, Kolben ꝛc. sind treffliches Viehfutter.

§. 10.
Die Erbse.

Die Erbse ist die werthvollste Frucht unter den Hülsenfrüchten. Sie zeichnet sich durch ihre Nahrhaftigkeit sowohl für Menschen als Thiere aus und ist als Vorfrucht einflußreich auf die Kraft des Bodens, denn wenn sie geräth, liefert sie eine große Masse nahrhaftes Stroh.

Es gibt sehr verschiedene Sorten von Erbsen, sowohl nach ihrer Größe als der Zeit ihrer Reife und der Art ihrer Blüthe. Man hat namentlich eine solche Sorte zu wählen, welche zu gleicher Zeit blüht, da dies am sichersten den Werth der Frucht verbürgt, und nicht zu spät reift. Manche Sorten blühen bis zur Zeit der Ernte; die Körner reifen bei solchen Sorten stets ungleich und gewähren ein geringes Produkt. Es sind besonders drei Sorten, welche des allgemeinen Anbaues werth sind: die frühe grüne Felderbse, die ostpreußische graue Erbse und die westpreußische Wachserbse; dieselben sind ziemlich konstant, blühen gleichzeitig und sind sehr ertragreich an Körnern und Stroh.

So wohlthätig übrigens die Erbse bei richtiger Anwendung und passender Stelle in der Fruchtfolge werden kann, so nachtheilig kann sie werden, wenn man für die Sicherheit ihres Gedeihens nicht sorgt. Man hält sie im Allgemeinen für eine kraftvermehrende Frucht, und sie ist es, wenn sie geräth. Es ist ohne Zweifel, daß die Erbse vermöge ihrer Blätter und Ranken viel Sauerstoff aus der Atmosphäre einsaugt, daß sie den Boden vollkommen bedeckt und beschattet und dadurch höchst wohlthätig auf ihn einwirkt, weil sich unter der Decke befruchtende Gase entwickeln und der Boden rein, mürbe und feucht erhalten wird. Alles dies kann aber nur stattfinden, wenn die Erbse vollkommen geräth; mißräth sie, so hinterläßt sie das Feld in einem höchst mißlichen Zustande; selbst der für sie verwendete Dünger ist größtentheils verloren, und wenn man nicht eilt, sie vor ihrer Reife abzumähen und unterzupflügen, so ist die darauf folgende Winterfrucht höchst gefährdet.

Der wirklich große Nutzen, welchen die Erbse dem Ackerbau gewähren kann, hängt also von ihrem Gedeihen ab, und deshalb muß man dafür möglichst besorgt sein.

Die Erbse ist in Bezug auf den Boden gerade nicht wählerisch; sie gedeiht sowohl auf leichtem als schwerem Boden; aber wenn sie sicher sein soll, muß ihr ein reiner, von Unkraut, namentlich Quecken freier, kräftiger, lockerer Boden angewiesen werden. Diese Bedingnisse erreicht man, wenn man die Erbse auf Hackfrüchte folgen läßt; dann kann man die Erbse auch zu den sichern Früchten rechnen. Dazu kommt noch, daß die Bestellung der Winterfrucht nach solchen Erbsen eben so leicht als das Gedeihen derselben gesichert ist.

Zu der Erbse frisch zu düngen ist deshalb nicht rathsam, weil sie in frischem Dünger zu geil wächst und zwar viel Stroh, aber wenig Körner liefert.

In leichtem Boden baut man die Erbse sehr vortheilhaft im Gemenge mit Sommerroggen oder Hafer an.

Die Erbse muß zeitig, wo möglich schon im März gesäet werden. Kälte schadet ihr weniger; aber vor Nässe muß sie geschützt und darf deshalb niemals, wenn der Boden noch nicht gehörig trocken ist, gesäet werden.

Bei dieser frühen Einsaat ist an ein Frühjahrspflügen des Bodens nicht zu denken; man kann die Erbse nach der Herbststürze einfurchig bestellen, was auch vollkommen genügt, wenn sie nach Hackfrüchten folgt.

Das Quantum der Aussaat richtet sich nach dem Zweck, welcher entweder das Stroh oder die Körner begünstigt. Soll das erstere einen größeren Futterwerth haben, mithin dünnhalmiger sein, so ist $1\frac{1}{2}$ Schffl. Samen pr. Morgen nicht zu viel; begünstigt man aber mehr die Körner, so reicht 1 Schffl. bei der breitwürfigen Saat aus. Bei der Reihensaat braucht man 12 Metzen.

Die Erbse verträgt eine starke Bedeckung und muß schon deshalb mit dem Exstirpator untergebracht werden, weil sie mit der Egge ungenügend mit Boden bedeckt und leicht von den Vögeln aufgelesen wird.

Sehr zuträglich ist der Erbse das Eggen und Walzen, wenn sie eben im Aufgehen begriffen ist. Die Reihensaat wird behackt und behäufelt. Bei der Ernte ist große Vorsicht nöthig, damit die Erbse nicht zu reif wird, wodurch das Stroh bedeutend an Futterwerth verliert, die Körner leicht ausfallen, und der Boden selbst die Kraft verliert, welche er unter der schattigen Decke der Erbsen angesammelt hat. Wenn auch allerdings die Körner der etwas zeitig und grün gewonnenen Erbsen denen der ganz reif geernteten nachstehen, so ist dieser geringe Nachtheil dem nicht zu vergleichen, welchen das Stroh, die Masse der Körner und die Kraft des Bodens durch die spätere Ernte erleiden.

Ist die Erbse in der Schale oberflächlich abgetrocknet, so wird sie gewendet und bald darauf in größere Haufen gebracht, in denen sie bis zum Einfahren stehen bleibt.

Der Durchschnittsertrag vom Morgen ist 7 Scheffel Körner und 10 Centner Stroh. Die Körner sind eine gute Mast, das Stroh ein vortreffliches Schaffutter.

§. 11.

Die Wicke.

Es gibt mehrere Sorten von Wicken, von denen die große graue am häufigsten angebaut wird. Die kleinere weiße Wicke hat in keiner Beziehung Vorzüge vor jener, weil sie einen gewählteren Boden verlangt und einen geringeren Ertrag in Stroh und Körnern gewährt. Die graue Wicke verlangt einen kühlen, Feuchtigkeit haltenden, sandigen Lehmboden und gewährt am richtigen Standorte, und wenn es dem Boden an Kraft nicht mangelt, einen hohen Ertrag, welcher sowohl an Stroh und Körnern den der Erbse übertrifft. Namentlich hat das erstere, wenn es gut aufkommt und durchs Lagern der Wicken nicht angefault ist, einen großen Futterwerth und ist am besten geeignet, für die Pferde das Heu zu ersetzen. Nächst der großen grauen Wicke verdienen wegen gleichmäßiger Blüthe und reichen Korn- und Strohertrags auch noch die norwegische und sibirische Wicke Empfehlung.

Die Wicke verlangt einen etwas bindenden, Feuchtigkeit haltenden, von Unkraut völlig reinen Boden; da sie eine spätere Aussaat verträgt als die Erbse, so kann ihr auch leichter ein solcher Boden gewährt werden, wenn sie auch nicht nach Hackfrüchten folgt. Frische Düngung sagt ihr ebenso wenig zu als der Erbse. Häufig wird sie im Gemenge mit Gerste und Hafer angebaut, wodurch sie sich nicht so leicht lagert und ergiebiger ist. Bei reinem Boden ist eine zweifurchige Bestellung vollkommen hinreichend. Die beste Zeit der Einsaat ist, wenn man auf sicheren Körneransatz rechnen will, die letzte Hälfte des Monats April. Für sich allein gesäet braucht man pr. Morgen 1 Scheffel Samen, im Gemenge gesäet 10 Metzen Wicken und 6 Metzen Gerste oder Hafer.

Die Wicke verträgt keine so starke Bedeckung als die Erbse, wird auch von Vögeln nicht so leicht aufgefunden; sie wird aber auch mit dem Exstirpator untergebracht, dem noch die Egge folgt.

Geräth die Wicke, so hinterläßt sie den Boden in einer sehr günstigen Verfassung und kann dann allerdings als Vorfrucht großen Vortheil bringen. Mißräth sie aber, so tritt derselbe Fall ein wie bei der Erbse; ihr Anbau erheischt mithin große Vorsicht.

Hinsichtlich der Ernte hat die Wicke Alles mit der Erbse gemein. Der Durschnittsertrag ist 8 Scheffel Körner und 16 Centner Stroh pr. Morgen. Der Futterwerth der Wicke ist dem der Erbse gleich, wenn sie rein ist. Die Körner sind ein schweres Mastfutter, das Stroh ein gutes Futterstroh.

§. 12.

Die Bohne.

Schwerz sagt von der Bohne: „Wer keine Bohnen baut und passenden Boden dazu hat, versteht nicht seinem Lande die besten Vortheile abzugewinnen.“ Der für die Bohne passende Boden kommt aber nicht häufig vor.

Man unterscheidet von der Feldbohne zwei Gattungen, nämlich die große Bohne und die Faseole. Von ersterer kommen zwei Sorten vor, die Pferdebohne und die Saubohne. Im Anbau weichen diese beiden

Sorten nicht von einander ab. Vorzugsweise wird die Saubohne angebaut, da sie früher ist und reichlicher trägt.

Die große Bohne verlangt einen Boden, welcher reich an Kraft ist, gehörige Bindung hat und wasserhaltend ist. Nicht jeder Boden, welcher sich zum Weizenbau eignet, ist passend für die Bohnen, denn letztere verlangen einen weit mehr Feuchtigkeit anhaltenden Boden. Nächstdem verlangt die Bohne tiefe Bearbeitung und alte Kraft. Fehlt es daher dem Boden an hinlänglicher alter Kraft, so muß, wenn die Bohne gedeihen soll, eine sehr starke Düngung gegeben werden, am besten vor der Saatfurche.

Die Bohne kann nach jeder Frucht folgen, findet aber ihren Platz gewöhnlich nach einer Halmfrucht oder in der Brache. Wenn der Boden im Herbst gestürzt ist, ist die einfurchige Bestellung im Frühjahr vollkommen hinreichend.

Die Aussaat muß so früh geschehen, als man in den Acker kommen kann. Sie erfolgt am besten in Reihen, pr. Morgen 10 Metzen. 14 Tage nach der Saat wird der Boden gewalzt und geeggt, bei 5 Zoll Höhe der Pflanzen behackt und nach einiger Zeit behäufelt. Breitwürfig sollte man die Bohne nie säen.

Die Bohne leidet sehr von Rost und Mehlthau, welche dem Ansatz der Körner schaden; verhüten lassen sich diese Krankheiten noch am ehesten durch frühe Aussaat und durch Gypsen.

Sobald sich die größte Zahl der Schalen schwarz gefärbt hat, muß mit der Ernte begonnen werden. Die Bohnen werden angehauen, abgerafft, in schwache Bunde gebunden und in Stiegen aufgestellt.

Ein lohnender Ertrag vom Morgen sind 10 Scheffel Körner und 14 Centner Stroh. Beide, Körner und Stroh, sind sehr gutes Viehfutter.

Die Faseole ist ein zärtliches Gewächs und wird selten für sich allein, sondern als Zwischenfrucht in dem Mais angebaut.

§. 13.

Die Linse.

Die Hauptsorten der Linse sind die kleine, die große und die schwarze. Die große Linse verdient wegen ihrer Einträglichkeit und ihres vorzüglichen Geschmackes den Vorzug.

Die Linse verlangt einen leichten, lockeren, reinen, in alter Kraft stehenden Boden. Macht sich frische Düngung nothwendig, so muß der Dünger schon im Herbst aufgefahren werden; besser ist es aber, wenn man die Linse nach einer gedüngten Vorfrucht folgen läßt; eine solche ist die

Kartoffel; eine bessere Fruchtfolge wird freilich hergestellt, wenn die Linse nach einer Halmfrucht angebaut wird.

Was die Bestellung betrifft, so muß schon im Herbst gepflügt werden. Im Frühjahr ist nur noch eine Furche nöthig.

Die Aussaat muß schon im März geschehen. Vorzuziehen ist die Reihensaat, bei der man pr. Morgen 8 bis 10 Metzen Samen braucht. Bei der breitwürfigen Saat werden 14 bis 16 Metzen Samen erfordert, welche nicht tief untergebracht werden dürfen.

Zeigt sich die Linse über dem Boden, so ist zu eggen; später muß die breitwürfige Saat gejätet, die Reihensaat behackt und behäufelt werden.

Die Ernte geschieht in der Gelbreife. Der Durchschnittsertrag pro Morgen ist 6 Scheffel Körner, welche zur Nahrung der Menschen dienen, und 6 Centner Stroh, welches fast den Werth des Wiesenheues hat.

§. 14.
Die Lupine.

Zum Anbau als Körnerfrucht eignet sich die **gelbe** und **blaue Lupine** am besten. Die blaue **Lupine** paßt für lehmigen Boden, die gelbe für den reinen Sandboden. Obschon die blaue Lupine einträglicher ist als die gelbe, so ist diese doch bedeutungsvoller, namentlich für Landbauer, welche leichten, dürren, unfruchtbaren Boden zu bewirthschaften haben. Hier gibt die gelbe Lupine nicht nur einen weit höheren Ertrag als Roggen, Hafer, Buchweizen, Kartoffeln, Spergel, Weideklee, sondern sie bereichert auch den Boden dermaßen, daß Roggen ohne Dünger ausgezeichnet gut gedeiht.

Die Lupine verlangt tief gelockerten, durchlassenden Boden. Düngen braucht man zu ihr nicht. Im Herbst wird der Boden 6 bis 8 Zoll tief gestürzt, im Frühjahr mit der Egge oder dem Exstirpator bearbeitet und, sobald keine Nachtfröste mehr zu befürchten sind, besäet. Die Aussaat muß bei feuchter Witterung geschehen. Auf den Morgen braucht man 5 bis 7 Metzen Samen, welcher nicht tief untergebracht werden darf. Ist die Lupine handhoch, so wird sie mit Vortheil gegypst.

Geerntet muß werden, sobald die Schoten ausgebildet sind, wenn auch das Kraut noch grünt. Zum Nachreifen setzt man sie in Stuken oder hängt sie auf Kleereiter.

Der Durchschnittsertrag pr. Morgen ist von der blauen Lupine 14 Scheffel Körner und 27 Centner Stroh und Schoten, von der gelben Lupine 4 Scheffel Körner und 11 Centner Stroh und Schoten. Körner, Stroh und Schoten sind sehr gutes Viehfutter.

§. 15.
Der Buchweizen, das Haidekorn.

Der Buchweizen oder das Haidekorn liebt einen warmen, lehmigen Sandboden, gedeiht aber auch noch auf leichterem Boden, wenn er nur Feuchtigkeit genug hat. Seinen Hauptstandort findet er auf Haideboden.

Der Buchweizen wird sehr häufig als erste Frucht in gebranntem Moor- und Haideboden, in Neuland, Weideland angebaut, folgt aber auch nicht selten nach gedüngten Kartoffeln und Roggen. Frische Mistdüngung liebt er nicht; dagegen gedeiht er sehr nach einer Düngung mit grünen Pflanzen, Moder oder Asche.

Der Buchweizen verlangt ein sehr lockeres und reines Land. Die erste flache Furche gibt man im Herbst, die zweite tiefe Furche im zeitigen Frühjahr, die dritte flache vor der Saat.

Kälte verträgt er nicht; deshalb darf seine Aussaat nur in den wärmeren Tagen des Mai erfolgen. Man braucht pr. Morgen, je nach der Kraft des Bodens, nicht mehr als 12 bis 16 Metzen Samen, der blos 1 Zoll tief untergebracht werden darf. Sein Gedeihen ist immer unsicher; unter 5 Ernten kann man auf 3 mittlere rechnen, weil, wenn während seiner Blüthe starke Gewitter stattfinden, die Blüthen abfallen.

Sehr schwierig ist die Ernte. Das Stroh wird nämlich äußerst schwer trocken und braucht dazu bei trockener Witterung wenigstens 14 Tage. Tritt seine Reife in den bereits kürzeren Tagen ein, so ist das Trocknen noch schwieriger. Man muß mit der Ernte beginnen, wenn die meisten Körner schwarzbraun gefärbt sind. Hat er einige Tage in Schwaden gelegen, so wird er gebunden und in Stuken gestellt. Der Ertrag wechselt von 5 bis 25 Scheffel Körner und 5 bis 10 Centner Stroh. Gut eingebracht hat das Stroh einen etwas höheren Werth als das Haferstroh; die Körner sind für Menschen sowohl als für Vieh sehr gesund und nahrhaft. Trotz seiner dicken Schale nährt das Pfund Buchweizen so gut als ein Pfund Roggen.

Den Schafen füttert man weder Stroh noch Körner gern, weil beides unter Umständen krankhafte Symptome, z. B. angeschwollene Ohren u. s. w. erzeugt. Man vermischt das Haidekornstroh mit anderem Stroh und verwendet es zur Siede für das Rindvieh, welchem es sehr gedeihlich ist.

Zwölfte Abtheilung.

Anbau der Handelsgewächse.

§. 1.

Der Winterraps.

Der Raps ähnelt dem Blatte nach der Kohlrübe und ist mit dieser stammverwandt.

Der Raps gedeiht am besten auf einem reinen, tiefen, kräftigen, milden Thon- und Lehmboden mit durchlassender Unterlage, auch noch in sandigem Lehmboden.

Das Mißrathen des Rapses hat seine Ursachen entweder in einem zu strengen, schneeleeren Winter oder in einer zu hohen Schneelage. Im ersteren Falle erfriert, im letzteren erstickt er. Namentlich erfrieren seine Wurzeln, welche dann bei eintretender Vegetation nach und nach in Fäulniß übergehen, was deshalb zu großen Täuschungen Veranlassung gibt, weil die Pflanze noch längere Zeit grün bleibt und selbst bei ganz verfaulter Wurzel eine Zeit lang vegetirt. Auch Spätfröste im Frühjahre schaden dem Raps, wenn er bereits die Vegetation begonnen, besonders aber dann, wenn sie mit Nässe bei einem undurchlassenden Boden verbunden sind. Der Raps ist dem Erfrieren mehr unterworfen als der Winterrübsen, weil jener mit seinen Wurzeln über die Erde hervorragt und den Schutz durch die Blätter entbehren muß. Der Raps leidet auch häufig durch einen kleinen schwarzen Käfer, welcher die Blüthe verdirbt und den Körneransatz verhindert. Dieser Käfer hat sich namentlich in jenen Gegenden merklich vermehrt, wo der Rapsbau länger und ausgebreiteter betrieben wird.

Der Standort des Rapses ist in der Brache oder in Klee-, Grünfuttergemengefeld; er kann auch nach Frühkartoffeln und nach sich selbst folgen. Er ist die beste Vorfrucht für Weizen, der nach ihm ausgezeichnet geräth.

Der Raps verlangt sehr starke Düngung. Wird der Mist in frischem Zustande angewendet, so muß er schon mit der ersten Furche untergepflügt werden.

Alle Arbeiten auf dem Rapsfelde haben bei trockner Witterung und nicht nassem Boden zu geschehen, weil sonst der Acker nicht klar bearbeitet werden könnte. Damit sich der Boden gut erliegt, auch das Unkraut um so sicherer getilgt wird, dürfen die Pflugfurchen nicht zu schnell aufeinander folgen.

Bei reinem, mürbem Boden ist eine dreifurchige Bestellung vollkommen ausreichend. Man düngt und bracht Ende Mai, ruhrt Ende Juni und hat dann den Acker bis Mitte Juli saatgerecht. Bindigeren Boden kann man etwas früher brachen, im Juni düngen und wenden, Mitte Juli ruhren und Anfang oder Mitte August zur Saat pflügen. Folgt Raps nach Klee, so muß derselbe so zeitig gemäht werden, daß noch eine dreifurchige Bestellung stattfinden kann. Nach Grünfutter und Kartoffeln sind zwei Pflugfurchen ausreichend. Im Frühjahr muß dem Pflug sogleich die Egge folgen, damit die Pflugstreifen nicht erhärten; nach der Saatfurche wird gewalzt.

Der späteste Termin der Saat ist der 24. August.

Das richtige Saatquantum ist 8 Pfund pr. Morgen bei breitwürfiger Saat, 5 Pfund bei der Reihensaat. Es gehört eine große Uebung dazu, das richtige Samenmaß bei der breitwürfigen Saat zu treffen, und doch hängt davon gar sehr das Gedeihen der Frucht ab; denn wird der Raps zu dick gesäet, so treiben die Pflanzen, gleich Frühbeetpflanzen, in die Höhe, sie hindern sich gegenseitig im Wachsthum, können nicht erstarken, die Einwirkung der Luft kann sie nicht abhärten, und sie werden dann um so eher ein Opfer des Frostes.

Die Drillsaat ist in jedem Falle das vollkommenere Säeverfahren. Ihre Anwendung wird aber durch den Boden bedingt. Ist der Boden nicht durchlassend und trocken, so ist sie nicht auszuführen. Für solchen Boden ist die breitwürfige Saat vorzuziehen, bei welcher man durch gewölbte Beete überhaupt für eine ausreichendere Abwässerung sorgen kann.

Das Abhüten oder Abmähen des Rapses im Herbst oder Winter ist unter allen Umständen ein großer Fehler und thut dem Ertrage wesentlichen Abbruch.

Der gedrillte Raps muß im Herbst und Frühjahr behackt und behäufelt werden. Die Ernte erfordert eine große Aufmerksamkeit, da ein Ausfallen der Körner sehr leicht stattfindet. Man darf deshalb nicht zu lange mit der Aberntung warten, sondern muß mit derselben beginnen, wenn der größere Theil der Körner gefärbt ist. Die Aberntung muß früh, ehe die Sonne aufgeht, geschehen. Er wird gleich hinter der Sense oder Sichel auf großen Tüchern gebunden und in Stiegen aufgestellt. In dieser Lage schadet dem Raps Regenwetter sehr wenig. Das sofortige Ausdreschen auf dem Felde verlangt günstiges Wetter, und bei aller Vorsicht geht doch immer etwas an Körnern, Spreu oder Stroh verloren. Das Beste ist, den Raps in den Früh- und Abendstunden auf mit Planen ausgelegten

Wagen in die Scheune in die mit Ziegeln gepflasterten Bansen zu fahren, weil dann kein Verlust an Körnern stattfinden und das Ausdreschen zu gelegener Zeit geschehen kann.. Bei dem sofortigen Ausdreschen nach der Ernte macht die Aufbewahrung der Körner viel Umstände. Sollen sie nicht verderben, so müssen sie sehr dünn aufgeschüttet und häufig gewendet werden.

Der Durchschnittsertrag vom Morgen ist 10 Schffl. Körner, 12 Cntr. Stroh und 3 Ctr. Spreu. Stroh und Spreu werden den Schafen gefüttert; wenn die Spreu mit Schlempe oder dünnem Schrotwasser angefeuchtet wird, so dient sie zu einer eben so nahrhaften als sehr beliebten Fütterung.

Mit dem Verkauf des ausgedroschenen Rapses muß man sich so viel als möglich beeilen, weil durch das Eintrocknen die Masse jeden Tag erheblich schwindet.

§. 2.

Der Winterrübsen.

Der Winterrübsen hat das Blatt der Wasserrübe und gehört zu ihrem Geschlecht.

Außerdem unterscheidet er sich vom Raps durch kleinere Körner. Der Rübsen wird etwas später gesäet (bis 7. Septbr.) und reift früher als der Raps.

Er nimmt mit noch leichterem Boden vorlieb als der Raps, verlangt aber Kraft wie dieser. Am besten gedeiht der Rübsen in einem reinen, durchlassenden, milden Boden. Vorfrüchte und Bestellung des Ackers hat er mit dem Raps gemein.

Die Saat geschieht breitwürfig und etwas stärker als die des Rapses.

Der Rübsen ist sicherer als der Raps, und aus diesem Grunde thut man gut, beide Gattungen anzubauen, um in ungünstigen Jahrgängen nicht Alles zu verlieren. Der Rübsen bleibt nämlich mit seinen Wurzeln in der Erde, die Pflanze selbst breitet sich unmittelbar auf dem Boden aus und dient dadurch den Wurzeln zum Schutze gegen den Frost.

Der Durchschnittsertrag vom Morgen ist 10 Scheffel Körner und 12 Centner Stroh und Spreu. Der Ertrag an Oel ist etwas geringer als vom Raps; wenn man von gutem Raps vier Scheffel Körner auf den Centner Oel gebraucht, sind vom Rübsen $4^1/_2$ Scheffel nöthig.

§. 3.

Der Bibitz.

Diese neue bewährte Oelfrucht steht in der Mitte zwischen Raps und Rübsen und ist gegen ungünstige Witterung und schädliche Thiere härter als jene beiden Oelpflanzen. Der Bibitz macht weniger Ansprüche an Bodengüte als der Raps, kann später gesäet werden als Raps und Rübsen und reift zeitiger als diese, so daß in seiner Stoppel noch Rüben angebaut werden können. Gewöhnlich folgt er als zweite oder dritte Frucht nach einer Halmfrucht in halber Düngung. Die Bestellung des Ackers ist ebenso wie zum Rübsen. Auf den Morgen braucht man $1\frac{1}{2}$ Metzen Samen. Diese neue Frucht ist ebenso einträglich wie der Rübsen und noch ölhaltiger. Stroh und Spreu werden aber von dem Vieh nicht gefressen.

§. 4.

Der Sommerraps.

Der Sommerraps hat eine sehr geringe Bedeutung. Er dient hauptsächlich als Surrogat des Winterrapses, wenn derselbe mißrathen ist. In solchen Fällen sind die Oelpreise hoch, und der geringere Ertrag des Sommerrapses wird dadurch einigermaßen ausgeglichen.

An den Boden macht er mit dem Winterraps gleiche Ansprüche, doch gedeiht er auch noch in der zweiten Tracht. Entweder wird er in der Brache als Vorfrucht des Weizens oder nach Klee, gedüngten Hackfrüchten oder einer Halmfrucht angebaut.

Eine dreifurchige Bestellung ist für ihn hinreichend; man säet ihn bis Mitte Mai und braucht pr. Morgen etwa eine Metze Samen. Die Reihensaat ist besser als die breitwürfige.

Der Durchschnittsertrag ist 6 Scheffel Körner und 10 Centner Stroh und Schoten. Seine Körner unterscheiden sich vom Winterraps sehr wenig, sind größer als die des Winterrübsens, geben aber noch weniger Oel als dieser. Man kann 5 bis $5\frac{1}{2}$ Scheffel Körner auf den Centner Oel rechnen.

Seine Ernte, Aufbewahrung und Verwendung unterscheidet sich in nichts von dem Winterraps.

§. 5.

Der Sommerrübsen.

Der Sommerrübsen ist dem Winterrübsen stammverwandt. Er wird häufiger angebaut als der Sommerraps, weil er mit einem noch leichteren Boden vorlieb nimmt und noch größere Sicherheit gewährt. Am besten gedeiht er in einem tiefgründigen, unkrautreinen, in alter Kraft stehenden milden Gerstenboden.

Nach Hackfrüchten gedeiht er oft außerordentlich, und da er den Boden immer in einer günstigen Lage verläßt, so ist er als Vorfrucht nicht zu verachten.

Die Saat darf nie vor Mai geschehen, weil er einen erwärmten Boden finden muß. Bei kalter Witterung bleibt er stecken, und dann erholt er sich schwer wieder. Auf den Morgen braucht man 1 1/4 Metze Samen, welcher breitwürfig gesäet wird.

Der Durchschnittsertrag ist 7 Scheffel Körner und 10 Ctr. Stroh und Spreu vom Morgen. Seine Körner sind kleiner als die des Winterrübsens und geben etwa gleiche Oel-Ausbeute wie der Sommerraps.

§. 6.

Der Sommer-Awehl.

Die Blätter sind ähnlich dem Kohl geformt. Er wird als Vorfrucht für Wintergetreide nach Hackfrüchten oder Erbsen angebaut. Am besten gedeiht er in Boden mit alter Dungkraft. Muß frisch gedüngt werden, so ist der Stallmist schon vor Winter unterzupflügen.

Am besten gedeiht der Awehl in lehmigem Sandboden. Der Acker wird ebenso bearbeitet wie zu Sommerraps.

Man säet von Mitte bis Ende April 1 bis 1 1/2 Metze pr. Morgen und walzt nach der Saat.

Der Durchschnittsertrag ist 9 Scheffel Samen vom Morgen, welcher so ölreich ist wie der Winterrübsen, während Stroh und Spreu einen noch höheren Futterwerth haben.

§. 7.

Der Mohn.

Man unterscheidet zwei Arten, den Mohn mit offenen Köpfen, Schüttemohn, und den Mohn mit geschlossenen Kopfen, Kopfmohn. Jener verdient in jeder Hinsicht den Vorzug.

Der Mohn liebt warmes Klima und lockeren, klaren, düngerkräftigen Boden.

Die besten Vorfrüchte sind stark gedüngte Hackfrüchte. Der Acker wird im Herbst gepflügt, im Frühjahr mit Exstirpator oder Grubber bearbeitet, wenn der Mohn nach Hackfrüchten folgt. Folgt er nach sich selbst oder nach Klee, so muß im Frühjahr noch eine Pflugfurche gegeben werden. Sieht man sich genöthigt, frisch zu düngen, so muß dies vor Winter geschehen.

Die sicherste Saatzeit ist Ende März, Bedingung des guten Gedeihens vollkommener Samen. Die Saat geschieht am vortheilhaftesten in Reihen, die man 10 Zoll von einander anlegt. Auf den Morgen braucht man 2 Pfund Samen.

Die Reihensaat wird zwei Mal behackt und behäufelt, wobei die zu dick stehenden Pflanzen verzogen werden müssen.

Die Ernte des Schüttemohnes hat zu geschehen, wenn die ersten Köpfe anfangen zu reifen, aber nur bei trockner Witterung. Man schüttet den Inhalt der Köpfe in ein Gefäß, zieht dann die Stengel aus, bindet sie in Bunde, stellt sie zum Nachreifen auf und schüttet den Inhalt der Köpfe noch einige Male aus. Der Kopfmohn wird geerntet, wenn beim Schütteln der Köpfe die Samen klappern; dann zieht man die Pflanzen aus, bindet sie in schwache Bunde, stellt sie zum Nachreifen auf, fährt sie, wenn dies geschehen ist, nach Hause und drischt sie.

Der Durchschnittsertrag ist 10 Scheffel Körner vom Morgen. 1 Centner Samen liefert 25 Pfund Oel und Stroh. Stroh und Köpfe eignen sich nur als Streumaterial.

§. 8.
Der Leindotter.

Der Leindotter ist die sicherste Oelfrucht, aber auch zugleich die, welche den Boden am meisten entkräftet.

Er gedeiht in allen Bodenarten, mit Ausnahme des leichten Sandbodens und des nassen und scholligen Bodens.

Die besten Vorfrüchte sind gedüngte Hackfrüchte. Der Acker wird im Herbst gepflügt, im Frühjahr mit dem Exstirpator bearbeitet und Ende April breitwürfig besäet. Auf den Morgen braucht man $1^1/_2$ Metze Samen.

Da der Dotter nicht ausfällt, braucht man sich mit der Ernte nicht zu beeilen. Er wird wie das Sommergetreide auf Schwaden gemäht und wenn er in den Schwaden nachgereift hat, in Stiegen aufgestellt.

Der Durchschnittsertrag vom Morgen beläuft sich auf 5 Scheffel Körner und 10 Centner Stroh. 1 Centner Samen liefert 33 Pfund Oel. Stroh und Spreu gewähren ein gutes Viehfutter.

§. 9.
Der Lein.

Der Lein kommt in verschiedenen Sorten vor. Die gebräuchlichste ist der **gewöhnliche Lein**, den man in **Klang-** und **Dreschlein** eintheilt. Letzterer wird am häufigsten angebaut, weil er helleren und feineren Bast liefert; der Klanglein wächst etwas länger heran, gibt aber dunklern und gröberen Bast. Eine andere Sorte ist der **weiße Lein**, der bis $3^1/_2$ Fuß hoch wird, sich selten lagert und mehr und feineren Bast gibt als der gewöhnliche Lein.

Der Lein verlangt einen kräftigen, mehr kühlen als hitzigen, durchlassenden, gut kultivirten, milden Lehmboden, der einen angemessenen Sandgehalt hat. Feuchte Niederschläge aus der Atmosphäre sind ihm ganz besonders zuträglich, daher er auch in Gebirgsgegenden und in der Nähe fließender und stehender Gewässer vorzugsweise gut gedeiht.

Man baut den Lein entweder nach Winterung in zweiter Tracht oder als Vorfrucht vor Winterung in dritter Tracht oder nach Hackfrüchten an. Hat der Boden nicht mehr Kraft genug, und muß deshalb zu Lein gedüngt werden, so darf man nicht zu stark düngen, damit der Lein nicht zu mastig emporschießt. Um Verunkrautung zu verhüten, ist besser eine Düngung mit Jauche, Kompost oder Asche. Uebrigens darf man den Lein erst nach 9 Jahren auf demselben Acker wiederkehren lassen.

Man theilt den Lein in Frühlein und Spätlein ein. Den ersteren, welcher besonders nach Hackfrüchten folgt, säet man schon im April, wenn man keinen Frost mehr besorgt, den letzteren von Mitte Mai bis Anfang Juni. Jener sichert einen vollkommneren Samen als dieser und in günstigen Jahren auch einen festeren und reichlicheren Bast.

Beim Lein spielt der Samen eine Hauptrolle, und weder der Boden noch seine Kraft und Zubereitung können den Unterschied ausgleichen, welchen derselbe in den Erträgen hervorbringt. Der beste Samen kommt aus Rußland; er ist unter dem Namen Rigaer Tonnenlein bekannt. Sein Werth wird durch sein Alter und die Art der Behandlung begründet, und ist man erst im Besitz einer guten Sorte, so kann man sie längere Zeit durch geschickte Aufbewahrung konstant erhalten. Der Samen muß vollkommen reif werden; dann wird er gereinigt und getrocknet. Letzteres geschieht in mäßig geheizten Lokalen. Ist er gehörig getrocknet, so wird er in Fässer gepackt, an einem trocknen Orte aufbewahrt, und nach drei Jahren kommt er in den Handel und zur Benutzung. Darin liegt das ganze russische Geheimniß. Bei keiner anderen Frucht ist der Samenwechsel von so großer Bedeutung als beim Lein. Nach 4 Jahren ist derselbe in der Regel so in seiner Güte zurückgegangen, daß man mit dem Samen wechseln muß. Ein Ersatzmittel des Samenwechsels (jedoch auch nur auf eine gewisse Zeit) ist das Dörren des eigen erbauten Samens.

Die Bestellung zum Lein muß sehr sorgfältig sein, denn wenn der Boden nicht gehörig locker und gekrümelt ist, so versagt der Lein. Das Unkraut schadet ihm am meisten, und muß man auf Beseitigung desselben vorzugsweise bedacht sein.

Folgt der Lein auf gedüngte Winterfrucht, so bedarf er eine dreifurchige Bestellung. Im Herbste wird gestürzt, die Stürze im Frühjahr gut geeggt, dann geruhrt, und wenn das Unkraut ausgeschlagen, der

Boden trocken, die Erde erwärmt ist, zur Saat gepflügt. In Neubruch oder nach mehrjährigem Klee, wo der Lein ganz besonders geräth, muß der Ruhrfurche noch eine Wendefurche vorangehen, und die Aussaat mithin noch etwas später stattfinden. Folgt der Lein nach Kartoffeln, so muß sich der Boden erst gesetzt haben, ehe man pflügt.

Da der Lein eine starke Bedeckung nicht verträgt, aber eine möglichst gleichmäßige Aussaat erheischt, so eggt man die Pflugfurche vor der Saat mit einigen Strichen ein. Darauf wird gesäet und sorgfältig eingeeggt. Man säet gewöhnlich mit zwei Gängen, um eine gleichmäßige Vertheilung des Samens zu erzielen, und dies selbst bei schmalen Beeten.

Wird der Lein des Bastes wegen angebaut, so muß er stärker gesäet werden, und man braucht dann 20 bis 24 Metzen pr. Morgen. Berücksichtigt man mehr den Samen, so reicht man mit 12 bis 16 Metzen aus.

Das Aussaugen des Leines ist geringer als man gewöhnlich annimmt; der Beweis dafür ist der, daß jede Frucht nach dem Lein gut geräth. Der Leinbau erhöht die Kultur des Bodens, weil die Bearbeitung

Fig. 31. Flachskapelle.

ausgezeichnet sein muß, und darin liegt der Grund, daß, obwohl der Flachs kein Düngermaterial zurückgibt, der Leinbau den Boden nicht ärmer macht.

Der Lein muß während seines Wachsthums mehrere Male stehend und barfuß bei geeigneter Witterung gejätet werden, das erste Mal, wenn die Pflanzen 3 bis 4 Zoll hoch sind, die anderen Male, wenn sich wieder Unkraut eingefunden hat. Die Zeit der Ernte hängt davon ab, ob man mehr den Bast als den Samen berücksichtigt. Im ersteren Falle muß man damit schon beginnen, ehe der Samen reif wird. Die Stengel müssen noch ganz grün sein; sie geben dann den feinsten und reichlichsten Bast.

Will man guten Samen ernten, so muß dieser vollkommen reif werden; man verliert dann aber sowohl an der Güte als der Masse des Bastes.

Der Flachs wird bei trockner Witterung und trocknem Boden gerauft und auf dem Felde getrocknet, indem man ihn in Kapellen (Fig. 31) oder in Stuken aufstellt. Ist er gehörig getrocknet, so wird er eingebunden und der Samen sofort abgeriffelt oder mit einem Kerbholze abgeschlagen. Die Spreu ist ein gutes Futter für die Schweine. Der Samen dient theils zur Saat, theils zum Oelschlagen, theils zur Viehfütterung.

Die Hauptarbeit beginnt nun mit den Stengeln, um davon den Bast zu gewinnen. Von der richtigen Behandlung bei der Röste wird der Werth des Bastes abhängig.

Man unterscheidet die Rasen- und die Wasserröste.

Hat man geeignetes Wasser, so ist jedenfalls die letztere vorzuziehen, weil sie eine gleichmäßigere Röste bewirkt; fehlt es daran, so ist die Thauröste eine freilich nicht gute Aushilfe. Je weicher das Wasser ist, desto besser. Regenwasser ist das beste; es muß aber rein und namentlich nicht eisenhaltig, auch nicht gerbstoffhaltig sein, weil sonst der Flachs fleckig wird und an seiner Haltbarkeit verliert. Daß die Fische durch die Flachsröste sterben, ist bekannt.

Am besten röstet man in einer undurchlassend gemachten Grube. In dieselbe kann der Flachs gebracht werden entweder in einem Röstekasten, oder man legt ihn unmittelbar in die Grube ein. Im letztern Falle muß verhütet werden, daß der Flachs unmittelbar mit der Erde in Verbindung komme; man legt ihn daher auf eine Strohschicht. Der obere Flachs, welcher in dem erwärmteren Wasser liegt, wird immer früher geröstet sein als der untere, und man muß ihn früher herausnehmen.

Wenn das Wasser anfängt, sich braun zu färben, wenn Blasen aufstoßen und sich an der Oberfläche halten, wenn der Flachsstengel über dem Nagel leicht zerbricht und der weiße holzige Theil dabei leicht zum Vorschein kommt, so hat man sichere Kennzeichen der vollendeten Röste. Das Herausnehmen und Abtrocknen ist dann möglichst zu beschleunigen.

Die Rasen- oder Thauröste geschieht auf folgende Weise. Man breitet den Flachs auf einen Rasenfleck, z. B. auf eine frisch abgemähte Wiese, damit er überall dicht und gleichmäßig aufliegt. Damit er nicht vom Winde untereinander geworfen wird, feuchtet man ihn vor dem Ausbreiten an, wodurch er sich fester anlegt. Während der Röstezeit muß er öfters gewendet werden, damit das Rösten auf beiden Seiten gleichmäßig stattfindet. Warmes Wetter, viel Regen oder Thau beschleunigt die Röste; man erfährt ihre Vollendung durch obige Kennzeichen. Mißlich ist die Thauröste aber immer.

Nach dem Rösten wird der Flachs in der Sonne getrocknet. Mit der weitern Behandlung, um den Bast zu gewinnen, sollte sich der Landwirth nicht einlassen, da sie viel Geschick und Zeitaufwand erfordert. Am besten wird der Flachs nach dem Rösten und Trocknen verkauft. Wer alle Arbeiten für Geld beschaffen muß, thut sogar am besten, den Flachs auf dem Felde zu verkaufen. Der Morgen bringt dann oft bis 20 Thaler Reinertrag (durchschnittlich 200 Pfund Bast).

§. 10.

Der Hanf.

Von dem Hanf unterscheidet man Schließ- und Brechhanf. Ersterer wird hoch und stark und liefert groben, letzterer feinen Bast.

Der Hanf bedarf zu seinem Gedeihen einen warmen, tiefen, starkgedüngten, nicht zu trocknen Thon- oder Lehmboden und eine geschützte Lage.

Der Hanf wächst kräftig und schnell, dämpft alles Unkraut und hält den Boden rein.

Er erreicht eine außerordentliche Höhe, wenn passender Boden für ihn gewählt, und besonders der Dünger nicht gespart wird. Sein Bast ist gröber als der des Flachses, und seine Verwendung zu Seilen, Stricken rc. bekannt.

Der Hanf verlangt starke Düngung. Der Dünger muß aber verrottet sein und ganz gleichmäßig vertheilt werden. Rindviehmist und Jauche sind der beste Dünger. Die besten Vorfrüchte sind Kartoffeln, Rüben, Klee, Raps, Weizen, Bohnen. Der Acker muß so lange, aber ohne Anwendung der Walze, bearbeitet werden, bis er ganz locker, fein und unkrautrein ist.

Der Hanf verträgt wie der Lein keine starke Bedeckung. Die Zeit der Aussaat ist Anfang bis Mitte Mai, das Saatquantum 1 Scheffel bis

1 Scheffel 8 Metzen pr. Morgen, je nachdem man den Bast mehr oder weniger berücksichtigt oder je nachdem man Schließ- oder Spinnhanf baut.

Sind die Pflanzen 4 Zoll hoch, so wird der Boden zur Tilgung der Unkräuter und zur Lockerung mit der Handhacke behackt. Die Ernte muß in zwei Zeitabschnitten erfolgen, weil der männliche Hanf, **Fimmel**, eher reif wird. Dieser liefert den feinen Bast, bringt aber natürlich keinen Samen. Der Hanf wird wie der Flachs gerauft und dann in Haufen zusammengestellt, um das völlige Trocknen zu erlangen. Da ihm die Vögel sehr nachstellen, so müssen diese Hanffeimen mit Stroh sorgfältig bedeckt werden.

Der Hanf wird über Stangen ausgeschlagen. Der dadurch gewonnene Samen wird ebenfalls zu Oel verarbeitet. Das Rösten der Stengel ist ebenso wie beim Flachs. Nach dem Rösten und Trocknen wird er gebrochen und dann auf einer Mühle gerieben. Statt des Brechens und Reibens kann man den Hanf zuerst auch mit der Knietsche und dann mit der Breche bearbeiten. Diese Zubereitung gilt aber nur von dem Brechhanf. Der Bast des Schließhanfes wird abgezogen.

Vom Spinnhanf gewinnt man 50 bis 60 Prozent langen Bast und 40 bis 50 Prozent Werg.

§. 11.

Der Krapp, die Färberröthe.

Diese Pflanze ist im südlichen Europa zu Hause, kommt jedoch auch in unserem Klima fort.

Die Wurzeln, deren man sich zum Färben bedient, sind oft 2 bis 3 Fuß lang. Sie bestehen aus Gelenken oder Absätzen und treiben ohne viele Nebenwurzeln, die sich wagerecht unten sehr ausbreiten und im Frühjahr neue Schößlinge hervorbringen. Das Kraut stirbt gegen den Winter ab.

Die Pflanze kann aus Samen gezogen werden; schneller wird sie aber durch die im Frühjahr austreibenden Schößlinge vermehrt.

Der Krapp erfordert einen lockern, feuchten, in alter Kraft sich befindenden, humusreichen, kalkhaltigen, von Unkraut freien, frisch gedüngten Boden.

Die Bearbeitung des Bodens muß eine sorgfältige und tiefe sein, und der Acker schon im Spätherbst vorbereitet werden. Den Dünger fährt man im Winter auf, breitet ihn und pflügt ihn im Frühjahr seicht unter; darauf wird geeggt und das Feld mit einem Marquer in 4 Fuß breite Beete abgetheilt, welche einen Abstand von 1 Fuß haben. Auf jedem

Beete werden mit der Handhacke drei Längefurchen gezogen, jede 1 Fuß von der andern entfernt. In diese Furchen säet man den Samen, jedes Korn 1½ Zoll von dem andern entfernt, und bedeckt ihn flach mit Erde. Sobald sich die Pflänzchen über dem Boden zeigen, wird so oft als nöthig gejätet und nach jedem Jäten die Krapppflanzen etwas behäufelt. Im Herbst bedeckt man sie 2 bis 3 Zoll hoch mit Erde aus den Beetfurchen. Im zweiten Jahre braucht man nur ein Mal zu jäten. Will man keinen Samen ziehen, so werden die Stengel, so bald sie in die Blüthe treten, abgeschnitten und verfüttert. Im dritten Jahre schreitet man Anfangs September zur Ernte.

Geschieht die Fortpflanzung durch Schößlinge, so werden diese auf besondern Beeten gezogen und in Reihen, etwa 2 Fuß auseinander, im Verband eingelegt; je zwischen drei oder vier Reihen wird aber ein doppelt so großer Zwischenraum gelassen. Diese Zwischenräume werden, sobald die Pflanzen herangewachsen sind, ausgeschaufelt, und die Erde zwischen die Pflanzen geworfen, so daß nun das Feld in erhöhte Beete und vertiefte Steige getheilt ist.

Die Pflanzung geschieht gewöhnlich im Mai. Da die Pflanzen im ersten Jahre schwach bleiben, so kann man die Zwischenräume mit Kohl, Rüben, Bohnen anbauen.

Bei eintretendem Winter bedeckt man das Beet mit Mist. Dieser wird im Frühjahre wieder abgeharkt und flach in den Steig vergraben. Die Pflanzen treiben nun erstarkt hervor, und die Beete werden durch Jäten und Hacken rein und locker erhalten. Im dritten Frühjahre werden die Steige wieder ausgestochen, und die aus dem Mist entstandene fette Erde über das Beet verbreitet, wie bei Spargelbeeten zu geschehen pflegt.

Vor Winter werden dann die Wurzeln ausgenommen. Einige nehmen sie zwar schon im zweiten Jahre auf; sie haben dann aber nie die Größe und auch nicht die Güte, welche die dreijährigen haben. Die Ernte geschieht bei trockener Witterung mit dem Spaten oder einem starken tiefgehenden Pflug. Nach dem Ausgraben werden die Wurzeln in der Wärme getrocknet und mit dem Dreschflegel in 1½ Zoll lange Stücke zerschlagen.

Der Durchschnittsertrag ist 12 Centner getrockneter Wurzeln vom Morgen.

§. 12.

Der Waid.

Der Waid ist eine Farbepflanze. Er erfordert einen guten, kräftigen, sorgfältig und rein bearbeiteten, tiefen, sandigen Lehmboden und geschützte Lage. Er folgt gewöhnlich nach einer Halmfrucht.

Den verrotteten Dünger muß man wenigstens 10 Zoll tief in den mit dem Untergrundpflug bearbeiteten Boden unterbringen; vor der Pflanzung muß man noch eine zweite Furche geben. Die nöthigen Pflanzen erzieht man am besten auf Samenbeeten, die man im Herbst besäet, während die Verpflanzung erst im Frühjahr erfolgt. Sie geschieht wie bei den Rüben. Sobald die Pflanzen 3 Zoll hoch sind, werden die Zwischenräume behackt. Die Blätter schneidet man 3 Mal ab, das erste Mal Ende Juni. Nach jedem Abschneiden der Blätter muß behackt werden. Die abgeschnittenen Blätter trocknet man auf luftigen Böden.

Der Durchschnittsertrag vom Morgen beläuft sich auf 20 Centner getrockneter Blätter.

§. 13.
Der Wau.

Der Wau ist eine Farbepflanze. Frische Düngung sagt ihr nicht zu. Sie folgt deshalb nach einer gedüngten Vorfrucht, die am besten eine Oelfrucht ist.

Ein lehmiger Sandboden, der rein und klar vorbereitet worden, ist dem Wau am angemessensten. Man gibt blos eine, aber tiefe Furche, eggt vor und säet den feinen Samen im August dünn, etwa 8 Pfund pro Morgen, aus und bringt ihn mit der Egge unter. Sobald die Pflanzen einige Zoll hoch sind, wird gejätet und behackt; dabei müssen zugleich die zu dick stehenden Pflanzen ausgezogen werden. Wenn im Juli des folgenden Jahres der Samen reif ist, und die Pflanzen gelb zu werden anfangen, zieht man sie aus, bindet sie in Bündel und trocknet sie im Schatten. Der Samen wird ausgeklopft und zu Oel verbraucht.

Der Durchschnittsertrag ist 15 Centner getrockneter Blätter und Stengel und 1 Centner Samen vom Morgen.

§. 14.
Die Weberkarde, Kardendistel.

Die Weberkarde verlangt hauptsächlich eine geschützte, etwas niedrige, feuchte Lage und einen etwas bindigen, tief und mürbe bearbeiteten, düngerkräftigen Boden. Am besten kommt sie in Feuchtigkeit haltendem Lehm- und sandigem Lehmboden fort.

Die besten Vorfrüchte sind gedüngte Wintergewächse. Eine mäßige Düngung wird sich stets lohnen; dazu verwendet wird sehr vortheilhaft Jauche, Kompost, Asche. Zu stark darf man niemals düngen, weil sonst ein schlechtes Produkt gewonnen werden würde.

Der französische Samen ist der beste. Man säet denselben erst auf besondere Samenbeete und versetzt die Pflanzen ebenso wie die Rüben von Mitte Juli bis Mitte August in den gut gelockerten Acker. Im Herbst und im Frühjahr ist zu behacken und zu behäufeln.

Die fernere Pflege besteht darin, daß man eingegangene Pflanzen nachsetzt, bei zu üppigem Wachsthum die Gipfel abbricht und nach jedem Regen die Blattnäpfe aufschlitzt, in welchen sich das Wasser angesammelt hatte.

Die Ernte geschieht, wenn die Distelköpfe eine noch grüne Farbe haben und die Häckchen an ihnen biegsam und elastisch sind. Gewöhnlich fällt sie Ende Juli. Gleichzeitig reifen die Kardenköpfe nicht, man muß vielmehr das Feld öfters durchgehen und jedesmal die reifen Köpfe bei trockner Witterung mit einem scharfen Messer und einem 6 Zoll langen Stiel abschneiden.

Die geernteten Köpfe werden auf einem luftigen Boden dünn ausgebreitet und im Anfange oft gewendet. Nach dem Trocknen werden sie nach ihrer Größe sortirt und zu 100 Stück zusammengebunden. Der Durchschnittsertrag ist 40,000 Köpfe pro Morgen.

Die Stengel können als Brennmaterial verwendet werden.

§. 16.
Der Hopfen.

Die Lage des Hopfengartens muß vor starken Winden, namentlich dem Nordwinde geschützt sein; man baut daher den Hopfen gleich dem Weine gern auf Bergen, welche ihren Abhang gegen Mittag haben. Dieser Schutz ist hauptsächlich deshalb nöthig, damit die Stangen nicht umgeworfen werden. Sonst verlangt der Hopfen zu seinem Gedeihen *freien Luftzug*, und namentlich muß er der Mittag- und Morgensonne ausgesetzt sein. In der Nähe von Gewässern darf man wegen des Mehlthaues, welcher in dieser Lage den Hopfen stark befällt, den Hopfengarten nicht anlegen; auch hohe Bäume muß man aus seiner Nähe entfernen. Der Boden für den Hopfen muß entweder ein von Natur reicher sein, oder man muß ihn stark düngen. Am besten gedeiht er in einem tiefen, kalkhaltigen, milden Lehmboden. Eisenschüssige, nasse, saure Bodenarten sind für ihn nicht geeignet; nassen Boden kann man aber durch Drainiren zum Hopfenbau herrichten. Die Röhren sind aber tief zu legen, damit sie nicht von den Wurzeln des Hopfens verstopft werden.

Nächst dem Boden kommt sehr viel auf die Hopfensorten an. Guter Hopfen muß mäßig große, geschlossene Zapfen von heller Farbe haben und sich klebrig anfühlen. Nie darf man verschiedene Sorten in derselben Anlage anbauen.

Die beste Zeit der Anlage einer Hopfenplantage ist im Frühjahr. Das Land wird schon im Herbst zubereitet, entweder gegraben oder mit dem Untergrundpfluge bearbeitet. So bleibt der Boden über Winter liegen, damit ihn der Winterfrost mürbe macht, und die Feuchtigkeit gut eindringen kann.

Will man den Dünger sparen, so düngt man nur die Stellen, wo die Keime zu liegen kommen, mit Rindviehmist, Knochenmehl oder Guano. Bei Neuland muß man mit der Bearbeitung schon im Frühjahr anfangen, damit es während des Sommers morschen und die völlige Lockerung im Herbst hergestellt werden kann.

Wenn das Land im Frühjahr abgetrocknet ist, wird es gut eingeeggt, ist die Lockerung noch nicht vollkommen, noch einmal geruhrt. Dann fährt man den Dünger auf, welchen man etwa 4 Zoll tief unterpflügt.

In neuester Zeit pflanzt man die Fechser nicht sogleich in die Hopfenplantage, sondern erst in eine Pflanzschule, die man 12 Zoll tief bearbeitet hat. Wenn im Frühjahr die Fechser geschnitten sind, pflanzt man sie so aus, daß sie in 1 Fuß von einander entfernten Reihen und in diesen in 10 Zoll Abstand zu stehen kommen. Den Sommer über hält man die Pflanzschule locker und rein von Unkraut und versetzt im nächsten Frühjahr die Fechser in die Plantage, nachdem die Wurzeln etwas zurückgeschnitten worden sind. Bei diesem Verfahren erspart man an Fechsern, indem man in jede Grube nur einen einzusetzen braucht, und macht schon im ersten Jahre der Verpflanzung eine kleine Ernte.

Die Verpflanzung geschieht im Mai. In reichem Boden pflanzt man in einer Entfernung von 7, in minder reichem Boden in einer Entfernung von 4 Fuß, am besten im Quadrat. Zur Pflanzung wirft man $1^1/_2$ Fuß weite und ebenso tiefe Gruben aus und bedeckt den Boden derselben 10 Zoll hoch mit klarer, nahrhafter Erde. Darein werden die Fechser so tief gesetzt, daß sie nur 2 Zoll hoch aus der Erde emporragen; man drückt sie fest an und bedeckt sie 1 bis 2 Zoll tief mit fettem Kompost.

Verfährt man auf die gewöhnliche Art, so legt man in jede Grube 2 bis 5 Fechser. Diese verschafft man sich im April aus guten Hopfenanlagen, wo deren bei der Reinigung des Hopfens stets eine große Menge ausgeschnitten werden. Es sind dies Wurzeln, welche man Fechser nennt. Sie müssen wo möglich 6 Zoll Länge und $1^1/_2$ Zoll Umfang haben. Nach dem Abschneiden werden sie eine kurze Zeit ins Wasser gelegt und darauf an einem kühlen Orte im Sande so lange aufbewahrt, bis man sie zur Pflanzung gebraucht.

Die Hopfenpflanze muß durch Behacken stets locker und rein von Unkraut gehalten werden.

Haben die Pflanzen 1 Fuß lange Ranken getrieben, so erhalten die einjährigen Fechser 8 bis 10 Fuß lange Stangen, gewöhnliche Fechser 3 bis 5 Fuß lange Pfähle. Die noch nicht ganz ausgefüllten Gruben werden bei der Bearbeitung allmälig mit feiner Erde ausgefüllt. Die Ranken müssen vorsichtig von der linken nach der rechten Seite um die Stangen gewunden werden. Vor Winter werden die Pflanzstellen tief behackt und die Pflanzen etwas behäufelt, nachdem vorher die Ranken abgeschnitten worden sind.

Vom zweiten Jahre an sind die Arbeiten in der Hopfenplantage jedes Jahr dieselben.

Wenn im Frühjahr die Stöcke einige Zoll hoch und keine Fröste mehr zu fürchten sind, beseitigt man die Erde behutsam um den Stock herum, so daß alle Fechser und Keime sichtbar werden; nun schneidet man das alte Holz und alle überflüssigen Keime weg, so daß etwa nur 4 oder 6 der stärksten Keime stehen bleiben, düngt jeden Stock mit Mist oder Kompost, füllt die Vertiefung vollends mit Erde aus und setzt dann die Hopfenstangen ein. Sie müssen so stark sein, daß sie nicht von jedem Winde umgebeugt werden. In der Mitte jeder Stange läßt man einige etwa 2 Zoll lange Aeste stehen, damit die Ranken sich daran festhalten können. Die Stangen werden 2 Fuß von den Stöcken eingestoßen, wodurch das Verletzen der Wurzeln verhindert wird.

Wenn die Hopfenschößlinge 3 Fuß lang sind, werden sie an die Stangen angewiesen; nach etwa drei Wochen hilft man denen nach, welche herabgefallen sind oder sich verwirrt haben. Sie werden mit Stroh angeheftet. Dabei werden die überflüssigen Triebe mit einem scharfen Messer abgeschnitten, indem man jedem Stocke nur die drei kräftigsten Reben lassen darf. 14 Tage nach dem Stangensetzen wird das Erdreich aufgelockert und das Unkraut vertilgt. Das Aufhacken darf aber niemals zu nahe den Wurzeln stattfinden.

Fängt der Hopfen an zu blühen, so wird er wieder behackt. Ende Juni werden Seitenzweige und Blätter bis zu einer Höhe des Stockes von 4 Fuß ausgebrochen. Im Juli wird tief behackt und jeder Stock behäufelt, bei dieser Gelegenheit auch mit Kompost, Guano oder Knochenmehl etwas gedüngt.

Nach der Hopfenernte wird der Boden, nachdem die Hopfenstangen ausgezogen und in Pyramiden aufgestellt sind, tief umgegraben und jeder Stock gedüngt und mit etwas Erde bedeckt.

Wenn Anfang September die vorher weißgrünen Fruchtkapseln anfangen hellgrün zu werden, einen aromatischen Geruch von sich geben, wenn sie, in der Hand zusammengedrückt, an einander kleben, wenn die

Samenkörner hart und braun werden und sich gelber Staub unter den Schuppen findet, so ist die Zeit der Reife da, und man säume mit der Ernte nicht, wenn man nicht durch einen einzigen Windsturm um dieselbe kommen will. Ueberreifer Hopfen verliert den größten Theil seines Werthes.

Die Ranken werden abgeschnitten, von den ausgezogenen Stangen abgestreift und ins Trockne geschafft. Hier werden die Dolden sorgsam abgepflückt, so daß keine Blätter, Stiele 2c. unter den guten Hopfen kommen und jede Dolde einen 1 Zoll langen Stiel behält. Die Ernte darf nur bei trocknem Wetter nach Verschwinden des Thaues geschehen. Der gepflückte Hopfen wird auf einem luftigen Boden breit aufgeschüttet, und wenn er gehörig getrocknet ist, in Säcke oder Kisten verpackt und fest zusammengetreten. So verwahrt verliert er Jahre lang an seiner Güte nichts.

Da der Hopfen nicht jedes Jahr geräth, so kann man im Durchschnitt der Jahre keinen höhern Ertrag als 5 Centner vom Morgen annehmen. Eine gute Anlage dauert bei jährlicher Düngung und guter Behandlung länger als 15 Jahre.

§. 16.

Der Taback.

Der allgemeine Gebrauch und der sichere Absatz des Tabacks macht denselben zu einer lohnenden Kulturpflanze auch für den größern Landwirth.

Unter den vielen Sorten des Tabacks verdienen den Anbau besonders der Amersforter, der Gundi, Dutten, Fingertaback und der weißrippige Taback. Die amerikanischen Sorten sind nicht für die deutschen Verhältnisse geeignet.

Am besten gedeiht der Taback in einem kräftigen, sandigen Lehmboden, der eine angemessene Beimischung von Kalk oder Kalkmergel hat. In solchem Boden ist besonders die Qualität vorzüglich, während der schwere rohe Boden kleine, zähe, fettige Blätter hervorbringt, die sich nur zu Schnupftaback eignen. Der Boden muß angemessen feucht, düngerkräftig, aber nicht zu fett, und locker und fein bearbeitet sein. Den Dünger muß man in möglichst zersetztem Zustande anwenden, weil der unzersetzte Dünger ein knellerndes Blatt erzeugt.

Der Acker wird im Herbst tief gepflügt, der Dünger wo möglich vor Winter aufgefahren und gestreut, im Frühjahr flach untergebracht und kurz vor dem Pflanzen, damit die Krume locker bleibt, wieder tiefgepflügt.

Das Gedeihen des Tabacks hängt vorzüglich davon ab, daß er möglichst früh, am besten noch im Mai, gepflanzt wird, und daß man die erste dazu passende Witterung wahrnimmt. Es kommt dabei vorzüglich auf früh erstarkte Pflanzen an, wozu man ein gutes Stück Land in einer geschützten Lage möglichst zeitig vorbereiten und den Samen Mitte bis Ende März in die starkgedüngte, gute, lockere Erde säen muß. Die Saat geschieht dünn und wird 1 Zoll hoch mit feiner Erde besiebt. Gegen den Frost schützt man das Samenbeet durch Bedecken mit Reisig und Stroh. So oft als nöthig muß gejätet und begossen werden.

Sobald die Pflänzchen 3 Zoll hoch sind, werden sie auf den Acker in Reihen gepflanzt, und zwar so, daß jede Pflanze wenigstens 2 Quadratfuß Raum für sich hat.

Die Pflege des Tabacks besteht in folgenden Arbeiten, welche aber nur bei Trockenheit der Pflanzen vorgenommen werden dürfen. Zweimaliges Behacken, zeitiges Köpfen, indem man ihm nur so viel Blätter läßt, als der Stock gut auszubilden vermag, und öfteres Ausbrechen des Geizes aus den Blattwinkeln.

Die Ernte muß vorgenommen werden, sobald die Blätter gelbliche Flecke bekommen. Sie werden von den Stauden abgenommen und an einem luftigen Orte unter Dach aufgehängt und getrocknet.

Man kann annehmen, daß der Morgen durchschnittlich 8 Centner getrockneten Taback gibt.

§. 17.

Die Cichorie.

Die Cichorie, deren Wurzel als Kaffeesurrogat dient, kann nur in der Nähe von Fabriken Vortheil bringen, welche die Cichorie verarbeiten, weil es sonst an einem geregelten Absatz fehlt.

Die Pflanze erfordert einen lockern, tiefen, in Kraft stehenden, sandigen Lehmboden und eine tiefe Bearbeitung, welche entweder mit dem Spaten oder mit dem Untergrundpfluge erfolgt. Der Anbau geschieht am besten nach gedüngten Hackfrüchten. Man düngt mit etwas zergangenem Kuhmist, aber nicht stark, weil der Dünger die Wurzeln faserig und übelschmeckend macht. Der Samen wird im April breitwürfig ausgesäet, auf den Morgen 3 Pfund. Ist er mit der Egge untergeeggt, so wird noch gewalzt. Haben die Pflänzchen ein Blatt getrieben, so wird der Acker mit der Handhacke behackt, wobei zugleich die zu dick stehenden Pflanzen entfernt werden müssen. Zeigt sich später wieder viel Unkraut, so muß man nochmals behacken.

Werden die untern Blätter gelb, so werden die Wurzeln mit dem Spaten ausgegraben, gereinigt und verkauft. Die Blätter sind ein sehr gutes Futter für das Melkvieh.

Der Durchschnittsertrag ist 100 Centner frischer Wurzeln vom Morgen.

§. 18.

Der Kümmel.

Der Kümmel ist ein zweijähriges Gewächs, welches in einem Jahre frühzeitig gesäet werden muß und im folgenden erst seinen Samen bringt. Er nimmt also den Acker zwei Jahre ein.

Am besten gedeiht der Kümmel in einem feuchten, sandigen Lehmboden. Er verlangt starke Düngerkraft; fehlt die alte Kraft, so muß frisch mit verrottetem Mist oder Kompost gedüngt werden, und zwar schon im Herbst.

Beste Vorfrüchte sind Raps, Rübsen, Klee, Kartoffeln, Rüben.

Der Acker muß drei bis viermal gepflügt werden, so daß er 12 Zoll vertieft wird. Nach der Saatfurche wird ganz eben geeggt und gewalzt.

Die Pflanzen erzieht man auf einem Samenbeet (Aussaat Ende August) und bepflanzt den Acker um Johannis ebenso, als wenn man Runkelrüben pflanzt. Im Herbst wird das Feld einmal, im Frühjahr ein oder zweimal behackt; Unkraut darf man nicht aufkommen lassen.

Der Kümmel reift um Johannis; so bald er sich bräunlich zu färben beginnt, muß man mit der Ernte eilen. Er wird mit der Sichel geschnitten oder gerauft, in Bunde gebunden, in Stiege gestellt und nach dem Nachreifen sogleich auf dem Felde gedroschen.

Der Durchschnittsertrag ist 8 Centner Samen und 8 Centner Stroh vom Morgen.

§. 19.

Der Fenchel.

Der Fenchel gedeiht in sehr leichtem Boden, der aber düngerkräftig sein muß. Sieht man sich genöthigt, zu ihm zu düngen, so muß der Dünger schon im Herbst untergepflügt werden. Beste Vorfrüchte sind Klee und Kartoffeln.

Das Anbauverfahren ist ganz so wie beim Kümmel, nur mit dem Unterschied, daß das Kraut nach dem ersten Frost eine Hand hoch vom Boden abgeschnitten werden muß; dann behäufelt man und bedeckt mit dem abgeschnitten Kraute die Wurzelstöcke.

Wenn die Dolden grüngrau werden, muß man sie abschneiden. Da sie nicht mit einem Male reifen, muß man das Feld wiederholt durchgehen. Zuletzt werden die Stengel mit der Sichel abgeschnitten und wie der Kümmel behandelt. Sind die Dolden auf einem luftigen Boden getrocknet, so werden sie gedroschen.

Der Durchschnittsertrag ist 5 Centner Samen vom Morgen.

§. 20.
Der Anis.

Der Anis kommt am besten fort in einem warmen, Feuchtigkeit haltenden, düngerkräftigen, sandigen Lehmboden und in freier, sonniger Lage.

Beste Vorfrüchte sind Raps, Klee, gedüngte Hackfrüchte.

Der Acker wird im Herbst gepflügt und, wenn nöthig, mit zersetztem Rindviehmist gedüngt, im zeitigen Frühjahr geeggt und zur Saat gepflügt. Mitte März wird der zwei Jahre alte Samen breitwürfig in der Stärke von 14 Pfund pro Morgen gesäet und mit der Egge untergebracht.

Bis zur Blüthe muß das Feld dreimal mit der Handhacke bearbeitet werden. Dabei sind zugleich die zu dick stehenden Pflanzen zu entfernen.

Fangen die Stengel an gelb und der Samen braun zu werden, so werden die Pflanzen gerauft, in kleine Bunde gebunden, sofort eingefahren und auf luftigen Böden ausgebreitet und getrocknet, dann die Samen ausgedroschen.

Der Durchschnittsertrag ist $3^1/_2$ Centner Körner und 5 Centner Stroh.

§. 21.
Der Koriander.

Der beste Standort ist tiefer, feuchter Thonboden. Der Koriander wird nach gedüngtem Wintergetreide angebaut, kann aber auch nach gedüngten Hackfrüchten folgen.

Die Bearbeitung muß schon im Herbst so vollständig geschehen, daß man im Frühjahre nur noch oberflächlich zu lockern und zu krümeln braucht, indem man Exstirpator und Egge anwendet. Sobald man im Frühjahr in den Acker kommen kann, wird der Koriander in Reihen gesäet. Auf den Morgen braucht man 8 Pfund Samen.

Während der Vegetation muß der Koriander einige Mal behackt werden.

Werden die Körner bräunlich, so muß man früh im Thau zur Ernte schreiten. Dieselbe geschieht ebenso wie beim Anis.

Der Durchschnittsertrag ist 5 Centner Körner und 8 Centner Stroh.

Dreizehnte Abtheilung.

Anbau der Knollen-, Wurzel- und Kohlgewächse.

§. 1.

Die Kartoffel.

Wo die Kartoffeln zu Spiritus und die Runkelrüben zu Zucker verarbeitet werden, könnte man beide Früchte füglich unter die Handelsgewächse rechnen. Da diese Verwendung aber nicht die ausschließliche ist, sie vielmehr hauptsächlich zur Fütterung angebaut werden, so gehören sie richtiger unter die Futtergewächse.

Während der Anbau der Handelsgewächse eine reiche Wirthschaft bedingt, wenn er auf den Betrieb günstig einwirken soll, sind die Knollen- und Wurzelgewächse geeignet, eine arme Wirthschaft zu kräftigen, vorausgesetzt, daß diese Gewächse ausschließlich zur Fütterung verwendet werden. Vermehrung des Viehstandes ist die natürliche Folge; daran knüpft sich Vermehrung und Verbesserung des Düngers, welcher wieder eine gesichertere und erhöhte Produktion mit sich führt.

Die Sorten der Kartoffeln sind sehr verschieden, und da von dem Samen einer Kartoffel immer wieder andere Sorten entstehen, so bilden sich fortwährend neue Spielarten, die dann ihrem Werthe nach sich entweder weiter verbreiten oder wieder eingehen. Sie unterscheiden sich nach der Farbe der Knollen, deren Größe, Wuchs, nach der Blüthe und dem Kraute.

Die Farbe der Knollen wechselt vom dunkelsten Violett bis zum hellsten Weiß. Der Gestalt nach sind sie rund, lang, eiförmig, nierenartig, wie Fichtenzapfen gebildet, klumpig &c. Ihrem innern Werthe nach sind sie auch sehr verschieden, entweder arm oder reich an Stärkemehl. Die für den Anbau werthesten Sorten sind die, welche einen hohen Ertrag in Menge geben und zugleich sehr stärkehaltig sind.

Alle Kartoffeln kann man zunächst eintheilen in **Frühkartoffeln** und in **Spätkartoffeln**. Erstere reifen vom Juli bis Ende August, letztere von Ende September bis November. Die Frühkartoffeln eignen sich, wenigstens in großer Ausdehnung, für den landwirthschaftlichen Betrieb weniger als die Spätkartoffeln.

Die anbauwerthesten Sorten im Allgemeinen sind folgende: Von den Frühkartoffeln: Lerchen-, Bisquit-, Mai-, Farinose-, Jakobs-, frühe Nieren-, Sechs- und Neunwochen-, frühe hellrothe Pfälzer; von den Spätkartoffeln die sächsische Zwiebel-, Rio-Frio-, Friedrich-Wilhelms-, peruanische, Runkelrüben-, blaue Horn-, Schönlaker, Heidelberger Kartoffel.

Im Allgemeinen verdienen die buntschaligen und unter diesen die rothschaligen Sorten den Vorzug vor den weißschaligen, weil jene fester sind und deshalb den Krankheiten besser widerstehen als diese.

Bei dem gegenwärtig so ausgedehnten Anbau der Kartoffel hält es nicht schwer, wenn man sein aufmerksames Streben danach richtet, sich die für seine Zwecke und seinen Boden angemessensten Sorten zu verschaffen, und dies empfehlen wir statt aller weiteren Beschreibung dem angehenden Landwirthe als das sicherste Mittel der Kenntniß.

Die Kartoffel gedeiht in jedem Klima und mit Ausnahme des Moor- und nassen, festen Thonbodens in jedem Boden; bei einiger Kraft ist selbst der leichteste Sandboden für den Kartoffelbau geeignet. Ihr liebster Standort ist aber sandiger Lehmboden, auf welchem sie sich nicht allein durch Sicherheit, sondern auch durch inneren Werth auszeichnet. Nach Klee und in Neubruch gedeiht sie vortrefflich; gewöhnlich folgt sie aber nach einer Halmfrucht.

Man baut sie entweder in frischem Dünger oder in zweiter Tracht. Hat der Boden alte Kraft, so gedeiht sie selbst noch in dritter und vierter Tracht vollkommen.

Die in zweiter Tracht nach gedüngter Winterung angebauten Kartoffeln geben eine größere Ausbeute an Spiritus als die in frischem Dünger gewachsenen.

Die Kartoffel liebt den Dünger und gedeiht um so besser, je näher sie mit demselben in Berührung kommt. Auf starkem Boden ist ihr der strohige, wenig zersetzte Mist gedeihlicher, auf leichtem Boden der zersetzte. Für ersteren ist es daher besser, den Dünger vor die Saatfurche zu fahren; für letzteren fährt man ihn früher aus, damit er durch die Vorfurchen schon mit dem Boden vermengt wird.

Zu stark darf man in keinem Fall düngen, denn sonst treiben die Kartoffeln viel Kraut, ohne Knollen anzusetzen, erliegen auch der Krankheit am ehesten.

Die Erziehung der Kartoffeln durch Samen empfiehlt sich nicht. Am allgemeinsten und besten findet die Fortpflanzung durch die Knollen statt, wobei verschiedene Meinungen obwalten, ob das Auslegen ganzer oder getheilter Kartoffeln oder der ausgestochenen Augen den größeren Vortheil bringe.

Legt man ganze Kartoffeln aus, so muß man die mittlerer Größe auswählen. Sehr große Knollen auszulegen, wäre nicht allein eine Samenverschwendung, sondern insofern nachtheilig, weil sie mehr Keime austreiben als sie Raum zur Ernährung finden. Ganz kleine treiben nur schwache Keime, sie gehören zum Nachwuchs, entbehren der vollkommenen Reife und bleiben im Ertrage zurück.

Das beste Verfahren ist unstreitig, Mittel-Kartoffeln auszuwählen und sie ein- oder zweimal zu durchschneiden. Bei Kartoffeln, welche wenig Augen haben, ist dabei Vorsicht nöthig, weil sich beim Durchschneiden leicht Stücke ohne Fruchtaugen ergeben, die dann unvermögend sind, Keime zu treiben.

Das Ausstechen der Augen ist in allen Fällen eine unsichere Sache. In günstigen Jahrgängen kann man dem Verfahren Resultate nicht absprechen; aber einmal ist das Ausstechen und Aufbewahren der Augen mit vielen Umständlichkeiten verbunden, und dann sind dieselben bei irgend ungünstiger Witterung dem Verderben zu leicht ausgesetzt.

Man muß überhaupt den Ertrag der Kartoffeln nicht nach dem Samen, welchen man auslegt, sondern nach dem Acker, welchen man dazu verwendet, berechnen. Es kommt also nicht darauf an, wie viel 1 Scheffel Aussaat, sondern wie viel der Morgen Ertrag gibt. Dabei wird sich die vollkommene Saat jedenfalls vor der gekünstelten auszeichnen.

Die Bestellung beginnt mit einer Stürzfurche vor Winter. Diese darf niemals verabsäumt werden, denn sie trägt wesentlich zur Lockerung des Bodens bei. Im Frühjahr wird, wenn dies nicht schon vor der Stürzfurche geschehen, der Dünger gefahren, nachdem der Boden klar geeggt worden, sorgsam ausgebreitet und tief untergebracht. Zeigt sich nach dem Eineggen der Boden rein, mürbe und gar, so dient die nächste Furche als Saatfurche, die man entweder mit dem Pfluge oder Ruhrhaken ausführt.

Ist der Boden nicht saatgerecht, so warte man lieber mit dem Legen der Kartoffeln einige Wochen länger und lasse nach der Wendefurche noch eine vorbereitende Ruhrfurche folgen. Die Zubereitung des Bodens ist das Fundament des Gedeihens der Kartoffeln. Man hüte sich besonders vor nassem Pflügen bei den Vorbereitungs-Furchen. Will man Dünger sparen, so streut man denselben unmittelbar in die Furchen, welche die Samenkartoffel aufnehmen soll. Die Kartoffel liebt diese nahe Berührung mit dem Dünger, sie wird dadurch gegen die Nässe besser geschützt, und ihr Ertrag ist reichlicher.

Am häufigsten wird die Kartoffel in der Art angebaut, daß man, nachdem der Acker saatgerecht ist, mit dem Häufelpfluge Dämmchen auftreibt, in die Vertiefungen derselben den Samen legt und dann die Dämmchen wieder mit dem Häufelpfluge spaltet. Dieses Verfahren eignet sich aber nur für tiefen Boden, ist hier jedoch das beste. Auf sehr flachem Boden, wie in Gebirgsgegenden, pflegt man mit dem Beetpfluge Beetchen von vier Furchen Breite aufzupflügen, den Samen in die Ausackerfurche zu legen und die Beetchen zu spalten. In tiefem Boden kann man sie auch nach dem Marquer legen, welcher angemessen tiefe Furchen in entsprechenden Abständen von einander macht. Da aber bei dieser Methode die Kartoffelsamen auf ebenes Land zu liegen kommen, so setzt dieselbe trocknen Boden voraus.

Die Zeit der Aussaat richtet sich nach der Beschaffenheit des Bodens und der Witterung. Sie soll beginnen, sobald der Boden gehörig erwärmt ist. Später als im Mai darf man keine Kartoffeln mehr legen, weil sich die Knollen nicht gehörig ausbilden können. Man legt die Samenknollen in 24 bis 34 Zoll von einander entfernte Reihen und gibt jedem Samenstück in der Reihe einen Abstand von reichlich 1 Fuß. Enger zu legen ist sehr fehlerhaft, weil sich die Knollen nicht gehörig ausbilden können. Bei dem Samenlegen ist darauf zu sehen, daß der Keim nach oben zu liegen kommt. Die Erdbedeckung darf nicht stärker als 2 Zoll sein. Auf den Morgen braucht man etwa 12 Scheffel Samenkartoffeln.

Die Bearbeitung der Kartoffeln nach der Saat ist die zweite Gewährleistung für das Gedeihen derselben und die Höhe des Ertrages. Sie beginnt, wenn die Kartoffeln die Oberfläche zu durchbrechen anfangen, mit der Egge. Man schafft mit derselben dem durchbrechenden Keime Luft und zerstört das Unkraut.

Bald nach der Egge und ehe die Kartoffel grüne Blätter treibt, folgt das erste Behacken mit der Furchenegge oder der Pferdehacke, nach etwa 10 Tagen das erste Behäufeln mit dem Häufelpfluge. Sind die Kartoffelpflanzen 5 Zoll hoch, so wird zum zweiten Male behackt und behäufelt. Diese Bearbeitung muß zu einer Zeit geschehen, wo der Boden weder staubt noch sich an die Ackergeräthe anhängt.

Treten die Kartoffeln in die Blüthe, so muß jede Bearbeitung aufhören.

Das Abschneiden des Krautes vor eingetretener Reife der Kartoffeln thut ihrem Ertrage Abbruch; das Kraut hat den Werth nicht, den dadurch bewirkten Verlust an Knollen zu ersetzen.

Auch das Behüten des Kartoffelfeldes mit den Schafen ist verwerflich und gefährlich. Die Schafe treten die Erde von den Knollen, und diese unterliegen dann dem leichtesten Nachtreife.

Die Ernte tritt bei den Frühsorten schon von Mitte Juli, bei den späteren von Ende September an ein. Sie muß geschehen, noch ehe Fröste eintreten und bei trockner Witterung und trocknem Boden, nachdem vorher das Kraut abgeschnitten worden ist. Zum Ausstoßen der Kartoffeln in den Reihen verwendet man entweder den Häufelpflug oder den Haken, welche in der Mitte der Dämmchen angesetzt werden. Sind die Kartoffeln in vierfurchigen Beetchen angebaut, so dient zur Ernte der Beetpflug, mit dem man jedes Beetchen in 3 Furchen ab- und auspflügt. In neuester Zeit empfahl man zum Ausgraben der Kartoffeln besondere Maschinen.

Fig. 32. Hanson's Kartoffelerntemaschine.

Hanson's Kartoffelerntemaschine (Fig. 32) machte am meisten von sich reden, doch ist sie noch nicht so zweckmäßig gebaut, daß sie volle Empfehlung verdient; in menschenarmen Gegenden dürfte sie sich aber doch, trotz ihrer Mängel, als wohlthätig erweisen. Damit die ausgehakten oder ausgepflügten Kartoffeln nicht wieder verschüttet werden, stößt man immer nur ein Dämmchen oder Beetchen um das andere aus.

Das Zweckmäßigste ist, die Kartoffeln nach dem Scheffel oder der Furche auflesen zu lassen. Man gibt z. B. für das Auflesen und Einschütten in den Kastenwagen die 15. bis 18. Furche, je nachdem der Ertrag reichlicher oder geringer ist. Bei 15 Furchen werden dann 14 Furchen für den Eigenthümer gesammelt, die 15. gehört dem Arbeiter; sie bleibt unangerührt, bis die 14 Furchen aufgelesen sind. Dieses Verfahren kann weder Veranlassung zu Irrungen, noch zu Veruntreuungen werden; überall hat man so viel arme Familien, daß es zu empfehlen ist, denselben den Winterbedarf an Kartoffeln auf diese Weise verdienen zu lassen.

Die Aufbewahrung der Kartoffeln geschieht theils im Keller, theils im Freien in Mieten. Letztere Aufbewahrungsart verdient den Vorzug weil sich die Kartoffeln in den Mieten besser halten als in den Kellern. Die Mieten werden kreisrund oder oval an einem Orte angelegt, auf den sich das Wasser nicht hinziehen kann, und bei eintretendem Frost mit Stroh, bei stärkerem Frost noch mit Erde so dick als nöthig bedeckt.

Die Kartoffel ist hauptsächlich drei Krankheiten unterworfen, dem Schorf, der Trocken- und Naßfäule und dem Laubbrand. Die Ursachen dieser Krankheiten sind ebenso wenig bekannt als ihre Verhütung. Am besten widerstehen noch die rothschaligen Sorten den Krankheiten, namentlich dem Laubbrand.

Der Ertrag der Kartoffeln wechselt von 50—200 Schfl. pr. Morgen. 50 Scheffel ist kein befriedigender Ertrag und kommt nur bei schwachem Boden oder durch mißliche Witterungs-Verhältnisse oder durch Krankheiten herbeigeführt vor. Bei einem kräftigen Boden, einer richtigen Bearbeitung und einträglichen Sorten kann man als Durchschnitt 100 Schfl. pr. Morgen annehmen.

Der richtige Umfang des Kartoffelbaues hängt von den Verhältnissen einer Wirthschaft ab. Er läßt sich am richtigsten dahin aussprechen: Man baue so viel Kartoffeln als man mit dem Viehstande zweckmäßig verfüttern kann und so weit die Streu ausreicht, um allen Dünger, welchen die Kartoffel durch die Verfütterung erzeugt, auffangen zu können. Dann wird eine Wirthschaft durch den Kartoffelbau nie arm werden, sondern sich stets in fortschreitender Kraft befinden.

§. 2.

Die Runkelrübe.

Die Runkelrübe, dieses werthvolle Futtergewächs, hat in neuerer Zeit durch ihre Verwendung zur Zucker-Fabrikation eine noch größere Bedeutung für die Landwirthschaft gewonnen.

Da der Anbau der Zucker-Runkelrübe wesentlich abweicht von dem Anbau der Futter-Runkelrübe, so muß die Lehre vom Anbau beider streng geschieden werden.

Die Futter-Runkelrübe kommt in verschiedenen Sorten vor; am anbauwerthesten sind die Oberndorfer, die Leutewitzer, Pohl's Riesenrübe, die Albert'sche, die rothe Guckel-, die gelbe Flaschenrübe. Die Futter-Runkelrübe verlangt einen tiefen, humusreichen, Feuchtigkeit haltenden, lockern Lehmboden mit durchlassendem Untergrunde. Eine starke Düngung, welche mit dem Boden innig vermischt wird, ehe die Einsaat oder Anpflanzung geschieht, ist ein Haupterforderniß für ihr vollkommenes Gedeihen. Düngt man mit Stallmist, so ist derselbe schon im Herbst unterzupflügen. Noch besser ist eine Düngung mit Knochenmehl, das durch Schwefelsäure aufgelöst ist, oder mit Guano.

Die Bestellung zu der Runkelrübe muß sehr sorgfältig sein. Im Frühjahr wird der Boden, sobald er trocken ist, gewendet, später geruhrt und ganz eben eingeeggt. Hierauf wird, wenn sich der Boden wieder erlegen, ins Quarré gepflügt und wieder gut geeggt. Für die letzte Furche muß man günstiges Wetter abwarten, wenn gepflanzt werden soll; tritt solches früher nicht ein, so wartet man bis gegen Mitte Juni. Die beste Pflanzzeit ist aber Ende Mai oder Anfang Juni. Die Pflanzen werden in einer geschützten Lage auf gut gedüngtem Boden erzogen, und der Samen schon Anfangs April in Reihen ausgesäet. Sind sie gänsekieldick, so werden sie mit Schonung der Wurzel ausgezogen und auf den Acker versetzt.

Zur Pflanzung macht man entweder auf dem Acker mit dem Häufelpfluge Dämme und walzt diese nieder, oder man zeichnet auf dem vollkommen eben geeggten und gewalzten Acker Linien mit dem Marquer vor; da, wo sich die Linien durchkreuzen, kommen die Pflanzen $1^1/_2$ Fuß von einander zu stehen, so daß man sie der Länge nach und querüber mit der Pferdehacke bearbeiten kann. Die Pflanzenlöcher müssen mit dem Pflanzenloche vorgebohrt und die Pflanzen so hineingesteckt werden, daß sich die Wurzeln nicht umbiegen; die Erde um sie ist fest anzudrücken.

Leidet der Boden nicht an Nässe und ist er locker und rein, so verdient vor dem Aussetzen der Pflanzen die Reihensaat den Vorzug. Am besten geschieht diese mit der Säemaschine; in Ermangelung derselben kann man aber auch mit der Hand den Samen legen. Mit dem Marquer werden $1^1/_2$ bis 2 Fuß von einander entfernte Linien vorgezeichnet, in diese die Samen, und zwar zu mehreren, 1 Fuß von einander gelegt und $^1/_2$ Zoll hoch mit Erde bedeckt. Später verzieht man die Pflanzen so, daß auf jeder Pflanzenstelle nur die kräftigste Pflanze stehen bleibt. Die Aussaat des angekeimten Samens geschieht von Mitte Mai an.

Eine Behäufelung vertragen die Runkelrüben nicht; zur Lockerung des Bodens und Vertilgung des Unkrautes wendet man blos die Pferdehacke an, mit welcher man, sobald das Unkraut hervordringt, die Bearbeitung beginnt und mehrere Male wiederholt.

Das Abblatten der Runkelrüben bringt Verlust an dem Wurzelertrag, soll deshalb unterlassen werden.

Die Runkelrübe leidet durch den Frost weniger als die Kartoffel; ihre Ernte kann also nach Beendigung der Kartoffel-Ernte begonnen werden. Man schneidet die Blätter ab, verwendet sie zur Fütterung, gräbt die Rüben mit der Gabel oder dem Karst aus und verwahrt sie in Haufen oder Kellern wie die Kartoffeln.

Einen Theil der besten Rüben bewahrt man zu Samenrüben auf, deren Köpfe man aber nicht beschädigen darf.

Der Ertrag der Runkelrüben wechselt von 120 bis 400 Centner pro Morgen; sie geben also, wenn sie gerathen, einen viel höheren Ertrag als die Kartoffeln, und da sie diese an Futterwerth fast noch übertreffen, so sollte man ihren Anbau mehr ausdehnen.

Schafe sowohl als Rindvieh lieben die Runkelrüben außerordentlich; für melkende Thiere sind sie ein milcherzeugendes Futter.

Bei dem Anbau der Runkelrüben zur Zucker-Fabrikation verdient die Sorte die erste Hauptrücksicht. Die beste Zucker-Runkelrübe ist die schlesische weiße mit weißem Fleisch und grünen Blättern. Finden sich irgend rothe Streifen, sowohl in der Rübe als in den Blattstielen, so ist die Rübe nicht echt und in der Zuckerausbeute geringer.

Die Zuckerrübe folgt entweder nach Getreide oder nach gedüngten Kartoffeln.

Da die Zuckerrüben nicht gepflanzt werden, sondern der Samen aufs Feld gesteckt wird, und da die Rübensorte von so großer Wichtigkeit ist, so verlangt die Beschaffung des echten Samens eine zweite Hauptberücksichtigung. Auf den Ankauf darf man sich niemals verlassen, weil der echte von dem unechten Samen nicht zu unterscheiden ist, und man daher nur zu leicht betrogen werden kann. Am besten zieht man den Samenbedarf selbst.

Man wählt zum Samentragen diejenigen Rüben aus, welche die wenigsten Wurzeln, wo möglich nur eine Pfahlwurzel und auch nur einen Kopf haben; denn sowohl viele Wurzeln als mehrere Köpfe pflanzen sich leicht fort. Je glatter eine Rübe ist, je weniger sie Blätter hat, desto geringer ist der Abfall und die Arbeit beim Abputzen, desto sicherer ihre Aufbewahrung, desto reicher die Ausbeute an Zucker. Die Samenrüben verwahrt man den Winter über in tiefen Erdgruben, damit sie nicht zu früh keimen, und setzt sie von Anfang bis Mitte April in einen dazu gegrabenen Acker, der wo möglich vor heftigen Winden geschützt ist, eine Elle ins Quadrat, so daß die Köpfe völlig frei über der Erde stehen. In dieser Lage halte man sie von Unkraut rein, was durch Behacken geschieht, beobachte aber dabei die Vorsicht, daß keine Erde an-, sondern dieselbe vielmehr von den Sämlingen abgezogen werde, weil die Samentriebe beim mindesten Verschütten mit Erde zu faulen anfangen, und so das ganze Gewächs leicht eingeht. Von den mehr oder weniger aufgeschossenen Trieben lasse man nur 3 bis 4 der stärksten stehen; die übrigen schneide man bei Zeiten ab, denn sonst würde man nicht allein weniger, sondern auch schlechteren Samen erhalten. Wenn die Triebe die Höhe einer Elle erreicht haben, gibt man jeder Rübe einen Pfahl, um die Aeste anzubinden. Die Zeit der Reife ist gekommen, wenn die untersten Samenkörner anfangen, braun zu werden; dann schneidet man die Aeste ab, stellt sie auf einen luftigen Boden, bis alle Körner trocken sind und läßt sie dann mit der Hand abstreifen. Ist der Samen ganz trocken, so bringt man ihn in Behältnisse, wo er vor Mäusen geschützt ist, welche ihn als Lieblingsspeise aufsuchen.

Vor der Saat läßt man ihn erst durch eine Windfege gehen, um die schwereren Körner zu gewinnen, welche nur zur Saat verwendet werden.

Man wählt zum Anbau der Zuckerrübe einen etwas bindenden, Feuchtigkeit haltenden, reinen Boden. Humoser Sandboden erzeugt viel Unkraut und ist kein geeigneter Standort für die Zuckerrübe. Die in frischem Dünger gewachsenen Rüben geben wegen ihres größeren Gehaltes an Ammoniak weniger Zucker, weshalb man, wenn man zu ihnen düngen muß, keinen Stallmist, sondern am besten Guano, Oelkuchen oder Chilisalpeter anwendet. Noch besser ist es aber, wenn man sie als zweite Tracht anbaut.

Die Bearbeitung kann nicht sorgfältig genug sein und wirkt wesentlich auf die Ausbeute in Menge und Güte. Bald nach der Ernte der Vorfrucht (in der Regel Gerste oder Sommerweizen) wird das zu Rüben bestimmte Land gestürzt und bleibt so bis Ende September liegen. Dann wird es mit dem Untergrundpfluge bearbeitet und eingeeggt. Ende Oktober oder Anfangs November wird es in Kämme aufgetrieben und bleibt so der Einwirkung der Atmosphäre überlassen und durch Wasserfurchen vor überflüssigem Wasser geschützt über Winter liegen. Diese Lage verschafft dem Boden eine außerordentliche Mürbigkeit, und man kann, wenn der Boden rein von Unkraut ist, unmittelbar auf die Kämme den Samen stecken. Besser ist es aber noch, wenn man den Acker im zeitigen Frühjahr eggt, pflügt, wieder eggt und dann mit dem Marquer Linien zieht und den Samen mit der Säemaschine säet.

Bei der Saat ist zu beobachten: 1) daß man, wenn der Samen gut ist, nie mehr als zwei Körner auf eine Stelle bringt; denn jedes Korn treibt ohnehin 3 bis 4 Pflanzen; 2) daß der Samen nicht zu tief zu liegen kommt; um dies zu verhüten, ist es am besten, das Samenkorn, wenn nicht mit der Maschine gesäet wird, welche die Samen selbst unterbringt, etwas mit dem Daumen in die Erde anzudrücken und ½ Zoll hoch mit Erde zu bedecken; 3) daß man den Samen besser in die Mitte zwischen den Marquerstrichen als auf diese selbst legt; denn da diese Vorzeichnungen Vertiefungen bilden, so kann die junge Pflanze bei einem eintretenden Regen leicht verderben.

Der Anbau der Rüben auf Kämmen verdient dann den Vorzug, wenn der Boden zu viel Feuchtigkeit enthält.

Wenn die Pflanzen aufgegangen sind, ist die Lockerung des Bodens und das Reinhalten von Unkraut die Hauptsache. Dieses geschieht mit der Handhacke. Wenn die Pflanzen so stark sind, als man sie sonst zur Verpflanzung gebraucht, läßt man nur eine in einer Entfernung von je 12 Zoll stehen; denn zu weit von einander entfernt werden die Rüben zu groß und schwer und ärmer an Zuckergehalt. Die überflüssigen Pflanzen schneidet man dicht über der Erde ab.

Je öfter der Boden behackt wird, desto zuckerreicher werden die Rüben.

Das Abblatten der Zuckerrüben würde dem Zuckergehalte derselben höchst nachtheilig sein. Die Blätter dürfen daher erst bei der Ernte entfernt werden. Diese wird vorgenommen, wenn die unteren Blätter gelb zu werden anfangen. Das Herausnehmen geschieht mit der Gabel, wobei keine Zerreißung der Wurzeln und keine Beschädigung der Rüben stattfinden darf. Von jeder Rübe werden die Blätter mit einem Theile des Kopfes abgeschnitten. Diese Abschnitte stampft man in eine wasser- und luftdichte Grube ein; sie gewähren ein sehr gutes Winterfutter.

Die Aufbewahrung der Rüben geschieht in Haufen über der Erde. Sie dürfen nicht zu warm liegen, weil sie sonst leicht auswachsen und an Zuckergehalt verlieren.

§. 3.

Die Kohlrübe.

Die Kohlrübe oder Unterrübe liefert einen geringeren Ertrag als die Runkelrübe, ist aber für Menschen und Vieh und namentlich für Milchkühe eine sehr werthvolle Nahrung.

Es gibt gelbe und weiße Sorten; erstere verdienen den Vorzug.

Beste Sorten sind die Saazer-Oberrübe, die große gelbe und die gelbe rothköpfige Riesenkohlrübe.

Die Kohlrübe liebt einen bindigen, warmen Lehmboden, gedeiht aber auch auf einem humosen Sandboden, wenn es ihm nicht an Kraft und Feuchtigkeit gebricht.

Die Pflanzen werden ebenso wie die Futter-Runkelrübe aus Samen erzogen; in ihrer ersten Jugend leiden sie sehr durch den Erdfloh.

Die Vorfrucht ist gewöhnlich Getreide. Die Kohlrübe verlangt starke Düngung; am besten gedeiht sie nach einer Düngung mit Knochenmehl.

Die Bestellung des Bodens geschieht wie zu den Runkelrüben.

Die Zeit des Pflanzens richtet sich nach der Witterung und der Größe der Setzlinge; die später, und zwar gegen Johannis gepflanzten, haben einen feineren Geschmack und bleiben milder, weshalb sie namentlich eine bessere Nahrung für die Menschen abgeben.

Zwei Mal muß die Kohlrübe behackt und behäufelt werden.

Das Abblatten vertragen die Kohlrüben ebenso wenig als die Runkelrüben.

Die Kohlrüben lassen sich mit geringerer Sicherheit aufbewahren als die Runkelrüben; man muß sie daher vor diesen verfüttern. Die Aufbewahrung geschieht ebenso wie die Aufbewahrung der Runkelrüben. Als Ertrag sind 100 Ctr. pr. Morgen durchschnittlich anzunehmen; in günstigen Jahrgängen steigt er aber bis 200 Ctr. und darüber.

Der Futterwerth der Kohlrüben ist noch größer als der der Runkelrüben. Nach Block sind 9 Pfd. gleich 1 Pfd. Roggen,
von den Runkelrüben 11 Pfd. gleich 1 Pfd. Roggen.

§. 4.
Die Wasserrübe, weiße Rübe, Turnips.

Die Wasserrübe oder Saatrübe nimmt mit einem geringeren Boden vorlieb als die andern Rübenarten, verlangt aber reinen, lockern und düngerkräftigen Boden, wenn ihr Anbau lohnen soll.

Die gewöhnliche weiße Rübe wird entweder in gedüngter Brache oder in der Stoppel angebaut und heißt hiernach Brach- oder Stoppelrübe.

Jene gewährt oft einen hohen Ertrag, den man aber, wenn darauf Winterung folgt, durch den geringeren Ertrag dieser zum großen Theile wieder verliert. Der Anbau der Stoppelrübe ist daher allgemeiner.

Die Brachrübe wird in der Art angebaut, daß das gedüngte und gut bearbeitete Brachland im Juni breitwürfig mit $1\frac{1}{2}$ Pfund Samen pr. Morgen besäet wird, den man flach mit der Egge unterbringt. Sind die Pflanzen aufgegangen, so werden sie behackt und so weit als nöthig verdünnt.

Die Stoppelrübe wird auf die geeggte und gewalzte Stürzfurche bis August ebenso gesäet wie die Brachrübe und auch so behandelt wie diese.

Der Durchschnittsertrag der Brachrübe ist 200, der Stoppelrübe 120 Ctr. vom Morgen.

Besser als Brach- und Stoppelrübe ist die veredelte Wasserrübe, die s.g. Turnips. Ihr Anbau ist ganz so wie der Anbau der Runkelrübe, ihr Ertrag ungefähr 250 Ctr. vom Morgen.

Die Wasserrüben lassen sich nicht lange aufbewahren; sie erhitzen sich leicht und gehen in Gährung über. Mit ihnen wird daher die Winterfütterung begonnen. Im Futterwerthe sind 16 Pfd. gleich 1 Pfd. Roggen.

§. 5.
Die Mohrrübe oder Möhre.

Die anbauwerthesten Sorten sind die Riesenmöhre nnd die Altringhammöhre.

Die Mohrrübe verlangt einen tiefen, Feuchtigkeit haltenden, leichten Sand- oder schwarzen Boden. Am besten folgt sie nach Kartoffeln. Nach deren Aberntung wird der Acker gedüngt und gepflügt, und zwar mit dem Beet- und Untergrundpfluge gleichzeitig. Im zeitigen Frühjahr wird glatt geeggt, und die Pflanzlinien werden mit dem Marquer bezeichnet. Die Saatlöcher müssen 5 Zoll von einander entfernt sein; in jedes werden Ende März 6 bis 8 angekeimte Samen eingelegt und $^1/_2$ Zoll hoch mit Erde bedeckt. So oft sich Unkraut zeigt, wird behackt und gejätet. Sind die Möhren 2 bis 3 Zoll hoch, so werden die überflüssigen am Boden abgeschnitten, so daß auf jeder Pflanzenstelle nur eine stehen bleibt.

Ende November beginnt die Ernte. Nachdem das ein gutes Viehfutter abgebende Kraut abgeschnitten worden ist, werden die Wurzeln mit der Gabel ausgehoben und nicht zu warm aufbewahrt. Sie sind ein gutes Kuh- und Pferdefutter.

Den Ertrag kann man bei Anbau einer ergiebigen Sorte und bei richtiger Kultur auf 350 Ctr. vom Morgen schätzen.

§. 6.
Der Kopfkohl, das Kraut.

Es wird unterschieden Roth- und Weiß-, groß- und klein-, spitz- und glattköpfiges. Das glattköpfige große Weißkraut verdient auf dem Felde den Vorzug. Die ergiebigsten Sorten sind das Ulmer große späte Centnerkraut, das Erfurter große Weißkraut, das Kölner Kraut.

Der Kopfkohl verlangt einen schweren, etwas feuchten, tief gelockerten, stark gedüngten Boden. Nur, wo man diesen gewähren kann, ist sein Anbau im Großen anzurathen, weil er sonst keinen lohnenden Ertrag gewährt.

Der Anbau, die Bestellung des Bodens und die Pflege ist wie bei den Kohlrüben.

Die Ernte erfolgt im Oktober und November. Man hackt erst die Köpfe, später auch die Strünke, welche zu Viehfutter verwendet werden, ab.

Der Kopfkohl wird namentlich zur Bereitung des Sauerkrautes verwendet. Der Durchschnittsertrag ist 300 Centner vom Morgen.

§. 7.

Die Pastinake.

Dieses Wurzelgewächs liebt einen etwas bindigen, aber gut gelockerten, tiefen Boden, gewährt dann einen gleichen Ertrag wie die Mohrrübe und zeichnet sich vor dieser dadurch aus, daß sie selbst über Winter nicht gefriert und deshalb ohne allen Nachtheil erst im Frühjahr geerntet werden kann.

Die Pastinake folgt nach einer Halmfrucht als zweite Tracht. Im Herbst wird tief gepflügt, im Frühjahr geeggt, Dämmchen aufgepflügt und auf diese im März gesäet, pr. Morgen 2 Pfd. Samen. Jede Pflanze muß in den Reihen 19 Zoll von der anderen abstehen. So oft als nöthig wird mit der Pferdehacke behackt.

Geerntet wird die Pastinake wie die Möhre. Jene ist ein ebenso gutes Viehfutter und menschliches Nahrungsmittel wie diese.

§. 8.

Die Erdbirne, der Topinambur

Die Erdbirne bringt einen hohen Ertrag, der namentlich durch den Werth des Laubes, welches zu einem ausgezeichneten Schaffutter dient, noch bedeutend erhöht wird. Sie hält den Winter über in der Erde aus und kann ohne Nachtheil im Frühjahr geerntet werden. Jedes Wurzelfaserchen, welches im Boden verbleibt, treibt wieder aus und wird dadurch zum Unkraut. In der Feldrotation findet die Erdbirne aus diesem Grunde ihren geeigneten Platz nicht, sondern sie wird in besonderen Plantagen angebaut, wo sie als perennirendes Gewächs stehen bleibt und bei jährlicher Bearbeitung und zeitweiliger Düngung einen hohen Ertrag an Knollen und Laub gewährt.

Die Erdbirne gedeiht in jedem Boden mit Ausnahme des nassen; über ihren Ertrag entscheidet mehr die Düngung als die Bodenbeschaffenheit.

Ihre Bestellung ist mit der der Kartoffel gleich, nur wird sie gewöhnlich früher ausgebaut. Alljährlich im Herbst wird mit Jauche oder Mist gedüngt.

Das Laub wird im September abgeschnitten, getrocknet und im Winter mit den Schafen verfüttert, welche es jedem anderen Laube vorziehen.

Die Knollen stehen im Futterwerthe den Kartoffeln voraus, weil sie viel Zuckerstoff enthalten. Der Durchschnittsertrag ist 100 Centner vom Morgen. Am besten nimmt man jedesmal nur so viel Knollen aus, als man eben braucht, da sie sich den Winter über im Acker besser halten als im Keller oder in Mieten.

Vierzehnte Abtheilung.

Anbau der Futterkräuter und Gräser.

Der vermehrte Anbau der Futterkräuter hat der Landwirthschaft eine andere Gestalt gegeben; sie sind die Grundlage einer geregelten, vermehrten und verbesserten Viehzucht, der Sommerstallfütterung und dadurch der Hebel für den Ackerbau geworden, da durch sie der Dünger bedeutend vermehrt wird.

Die hauptsächlichsten Futterkräuter sind folgende:

§. 1.

Der rothe Klee.

Den ersten Platz unter den Futterkräutern nimmt der rothe Klee ein, sowohl wegen der Sicherheit seines Gedeihens, als des Futterreichthums, welchen er gewährt.

Man unterscheidet zwei Sorten, den gewöhnlichen Frühklee und den Spätklee oder Grünklee.

Der erstere wird nicht so lang als der letztere, tritt eher in die Blüthe und bildet größere und reichhaltigere Samenkapseln. Der Spätklee treibt mehr in die Blätter und Ranken, wird höher, hält sich länger frisch und grün, gibt einen höheren Futterertrag als jener, artet aber auf warmem Höheboden in diesen aus.

Es ist zweckmäßig, beide Sorten zu kultiviren, damit der spätere in die Fütterung eintritt, wenn der frühere anfängt, alt zu werden. In den Samenkörnern unterscheiden sich beide Sorten nicht.

Der rothe Klee verlangt zu seinem Gedeihen einen kräftigen, tief aushaltenden, kalkhaltigen, sandigen Lehm- und Thonboden. Auf Sand- und Moorboden, Neubruch oder alte Kraft entbehrendem Boden gedeiht der Klee nicht. Der Boden muß bindig sein, sonst leidet der Klee durch den Frost, wie dies bei aufziehendem, gar zu lockerem oder durch die Winterkälte springendem Boden immer der Fall ist. Ferner muß der Boden locker, mürbe und unkrautrein sein, und der Untergrund darf keine stockende Nässe enthalten; der rothe Klee darf frühestens in 9 Jahren auf demselben Felde wieder angebaut werden.

Der Klee wird nicht für sich allein gesäet, sondern zugleich mit einer Getreidefrucht, was nicht allein seinen Grund in der Ersparniß des Bodens, sondern mehr noch in dem Schutze findet, welchen die Getreidefrucht der zarten Kleepflanze in erster Jugend gewährt.

Nach Maßgabe der eingeführten Fruchtfolge säet man den Klee entweder in eine Winterfrucht oder zugleich mit einer Sommerfrucht aus.

Die Aussaat in die Winterung erfolgt im zeitigen Frühjahre, wenn der Boden frostfrei ist und die Vegetation beginnt. Man führt sie sogar dann noch mit Erfolg aus, wenn die Getreidefrucht bereits Fußhöhe erlangt hat; nur muß dann etwas feuchte Witterung abgewartet werden. Des Eineggens bedarf es nicht; der Regen spült die feinen Samenkörnchen in den Boden, und da sich die junge Pflanze bald eines vollkommenen Schutzes erfreut, so ist sie, wenn sie einmal aufgegangen ist, vor dem Abspringen gesicherter, als wenn sie mit einer Sommerfrucht ausgesäet wird. Selbst die Aussaat im Herbst gedeiht zuweilen, wenn die Pflanze schon vor Winter etwas erstarken kann, ist aber jedenfalls unsicher, und kein Grund da, sie zu dieser Zeit auszuführen.

Im Frühjahr säet man den Klee in Gerste, Hafer, Hirse oder Lein. Rankende Gewächse verdämpfen die junge Pflanze.

In der Sommerfrucht ist der Klee stets unsicherer, als wenn er Wintergetreide zur Deckfrucht hat; denn wenn nach erfolgter Einsaat in die Sommerfrucht, und wenn der Klee bereits aufgegangen ist, große Dürre eintritt, so verdirbt die zarte Pflanze sehr leicht; man nennt dies das Abspringen des Klees, und dieses führt oft ein völliges Mißrathen desselben herbei.

In die Sommerung wird der Klee gesäet, wenn Gerste, Hafer rc. schon untergebracht sind. Man eggt den Samen noch mit einem Striche ein oder walzt ihn ein.

Zum Säen des Klees mit der Hand muß windstille Witterung herrschen. Auch gehört dazu ein sehr geübter Säemann, weil eine gleichmäßige Vertheilung des Samens von der größten Wichtigkeit ist. Deshalb ist es besser, den Kleesamen mit der Säemaschine zu säen. Vorzuziehen ist stets die stärkere Saat vor der schwächeren. Auf den Morgen soll man mindestens 10 Pfund Samen verwenden, wenn man auch durch einen sehr geübten und aufmerksamen Säemann mit 6 bis 8 Pfund ausreichen könnte. Ist das Feld nicht mit Klee vollkommen überdeckt, so erzeugen sich auf den leeren Stellen Quecken, und dies ist für die nachfolgende Frucht sowohl als für den Boden ein sehr erheblicher Nachtheil.

Wenn die Frucht, unter welche der Klee gesäet ist, das Feld geräumt hat, so fängt der Klee an, sich zu breiten und zu vegetiren. Bei günstiger Witterung gibt er selbst noch im ersten Jahre einen Schnitt, welchen man bis Ende September ohne Bedenken nehmen kann. Gewöhnlich wird aber der Klee abgeweidet, sowohl mit dem Rindvieh als mit Schafen. Das Abweiden thut dem künftigen Ertrage keinen Abbruch, nur muß es mit den Schafen immer mit einiger Vorsicht geschehen, damit sie nicht den Stock selbst angreifen. Immer muß das Weiden bei trocknem Boden ausgeübt werden. Die eigentliche Ernte des Klees findet im nächsten Jahre statt. Vorher wird das Kleefeld mit einer eisernen Egge durchzogen und dann gegypst. Sollte es steinig sein, so müssen nach dem Eggen die oberflächlich liegenden Steine abgelesen werden. Will man mehrere Schnitte vom Klee gewinnen, so muß man mit dem ersten möglichst zeitig anfangen; man darf die Blüthe nicht abwarten; die größere Nahrhaftigkeit des jungen Klees ersetzt die geringere Masse; auch ist dann der zweite Schnitt ergiebiger. Nur denjenigen Klee, welcher zu Heu bestimmt wird, muß man so lange wachsen lassen, bis er in die Blüthe tritt, weil er vorher zu wenig ausgeben würde. Drei Schnitte von dem Klee zu nehmen ist selten möglich, weil sonst die nach ihm folgende Wintersaat verspätet werden würde. Man läßt den Klee nach dem zweiten Schnitte etwas heranwachsen und pflügt ihn dann unter, wodurch eine Gründüngung stattfindet.

Wird der Klee zu alt, so frißt ihn das Vieh im grünen Zustande ungern, und es geht viel verloren; man muß daher mit der Verfütterung so zeitig anfangen, daß der zweite Schnitt schon wieder herangewachsen ist, ehe der erste zu alt geworden. Bekannt ist das leicht eintretende Aufblähen des Rindviehes bei starker Fütterung von jungem Klee; gefährlicher noch ist das Beweiden des Klees, und es ist deshalb große Vorsicht zu empfehlen.

In neuerer Zeit baut man häufig den rothen Klee nicht für sich allein, sondern im Gemisch mit Gräsern an. Diese Mischsaat ist um so mehr zu empfehlen, als dadurch der Futterbau um so gesicherter wird, solches Futter auch den Thieren zuträglicher ist. Vornehmlich ist solche Mischsaat anzuwenden, wenn der Klee mehrere Winter über gehalten werden soll, weil er in diesem Falle weniger lückig wird und höhere Erträge gibt. Man säet dann pr. Morgen 10 Pfd. Kleesamen und 6 Pfd. Grassamen. Die Auswahl des letztern richtet sich nach der Bodenbeschaffenheit. Raygräser, Timotheegras, Ruchgras, Knaulgras, Fuchsschwanz sind im Allgemeinen die hervorragendsten Gräser. Der größeren Mannichfaltigkeit halber mischt man auch noch weißen und gelben Klee bei.

Das Kleeheu hat einen hohen Futterwerth und wirkt namentlich auf alles melkende Vieh sehr vortheilhaft. Man bemüht sich daher, so viel davon zu gewinnen, als es der Bedarf an grüner Fütterung irgend zuläßt.

Die Art und Weise, es zu werben, ist verschieden. Wie es aber auch ausgeführt wird, die Hauptsache ist, daß man dabei möglichst wenig Blätter und Blüthen verliert, und daß das Futter nicht durch den Regen ausgelaugt wird. Erster Grundsatz bei dem Kleeheumachen ist, in dem Kleeheu so wenig als möglich und nie bei Sonnenschein zu arbeiten. Am besten geschieht die Bearbeitung früh im Thau.

Von den verschiedenen Methoden des Trocknens des Klees ist diejenige die schlechteste, welche darin besteht, daß man ihn in Schwaden ziemlich dürre werden und dann in Häufchen völlig austrocknen läßt, weil dabei die besten Theile verloren gehen.

Besser ist das Verfahren, wo der Klee in den Schwaden nur oberflächlich getrocknet und dann in kleine Haufen gesetzt wird, welche man so lange ruhig stehen läßt, bis der Klee zum Einfahren dürr genug ist. Dieses Verfahren bewährt sich aber auch nur bei ganz günstiger Witterung; sonst geht auch zu viel an Blättern und Blüthen verloren.

Die beste Methode des Trocknens ist die auf Kleereitern (Fig. 33) welche in den Boden eingeschlagen werden, auf Pyramiden (Fig. 34) und auf Hütten (Fig. 35). Pyramiden und Hütten verdienen den Vorzug vor den Reitern. Diese Gerüste werden reihenweise aufgestellt; der Klee wird, nachdem er oberflächlich abgetrocknet ist, geordnet so darauf gehängt, daß er 1/2 Elle vom Boden absteht; ist genug Klee auf das Gerüst aufgehängt, so wird die Pyramide oder Hütte glatt gerecht. Auf diese Weise ist der Klee gegen alle Unbill der Witterung geschützt. Er trocknet zwar langsamer als bei anderen Trocknungsmethoden, aber er verdirbt auch nicht.

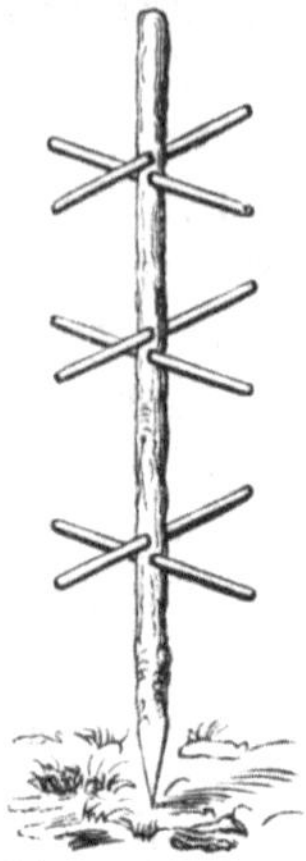

Fig. 33. Kleereiter.

Fig. 34. Kleepyramide.

Fig. 35. Kleehütte.

Auch die Braunheu-Bereitungsmethode ist zu empfehlen, nicht nur wegen der Sicherheit, sondern auch wegen des guten Futters, das sie liefert. Braunheu ist nämlich aromatischer, wohl auch nahrhafter und wird von dem Vieh lieber gefressen als Grünheu. Man bereitet es folgendermaßen: Nachdem die Feuchtigkeit oberflächlich abgetrocknet ist, wird der Klee in große Haufen so fest eingetreten, daß an keiner Stelle ein hohler Raum bleibt. Obenauf wird eine Strohhaube gesetzt. Nach 6 bis 8 Wochen ist das Heu genug gebrannt und und kann eingefahren werden. Es ist zwar noch feucht, aber diese Feuchtigkeit ist eine solche, daß an ein Verderben des Futters nicht zu denken ist.

Der Durchschnittsertrag vom Morgen ist 3 Centner Kleeheu.

Eine wichtige Bedingung für den Kleebau ist die Gewinnung eigenen Samens, so weit dies irgend die Verhältnisse gestatten. Mit erkauftem Samen wird man leicht angeführt, und dann ist dies auch immer eine kostspielige Sache, weil der Preis des Samens meist hoch ist. Man muß daher bei der Verfütterung in grünem Zustande sowohl als bei der Heuwerbung auch den Samen berücksichtigen. Der Sicherheit wegen macht man den ersten Wuchs zu Heu, weil dann der zweite Wuchs um so regelmäßiger nachwächst. Man wählt blumenreichen, aber nicht zu üppig gewachsenen Klee und mäht ihn, wenn sich die Samenköpfe braun färben, früh im Thau, damit die Körner nicht ausfallen. Man kann auch den Samenklee, statt ihn mit der Sense zu mähen, mit dem Kleekamm (Fig. 36) abstreifen. Das Trocknen geschieht ebenso wie das Trocknen des Kleeheus.

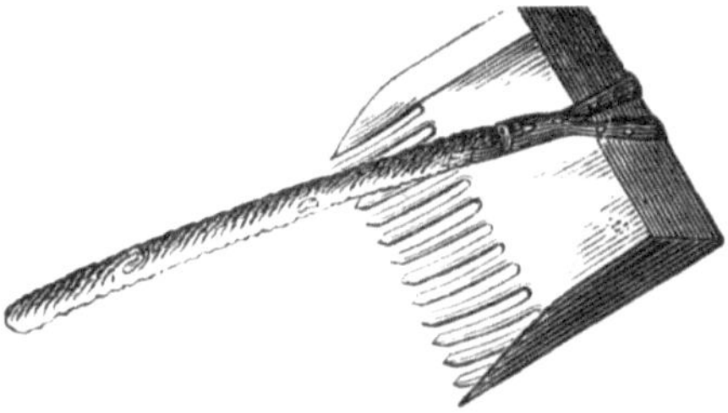

Fig. 36. Kleekamm.

Das Einfahren des Samenklees sowohl als des Kleeheus geschieht früh im Thau. Der rechte Zeitpunkt dazu ist gekommen, wenn beim Zusammendrehen der Kleestengel dieselben keinen Saft mehr von sich geben.

Aus dem Stroh wird der Kleesamen bei hartem Winterfrost gedroschen und aus den Hülsen auf einer Schrot- oder Windmühle ausgemahlen. Man macht um den Läufer einen Kranz von Holz, welcher ungefähr 2 Zoll vom Steine absteht; in dem Kranze sind eiserne Stifte angebracht, vermittelst welcher der Klee aus den Hülsen gerissen wird. Hiernach wird der Klee geworfen und gereinigt. Der Durchschnittsertrag an Kleesamen vom Morgen ist $1^1/_2$ Scheffel.

Hält man den Klee zwei Jahre über, so ist es stets am sichersten, den Samen vom einjährigen Klee zu nehmen; niemals darf man im zweiten Jahre dort auf Samen rechnen, wo man ihn bereits im ersten Jahre zu Samen benutzt hat.

Wenn der Klee gut gestanden und eine vollständige Beschattung des Bodens stattgefunden hat, so gedeihen nach ihm alle Früchte, und wenn er, wie dies nicht zu bezweifeln ist, auch dem Boden Kraft entzieht, so ersetzt er sie wieder durch den Abfall der Blätter und die zurückbleibenden Wurzeln. Mancher Boden, und es trifft dies gewöhnlich den undurchlassenden und kalten, eignet sich nur für einjährigen Klee. Bei dem vortrefflichsten Stande des ersten Jahres verliert auf solchem Boden der Klee im zweiten allen Wuchs, er leidet im Winter durch den Frost, die leeren Stellen nehmen Quecken ein, und die großen Vortheile des Kleebaues, seine Boden verbessernde Eigenschaft gehen verloren.

So günstig der Zustand des Bodens nach einem vollkommen bestandenen Kleefelde ist, so unrein und verwildert erscheint das Ackerland, wenn der Klee schlecht gestanden hat.

Wo der Klee Samen gebracht hat, zeigt sich allein die verminderte Kraft des Bodens durch den schwächern Stand des Getreides. Man kann dies einigermaßen dadurch ausgleichen, wenn man den Klee nach Aberntung des Samens etwas heranwachsen läßt und ihn dann als grüne Düngung benutzt.

Sonst muß man den Klee im Allgemeinen zu den bereichernden Früchten rechnen.

Block rechnet 3²/₅ Pfund Kleeheu gleich 1 Pfund Roggenwerth
5 „ Kleestroh „ 1 „ „

§. 2.

Der weiße Klee, Weideklee.

Der weiße Klee ist kleiner und schwächer als der rothe und wird mehr zur Weide benutzt. Seine Erträge, wenn er als Schnittklee oder zu Heu benutzt wird, hängen von der Kraft des Bodens ab; im Allgemeinen ist er in Bezug auf die Qualität des Bodens weniger wählerisch als der rothe und gedeiht dort, wo dieser nicht mehr fortkommen will. Er gedeiht selbst noch auf ganz dürrem Sandboden, vegetirt aber am üppigsten auf einem kräftigen sandigen Lehm- und lehmigen Sandboden.

Zur Weidebenutzung säet man den weißen Klee in die abtragende Frucht, und zwar mit gleichem Erfolge in die Winterung und Sommerung. Auf den Morgen verwendet man 5 Pfund Samen. Da aber diese Kleeart nur dann mit Vortheil angebaut wird, wenn man sie einige Jahre zur Weide über hält, so ist es besser, den weißen Klee im Gemenge mit passenden Gräsern (namentlich Schafschwingel, Timotheegras und Reygräsern) auszusäen und in diesem Falle halb Klee, halb Grassamen zu verwenden. Sonst ist die Bestellung des weißen Klees ebenso wie die des rothen.

Bei günstiger Witterung und auf kräftigem Boden ist sein Wuchs sehr kräftig, dann aber auch bei seiner Benutzung zur Weide die größte Vorsicht nöthig. Das Rindvieh bläht davon eben so leicht auf, als vom häufigen Genusse des rothen jungen Klees; namentlich wirkt aber eine ausschließlich weiße Kleeweide auf die Gesundheit der Schafe zerstörend. Sie bekommen davon die Bleichsucht, welcher namentlich die Lämmer und Jährlinge erliegen. Die Ursache mag in den Schlammtheilchen liegen, welche sich an die untere Seite der Blätter, welche den Boden unmittelbar bedecken, bei jedem Regengusse anhaften. Sehr fetten weißen Klee benutzt man dann lieber zu Heu oder Samen oder beweidet ihn nur abwechselnd. Uebrigens muß man den weißen Klee stets in jungem Zustande abweiden, darf ihn nicht in Blüthe schießen lassen.

Das Heu vom weißen Klee hat mindestens einen gleichen Futterwerth mit dem des rothen; bei weniger üppigem Wuchse übertrifft es noch das Rothkleeheu. Auf kräftigem Boden erntet man von Weißkleeheu 20 Ctr. pro Morgen; jedoch kann man selten und nur in den günstigsten Jahrgängen auf einen zweiten Schnitt rechnen.

Der weiße Klee gibt einen größern und stets sicherern Samenertrag als der rothe; man nimmt den Samen von dem zweiten Wuchs und kann durchschnittlich 2 Scheffel pro Morgen annehmen; nicht selten erntet man 4 Scheffel.

Der weiße Klee drischt sich viel leichter als der rothe, und das Stroh des Samenklees hat selbst noch einen dem guten Heu gleichzurechnenden Futterwerth, weshalb die Gewinnung des weißen Kleesamens zu den richtigen Spekulationen des Landwirths gehört; in dieser Beziehung könnte der weiße Klee mit Recht den Handelsgewächsen beigezählt werden.

§. 3.
Der gelbe Klee.

Der gelbe Klee kommt fast auf allen Bodenarten fort, gedeiht aber am besten auf kalkhaltigem Boden. Er macht in jeder Hinsicht weniger Ansprüche als der rothe Klee, ist sehr frühzeitig und wächst bis zum Eintritt von Frost fort. Deshalb gibt er nach der letzten Mahd noch eine sehr gute Weide. Er wird ebenso angebaut wie der rothe Klee. Am empfehlenswerthesten ist es, beide Kleearten im Gemenge anzubauen.

§. 4.
Der schwedische Klee.

Der weiße schwedische Klee ist unter allen Kleearten die, welche auf sehr feuchtem Boden gedeiht; ja auf trocknem Boden kommt er gar nicht fort. Er verlangt etwas bindenden Boden und wird ebenso angebaut wie der rothe Klee. Man muß ihn füttern, wenn er in die Blüthe getreten ist. Obwohl er in den meisten Fällen nur einen Schnitt und dann noch eine reiche Weide gibt, so steht er doch im Ertrag dem rothen Klee nur wenig nach. Er ist aber nur Rindviehfutter. Auch diesen Klee baut man am zweckmäßigsten im Gemenge mit dem rothen Klee an. Der schwedische Klee liefert reichlichen Samen.

§. 5.

Der Inkarnatklee.

Der Inkarnatklee ist ein sehr gutes Ersatzmittel anderer gebräuchlicher Kleearten, wenn diese versagen. Er liefert zwar nur einen Schnitt, aber doch vom Morgen 20 Centner Kleeheu. Außerdem ist er sehr samenreich. Der Inkarnatklee begnügt sich mit jedem Boden. Er wird als Stoppelfrucht angebaut. Die Stoppel wird nur einmal flach gepflügt, dann geeggt und besäet. Auf den Morgen braucht man 15 Pfund unenthülsten Samen. Ist die Saat im Spätsommer geschehen, so kann man im Herbst noch einen Schnitt nehmen. Im nächsten Frühjahr ist dieser Klee sehr zeitig, und man kann nach ihm im Jahre seiner Hauptbenutzung noch eine Sommerfrucht anbauen.

§. 6.

Die Luzerne.

Die Luzerne kommt in drei Abarten vor: blaue, schwedische gelbe und gelbe Sandluzerne. Die blaue ist die gebräuchlichste.

1) Die blaue Luzerne. Sie übertrifft auf einem geeigneten Standorte alle übrigen Futterkräuter und kann viel zum Reichthum einer Wirthschaft beitragen. Leider kann ihr Anbau niemals allgemein werden, weil der ausgewählte Standort, welchen sie verlangt, nur selten gewährt werden kann. Sie gedeiht nur in einem humusreichen, drei bis vier Fuß aushaltenden, gelockerten, kraftvollen, reinen, warmen, sandigen Thon- oder Mergelboden mit durchlassender Unterlage. Da sie mit ihren Wurzeln sehr tief in den Boden eindringt, widersteht sie auch der größten Hitze und Trockenheit, und deshalb versagt sie auch in den trockensten Jahren nicht. Die beste Bearbeitung und stärkste Düngung kann den Mangel der Bodenqualität nicht ausgleichen, und namentlich verträgt sie eine feste, eisenhaltige Unterlage durchaus nicht.

Sie dauert im geeigneten Boden zehn Jahre und darüber, weshalb sie in die gewöhnliche Fruchtfolgeordnung nicht eingereiht werden kann. Man muß ihr einen von dieser getrennten Standort anweisen, welcher durch vieljährige hohe Erträge hoch ausgenutzt werden kann.

Die Luzerne verlangt tiefen, unkrautreinen, düngerkräftigen Boden. Vor ihrem Anbau bebaut man den Acker zwei Jahre hinter einander mit

Kartoffeln, bearbeitet den Boden mit dem Untergrundpflug und düngt jedesmal stark. Nach den Kartoffeln läßt man eine Sommerhalmfrucht folgen und säet in diese den Luzernesamen, 15 Pfund pro Morgen, bei geringer Samenqualität etwas mehr, da ein dichter Stand wegen der längern Dauer besonders nothwendig wird.

Die Luzerne treibt im Frühjahr zeitiger als der rothe Klee und wird dadurch um so werthvoller, als sie in einer futterarmen Zeit eine frühe Aushülfe gewährt. Wird sie früh und vor Eintritt der Blüthe gemäht, so ist auf 3 bis 4 vollkommene Schnitte zu rechnen, und man kann den Ertrag der wohlbestandenen Luzerne 30 bis 40 Prozent höher als den des rothen Klees veranschlagen.

Die Luzerne wird grün verfüttert und zu Heu gemacht; ihr Futterwerth steht dem des rothen Klees etwas nach. Nach jedem Schnitt kann sie beweidet werden. In jedem Frühjahr muß man sie aufeggen und mit Gyps düngen. Stellt sich Unkraut ein, so muß sie gejätet und behackt werden. Leere Stellen sind nachzusäen.

Das Samentragen schwächt die Luzerne erheblich, weil hiernach viele Stöcke ausbleiben. Deswegen und weil sie überhaupt wenig Samen gibt, soll man nur in dem Jahre vor ihrem Umbruch Samen von ihr ziehen.

2) Die schwedische Luzerne. Sie gedeiht am besten in sonniger Lage und auf leichtem, trocknem Boden, der nicht düngerkräftig zu sein braucht. Sie wird ebenso angebaut wie der rothe Klee, ist zwar nicht so ertragreich wie dieser, aber nahrhafter. Am schicklichsten verwendet man sie zu Mischsaat.

3) Die gelbe Sandluzerne. Für Sandgegenden ist diese Luzerne eben das, was die blaue Luzerne für reiche Gegenden ist. Sie dauert vier Jahre, gibt in zwei Schnitten viel und sehr nahrhaftes Futter und nach dem zweiten Schnitte noch eine gute Weide. Ihr Anbau unterscheidet sich nicht von dem der blauen Luzerne. Um Samen von der gelben Luzerne zu gewinnen, muß man denselben im ersten Jahre von dem ersten Wuchse nehmen.

§. 7.

Die Esparsette.

Die Esparsette verlangt zu ihrem Gedeihen einen lehmigen kalkhaltigen Boden und Kalkstein zur Unterlage und gibt noch lohnende Erträge, wenn sie auch nur eine schwache Erdkrume zur Oberfläche hat. Deshalb kommt sie noch sehr gut auf dürren Kalkbergen fort.

Mithin ist die Esparsette höchst wohlthätig für solche Gegenden, welche den bezeichneten Boden haben, da auf diesem der rothe Klee keine

Sicherheit gewähren würde. Da sie namentlich auf felsigen Anhöhen und Bergrücken (Kalkboden) gedeiht, welche ihrer Lage und Beschaffenheit wegen schwer zu kultiviren sind, so wird sie durch ihre vieljährige Dauer, die sich bis auf 20 Jahre erstreckt, um so werthvoller.

Die Esparsette bedingt zu ihrem Gedeihen mehr den ihr zusagenden Boden als eine starke Düngung. Sie verlangt aber durchlassenden Untergrund.

Der Anbau der Esparsette ist mit dem des rothen Klees vollkommen gleich; nur ist es besser, den Samen mit der Getreidefrucht zu gleicher Zeit zu säen, weil er eine etwas stärkere Bedeckung verlangt als der Samen des rothen Klees. Auf den Morgen braucht man 2 Scheffel Esparsettesamen, den man mit dem Exstirpator unterbringt.

Aufeggen und Gypsen in jedem Frühjahr darf man nicht versäumen. Ist der Acker steinig, so muß man nach dem Aufeggen die Steine ablesen; dann wird noch gewalzt.

Vor der Blüthe abgemäht, übertrifft der Werth der Esparsette den der Luzerne. Im Ertrage aber ist sie bedeutend geringer, weil sie nur auf gutem Boden zwei Schnitte gibt. Nach dem dritten Jahre kann man sie nach dem Abmähen beweiden. Diese Weide ist sehr werthvoll.

Block rechnet 18 Centner Heu pr. Morgen und $3^2/_5$ Pfund desselben gleich 1 Pfund Roggenwerth.

An Samen liefert ein Morgen incl. Hülsen 6 bis 7 Scheffel. Da der Samen sehr lose an den Blüthenköpfen hängt, so wird er am besten von den anstehenden Stengeln abgestreift.

Abgetragenes Esparsette- und Luzernefeld muß mit einem sehr starken, scharfscharigen Pfluge mit 4 Zugthieren umgebrochen werden. Solches Land ist sehr düngerkräftig und braucht in einigen Jahren nicht gedüngt zu werden.

Luzerne darf erst nach 9, Esparsette erst nach 6 Jahren auf demselben Felde wiederkehren.

§. 8.

Der Spörgel.

Der Spörgel, Knörich, ist unter den Futterkräutern dasjenige, welches die geringsten Ansprüche auf Boden und Bestellung macht. Er gedeiht überall, wo noch Winterroggen wächst. Der Mutterboden ist der Sandboden, und deshalb seine großer Wichtigkeit in armen Sandgegenden. Der große Spörgel ist ergiebiger als der kleine.

Der Spörgel gedeiht noch im zweiten, dritten und vierten Jahre nach der Düngung; sein Gedeihen wird besonders durch lockern, reinen Boden und feuchte Witterung nach der Einsaat begünstigt.

Man benutzt ihn zur Weide, zu Grünfutter und zu Heu und säet ihn dann gewöhnlich in die Brache. Die Zubereitung des Bodens richtet sich nach seiner Beschaffenheit; ist er sehr rein, so reicht eine einfurchige Bestellung aus, sonst gibt man ihm zwei Furchen und macht die Aussaat von Ende April an in Zwischenräumen. Auf den Morgen braucht man $2^1/_2$ Metzen Samen. Eine möglichst gleichmäßige Vertheilung des Samens ist eine Hauptbedingung des Gedeihens. Man eggt deshalb den Boden vor der Saat klar und walzt dann den Samen ein.

Man kann den Spörgel auch sehr vortheilhaft als Stoppelfutter gleich nach Aberntung des Roggens anbauen; er gibt dann im Herbst eine sehr gute Nachweide.

Der Spörgel ist sowohl grün als getrocknet sehr nahrhaft und wird von Rindvieh und Schafen gern gefressen. Das Spörgelheu ist aber sehr schwer zu gewinnen, weil es nur bei dem günstigsten Wetter trocken zu bringen ist.

Der Spörgel gibt viel Samen. Man mäht ihn, wenn die Körner anfangen schwarz zu werden.

Der durchschnittliche Ertrag vom Morgen ist 14,000 Pfund Grünfutter.

§. 9.

Der Buchweizen.

Der Buchweizen wird selten allein, sondern meistens im Gemenge mit Erbsen in der Stoppel der Winterung angebaut und gewährt dann ein sehr gutes Futter.

§. 10.

Die Lupine.

Die gelbe und blaue Lupine (siehe diese beiden Pflanzen in der neunten Abtheilung §. 14) ersetzen in armen Gegenden mit schlechtem Roggenboden vollständig den Klee, da sie nicht nur ein sehr gutes Futter geben, sondern auch den Boden sehr bereichern. Die Saat geschieht von Mitte April an in Zwischenräumen von 8 Tagen, auf den Morgen 10 Metzen. Man kann auch andere Hülsenfrüchte im Gemenge mit der Lupine anbauen. Man kann sie grün verfüttern und auch in Heu umwandeln. Im letztern Falle mäht man sie, ehe die Seitentriebe zu blühen anfangen. Der Ertrag an Grünfutter wechselt nach der Bodenbeschaffenheit und der Lupinensorte zwischen 50 und 200 Centner pro Morgen.

§. 11.
Die Wicke.

Die Wicke ist eine sehr zu schätzende Futterpflanze, besonders für hohe, rauhe Lagen.

Besser als die gemeine Wicke bewährt sich die russische und die narbonnesche. Am besten gedeihen diese Sorten in mildem Lehmboden. Die Zubereitung des Bodens und die Bestellung der Futterwicke selbst weicht nicht ab von der Bestellung der Wicke als Körnerfrucht; nur muß die Futterwicke dicker gesäet werden. Man kann sie auch im Gemenge mit Gerste oder Hafer anbauen. Sie ist ein sehr ergiebiges, nahrhaftes Futter, das sowohl im grünen Zustande als getrocknet verfüttert werden kann.

§. 12.
Die Serradella.

Die Serradella ist ebenso nahrhaft wie der Klee. Am besten gedeiht sie auf trocknem, warmem Sandboden. Sie verlangt keine Düngung, aber unkrautreinen Boden. Die Zubereitung des Ackers geschieht ebenso wie zu Spörgel. Die Aussaat beschickt man von Mitte März bis Mitte April, pro Morgen 10 Pfund Samen, der mit der Egge untergebracht werden muß. Man kann die Serradella auch im Gemenge mit Spörgel oder Buchweizen säen. Sie gibt zwei Schnitte und kann grün verfüttert oder zu Heu gemacht werden. Der Durchschnittsertrag ist 25 Centner Heu vom Morgen. Samen gibt sie circa 3 Centner. Man erntet denselben, wenn er anfängt runzelig zu werden.

§. 13.
Die Gräser.

Zu den Futtergewächsen gehören auch verschiedene Grasarten. Dieselben werden entweder rein oder im Gemenge unter sich und mit Futterkräutern angebaut. Letztern Anbau nennt man **Kleegrassaaten**. Diese sind sicherer als die reinen Gras- und Kräutersaaten, gewähren auch ein besseres, zuträglicheres Futter, halten länger aus und lassen sich besser trocknen.

Manche Getreidearten lassen sich auch als Futterpflanzen anbauen. Namentlich gilt dieses von dem Roggen, dem Mais und dem Mohar.

§. 14.
Der Roggen.

Der Staudenroggen verdient den Vorzug. Er liefert das früheste Grünfutter, welches dem Melkvieh sehr zuträglich ist. Sobald das Winterfeld geräumt ist, wird flach gepflügt, geeggt und gesäet und der Samen mit der Egge untergebracht. Man muß aber dick säen, 30 Metzen pro Morgen. Schon von Mitte April an kann man den Roggen mähen; alsdann gibt er noch eine gute Weide.

§. 15.

Der Mais.

Der Mais ist unter allen Futterpflanzen die ergiebigste und sicherste zugleich. Namentlich trotzt er der anhaltendsten Hitze und Dürre mehr wie jede andere Pflanze. Deshalb sollte man überall da Mais zur Grünfütterung anbauen, wo die Luzerne nicht gedeiht. Es ist zwar wahr, daß der Mais nicht sehr nahrhaft ist und daß er in Verbindung mit stickstoffreichem Futter gefüttert werden muß; aber was ihm an Nahrhaftigkeit abgeht, ersetzt er reichlich durch die Futtermenge. Der Mais als Futterpflanze wird ebenso angebaut, als wenn man ihn als Körnerfrucht anbaut, nur daß er dicker gesäet wird. Sehr vortheilhaft ist es, wenn man ihn in größerer Ausdehnung anbaut, ihn von Anfang Mai an in Zwischenräumen von 3 Wochen zu säen. Der Mais muß in jungem Zustande verfüttert werden. Man kann ihn auch trocknen, wenn man ihn aufstellt. Er kann vom Morgen 300 Centner Grünfutter geben. Die besten Sorten zum Anbau sind der virginische Pferdezahn-, der Perlmais und der badische Mais.

§. 16.

Der Mohar.

Diese dem Mais ähnliche Pflanze verlangt leichten, warmen, thätigen, tiefen Boden und warmes Klima. Am besten kommt sie in kalkhaltigem, sandigem Lehmboden fort, der düngerkräftig ist. Sobald kein Frost mehr zu erwarten ist, geschieht die Saat, entweder breitwürfig mit 10 Pfund Samen oder in 8 Zoll entfernten Reihen mit 5 Pfund Samen pro Morgen. Nach der Saat wird gewalzt. Die Reihensaat behackt man einige Mal. Sobald die Pflanzen der Blüthe nahe sind, werden sie geschnitten. Nach dem Schnitt geben sie noch eine gute Weide. Der Mohar kann auch wie der Mais getrocknet werden. Er gibt einen ebenso hohen Ertrag wie der Mais.

§. 17.

Außer den Grasarten, welche man sowohl als Körner- wie auch als Futterpflanzen anbaut, gibt es auch noch Grasarten, welche lediglich zu Futter angebaut werden, und zwar entweder als Mähe- oder als Weidefutter. Im Allgemeinen sind die Gräser bessere Weide- als Mähepflanzen. Sollte der Boden für Gräser nicht recht geeignet sein, so ist es gut, sie im Gemenge mit Kräutern, namentlich Kleearten, anzubauen. Wo aber auch der Boden für die Gräser ganz geeignet ist, werden diese kaum für sich allein, sondern immer im Gemenge gesäet, da sie im Gemenge sicherer und einträglicher sind und auch ein besseres Futter liefern. Als Mähepflanzen künstlich angebaut, stehen die Gräser gegen die Kleearten besonders auf hochliegenden, trocknen, kalkhaltigen Bodenarten zurück. Den angemessensten Standort finden künstliche Grassaaten auf feuchtem, kräftigem Boden. Hier werden sie ebenso viel Futter geben als die Kleearten.

Bei der Auswahl der Gräser für den Anbau im Felde sind die Arten mit faserigen Wurzeln zu bevorzugen. Zu künstlichen Grasanlagen, welche mehrere Jahre ausdauern sollen, muß man insonderheit solche Grasarten auswählen, welche dünne Halme und viele Wurzelblätter treiben und einen dichten Rasen bilden, weil sie dann viel gutes Weidefutter geben. Als Mähefutter sind besonders solche Grasarten auszuwählen, welche viel Knoten und Blätter ansetzen und dabei einen dünnen, zarten Halm treiben. In den meisten Fällen ist es gerathen, mit den Gräsern auch Kräuter auszusäen; ganz besonders gilt dieses für das Mähefutter. Gut ist es, nicht zu viele Arten von Gräsern anzubauen. Was die Stelle im Feldbau anlangt, welche man den Gräsern als künstliche Futterpflanzen einräumt, so können dieselben nie die Stelle der Kleearten einnehmen, vielmehr haben sie neben diesen alle die Räume auszufüllen, welche den Kräuterarten nicht zusagen. Bei der Dreifelderwirthschaft besäet man mit den Gräsern iene Flächen, welche für die reine Brache bestimmt waren und zu einer andern Brachfrucht nicht mehr zulangten; bei der Fruchtwechselwirthschaft dienen die Gräser zu den lange dauernden künstlichen Weiden und zu Mähefutter, menn sich der Boden dazu eignet.

Der Anbau der feinsamigen Gräser ist ebenso wie der Anbau des rothen und weißen Klees.

Die Auswahl der Gräser richtet sich theils nach der Bodenbeschaffenheit, theils nach der Viehgattung, für welche das Futter bestimmt ist, theils danach, ob man Weide- oder Mähefutter haben will. Die Erfahrung ist in dieser Beziehung die beste Lehrmeisterin; fertige Rezepte bewähren sich in der Regel nicht; deshalb sollen auch keine solchen gegeben werden.

Die Saat muß stets dick und zwar, wenn die Grassaaten längere Zeit übergehalten werden sollen, nicht unter 40 Pfund pro Morgen, wenn sie nur kurze Zeit dauern sollen, circa 20 Pfund pro Morgen geschehen. Davon sollen 1/4 Kräutersamen sein, besonders von rothem, weißem, gelbem

Klee, schwedischem Klee, schwedischer Luzerne, Wicke, Schafgarbe, Pimpinelle, Platterbse, Kümmel.

Die gebräuchlichsten Grasarten sind die Raygräser, Timotheegras, Ruchgras, Honiggras, Zittergras, die Schmielen- und Rispengräser, die weiche Trespe, der Wiesenfuchsschwanz, das Knaulgras, das Fioringras, der Wiesen- oder Goldhafer, das Kammgras, das Perlgras, die Schwingelarten.

Fünfzehnte Abtheilung.

Das Entkörnern und Reinigen der Körnerfrüchte.

Die gebräuchlichsten Arten der Entkörnung der Früchte sind das Dreschen mit dem Flegel und das Austreten durch Pferde oder Ochsen.

Das Dreschen mit dem Flegel rechtfertigt sich nur dann, wenn man wenig Früchte zu entkörnern hat, so daß dieses mit dem eigenen Wirthschaftspersonale geschehen kann; ferner dann, wenn man zwar viel Frucht zu entkörnern hat, man aber auch über viele und wohlfeile Arbeitskräfte verfügen kann, die sich im Winter nicht anders verwenden lassen als zum Dreschen. In diesem Falle muß der Arbeitgeber aus der Noth eine Tugend machen; denn wenn er gleichwohl durch Maschinenarbeit schnellere, wohlfeilere und bessere Arbeit erzielen würde, so muß er doch nothgedrungen mit dem Flegel dreschen lassen; denn würde er seine Arbeiter nicht im Winter dreschen lassen, so würde er Gefahr laufen, auch zur Ernte und zu andern nothwendigen Arbeiten keine Arbeiter zu bekommen.

Wo mit dem Flegel gedroschen wird, ist darauf zu halten, daß schwere, reine Arbeit machende Flegel angewendet, daß nicht zu viel Drescher (nicht mehr als 3 bis 4) auf einer Tenne angestellt werden, daß rein gedroschen und kein Unterschleif getrieben wird. Um sich zu vergewissern, daß rein gedroschen wird, muß das Stroh öfter untersucht werden. Findet man in demselben noch viele Körner, so müssen die Drescher zur Strafe nachdreschen. Um Unterschleif zu verhüten, soll Mittags und Abends beim Nachhausegehen der Drescher der Aufseher zugegen sein. Damit sich das ausgedroschene Getreide nicht erhitzt, darf man dasselbe nicht zu lange in der Spreu in einem Haufen an dem Ende der Tenne liegen lassen, sondern es muß so oft als nöthig gereinigt werden. Das Dreschen geschieht meistens im Akkord gegen den 14. bis 16. Scheffel. Nur Oelfrüchte pflegt man im Tagelohn ausdreschen zu lassen.

Das Austreten durch Pferde oder Ochsen findet in der Regel nur bei Hafer, Raps und Rübsen statt. Es führt bei diesen Früchten ebenso sicher zum Ziele als das Dreschen mit dem Flegel und ist dann wohlfeiler als dieses, wenn die Zugthiere keine andern nothwendigen Arbeiten zu verrichten haben. Nothwendige Rücksichten beim Austreiten sind, daß die Auswürfe der Thiere sofort gesammelt und entfernt werden, daß die auszutretende Frucht möglichst dick angelegt und wiederholt umgewendet wird, und daß man Wechseltennen hat, damit die Arbeit um so mehr gefördert wird. Während nämlich die Lage Frucht auf der einen Tenne entkörnt ist, das Stroh aufgebunden und eine neue Lage Frucht aufgelegt wird, arbeiten die Thiere auf der andern Tenne durch Austreten fort.

Für größere Wirthschaften, welche ihre Erntearbeiter auch im Winter außerhalb der Scheune beschäftigen können, ist das Entkörnern mit der Dreschmaschine dem Dreschen mit dem Flegel weit vorzuziehen. Mit der Dreschmaschine drischt man um so billiger, je mehr man Frucht zu dreschen hat; im Durchschnitt kann man annehmen, daß in größern Wirthschaften mit der Maschine um die Hälfte wohlfeiler gedroschen wird als mit der Hand; dazu kommt noch, daß die Maschine reiner drischt und deshalb eine größere Ausbeute liefert als der Flegel, und daß das Entkörnern mit der Maschine in weit kürzerer Zeit vor sich geht; das ist aber von großer Wichtigkeit in doppelter Hinsicht; einmal können die Mäuse in der Scheune weniger Verwüstung anrichten, und dann kann der Landwirth zu rechter Zeit das nöthige Saatgut beschaffen, auch vorübergehende hohe Fruchtpreise mitnehmen. Nur einen Uebelstand hat die Dreschmaschine, nämlich den, daß sie das Stroh zerschlägt und zerknillt; wenn dasselbe aber zu Futter dient, kann sein Zerschlagen nicht als Uebelstand, sondern vielmehr als Vortheil betrachtet werden; ein Uebelstand bleibt das Zerschlagen des Strohes nur dann, wenn dasselbe zu Bändern, zum Dachdecken ꝛc. benutzt werden soll.

Wendet man eine Dreschmaschine an, so darf diese keine Handmaschine sein, weil dieselbe wenig fördert und kaum wohlfeiler arbeitet als das Handdreschen; vielmehr muß die Dreschmaschine durch Thierkraft (mittelst Göpel), Wasser- oder Dampfkraft in Bewegung gesetzt werden.

Von den Göpeln ist einer der besten Barrett's bruchsicherer Göpel. Fig. 37 stellt diesen Göpel dar. Der Deckel desselben besteht, wie aus Fig. 38 ersichtlich ist, in der Hauptsache aus zwei Theilen, dem obern und dem untern Deckel; der erstere ist um den letztern drehbar. Am obern Deckel b wirkt die Zugkraft mittelst der vier hölzernen Zugarme e. Im untern Deckel c sind die drei Stirnräder h gelagert, welchen zunächst die Fortleitung der Zugkraft obliegt. Beide Theile des

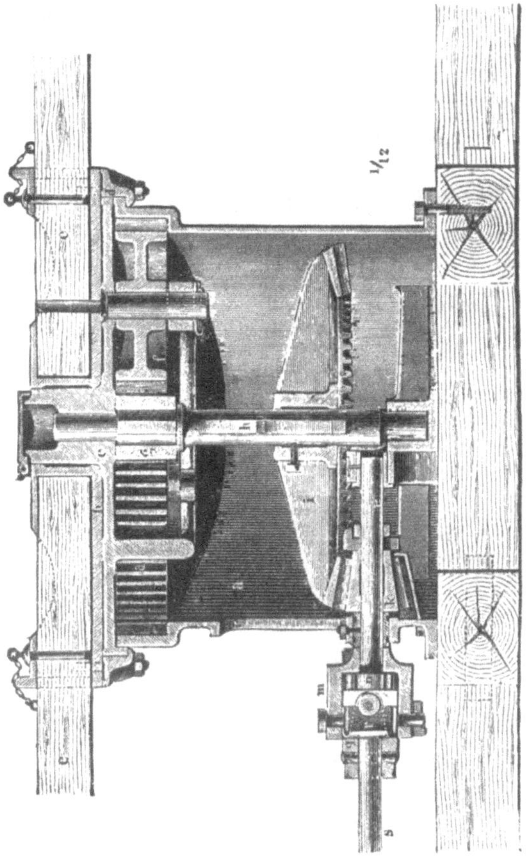

Fig. 37. Barrett's Göpel.

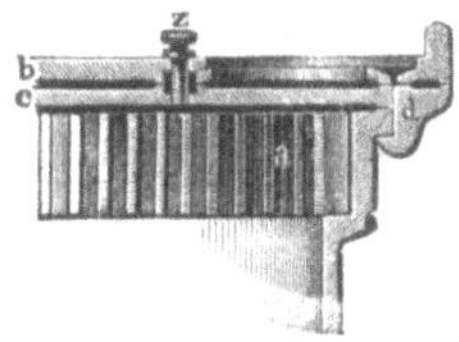

Fig. 38. Deckel zu Barrett's Göpel.

Deckels sind an gegenüberliegenden Stellen durch zwei kleine Stifte z von weichem Eisen zusammengekoppelt. Diese Bruchstifte können auf die innern Göpeltheile nur so viel Druck übertragen, als der höchsten stätigen Leistung von vier Pferden entspricht. Bei plötzlichem, heftigem Anrücken der Zugthiere werden die Bruchstifte abgeschnitten, so daß jede Kraftübertragung auf die innern Göpeltheile sofort unterbrochen ist.

Gute Dreschmaschinen sind die von Drewitz, Kämmerer, Gardissal (Fig. 39), Barrett (Fig. 40), Lotz (Fig. 41). Letztere wird durch Dampfkraft, eine Lokomobile, in Betrieb gesetzt.

Fig. 39. Gardissal's Dreschmaschine.

Fig. 40. Barrett's Dreschmaschine.

Ist eine entsprechende Quantität Körner ausgedroschen, so werden dieselben gereinigt. Früher geschah das Reinigen der Körner dadurch, daß man sie mit der Wurfschaufel wurfelte und dann durch verschiedene

Fig. 41. Lotz'sche Dampfdreschmaschine.

gröbere und feinere Siebe schlug. Man erreichte dadurch wohl eine ganz gute Waare, aber die Arbeit war zu zeitraubend und kostspielig; später bediente man sich zum Reinigen der Körner der Kornfege; doch war dieses Geräth so einfach, daß es dem Zwecke nicht vollkommen entsprach. Jetzt bedient man sich zum Reinigen der Körner fast allgemein der Getreidereinigungsmaschinen, welche die Arbeit sehr fördern und auch gut verrichten. Die besten derartigen Maschinen sind die sächsische und die schottische.

Da aber diese Maschinen nicht alle Arten der Unkrautsamen aus der Frucht herausbringen, namentlich die runden, wie Rade, Vogelwicke &c. darin lassen, so sollte man sich zur Reinigung der Frucht von solchen

Unkrautsamen noch einer besondern Reinigungsmaschine bedienen. Fig. 42 stellt eine solche dar. AA ist ein 5 Fuß hohes Holzgestell. Auf dem

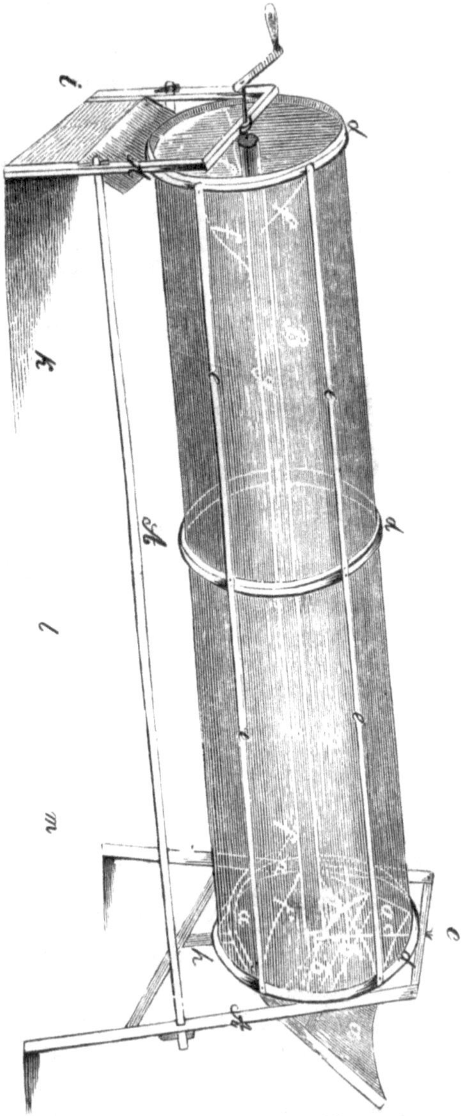

Fig. 42. Raddenreinigungsmaschine.

einen Ende desselben ruht die Welle der Cylinder BB; am andern Ende des Gestells ist die Cylinderwelle eingehängt. Der Cylinder besteht aus einem Drahtgeflecht mit so großen Maschen, daß die Körner der Raden bequem durchfallen können. An den hohen Enden der Maschine ist ein muldenförmiger Rumpf a angebracht. Derselbe reicht mit seinem untern Ende in den Cylinder hinein. In dem Rumpfe befindet sich ein Schieber b, durch welchen der Zufluß der zu reinigenden Frucht regulirt werden kann. Dieselbe wird von einer Person mit einer Schaufel in den Rumpf geschüttet, während eine zweite Person die Maschine mittelst der Kurbel in Bewegung setzt. Die Schraube c hält das Eisen, worin das eine Ende der Cylinderwelle hängt; außerdem dient sie dazu, dem Cylinder eine mehr geneigte oder horizontale Lage zu geben, je nachdem die Frucht den Cylinder schnell oder langsam passiren soll. d d d sind starke hölzerne Reifen, an welchen das Drahtgeflecht befestigt ist und welche durch aufgenagelte Längeleisten e e steif und ausgespannt erhalten werden. Das Ganze ist durch eiserne Streben f f mit der Welle g verbunden. h ist eine Stütze, auf welcher das untere Ende des Rumpfes a ruht. Die Person, welche die zu reinigende Frucht in den Rumpf schüttet, nimmt auch die gereinigte Frucht von i weg. Den bei k l m durchgefallenen, mit geringem Fruchtsamen vermischten Unkrautsamen kann man noch so lange aufschütten, bis auch dieser Theil der Frucht vollkommen gereinigt ist.

Ist die Frucht gereinigt, so wird sie in Säcke geschüttet und in diesen auf die Speicher getragen, wo sie Anfangs und so lange, bis sie vollkommen ausgetrocknet ist, dünn aufgeschüttet und öfter umgestochen wird. Ist sie ausgetrocknet, so wird sie in symmetrische Haufen gebracht, welche man zur Zeit der Baumblüthe wieder auseinanderzieht und öfter umsticht. Von dem Speicher müssen Vögel, Mäuse, Kornwürmer und eindringende Nässe abgehalten werden. Die Oeffnungen werden am besten mit Drahtfenstern und außerdem mit Jalousien verschlossen.

Sechszehnte Abtheilung.

Wirthschafts- oder Ackerbausysteme.

Als die Landwirthschaft zur Wissenschaft heranreifte, die Vortheile des Fruchtwechsels gepredigt wurden und der Anbau der Futtergewächse im Großen die Viehzucht hob, reichte man mit der bisherigen einfachen Eintheilung der Felder nicht mehr aus, weil dies die größere Vielseitigkeit der Früchte, die Bearbeitung und Düngung erschwerte und der nothwendigen Scheidung der Boden-Qualität hemmend entgegen trat. Diesem zu begegnen, wurden aus den bisher üblichen drei Feldern 6, 7, 8, 10 und noch mehr gemacht, je nachdem dies die eingerichtete Feldordnung erforderte. Diese kleineren Feld-Abtheilungen nannte man Schläge und die ganze so eingerichtete Wirthschaft eine Fruchtwechselwirthschaft.

Zum Uebergange aus der Dreifelder-Wirthschaft in eine solche Fruchtwechselwirthschaft mit mehreren Abtheilungen wurden Fruchtfolgen vorgeschlagen und angenommen, und es ist nicht zu leugnen, daß jenes mit großer Leichtigkeit und dieses mit einem allzu großen Vertrauen geschah. Man legte auf die Eintheilung der Felder und die Fruchtfolge ein größeres Gewicht als sie verdienen; statt sie als das Mittel zum Zweck zu betrachten, sah man sie als den Zweck selbst an und war der Meinung, daß die gerühmte und anderswo vielleicht auch bewährte Fruchtfolge allein hinreichend sei, die Wirthschaft in Flor zu bringen. Die speciellen, von der Oertlichkeit und dem Kraftzustande des Bodens bedingten Verhältnisse wurden der neuen Ordnung nicht angepaßt, oder diese nicht jenen, und so kam es, daß die Wirthschaft mit all ihren Schlägen, Fruchtfolgen und Systemen zu Grunde ging.

Dies war ein empfindlicher Schlag für die gute Sache, weil man nicht die falsche Richtung derselben, sondern die Sache selbst als den Grund des Rückschrittes ansah, und es gab eine Zeit, wo die Anhänger der neuen Lehre mit denen der alten Gewohnheit einen förmlichen Kampf zu bestehen hatten. Die Fehler der Ersteren bestanden namentlich darin, daß sie auf Kosten des Getreidebaues den Anbau der Futtergewächse zu plötzlich und zu sehr ausdehnten und die reine Brache beschränkten. Sie kamen dadurch aus dem richtigen Verhältniß des Strohertrags zu dem Futterertrag; die Folge davon war mangelnde Kraft des Bodens und mangelhafte Bearbeitung desselben.

Die Anhänger der alten Lehre aber hielten mit um so größerer Festigkeit an derselben, je geringer die Fortschritte der neuen waren, und erst die Zeit konnte ein Nähertreten und eine Vereinigung bewirken und dadurch erst den hohen Werth und den Nutzen begründen, welchen das neue System so sehr verdient.

Die Eintheilung der Felder in Schläge ist eine Form zur Erleichterung des Prinzips, aber noch nicht das Prinzip selbst, und man kann damit eben so gut ein anderes System als das des Fruchtwechsels verbinden. Es ist aber einleuchtend, daß eine größere Theilung der Felder auch eine größere Berücksichtigung der Boden-Qualität, ein bequemeres Anpassen der Arbeit und eine leichtere Uebersicht der Düngung begründet.

Die Eintheilung der Felder in Schläge ist also für alle Systeme zweckmäßig; das System aber ist von den Verhältnissen einer Wirthschaft abhängig. Der Boden, die Kraft, die Viehnutzung, die Wiesen, Weiden und die Gelegenheit des Dünger-Gewinnes müssen darauf Einfluß ausüben und bestimmen, worauf hingewirkt werden soll, um die nachhaltige Kraft mit den höchsten Erträgen zu verbinden. Die Nachhaltigkeit ist die Axe, um welche sich Alles dreht und auf welcher ein jedes System fußen muß, und deshalb ist das, was man dem Boden wieder geben kann, der Dünger, mit dem, was man ihm entnimmt, der Ertrag, in ein richtiges Verhältniß zu bringen.

Hieraus geht zur Genüge hervor, daß es kein System gibt, welches als ein allgemeines Princip, als eine überall geltende Vorschrift aufgestellt werden könnte; von dieser Wahrheit muß auch der angehende Landwirth beseelt sein, wenn er nicht auf Irrwege gelangen will.

Die Landwirthschaft ist keine Kunst, welche sich auf materiellem Wege erlernen läßt, sie bleibt abhängig von der Natur, ihren Einflüssen und den verschiedenen Verhältnissen, unter denen sie betrieben wird, und danach muß der Mensch sie formen und gestalten.

Dies war es, was die Anhänger der neuen Lehre zu wenig berücksichtigten, und darauf allein begründen sich die Mißverhältnisse, welche daraus hervorgingen.

§. 1.

Die Dreifelder-Wirthschaft.

Wenn man unter Dreifelder-Wirthschaft ein in drei Theile getheiltes Feld versteht, auf welchem in unveränderter Reihenfolge Winterung, Sommerung und Brache nach einander folgen, so ist dieses ein System, welches nur durch Wiesen erheblich unterstützt bestehen kann. In eine solche Wirthschaft sind die Verbesserungen, welche die Landwirthschaft auf eine höhere Stufe gebracht, noch nicht eingedrungen.

Eine solche reine Dreifelderwirthschaft kommt gegenwärtig wohl nur höchst selten vor, weil sich selbst bei dem radikalsten Verfechter dieses Systems doch der Anbau der Futtergewächse wenn auch nur eingeschlichen hat, und wo dies der Fall ist, gehört die Wirthschaft schon zu der verbesserten Dreifelder-Wirthschaft.

Wird eine solche Wirthschaft richtig geleitet, werden die Futtergewächse zweckmäßig eingeschaltet, und findet dabei noch eine Unterstützung durch Wiesen statt, so kann sie mit jedem anderen Systeme rivalisiren und darf von keiner im Ertrage und an Nachhaltigkeit übertroffen werden. Es ist nicht zu leugnen, daß das prinzipienmäßige Drittheil Winterung des sicheren Gedeihens wegen eine große Kraft verbürgt, welche man bei anderen Systemen durch den vermehrten Anbau wenig sicherer Gewächse nicht erlangen kann.

Mit dem Dreifelder-Princip läßt sich eine vollkommen rationelle Wirthschaft verbinden, wenn sie mit der alten Form die neue vertauscht. Man behält dann der besseren Uebersicht und Boden-Berücksichtigung wegen nicht mehr die Dreifelder bei, sondern theilt sie in 6, 9, 12 und noch mehr Schläge, je nachdem die Lage und die Verhältnisse des Bodens es erfordern.

Das zum Princip gehörende Drittheil Winterung wird vollständig angebaut, die Brache nimmt in regelmäßiger Folge Hülsenfrüchte, Futtergewächse und Raps oder andere Handelsgewächse auf, und die Kartoffeln, Rüben, das Kraut werden im Sommerfelde angebaut, damit Hülsenfrüchte darauf folgen können. Der Klee wird nur ein Jahr übergehalten, und er gewährt unter diesen Umständen allemal den höchsten Ertrag.

Der Dünger wird nur zur Winterung nnd zu Kartoffeln gefahren, und darin liegt die Garantie für seine sichere Wirkung, denn der Anbau von Vorfrüchten in frischem Dünger gewährt keine Sicherheit.

Hat man z. B. das Feld in 12 Schläge eingetheilt, so würde die Fruchtfolge sein:

1) Kartoffeln gedüngt.
2) Erbsen.
3) Winterung.
4) Sommerung.
5) Reine Brache.
6) Winterung, gedüngt.
7) Sommerung mit Klee.
8) Klee.
9) Winterung, gedüngt.
10) Sommerung.
11) Reine Brache.
12) Winterung, gedüngt.

oder:

1) Kartoffeln, gedüngt.
2) Erbsen.
3) Winterung.
4) Raps, stark gedüngt.
5) Weizen.
6) Gerste mit Klee.
7) Klee.
8) Winterung.

9) Sommerung.
10) Reine Brache.
11) Winterung, gedüngt.

Man könnte dieses System eine mit dem Futterbau verbundene Körner-Wirthschaft nennen, welche das Grundprinzip der Dreifelder festgehalten hat. Das Bestehen und der hohe Ertrag einer solchen Wirthschaft läßt sich nicht bezweifeln; für eine ausgedehnte Viehzucht dürfte aber der Mangel an Weide fühlbar sein, wenn dieselbe nicht Außenweiden ergänzen. Auch muß eine solche Wirthschaft durch Wiesen unterstützt sein, weil der Klee nur den Grünfutter-Bedarf decken wird.

§. 2.
Die Vierfelder-Wirthschaft.

Die Vierfelder-Wirthschaft kann nur in solchen Fällen gerechtfertigt erscheinen, wo der Dünger mit der Fläche in keinem richtigen Verhältnisse steht und durch den geringeren Fruchtbau Ersatz finden soll. Man kann sie daher als einen Uebergang in ein günstigeres Verhältniß ansehen.

Die Feldeintheilung ist: 1) Winterung gedüngt, 2) Sommerung, 3) Klee, 4) Weide. In dieser Art durchgeführt führt das System wenigstens zur Kräftigung des Bodens und bietet hinreichende Weide für die Schafe. Schlechter, ja ganz unhaltbar ist die Eintheilung, wo die Körnerfrüchte, als Erbsen, Winterung, Sommerung folgen und dann erst Brache gehalten wird.

Diese Einrichtung kommt noch auf manchen Gemeinde-Aeckern vor; sie ist aber schlecht und durch nichts zu vertheidigen. Eine Vierfelder-Wirthschaft des zuerst erwähnten Umlaufes würde sich bei einer Eintheilung in 12 Schläge mit folgender Fruchtfolge leicht in eine verbesserte Ordnung bringen lassen:

1) Winterung, gedüngt.
2) Sommerung.
3) Klee.
4) Weide.
5) Winterung, gedüngt.
6) Sommerung.
7) Erbsen.
8) Erbsen.
9) Winterung, gedüngt.
10) Sommerung.
11) Reine Brache.
12) desgleichen.

Das Grundprinzip der Vierfelder-Eintheilung ist hier noch beibehalten, aber mit vermehrtem Futterbau. Es geht in das Dreifelder-System über, wenn der Klee einjährig benutzt und nur einjährige reine Brache gehalten wird.

§. 3.

Die Fünffelder-Wirthschaft.

Die Fruchtfolge bei der reinen Fünffelder-Wirthschaft ist:

1) Gedüngte Brache.
2) Winterung.
3) Sommerung.
4) Hülsenfrüchte.
5) Hafer.

Dieses System ist eine echte Körner-Wirthschaft; aber eine Verwilderung des Bodens und eine damit verbundene Abnahme seiner Ertrags-Fähigkeit ist die gewisse Folge solcher regelwidrigen Fruchtordnung. Eine Verbesserung des Systems ist, wie bei der Vierfelder-Wirthschaft, auch bei dieser leicht, weil es für den Futterbau einen angemessenen Platz gewährt. Z. B.

1)	Kartoffeln, gedüngt	oder	gedüngte Brache
2)	Gerste	"	Roggen.
3)	Klee	"	Gerste.
4)	Winterung	"	Klee.
5)	Sommerung	"	Hafer.

Oder:

1) Kartoffeln, gedüngt.
2) Erbsen.
3) Winterung.
4) Sommerung.
5) Klee.

Hier ist der Uebergang in den Fruchtwechsel mit einem nachhaltigen Bestehen herbeigeführt.

Alle diese Beispiele sollen nur zur Erläuterung und nicht als Vorschriften dienen, wozu namentlich bei der Fünffelder-Wirthschaft überall keine Veranlassung wäre. Diese kann wenigstens dem angehenden Landwirth niemals zur Nachahmung empfohlen werden und nur unter ganz besonderen Verhältnissen zur Ausübung kommen.

§. 4.

Die Fruchtwechsel-Wirthschaft.

Man kann annehmen, daß die Fruchtwechsel-Wirthschaft der Einführung des Klees ihr Entstehen verdankt und mit diesem innig zusammenhängt. Der Klee hat auch die Dreifelder-Wirthschaft veredelt und das Wechselsystem mit der Körner-Wirthschaft in Verbindung gebracht.

Unter strengem Fruchtwechsel versteht man die Aufeinanderfolge der Früchte, wo zwei Getreide-Ernten entweder gar nicht oder nicht oft hinter einander vorkommen, sondern wo, so viel es geschehen kann, einer Halmfrucht eine Blatt- oder Knollenfrucht nachfolgt. Ein solcher Fruchtwechsel bietet nicht nur den Vortheil, daß einer den Boden in erhärtendem Zustande verlassende Frucht eine lockernde folgt, sondern die verschiedenen Pflanzen bedürfen auch verschiedene Nahrungsstoffe; es entziehen z. B. die Blattgewächse, als Vorfrüchte der Halmgewächse, diesen nichts oder sehr wenig von den Nahrungstheilen, welche sie bedürfen. Auch versorgen sich die Blattgewächse zum Theil aus der Atmosphäre mit Nahrung. Reine Brache ist in Folge dessen ganz überflüssig; der Wechsel der Früchte ersetzt diese vollkommen.

Die Zahl der Schläge bei der Fruchtwechsel-Wirthschaft wechselt von 4 bis 15, je nach der Beschaffenheit des Bodens und den örtlichen Verhältnissen. Beispiele sind folgende:

a. Vierschlägig.

1) Kartoffeln, stark gedüngt.
2) Sommerung.
3) Klee.
4) Winterung.

b. Sechsschlägig.

1) Kartoffeln, stark gedüngt.
2) Sommerung.
3) Klee.
4) Winterung, gedüngt.
5) Hülsenfrüchte.
6) Winterung.

c. Achtschlägig.

1) Gedrillte Bohnen, gedüngt.
2) Winterung.
3) Mäheklee.
4) Sommerung.
5) Erbsen, gedüngt.
6) Winterung.
7) Weide mit weißem Klee.
8) Desgleichen.

d. Desgl.

1) Kartoffeln, gedüngt.
2) Sommerung.
3) Mäheklee.
4) Winterung.
5) Wicken, gedüngt.
6) Winterung.
7) Weide.
8) Weide.

Es ist dies ein reiner Wechsel. Diese Fruchtfolge kann sich aber für die Dauer nicht erhalten, weil der Dünger bei a. nur zu unsicheren Früchten, nämlich Bohnen und Erbsen, gefahren wird. Könnte man auf das Gedeihen dieser Vorfrüchte immer rechnen, dann würde diese Fruchtfolge eine gute sein. Sicherer erscheint die Rotation d., weil ihr Kartoffeln vorangehen.

e. Neunschlägig.

1) Dreschhafer.
2) Hackfrüchte, stark gedüngt.
3) Gerste.
4) Klee.
5) Winterung.
6) Erbsen und Wicken, gedüngt.
7) Winterung.
8) Weide.
9) Weide.

f. Desgl.

1) Dreschhafer.
2) Hackfrüchte, stark gedüngt.
3) Gerste.
4) Erbsen und Wicken.
5) Winterung.
6) Mäheklee.
7) 8) 9) Weide.

Der oben gerügte Fehler wegen des Düngers zur Vorfrucht tritt auch hier ein. Bei f. sind Erbsen und Wicken nicht am richtigen Platze; es würde dahin besser Klee gehören, damit die 3jährige Weide beschränkt werden kann.

g. In 10 Schlägen.

1) Dreschhafer.
2) Behackte Früchte, gedüngt.
3) Gerste.
4) Mäheklee.
5) Winterung.
6) Erbsen und Wicken, gedüngt.
7) Winterung.
8) 9) 10) Besamte Weide.

h. Desgl.

1) Raps u. Erbsen, stark gedüngt.
2) Winterung.
3) Behackte Früchte, gedüngt.
4) Gerste.
5) Klee.
6) Winterung.
7) Sommerung.
8) 9) 10) Weide.

i. In 10 Schlägen.

1) Hafer.
2) Hackfrüchte, gedüngt.
3) Gerste.
4) Klee.
5) Winterung.
6) Grüne Wicken.

k. Desgleichen.

1) Raps, gedüngt.
2) Winterung.
3) Behackte Früchte, gedüngt.
4) Gerste.
5) Klee.
6) Winterung.

7) Raps, gedüngt.
8) Winterung.
9) Weide.
10) Desgl.
11) Desgl.

7) Erbsen und Wicken, gedüngt.
8) Sommerung.
9) 10) 11) Weide.

l. In 12 Schlägen.

1) Wicken.
2) Winterung.
3) Mäheklee.
4) Hafer.
5) Behackte Früchte, gedüngt.
6) Gerste.
7) Erbsen, gedüngt.
8) Winterung.
9) 10) 11) 12) Weide.

m. Desgleichen.

1) Wicken.
2) Winterung.
3) Behackte Früchte.
4) Gerste.
5) Erbsen.
6) Winterung.
7) Gedrillte Bohnen, gedüngt.
8) Hafer.
9) Mäheklee.
10) 11) 12) Weide.

Es wird wiederholt darauf aufmerksam gemacht, daß diese Beispiele nur dazu dienen sollen, das System zu erläutern. Hat man sie jemals als etwas Anderes betrachtet, so mußten hier oder da Nachtheile daraus hervorgehen; denn es gibt kaum zwei Güter, welche einander so gleich sind, daß ein System für beide alle Zwecke genügend erfüllt.

§. 4.

Die Schlag- oder Koppel-Wirthschaft.

Die Koppel-Wirthschaft unterscheidet sich von anderen Systemen dadurch, daß sie eine bestimmte Reihe von Jahren Getreide hinter einander baut und dann den Acker ebenso lange als Wiese und Weide benutzt. Sie ist besonders im Mecklenburgischen und Holsteinischen heimisch.

Der Koppelwirth verwendet allen Dünger ausschließlich zum Wintergetreide, bebaut nur so viel Feld, als er stark zu düngen vermag und legt das übrige zu Gras nieder.

Diese Grundsätze lassen sich für einen zum Graswuchse geeigneten Boden vertheidigen und beim Mangel an Wiesen rechtfertigen, denn der Koppelwirth hat seine Wiesen dann in die Feldkultur eingereiht.

Diese Verhältnisse mögen in ihrer eigentlichen Heimath vorherrschend sein; schwerlich möchten aber auf versauertem, undurchlassendem Boden, welcher, je länger er ruht, um so schlechtere Gräser erzeugt, gute Resultate erzielt werden können, da die längere Ruhe vom Pfluge den Zustand des Bodens nicht verbessert.

Ist andererseits der Boden so fruchtbar, daß er auch ohne längeres Daniederliegen zu Gras sichere und hohe Erträge liefert, oder ist die Wirthschaft durch bleibende Wiesen unterstützt, so ist die Koppelwirthschaft auch nicht zu rechtfertigen.

Die Ersparniß an Arbeit in Folge des verminderten Fruchtbaues bezahlt sich durchaus nicht.

Ihre Berühmtheit hat die Koppel-Wirthschaft dadurch erhalten, daß sie in ihrer Heimath das durch das Dreifelder-System ausgesaugte Land in kurzer Zeit in Kraft und Flor gebracht hat. Früher erfüllte sie diesen Zweck; gegenwärtig geht man aber zu dem Fruchtwechsel-System über, wozu sich die Koppel-Wirthschaft sehr gut eignet.

Bei der Koppel-Wirthschaft wird die Feldmark in 7, 8, 9 und mehr Schläge eingetheilt; die Fruchtfolgen sind beispielsweise folgende:

a. Bei 7 Schlägen: 1) Gedüngte Brache, 2) Winterung, 3) Gerste, 4) Hafer und Erbsen, 5) Klee und Weide, 6) Weide, 7) Weide.

b. Bei 8 Schlägen.

1) Winterroggen, gedüngt.
2) Gerste, Erbsen, Kartoffeln.
3) Hafer mit Klee und Futtergräsern.
4) Klee und Gras zu Heu und Grünfutter.
5) Desgleichen.
6) Weidenutzung.
7) Desgleichen.
8) Schwarze Brache.

c. Bei 9 Schlägen.

1) Dreschbrache.
2) Wintergetreide.
3) Sommergetreide.
4) Gedüngte Brache.
5) Winterung.
6) Sommerung.
7) Klee.
8) Weide.
9) Desgleichen.

Aus a ersieht man die Vereinigung der Dreifelder-Wirthschaft mit der Koppel-Wirthschaft.

§. 6.

Die Stallfütterungs-Wirthschaft.

Die Stallfütterungs-Wirthschaft bildet kein für sich bestehendes System, sondern läßt sich mit allen Systemen verbinden. Es kommt dabei hauptsächlich darauf an, so viel Futter zu erbauen, daß das sämmtliche Vieh Winter und Sommer im Stalle gefüttert werden kann. Eine solche Wirthschaft hat große Vorzüge, die namentlich in der erheblich größeren Düngermasse bestehen, welche bei der Stallfütterung erzeugt wird, und in dem guten Zustande, in welchem das Vieh bei ausreichendem Futter dauernd erhalten werden kann.

Sie hat aber auch große Schwierigkeiten, welche namentlich in der geregelten Beschaffung des nöthigen Futtervorrathes zu suchen sind. Was die Schafe anlangt, so sind diese in der Regel von der Stallfütterung ausgeschlossen, weil ihnen der freie Weidegang gedeihlicher ist, die Haltung im Stalle einen nachtheiligen Einfluß auf die Wolle ausübt, und weil die Beschaffung der Futtervorräthe für große Schafheerden noch weit schwieriger ist als für den Rindviehstand und nur zu leicht empfindliche Verlegenheiten herbeiführt.

Die Stallfütterung beschränkt sich daher nur auf das sämmtliche Rindvieh. Bei einem verhältnißmäßig großem Viehstande gehört große Vorsicht und eine richtige Eintheilung dazu, um zu jeder Zeit geeignetes und zureichendes Futter zu haben.

Der Klee reicht allein nicht mehr aus, weil Zeiten vorkommen, wo er mangelt oder zu alt ist. Es müssen daher andere Futtergewächse eingeschaltet werden. Man beginnt mit Roggen im zweiten Frühjahre, darauf folgt Klee, in die Roggenstoppel werden Wicken gesäet, welche zwischen dem ersten und zweiten Wuchse des Klees verfüttert werden.

Außerdem müssen Spörgel, Haidekorn und Wicken in verschiedenen Zeiträumen angebaut werden und für den Herbst die Blätter der Rüben und des Krautes eine Lücke ausfüllen. Der Sommer ist lang, der Bedarf groß und dabei nicht zu vergessen, daß auch der Winter bedacht werden muß. Am leichtesten läßt sich die Stallfütterung durchführen, wenn man auf dem Felde eine größere Anzahl verschiedener Futtergewächse anbaut, von denen das eine schon schnittreif, wenn das andere aufgefüttert ist, und wenn sich unter den verschiedenen Futtergewächsen solche befinden, welche auch bei länger anhaltender Hitze und Trockenheit nicht versagen, wie z. B. Luzerne, Esparsette, Mais, Mohar.

Ganze Stallfütterung hat bei allen Vorzügen immer ihre Schwierigkeit; leichter und selbst gedeihlicher für das Vieh ist die halbe Stallfütterung. Bei dieser hat das Vieh außer reichlichem Stallfutter Weidegang. Die frische Luft ist ihm gesund, es wird weniger vom Ungeziefer gemartert, und namentlich geben melkende Thiere mehr und bessere Milch. Nach der Ernte gewährt die Stoppel- und Wiesenweide reichliches Futter; diese Weide muß auch zuweilen bei der ganzen Stallfütterung zu Hülfe genommen werden, wenn es um diese Zeit an grünem Mähefutter fehlt. Bei der Stallfütterungs-Wirthschaft ist der Streubedarf während des Sommers besonders zu berücksichtigen, und das zu wählende Ackerbausystem darf deshalb den Strohertrag nicht außer Acht lassen, wenn zumal nicht Wald- oder Teichstreu Surrogate liefern. Reicht der Streubedarf nicht aus, so geht der Vortheil der Sommerstall-Fütterung zum Theil verloren, denn gerade während der Sommermonate wird der beste und reichlichste Dünger gewonnen.

§. 8.

Die freie Wirthschaft.

Eine Wirthschaft, welche sich an kein festes System hält, nennt man eine freie Wirthschaft. Sie richtet sich nur nach den Verhältnissen des Bodens, der Beschaffung des nöthigen Düngers und nach den Konjunkturen, welche diese oder jene Frucht bald mehr, bald weniger begünstigen. Wenn dem Leiter einer solchen Wirthschaft Erfahrung und Sachkenntniß zur Seite stehen, und wenn er mit ununterbrochener Aufmerksamkeit der Leitung vorstehen kann, so wird eine solche Wirthschaft um so günstigere Resultate liefern, je mehr und wohlfeilern Dünger man beschaffen kann.

Was gerade bei der Landwirthschaft so hochwichtig ist, die schnelle und augenblickliche Rücksicht auf Witterungs-Einflüsse, auf die Qualität des Bodens, auf die Konjunkturen, welche bald dieses bald jenes Produkt zum Anbau empfehlen, hat die freie Wirthschaft in ihrer Gewalt.

Es gehört aber hierzu, wie vorerwähnt, eine genaue und ununterbrochene Aufmerksamkeit; denn Alles ist von dem Dirigenten allein abhängig; eine gewisse Ordnung, welche dem untergeordneten Personale zur Richtschnur dienen könnte, findet nicht statt, und für jeden Nachfolger einer solchen Wirthschaft sind große Schwierigkeiten unvermeidlich, weil weder das Düngerverhältniß noch die stattgehabte Benutzung des Bodens nachgewiesen werden kann. Es läßt sich weder für Arbeiten noch Einnahmen und Ausgaben ein Etat aufstellen; außer dem Dirigenten ist alles Maschine, und auch dies hat in der praktischen Ausführung seine Nachtheile.

Ein geordnetes, auf Erfahrung gegründetes System ist daher immer der freien Wirthschaft vorzuziehen. Mögen die Fortschritte dabei langsamer sein, sie sind aber auch sicherer. Die Wirthschaft gewinnt einen ruhigeren, geordneteren Gang, das Interesse daran ist allgemeiner, und das Resultat nicht von zwei Augen allein abhängig.

Der umsichtige Landwirth hat auch bei dem gewählten Systeme, ohne dasselbe zu stören, noch freien Spielraum zur Berücksichtigung eintretender Umstände.

Ein allgemeines Urtheil über die vorstehend beleuchteten Wirthschafts-Systeme läßt sich nicht fällen, weil sie ihren Werth nur nach den verschiedenen Lokalitäten begründen können. Für alle Systeme aber passen folgende Prinzipien, welche deshalb bei der Wahl eines Systems die größte Berücksichtigung verdienen:

1) Man benutze den Dünger nur zu sicheren Früchten.
2) Futterbau und Anbau der Strohfrüchte müssen in einem gerechten Verhältniß zu einander stehen.
3) Den Anbau unsicherer Früchte dehne man nie zu weit aus.
4) Den Anbau der Handelsgewächse bringe man mit der Kraft des Bodens oder mit dem Vorrath an Dünger in Einklang.

Siebenzehnte Abtheilung.

Die Wiesen.

§. 1.

Verhältniß der Wiesen zum Ackerlande.

Die Wiesen sind eine sehr kräftige Stütze des Ackerbaues, weil sie den Dünger für das Ackerland vermehren, ohne von demselben eine Entschädigung zu bedürfen; nächstdem sichern sie eine geregelte Viehzucht. Alle Wirthschaftssysteme bedürfen der Wiesen; denn wenn man auch auf dem Felde Futterbau treiben kann, so ist dieser doch nie so sicher und lohnend als der Futterbau auf den Wiesen, dessen Ertrag ohne große Vorauslagen gewonnen wird, während der Futterbau auf dem Felde Arbeit, Dünger, Samen verlangt. Die Wiesen üben deshalb unter allen Verhältnissen einen großen Einfluß auf den Werth eines Gutes aus. Werden 10 Morgen Ackerland durch einen Morgen gute Wiese unterstützt, so bleibt die Bodenkraft des Ackerlandes nachhaltig bei hoher Nutzung.

§. 2.

Werth der Wiesen.

Ein Morgen guter Wiese kann dem Reinertrage nach zwei Morgen Gerstenboden gleichkommen, weil die Produktionskosten des Futterbaues auf den Wiesen geringer sind als die Produktionskosten des Ackerbaues.

Der Werth der Wiesen im Speciellen ist sehr verschieden und wechselt von Erträgen, welche kaum die Arbeit lohnen, bis zu 50 Centner des besten Heues pr. Morgen. Einfluß darauf haben die Qualität des Bodens, die Lage, die Beschaffenheit der Grasnarbe, namentlich der Bestand derselben an guten oder geringeren Pflanzen, vor Allem aber die Gewalt, welche man über das Wasser hat, um den Wiesen Feuchtigkeit und Pflanzennahrung nach Bedürfniß zuführen zu können. Durch gutes Wasser wird die schlechte Grasnarbe verbessert und auch schlechter Boden zu hohen Erträgen gebracht.

Die Gelegenheit, den Wiesen Pflanzennahrung durch Feldwasser oder mit Dungtheilen vermischtes Wasser aus Dörfern zuzuführen, ist bei der Werthschätzung derselben zu berücksichtigen.

§. 23.

Die Bewirthschaftung.

Mit Unrecht überläßt man häufig die Wiesen, diesen kostbaren Theil einer Landwirthschaft, sich selbst, ohne weiter für sie zu sorgen, als sie abzumähen. Man betrachtet sie als Kühe, welche man melken kann, ohne sie zu füttern. Das Endresultat solchen Verfahrens ist, daß die Wiesen nach und nach aufhören zu produciren, und daß das geringe Maß an Futter, welches sie nur noch geben, von schlechter Beschaffenheit ist.

Und doch ist keine Verbesserung in der Regel wohlfeiler und lohnender als die der Wiesen, weil man oft nichts weiter zu thun braucht, als die naheliegenden Gewässer zu benutzen, welche ohne Kosten zufließen und allein hinreichen, die höchsten Erträge zu sichern.

Es ist mithin dem angehenden Landwirth dringend empfohlen, sein Augenmerk auf die Wiesen zu richten und sich mit den Arten ihrer Verbesserung bekannt zu machen.

Wer seine Felder mit Gesträuch überziehen oder durch Mangel an Düngung verarmen, versumpfen lassen würde, würde bald den Namen eines schlechten Landwirths sich erwerben. Einen solchen Namen erwirbt sich aber auch der, welcher seine Wiesen in jeder Hinsicht hintansetzt.

§. 4.

Entwässerung, Reinigung von Gestrüpp und Unebenheiten.

So wohlthätig das Wasser in gehörigen Schranken auf eine höhere Produktion einwirkt, ebenso nachtheilig wird es, wenn man dasselbe nicht zügelt. Die erste Aufgabe des Wiesenwirths ist demnach, überflüssiges Wasser von den Wiesen zu entfernen; denn der Ertrag der Wiesen in

Quantität und Qualität steigt in dem Grade, in welchem es gelingt, ihnen ein gehöriges Maß von Feuchtigkeit zu geben.

Durch Mangel an Abzug des Wassers entstehen Sümpfe und Moore, die nur schlechte Pflanzen erzeugen; werden sie entwässert, so finden sich bald bessere Gräser ein.

Oft ist eine Entwässerung mit geringen Mitteln zu bewirken, wozu die Oertlichkeit einen sichtbaren Fingerzeig gibt; oft werden aber auch größere Opfer erfordert; nur selten ist sie gar nicht zu bewirken. Was einer oberflächlichen Ansicht zuweilen unmöglich erscheint, wird erreicht, wenn man erst Hand ans Werk legt. Bei kleinern Wiesen reichen praktische Handgriffe aus; gilt es aber größere Brüche zu entwässern, so muß die Kunst zu Hülfe genommen werden und der Arbeit ein Nivellement vorangehen, damit dieselbe nicht nutzlos verschwendet werde.

Bei der Trockenlegung der Wiesen darf aber auch der künftige Wasserbedarf nicht unberücksichtigt bleiben, sonst würde man aus einem Fehler in den andern gerathen. Es gilt nicht allein, das Wasser vollständig zu entfernen, es muß auch wieder da sein, wenn es gebraucht wird. Es muß dazu dienen, die Nachtheile, welche es früher verursacht hat, wieder zu heilen, denn der völlig ausgetrocknete Sumpf würde gar nichts bringen, während er in nassem Zustande doch noch schlechte Pflanzen hervorbrachte.

Die Entwässerung der Wiesen geschieht ebenso wie die Entwässerung des Ackerlandes. Moorige und quellige Wiesen werden am besten drainirt. Die Drains auf den Wiesen legt man am schicklichsten 5 Fuß tief, die Röhrenstränge 8 Ruthen auseinander.

Auch von Buschwerk und Gestrüpp müssen die Wiesen befreit werden, damit die Wurzeln derselben die Bodenkraft nicht aussaugen, die Futterprodukte nicht geschmälert und das Trocknen des Futters nicht behindert wird.

Die Holznutzung, welche Manchen von dieser Kultur abhält, kann gar nicht in Betracht kommen gegenüber den Nachtheilen, welche Buschwerk auf den Wiesen verursacht.

Andere nothwendige Arbeiten auf den Wiesen, welche alljährlich wiederkehren, sind das Ebenen der Maulwurfs- und Ameisenhaufen und das Aufeggen der moosigen, bolligen Wiesen. Maulwurfs- und Ameisenhaufen verringern den Futterertrag, behindern auch bei der Ernte. Die Maulwurfshaufen werden im zeitigen Frühjahr und gleich nach der Heuernte mit dem Rechen zerstreut, die Ameisenhaufen abgegraben und die kahlen Stellen mit gutem Grassamen besäet. Dem Maulwurf, welcher den Ameisenhaufen verursacht, muß man durch Fallen nachstellen, darf ihn aber nicht ganz vertilgen, weil er zu 1 bis 2 Stück pro Morgen Wiese durch Vertilgung vielen schädlichen Ungeziefers mehr nützt, als er durch Aufstoßen schadet.

Das Aufeggen, namentlich der moosigen, bolligen und mit schlechten Pflanzen bestandenen Wiese im zeitigen Frühjahr mit einer schweren, scharfzackigen eisernen Egge ist von großem Vortheil, indem dadurch das Moos zerstört wird und die atmosphärische Luft und die Feuchtigkeit Zutritt zu den Pflanzenwurzeln erhalten. Nach dem Eggen kann man ein Gemisch von gutem Gras- und Kräutersamen ausstreuen. Die guten Pflanzen, welche durch solche Saat erzeugt werden, verdrängen die schlechten.

Eine nothwendige Arbeit, welche so oft als erforderlich im Spätherbst vorzunehmen ist, ist das Räumen der offenen Entwässerungs- und, auf Bewässerungswiesen, der Wässerungsgräben; denn verschlämmte oder verwachsene Gräben können keine Dienste mehr thun. Auch die anderweitige Instandhaltung der Bewässerungsgräben und der übrigen Anstalten zur Bewässerung darf nicht versäumt werden.

§. 5.

Düngung.

Wenn im Allgemeinen die Hauptdüngung der Wiesen in Wasser bestehen soll, welches auch dazu vollständig ausreicht, wenn man es beliebig und zeitgerecht zuführen kann, so kommen doch Fälle vor, wo auch eine andere Düngung dem Zwecke entspricht und sich reichlich belohnt. Sie treten namentlich dann ein, wenn eine regelmäßige Bewässerung nicht zu bewirken ist, und wenn man eine schnelle Verbesserung der Wiesenpflanzen beabsichtigt.

Wenn das Feld den Dünger bedarf, so ist es nicht rathsam, diesem den Stallmist zu entziehen, weil dieser im Acker durch den Fruchtbau sicherer und höher zu verwerthen ist.

Da es aber außer dem Stallmist viele andere Arten von Dünger für die Wiesen gibt, so bietet sich dem Landwirth Gelegenheit dar, seine Wiesen, ohne dem Felde Abbruch zu thun, zu bereichern.

Sehr geeignete Stoffe zur Wiesendüngung sind Kompost, Teich- und Grabenschlamm, Kartoffelkraut, Mergel, Asche, Ruß, Moder, Kalk, Jauche.

Man fährt die Jauche im Frühjahr vor Beginn der Vegetation auf die Wiesen und vertheilt sie sehr gleichmäßig. In dieser Zeit wirkt sie am kräftigsten.

Kartoffelkraut wird im Herbst ausgebreitet und im Frühjahr wieder zusammengeharkt und auf den Düngerhaufen gebracht.

Moorige Wiesen kann man dadurch sehr verbessern, daß man sie nach der Entwässerung 2 Zoll hoch mit Sand befährt.

§. 6.

Einfriedigung.

Die Einfriedigung der Wiesen wirkt sehr wohlthätig auf ihren Ertrag. Sie schützt vor dem nachtheiligen Einfluß kalter Winde, der heißen Sonnenstrahlen und verhindert in trockner Zeit das Ausdorren des Bodens. Die Einfriedigung darf aber nur an der Nord- und Ostseite stattfinden.

Man wählt dazu lebendige Hecken von Weiden, Erlen, Birken 2c.

Die Abholzung darf nicht über 6 bis 8 Jahre hinaus verschoben werden, weil sonst zu viel und zu weit reichender Schatten nachtheilig wirken würde.

§. 7.

Bewässerung im Allgemeinen.

Die Wiesenpflanzen brauchen viel Feuchtigkeit, theils zur Anfeuchtung, theils zur Ernährung.

Wie belebend das Wasser wirkt, kann man daraus ersehen, daß durch dasselbe selbst sterile Sandflächen in fruchtbare Wiesen umgewandelt werden können. Das Wasser feuchtet nicht nur an, düngt nicht nur, sondern es verdrängt auch schlechte Wiesenpflanzen und ruft an deren Stelle gute hervor.

Man unterscheidet zwei Hauptarten der Benutzung des Wassers, welche durch die Lokalität bedingt wird, die Ueberstauung und die Ueberrieselung.

§. 8.

Die Ueberstauung.

Der Ueberstauung muß die vollständige Entwässerung vorangegangen sein. Ist dies der Fall, so kann das Wasser wieder seine heilsame Wirkung ausüben, und man hat bei der Entwässerung selbst schon die nöthigen Vorbereitungen dazu getroffen.

Da die Wiesen stets niedriger liegen als das Ackerland, so sammelt sich auch in der feuchten Jahreszeit, sowohl im Herbst als im Frühjahr, Wasser auf den Wiesen an. Dieses Wasser kann man sehr zweckmäßig zur Ueberstauung der Wiesen benutzen. Noch häufiger findet aber die Ueberstauung derselben statt, wenn Teiche oder ein fließendes Wasser in der Nähe der Wiesen sind. Dieses willkürlich aufzuhalten, zum Austritt auf die Wiese dadurch zu veranlassen und wieder abzuleiten, darin besteht die ganze Operation der Ueberstauung, welche nach Maßgabe der verschiedenen Lokalitäten oft höchst einfach ist und nur geringe Arbeit erfordert.

Es ist hierzu eine Erhöhung der Seitenwände der Wiese nöthig, welche mit dem Gefälle im richtigen Verhältniß stehen müssen. Hat nämlich eine abgegrenzte Wiese, welche man überstauen will, einen Fall von zwei Ellen, so muß der untere Damm dieselbe Höhe haben, wenn man auch den oberen Theil unter Wasser bringen will.

Dies würde nun bei großen Wiesenflächen oft einen zu hohen Wasserstand erfordern, und es sind deshalb Unterabtheilungen nöthig, welche jede mit einem Damme und einer Schleuse abgegrenzt ist, und von denen man das Wasser von der ersten auf die zweite u. s. w. ablassen kann. Dadurch wird auch mit wenigem Wasser der Zweck vollkommen und noch besser erreicht, weil ein hoher Wasserstand den Wiesen niemals gedeihlich ist. Die Dämme werden durch Aufwerfung eines Grabens errichtet, und man benutzt den abgestochenen Rasen zu ihrer Befestigung. Dies darf nicht versäumt werden, weil den lockern Aufwurf das anströmende Wasser leicht wegspült. Damit lassen sich auch die vorerwähnten Einfriedigungen verbinden, welche zur Befestigung der Dämme beitragen.

Den Grund und Boden, welchen man auf Gräben und Dämme verwendet, möge man nicht bereuen; er bezahlt sich reichlich durch den höhern Ertrag der Wiesen. Die Gräben aber werden noch dadurch nützlich, daß sie das stockende Wasser aus dem Untergrunde der Wiesen ableiten.

Das Kostspieligste sind die Schleusen, welche in dem Hauptzuleitungsgraben angebracht werden müssen. Ihre Konstruktion und Festigkeit muß sich nach der Strömung des Wassers richten. Je geringer die Strömung, desto einfacher können sie sein. Durch die verschiedenen Abtheilungen wird die Strömung geschwächt; man kann dies auch noch durch Absätze, welche im Graben selbst angebracht werden, bewirken. Der Fall, welchen das Wasser erleidet, schwächt seine Strömung.

Bei geringem Wasserzufluß muß man dasselbe durch Zuleitungsgräben von Aeckern rc., welche am obern Ende des Hauptgrabens einfließen, zu vermehren bemüht sein, und wenn man dabei mit Umsicht verfährt, wird man fast immer den Zweck erreichen.

Die rechte Zeit der Ueberstauung ist im Herbst und Frühjahr. Das Herbstwasser ist das wirksamste. Manche lassen das Wasser den ganzen Winter über auf den Wiesen stehen, und auch dies führt zu guten Resultaten, wenn es nur nicht bis auf den Grund ausfriert.

Eine zu hohe Anstauung, wenn sie zu lange anhält, schadet manchen Gräsern, weil sie ihnen alle Verbindung mit der Atmosphäre abschneidet. Man muß demnach den Wasserstand so niedrig als möglich halten und den Zweck als erfüllt betrachten, wenn die Wiese gehörig mit Wasser getränkt ist.

Ueber Winter bestaute Wiesen müssen im zeitigen Frühjahr, wenn starke Fröste nicht mehr zu befürchten sind, abgelassen werden. Die im Herbst bewässerten und im Winter trocken gelegten Wiesen bleiben im Frühjahr länger unter Wasser; man öffnet die Schleusen erst Ende April, wenn die Vegetation beginnt. Die Dauer der Ueberstauung richtet sich nach der Lage der Wiesen und der Witterung; hoch und trocken gelegene Wiesen vertragen die Ueberstauung eine längere Zeit als niedrige; bei warmer Witterung muß die Ueberstauung kürzere Zeit dauern als bei kalter.

Wenn das Wasser anfängt Blasen zu werfen, was ein Zeichen angehender Fäulniß ist, dann eile man mit dem Ablassen; es ist dies von großer Wichtigkeit und darf niemals verabsäumt werden.

Wiederholte Ueberstauung im Frühjahr wirkt sehr vortheilhaft, und sie ist zu empfehlen, wo sich die Gelegenheit dazu darbietet; jedoch ist vorhergegangenes Abtrocknen der Wiese unerläßliche Bedigung für die zu erwartende Wirksamkeit.

Niedrig gelegene Ackerstücke können, wenn eine Ueberstauung möglich ist, bald in Wiesen verwandelt werden.

Die Hauptanlage einer Ueberstauung besteht also zuvörderst in dem Hauptzuleitungsgraben mit den erforderlichen Schleusen, in einer Eindämmung zum Anhalten des Wassers und in einem Abzugsgraben. Je ebener die Wiesenfläche ist, desto sicherer wird der Zweck erreicht.

Stauwiesen müssen sorgsam unterhalten werden. Nach Beendigung der Grummeternte müssen alle Beschädigungen an Dämmen, Schleusen, Gräben sorgfältig verbessert, Maulwurfs- und Ameisenhaufen geebnet, tiefe Wagengeleise 2c. ausgefüllt werden. Die Unterlassung einer kleinen Verbesserung bestraft sich durch eine nothwendig werdende größere.

Bestauungswiesen können sowohl im Herbst als Frühjahr behütet werden, nur darf die Anlage dadurch keine Beschädigung erleiden. Es ist zu dem Behuf ein gebahnter und scharf begrenzter Auftrieb anzulegen, damit das Vieh nicht über die Gräben getrieben werden muß.

§. 8.

Ueberrieselung.

Besser als die Ueberstauung ist die Ueberrieselung. Ihre Einrichtung ist allerdings kostspieliger und mehr von der Lokalität abhängig als die einfachere Ueberstauung, die Resultate jener sind aber mit den Resultaten dieser nicht zu vergleichen. Man beschafft durch die Berieselung einen künstlichen Regen und tränkt die Wiesen, wenn sie dessen bedürftig sind. Die hierdurch im Siegen'schen erreichten Resultate sind außerordentlich. Es kommt, seitdem man die Ueberrieselung anwendet, nicht mehr auf den Grund und Boden an, um sich Wiesen zu schaffen; wo nur überhaupt die Ueberrieselung möglich ist, darf man auch der Erzeugung einer ertragreichen Wiese gewiß sein, und weder die sterile Sandfläche noch der saure Torfmoor sind davon ausgeschlossen.

Die Hauptbedingung einer durch günstigen Erfolg gekrönten Ueberrieselung ist die Nähe eines fließenden Wassers oder eines höher als die Wiese gelegenes Teiches.

Eine vollständige Entwässerung der Wiesenfläche muß auch der Ueberrieselungsanlage vorangehen; dann folgt das Nivelliren; dasselbe ist fast in allen Fällen unerläßlich, weil es durchaus nothwendig, den Fall genau zu kennen. Dem bloßen Auge ist dabei selten zu trauen; denn oft wird das Wasser von Stellen fließen, wo man es gar nicht vermuthet.

Ein geringer Hang, dem Wasserabflusse nach, oder eine ebene Fläche ist der Ueberrieselung am zuträglichsten. Berge und Hügel, wo sie vorkommen, machen die Anlage sehr kostspielig, denn eine vollständige Ebenung der Fläche ist nicht zu vermeiden, wenn der Zweck vollkommen erreicht werden soll.

Es ist ferner zu berücksichtigen die Größe der Fläche, der Boden und die Unterlage, weil davon die Masse des erforderlichen Wassers abhängig ist. Eine Wiese mit durchlassendem Untergrunde braucht mehr Wasser als eine Wiese mit undurchlassendem Untergrunde. Moor- und Torfwiesen brauchen weniger Wasser als süße, hochgelegene Wiesen mehr als niedrige.

Zu beachten ist die Lage der Wiesen rücksichtlich der Nähe von Dörfern und Feldern, um wo möglich die hier abfließenden Düngertheile in dem zu benutzenden Wasser aufzunehmen. Zu diesem Zwecke gebrachte Opfer lohnen sich sehr reichlich.

Auch die Beschaffenheit des Wassers ist von sehr großer Wichtigkeit. Feld- und Flußwasser ist das geeignetste, doch dienen auch Teiche und Quellen und selbst das aus Sümpfen und Mooren hergeleitete Wasser zur Berieselung, weil sich durch den Lauf des Wassers, besonders über Kiesel, die sonst schädlichen Einflüsse verlieren.

Wie oben erwähnt erleichtern fließendes Wasser in der Nähe, welches man zu benutzen berechtigt ist, oder höher als die Wiesen liegende Teiche und Quellen die Anlage. Im andern Falle muß ein Wasserreservoir angelegt werden; welches höher liegt als die Wiese, durch Damm und Schleuse von derselben getrennt ist und dazu dient, alles Regen-, Thau- und Feldwasser aufzufangen und dann zur Bewässerung zu verwenden.

Die Größe dieses Reservoirs muß nach der Masse des Wassers, welches man bedarf und welches herbeizuleiten möglich ist, eingerichtet werden. Beides ist vor der Anlage zu beachten, weil eine unzureichende Bewässerung zu wenig Nutzen bringen würde, um bedeutende Kosten zu ersetzen.

Das Wasser in Flüssen und Bächen wird durch Wehre und Schleusen angespannt, damit es auch auf geringere Anhöhen hinaufgetrieben werden und überall hin der Richtung folgen kann, welche man ihm anweist. Die Masse des vorräthigen Wassers bestimmt es, ob die ganze Wiesenfläche auf einmal überrieselt werden kann oder ob Abtheilungen gemacht werden müssen, von denen eine nach der andern bewässert und wieder trocken gelegt wird.

Wenn alle Vorbereitungen getroffen, der Bach angestaut oder das Reservoir gefüllt ist, wird das Wasser langsam in die Vertheilungsgräben, welche rund herum, oder wenn die Wiese einen Abhang hat, an der obern Seite angelegt und durch Verdämmungen geschützt sind, eingelassen. Die Verdämmungen müssen vollkommen wagrecht angelegt werden, damit sich das Wasser aus den Vertheilungsgräben regelmäßig über sie ergieße.

Die Vertheilungsgräben werden so klein und flach als möglich angelegt, damit nicht zu viel Wasser durch Füllung derselben verloren geht. 3 bis 4 Zoll Tiefe ist hinreichend.

Die rechte Zeit der Ueberrieselung richtet sich nach dem Bedürfniß. Sie kann bei trockner Witterung während der ganzen Vegetationsperiode stattfinden, so lange nur das Wasser zureicht. Darin liegt der Hauptvortheil, weil der Wuchs des Grases in Gleichmäßigkeit erhalten wird und besonders warme Witterung, welche sonst mit Trockenheit verbunden dem Wachsthum schadet, den Graswuchs auf das Höchste befördern kann.

Bereits Anfangs-März kann man mit dem Rieseln beginnen, um den Frost aus dem Boden zu bringen. Hat man diesen Zweck erreicht, so wird die Wiese eine Zeit lang trocken gelegt. Im April beginnt man wiederholt mit der Rieselung 8 bis 10 Tage lang, namentlich bei rauher Witterung. Vom Mai an darf man nur schwach und selten und blos die Nacht über rieseln; jetzt dient das Wasser nur noch zur Anfeuchtung. Acht Tage vor dem Mähen, darf gar nicht mehr gewässert werden.

Damit nicht Sand und Erde auf das Gras gespült werden, wodurch es an Futterwerth verlieren würde, müssen die Ueberrieselungen nur sehr mäßig stattfinden und die Eindämmungen der Vertheilungsgräben mit Rasen fest und dick belegt sein, damit das Wasser nur über diese weg sich sanft ergieße. Dieses durch Einschnitte in den Eindämmungen zu bewirken, entspricht dem Zwecke nicht, weil die Vertheilung des Wassers nicht gleichmäßig genug erfolgen würde. Ein sanftes Ueberrieseln verdient auch in der Hinsicht den Vorzug vor einem starken, rauschenden Lauf des Wassers, weil dieses in jenem Falle seine düngenden Bestandtheile besser abzusetzen vermag.

Vierzehn Tage nach dem Abernten des Heus findet eine Hauptüberrieselung statt, damit der zweite Wuchs stark und kräftig emporschieße; nachher findet nur noch eine Anfeuchtung statt. Wenn der Boden irgend kräftig und das Wasser zureichend ist, kann man auf überrieselten Wiesen auf drei reichliche Schnitte rechnen.

Nach der Grummeternte muß wiederholt gerieselt werden. Jetzt ist in der Regel das Wasser am reichlichsten vorhanden und auch am düngerkräftigsten; man muß aber aufhören zu bewässern und die Wiesen trocken legen, sobald sich Schnee und Frost ereignen.

Die Wichtigkeit solcher Anlagen erheischt übrigens eine genaue Sachkenntniß, welche sich auf theoretischem Wege allein nicht erwerben läßt. Man muß sie sehen, sich von allen Handgriffen, Vortheilen und Grundlagen überzeugen, die Lokalität mit einer bereits ausgeführten und Resultate sichernden Anlage vergleichen und erst dann Hand ans Werk legen. Die Gelegenheit zum praktischen Unterricht ist vielfach geboten, und auf diesen wird der angehende Landwirth angewiesen. Das, was hier gesagt worden, soll nur dazu dienen, die Wichtigkeit der Sache hervorzuheben.

§. 10.
Anlage neuer Wiesen.

Bei der Anlage neuer Wiesen muß man alles das berücksichtigen, was die Erträge bedingt. Die Ebenung der Fläche muß vollständig bewirkt werden. Läßt sich eine Ueberrieselung ausführen, so muß man dem Grundstück den nöthigen Hang geben, weshalb ein Abwägen mit der Setzwage vorausgehen muß. Die Ebenung geschieht dadurch, daß man erhöhte Stellen abträgt und Vertiefungen ausfüllt. Die gute Erde muß obenauf zu liegen kommen. Man säet die Gras- und Kräutersamen, nachdem der Boden gehörig zubereitet und wo möglich gedüngt worden ist, zugleich mit einer Getreidefrucht. Kann man nach Aberntung der letztern die Fläche überrieseln, so darf man schon im nächsten Jahre auf einen sichern Ertrag rechnen. Zu den vorzüglichsten Wiesenpflanzen gehören:

Der Wiesenfuchsschwanz	Alopecurus pratensis.
Das Wiesenrispengras	Poa pratensis und trivialis.
Der Wiesenschwingel	Festuca elatior.
Das Timotheegras	Phleum pratense.
Das französische Raygras	Avena elatior.
Das englische Raygras	Lolium perenne.

Das italienische Raygras	Lolium perenne italicum.
Die Schafgarbe	Achillea millefolium.
Der rothe Wiesenklee	Trifolium pratense.
Der weiße Klee	Trifolium repens.
Der gelbe Klee	Trifolium procumbens.
Der Bergklee	Trifolium montanum.
Der gelbe Schneckenklee	Trifolium medicago falcata.
Der Schotenklee	Lotus corniculatus.
Der Wegebreit	Plantago lanceolata.
Der Goldhafer	Avena flavescens.
Die Vogelwicke	Vicia cracca.
Das Knaulgras	Dactylis glomerata.
Der gemeine Windhalm	Agrostis vulgaris.
Das gelbe Ruchgras	Anthoxantum odoratum.
Die Wiesenpimpinelle	Sanguisorba officinalis.
Das Fioringras	Agrostis stolonifera.
Das Glanzgras	Phalaris arundinacea.
Das Honiggras	Holcus.
Die Schwingelarten	Poa.
Die Schmielenarten	Aira.
Die weiche Trespe	Bromus mollis.
Das Perlgras	Melica nutans.
Die Platterbse	Lathyrus tuberosus.
Der Wiesenhafer	Avena pratensis.

Die richtige Auswahl der Pflanzen zur Bildung einer neuen Narbe und eines dichten Wuchses mit Unter- und Obergräsern ist nicht leicht, weil es darauf ankommt, daß die Pflanzen hinsichtlich ihres Wuchses, ihrer Blüthe, ihrer Wurzelausbreitung zu einander passen und sich mit einander vertragen; sie müssen aber auch der Bodenbeschaffenheit angemessen sein. Reelle Samenhandlungen werden, wenn man die Beschaffenheit der Wiesen genau angibt, die passendsten Pflanzenmischungen für jede gegebene Wiese am besten ausführen.

Das Behüten einer neuen Wiese muß im ersten Jahre vermieden werden und jede Bewässerung mit großer Vorsicht stattfinden. Die Bewässerung darf nie zu lange dauern und muß auch nur mäßig sein, weil sonst die noch schwachen Pflanzen faulen oder ausgespült werden würden.

Die Möglichkeit, mit dem größten Vortheile neue Wiesen anzulegen, ist öfter vorhanden als man glaubt, und man muß sie namentlich dort mit Aufmerksamkeit benutzen, wo es an einem richtigen Verhältniß der Wiesen zum Ackerland mangelt.

§. 11.
Die Aberntung der Wiesen.

So verschieden der Futterwerth des Wiesenfutters durch Lage, Boden, Bestand und Behandlung der Wiesen sein kann, so verschieden wird er durch eine günstige oder ungünstige, richtige oder falsche Werbung des Futters. Die Witterung in der Heuernte übt allerdings den Haupteinfluß aus, aber auch auf die **zeitgerechte** Ernte und auf die Art und Weise des Trocknens kommt viel an. Der richtige Zeitpunkt der Reife der Wiesenpflanzen tritt oft früher, oft später ein, je nachdem die Witterung das Wachsthum der Pflanzen begünstigt. Man muß sich daher nicht nach dem Kalender, sondern nach der Ausbildung der Wiesenpflanzen richten. Die Zeit der Ernte ist gekommen, wenn der größte Theil des Obergrases in der Blüthe steht, und wenn das Untergras, welches einen Hauptbestandtheil des Ertrages ausmacht, weit genug herangewachsen ist, um von der Sense erreicht zu werden. Bei vorher ungünstiger und darauf schnell folgender warmer Witterung tritt das Obergras in Blüthe, ehe das untere Gras mähbar wird; dann lasse man sich nicht täuschen, und wenn nicht Zeit und Witterung es anders verlangen, warte man lieber das Heranwachsen des Untergrases ab, weil es den wesentlichsten Theil des Ertrages ausmacht.

Bei einschürigen Wiesen wartet man stets den höchsten Ertrag ab; bei zwei- und mehrschürigen Wiesen ist der nachfolgende Wuchs zu berücksichtigen, und es muß ein zeitigeres Mähen eintreten, damit noch Zeit für den zweiten Wuchs bleibt; denn wird der erste Wuchs überreif, so erntet man nicht nur ein Futter von sehr geringer Qualität, sondern der zweite Wuchs wird auch einen geringen Ertrag geben.

Nächstdem ist eine Hauptrücksicht das sorgsame Wahrnehmen günstiger Witterung. Was bei solcher an Arbeit und Güte des Heues gewonnen wird, deckt selbst ein geringeres Quantum reichlich. Es kommt manchmal auf einen Tag sehr viel an.

Gemäht wird gewöhnlich mit der Sense früh im Thau, weil dann die Sense am besten schneidet. In großen Wirthschaften bei Mangel an Arbeitern kann man sich aber auch der Grasmähemaschine bedienen, welche jetzt so vollkommen ist, daß sie mit weit größerem Nutzen als die Sense angewendet werden kann. Die beste **Grasmähemaschine** ist die von **Wood** (Fig. 43).

Ein glattes Mähen vermehrt nicht allein den Ertrag, sondern wirkt auch günstig auf den Nachwuchs, und es ist falsch, wenn man glaubt, daß eine hohe Stoppel dem nachfolgenden Wuchse zu gut komme. Die Stoppel stirbt gewöhnlich ab, und das Gras treibt frisch aus den Wurzeln.

Fig. 43. Wood'sche Grasmähemaschine.

Die Arbeit im Verdunge bei der Sensenarbeit ist die geeignetste, weil sie am meisten fördert und wohlfeiler ist.

Die Behandlung des gemähten Futters wird sehr verschieden ausgeführt. Bei trockner Witterung ist es wohl das beste, das Gras bald hinter der Sense her sehr sorgfältig auseinander zu streuen, damit es gleichmäßig der Sonne und Luft ausgesetzt wird und gleichmäßig trocknet. Am ersten Tage wendet man es ein= bis zweimal und bringt es gegen Abend in kleine Haufen. Am nächsten Tage, so bald der Thau abgetrocknet ist, wird es gestreut und den Tag über zweimal gewendet, gegen

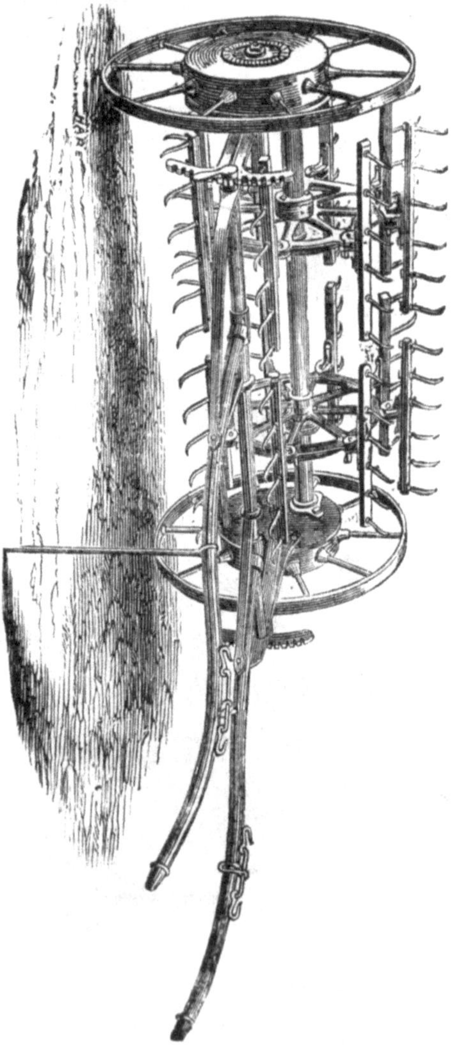

Fig. 44. Heuwendemaschine.

Abend aber in größere Haufen gebracht. Am dritten Tage wiederholt man das Streuen und Wenden. Herrscht günstige Witterung, so wird das Futter am dritten Tage zum Einfahren trocken genug sein.

In der Regel bedient man sich zum Zerschlagen der Schwaden und zum Wenden des Futters des Rechens; in großen Wirthschaften und namentlich da, wo es an Arbeitern mangelt, wendet man aber mit größerem Vortheil die Heuwendemaschine (Fig. 44) an. Durch dieselbe, welche das Futter in die Luft schleudert, wird die Arbeit nicht nur sehr beschleunigt, sondern das Futter wird auch eher trocken.

Die vorbeschriebene Methode des Trocknens ist die sicherste und erhält den Werth des Futters am vollkommensten. Dasselbe bleibt grün und aromatisch und trocknet gleichmäßiger, als wenn es mehrere Tage in Schwaden liegen bleibt und durch Umwenden derselben getrocknet wird.

Eine neue Heuwerbungsart ist die Braunheubereitung auf dieselbe Art, wie sie bei der Kleeheubereitung beschrieben worden ist. Sie eignet sich vorzüglich für das Grummet, wenn man mit der Ernte desselben spät in den Herbst kommt, wo die Sonne nur noch wenig Kraft hat; auch bei regnerischer Witterung in der Heuzeit führt die Braunheubereitung am sichersten zum Ziele.

Was die Aufbewahrung des Heues anlangt, so geschieht diese gewöhnlich auf dem Boden über den Ställen, obwohl behauptet wird, daß es sich in großen Schobern im Freien besser halten soll. Die Bequemlichkeit der Benutzung wird jedoch immer der Grund sein, warum das Erstere beibehalten wird, und wenn sonst der Heuboden trocken und vor äußerer Nässe geschützt ist, so wird auch trocken eingebrachtes Heu nicht Schaden leiden. Es muß nur gut und fest eingelegt werden, und die Stalldecken müssen fest sein, damit die Dünste aus dem Stalle nicht auf den Heuboden dringen können. Liegt das Heu locker, so hält es sich bei weitem nicht so gut.

Will man doch das Heu im Freien in Feimen aufbewahren, so soll

Fig. 45. Heubedachung.

die Errichtung der Feimen unter einer Bedachung geschehen, damit einfallendes Regenwetter bei dieser Arbeit dem trocknen Futter nicht schadet. Fig. 45 stellt eine solche Bedachungsvorrichtung dar.

Das Wiesenheu ist für den Viehstand ein sehr nothwendiges Futter und bildet einen wesentlichen Theil des Winterfutters; namentlich wirkt es auf den Wollertrag und die Güte der Wolle entscheidend. Es ist nicht leicht durch anderes Futter zu ersetzen.*)

Achtzehnte Abtheilung.
Die allgemeine Viehzucht.

§. 1.
Die Züchtung.

Alle Thiere nehmen am leichtesten und sichersten auf, wenn sie brünstig sind. Deshalb soll man den Zeitpunkt der Brunst nicht vorübergehen lassen, sondern in dem höchsten Stadium desselben das Vaterthier zu dem Mutterthier bringen.

An eine Verbesserung und Veredelung des Viehs ist nur dann zu denken, wenn die Paarung eine geregelte ist, d. h. wenn man sich die Thiere nicht beliebig paaren, sondern den Sprung aus der Hand geschehen läßt, in der Art, daß man das ausgewählte Vaterthier zu dem brünstigen Mutterthiere führt, resp. beide zusammensperrt.

Nie darf man Thiere in zu jugendlichem Alter zulassen; dieses gilt sowohl von den männlichen als den weiblichen Zuchtthieren. Im anderen Falle würden die Produkte der Zucht sowohl in ihren Körperformen als in ihren nutzbaren Eigenschaften sich nicht hervorthun. Man soll aber auch die Thiere nicht zu alt werden lassen, ehe man sie paart, weil sonst leicht der Begattungstrieb schwindet und Geltebleiben die Folge davon ist.

Man unterscheidet hauptsächlich zwei Arten der Zucht, die Inzucht und die Kreuzung.

Die Inzucht ist die leichteste, sicherste und wohlfeilste Zucht, weil sie mit selbsterzogenen, an Klima und Futter gewöhnten Thieren geschieht. Eine Veredelung des Viehstandes ist auch durch die Inzucht möglich, wenn man bei vielem und gutem Futter in der Art verfährt, daß man nur die besten der vorhandenen Thiere zur Nachzucht verwendet und von den Nach-

*) Eine sehr gute Anleitung zum Wiesenbau gibt die Schrift: Vincent, „Der Wiesenbau, dessen Theorie und Praxis.“ 2. Aufl. mit 12 Tafeln. Leipzig, Veit & Comp. 2 Thlr.

kommen derselben wieder nur die besten zur Fortzucht benutzt. Alle Thiere aus Inzuchten haben auch eine größere Vererbungsfähigkeit als die aus Kreuzungen. Nach Haubner befestigt und verstärkt die Inzucht die Constanz der Eigenschaften, während sie die Kreuzung zerstört. Sind sich das Vaterthier und das Mutterthier gleich nach Abstammung und Eigenschaften, dann sind auch Nachkommen zu erwarten, welche ihnen gleichen; die ganze Zucht durchdringt ein Famlientypus.

Bei der Kreuzung werden Thiere (Vater- und Mutterthiere) von verschiedener Abstammung und verschiedenen Eigenschaften mit einander gepaart. Man bezweckt dadurch vermehrte Größe, schönere Formen, ausgeprägtere Eigenschaften, z. B. vermehrten Milchertrag oder fettere Milch, oder größere Zugfähigkeit, oder vermehrte Mastfähigkeit, oder dichtern Wollwuchs, oder feinere, ausgeglichnere Wolle. Soll aber die Kreuzung zu dem gewünschten Ziele führen, so muß das Vaterthier die Eigenschaften, welche man durch dasselbe bei den Nachkommen hervorbringen will, in ausgeprägtem Grade besitzen, und man muß so lange fortkreuzen, bis die gewünschten Eigenschaften bei den Nachkommen constant geworden sind. Gewöhnlich gelangt man zu diesem Ziele erst in der sechsten bis achten Generation. Die Kreuzung verlangt deshalb Ausdauer; sie beansprucht aber auch weit größere Intelligenz des Züchters als die Inzucht; endlich verlangt sie die sorgsamste Auswahl der Zuchtthiere, weil sich alle Fehler derselben in Körperformen und Eigenschaften vererben. So große Vortheile die Inzucht hat, so wichtig kann doch die Kreuzung werden, wenn es darauf ankommt, seinem Viehstande andere bessere Körperformen oder andere vorzüglichere Eigenschaften anzuzüchten. Die Hauptsache bei der Kreuzung ist das Vaterthier, weil sich dessen Körperformen, noch mehr aber dessen Eigenschaften vorzugsweise vererben.

§. 2.

Die Futterstoffe.

Die Futterstoffe zerfallen nach den Chemikern hinsichtlich ihrer Bestandtheile in 3 Abtheilungen, nämlich in stickstofffreie, stickstoffreiche und mineralische. Die stickstofffreien Nahrungsmittel, in welchen die stickstofffreien Bestandtheile vorherrschen, nennt man auch Respirationsmittel, Wärme- oder Fettbilder, weil ihnen in Folge des eine langsame Verbrennung darstellenden Athmungsprozesses die Entstehung der thierischen Wärme und die Erzeugung des Fettes im Körper zuzuschreiben ist. Zu den stickstoffarmen Futtermitteln gehören alle ältern reifen Pflanzentheile, mit Ausnahme der Samen, als Stroh, strohiges Heu, Knollen, Rüben.

Die stickstoffreichen Futtermittel nennt man auch plastische oder proteïnreiche Futtermittel oder Blut- und Fleischbilder, weil in ihnen die stickstoffreichen Bestandtheile vorherrschen, weil sie die zur Bildung von Blut und Fleisch nöthigen Stoffe, Stickstoff und Phosphor, in reichlicher Menge enthalten. Zu den stickstoffreichen Futtermitteln gehören vor Allem die Samen, dann aber auch die Blätter und Stengel der Pflanzen in jungem Zustande. In reichlicher Menge genossen erzeugen die stickstoffreichen Futtermittel hauptsächlich Zugkraft und Fleisch; man kann sie deshalb mit Recht Kraft- oder Mastfutter nennen. Die mineralischen oder unorganischen Futtermittel begünstigen den Knochenbau der Thiere und sind deshalb namentlich zur Ernährung junger Thiere nothwendig. In der Regel braucht man sie aber nicht besonders zu füttern, da sie in angemessener Menge (Phosphorsäure und Kalk) in den stickstoffreichen Futtermitteln vorhanden sind.

§. 3.

Futtermischung.

Zu einer vollständigen Ernährung der Thiere sind alle die in §. 2. erwähnten Arten von Nährstoffen nothwendig. Deshalb darf man nicht blos eine Art von Futter füttern, sondern es müssen verschiedene Futtermittel mit einander gemengt werden. Zu einer guten Futtermischung gehört aber ein richtiges Verhältniß zwischen stickstofffreien und stickstoffreichen Nährstoffen, denn von diesem Verhältniß hängt es vorzugsweise ab, ob das gereichte Futter zur vollständigen Ausnutzung kommt. Ein Ueberschuß von dem einen wie von dem andern bleibt unverdaut, unausgenutzt. Da die stickstoffreichen Futtermittel gewöhnlich theurer sind als die stickstoffarmen, so spart der Viehhalter gern an ersteren, und deshalb sind die Futtermischungen zu arm an Stickstoff, zu kraftlos. Das Mischungsverhältniß der Futtermittel ist aber kein gleichbleibendes, sondern verschieden nach Alter und Nutzungszweck der Thiere. Als Regel gilt in dieser Beziehung: Je jünger ein Thier ist und je mehr Leistung man von einem Thiere verlangt, sei es im Zuge, in Milch-, Fleisch- oder Wollerzeugung, desto stickstoffreicher muß die Futtermischung sein. Um Pferde und Rindvieh blos bei mäßiger Kraft zu erhalten, erscheint ein Verhältniß von 16 bis 17 stickstoffhaltigen Nährstoffen auf 100 stickstofffreie genügend; sollen aber die Pferde anstrengend arbeiten, die Kühe reichlich Milch liefern, so verlangt Stöckhardt, daß die stickstoffhaltigen Nährstoffe 20 auf 100 stickstoffreie betragen. Noch mehr sind die stickstoffhaltigen Nährstoffe, nämlich auf 22 bis 30 Proz., bei der Mastung zu steigern. Am stickstoffreichsten muß die Futtermischung sein, je jünger ein Thier ist, nämlich 40 bis 45 Proz. stickstoffreiche Nährstoffe auf 100 stickstoffarme. Man verringert dann in den zwei ersten Lebensjahren das stickstoffreiche Futter in jedem Monat um 1 Prozent.

§. 3.

Futterzubereitung.

Die Nährwirkung eines Futtermittels kann nicht unbedeutend gesteigert werden durch eine zweckmäßige Zubereitung. Man kann dadurch die Futterstoffe schmackhafter, leichter verdaulich, assimilirbarer machen. Die verschiedenen Arten der Futterbereitung sind:

1) Das Häckselschneiden. In Häcksel werden Stroh und Heu, auch Grünfutter in sehr jungem und in altem Zustande umgewandelt. Man bezweckt dadurch Mischung mit anderen Futtermitteln, Erweichung und bessere Aufschließung des Halm- und Blattfutters, Verhütung von Vermoschen des Futters durch die Thiere, Futterersparung. Früher schnitt man den Häcksel auf Handladen, gegenwärtig bedient man sich dazu der Häckselmaschinen, welche einen gleichmäßigern Häxsel liefern und weit wohlfeiler arbeiten als die Handladen. Fig. 46 stellt eine sehr zweckmäßige

Fig. 46. Richmond's Häckselmaschine.

mittelgroße Häckselmaschine nach der bewährten Construktion von Richmond dar. Dieselbe ist sehr zu empfehlen. Dasselbe gilt von Deane's Häckselmaschine (Fig. 47) für größere Wirthschaften.

2) **Das Schroten der Körner.** Alle Körner, mit Ausnahme derjenigen, welche man erwachsenen und gesunden Pferden füttert, sollen geschroten werden, weil sie sich dann um so besser verdauen lassen und nicht zum Theil wieder unausgenutzt mit dem Miste abgehen. Auch lassen sich geschrotene Körner besser mit anderen Futtermitteln vermischen. Eine der besten Schrotemaschinen ist die Biddels'sche, welche Fig. 48 darstellt.

Fig. 47. Deane's Häckselmaschine.

Fig. 48. Biddels'sche Schrotemaschine.

3) **Schneiden und Reiben der Knollen und Wurzeln.** Kartoffeln und Rüben werden vor der Verfütterung gewaschen und dann auf

besonderen Kartoffel- und Rüben-Schneidemaschinen in Scheiben oder Würfel zerkleinert. Eine sehr empfehlenswerthe Rüben- und Kartoffelschneidemaschine ist die Moody'sche (Fig. 49).

Fig. 49. Moody's Kartoffel- und Rüben-Schneidemaschine.

Man verwandelt aber auch Kartoffeln und Rüben auf einer besonderen Maschine, der Musmaschine (Fig. 50), in einen dicken Brei, ver-

Fig. 50. Musmaschine.

mischt denselben mit Strohhäcksel, läßt die Mischung gut durchziehen und verfüttert sie dann. Dieses Futter wird von dem Rindvieh gern gefressen, und es gedeiht dabei gut.

4) Dämpfen, Kochen, Aufbrühen. Gedämpft werden in der Regel nur Kartoffeln und Rüben, und zwar auf dieselbe Weise wie die Kartoffeln bei der Branntweinbrennerei. In neuester Zeit verbreiten sich aber mehr und mehr besondere Futterdämpfapparate, in welchen Häcksel, zerkleinerte Knollen und Wurzeln, Getreideschrot, Alles gemengt, gedämpft werden. Das Kochen des Futters (der Kartoffeln, Rüben, der Körner) findet nur in kleinen Wirthschaften statt, um Brennmaterial zu ersparen, indem die Blase oder Pfanne gleich mit in dem Stubenofen angebracht ist. Das Aufbrühen des Futters ist wenigstens bei der Fütterung vom November bis zum Aufgang des Grünfutters die gebräuchlichste Futterzubereitungsmethode. Sie besteht darin, daß alles Futter zerkleinert und schichtenweise in große runde Bottiche eingedrückt wird. Die Größe derselben muß sich nach der Größe des Viehstandes richten. In Rindviehställen braucht man drei Stück, für jede Futterzeit einen. Sind die Bottiche mit dem zerkleinerten Futter gefüllt, so wird dasselbe mit heißem Wasser so weit übergossen, daß dasselbe bis über das Futter reicht; dann werden die Bottiche mit gut schließenden Deckeln belegt. Derjenige Bottich, welcher Abends angebrüht ist, wird früh verfüttert, der, welcher früh angebrüht ist, Mittags und der, welcher Mittags angebrüht ist, Abends verfüttert. Das Dämpfen, Kochen, Aufbrühen verursacht zwar Aufwand an Brennmaterial, dieser Aufwand aber wird reichlich vergütet durch die höhere Nutzung des Viehs deshalb, weil das Futter besser aufgeschlossen und leichter verdaulich ist.

5) Selbsterhitzung. Die Selbsterhitzung des Futters ist zwar wohlfeiler als das Dämpfen, Kochen und Aufbrühen, aber auch umständlicher und mit größerer Gefahr des Verderbens des Futters verbunden. Sie besteht darin, daß alles zur Verfütterung bestimmte Futter geschnitten und gemischt und mit der mit Brause versehenen Gießkanne mäßig mit Wasser angefeuchtet und dabei gut umgeschaufelt wird. Nachdem dieses geschehen ist, wird das Futter in hölzerne Behälter (deren man 4 haben muß, indem das am ersten Tage eingefüllte Futter erst am dritten bis vierten Tage, je nach der Temperatur, zur Verfütterung reif wird), welche auf einer Seite offen sind, fest eingetreten, mit Wasser begossen und dann die obere Seite mit einem Deckel bedeckt, den man nach 24 Stunden abnehmen muß. Sobald das Futter einen weinsäuerlichen Geruch verbreitet, muß es verfüttert werden. Diese Zubereitungsart des Futters erfordert große Reinlichkeit, damit keine faulige Gährung sich einstellt.

§. 4.

Stärke der Fütterung.

Anlangend die Stärke der Fütterung, so unterscheidet man vorerst Magenfüllungs- und Kraftfutter. Zu dem Magenfüllungsfutter gehört alles stickstofffreie Futter. Vermöge seines größern Umfanges ist es zwar im Stande, den Nahrungsschlauch gehörig auszufüllen, aber das Vieh gibt bei solchem Futter keinen Nutzen; es muß daher eine angemessene Menge Magenfüllungsfutter mit einer angemessenen Menge Kraftfutter verbunden werden, wenn die Fütterung eine rationelle sein soll. Hinsichtlich der Stärke der Fütterung läßt sich das Futter auch noch eintheilen in Erhaltungs- und Productionsfutter. Bei der Verabreichung von blos Erhaltungsfutter wird das Thier nur am Leben erhalten, gibt keinen Nutzen; erst das Futter, welches über das Erhaltungsfutter hinaus gereicht wird, erzeugt Zugkraft, Milch, Fleisch, Fett, Wolle. Die Menge des nothwendigen Erhaltungsfutters richtet sich nach dem Gewichte der Thiere im lebendigen Zustande. Sie beträgt $^1/_{60}$ des Gewichts des lebenden Thieres.

§. 5.

Art und Weise der Fütterung.

Zu unterscheiden ist Weide, Sommerstallfütterung und Winterstallfütterung.

1) Weide. Bezüglich derselben gelten folgende Regeln: a. Der Uebergang von der Stallfütterung zur Weide und umgekehrt darf nur allmälig eingeleitet werden. b. Zu Anfang und zu Ende der Weidezeit, wo sich die Thiere auf der Weide nicht vollständig zu ernähren vermögen, müssen dieselben vor dem Austreiben ein kleines Trockenfutter im Stalle erhalten. c. Man soll nicht eher austreiben, bis Thau, Nebel, Reif verschwunden sind. d. Man soll eintreiben, ehe Nebel und Thau fallen. e. Die Thiere sollen Gelegenheit haben, auf der Weide ihren Durst zu löschen, sie dürfen aber nicht aus Pfützen saufen. f. Das Beweiden sumpfiger Plätze und solcher Stellen, wo schädliche Pflanzen wachsen, ist zu vermeiden. g. Die Thiere dürfen auf dem Wege nach der Weide, auf dieser selbst und beim Eintreiben nicht gehetzt werden. Je ruhiger sie sich auf der Weide überlassen bleiben, desto gedeihlicher wird ihnen dieselbe. h. Auf Klee- und Saatfeldern soll man sich die Thiere nie ganz sättigen lassen; auch müssen sie sich auf solcher Weide stets bewegen.

2) Sommerstallfütterung. Die Sommerstallfütterung ist stets Grünfütterung. Bei derselben ist zu beobachten, daß man so viel und

so vielerlei Arten Futter anbaut, daß es während der Zeit der Grünfütterung (von Ende Mai bis Mitte November) nie an Grünfutter fehlt. Die Regeln, welche bei der Grünfütterung auf dem Stalle zu beobachten sind, sind folgende: a. Man beginne mit der Grünfütterung im jungen Zustande der Pflanzen. b. Im Anfange der Grünfütterung schneide man das Grünfutter mit Stroh so lange zu Häcksel, bis sich die Thiere vollständig an das Grünfutter gewöhnt haben. c. Man hole das Grünfutter in der Frühe des Tags und Abends, nie in der Mittagshitze nach Hause und bewahre es daselbst, nicht hoch angehäuft, in einer frischen Futterkammer auf. d. Man vermeide die Fütterung solchen Futters, das mit viel Wolfsmilch, Klatschrose vermischt oder von Mehl- oder Honigthau befallen ist. e. Es ist gut, wenn die Thiere ein Futter täglich auf der Miststätte erhalten, zu welchem Behufe auf derselben Raufen aufgestellt sein müssen. f. Da das Grünfutter schnell verdaut wird, so soll man täglich mehr als 3 Mal, am besten 4 bis 5 Mal füttern. g. Bei der Grünfütterung darf man nicht nach der Fütterung, sondern es muß stets vor der Fütterung getränkt werden, sonst würden die Thiere aufblähen.

3) Winterstallfütterung. Dieselbe beginnt in der Regel von Mitte November und dauert bis Mitte oder Ende Mai. Eine Hauptrücksicht bei derselben ist die, den Vorrath an Winterfutter so einzutheilen, daß dasselbe für das gesammte Vieh bis wenigstens zum Eintritt des Grünfutters ausreicht. Behufs dessen muß der Gesammtvorrath an Winterfutter (Heu, Stroh, Spreu, Kartoffeln, Rüben 2c.) berechnet und das Futter unter Verschluß gehalten werden. Ergibt sich bei dieser Berechnung, daß das disponible Futter zur vollständigen Ernährung der Thiere nicht ausreicht, so muß man entweder die fehlende Menge durch Kraftfutter ersetzen, oder der Viehstand ist angemessen zu reduciren. Nie dehne man das Winterfutter so aus, daß dasselbe in Folge kärglicher Ernährung der Thiere ausreichen muß. Sehr wohlgethan ist es, wenn noch ein Bestand von langem Trockenfutter für den Sommer übrig bleibt, damit man nicht in Verlegenheit hinsichtlich der Ernährung der Thiere kommt, wenn in Folge langer Hitze und Trockenheit Mangel an Grünfutter eintritt. Regeln, welche bei der Winterstallfütterung (zugleich auch mit anwendbar auf die Sommerstallfütterung) zu berücksichtigen sind, sind folgende: a. Man befleißige sich der größten Reinlichkeit in den Futterzubereitungsgeräthen und Freßgeschirren. Bottiche, Eimer, Krippen müssen nach jedesmaliger Entleerung von allen Resten befreit und mit heißem Wasser ausgescheuert werden, damit keine Säuerung eintritt. b. Man beobachte die größte Pünktlichkeit in den Fütterungszeiten, welche früh 6, Mittags 12 und Abends 6 Uhr sind. c. Man gebe die Futterportionen nicht auf ein-

mal, sondern in Zwischenräumen vor, damit kein Futter vermoscht wird.
d. Man füttere stets gleichmäßig, so daß jede Mahlzeit in Menge und Kraft des Futters nicht bemerklich abweicht von der andern.

§. 6.

Das Tränken.

Die Quantität des Saufens ist verschieden nach der Beschaffenheit des Futters und der äußern Temperatur. Viel Saufen verlangen die Thiere bei Trockenfutter und bei warmer Witterung, wenig Saufen bei Grünfutter oder bei saftigem Winterfutter, namentlich Brühfutter, sowie bei kalter Witterung. Junge Thiere muß man öfter und stärker tränken als alte. Dieselbe Regel gilt auch für das Milch gebende und säugende Vieh. Bei Grünfütterung muß man stets vor der Fütterung tränken. Thieren im erhitzten Zustande darf man so lange kein Saufen geben, bis sich dieselben abgekühlt haben. Das Saufwasser soll stets rein und überschlagen sein, die Stallwärme haben; nur älteren Thieren ist die warme Tränke zuträglicher als die kalte. Durch Kraftfutter gewürzte Tränke, die also mit Körnerschrot oder Oelkuchen versetzt ist, wirkt besonders auf Milchergiebigkeit.

Sehr wichtig ist die Salzgabe. Man kann das Salz mit dem Futter oder mit der Tränke geben. In allen Fällen nothwendig ist aber das Salz nicht. Es ist vollständig entbehrlich, wenn Futter gefüttert oder mit Wasser getränkt wird, welches an sich salzhaltig ist. In allen andern Fällen und namentlich dann, wenn schwer verdauliches Futter gefüttert wird, ist die Verabreichung von Salz eine Nothwendigkeit, indem dasselbe zur besseren Verdauung und zur Gesunderhaltung der Thiere beiträgt. Man rechnet jährlich auf das Haupt Großvieh 60, auf das Haupt Kleinvieh 3 Pfund Salz.

§. 7.

Die Pflege.

Bei der Pflege der Thiere kommt vorerst der Stall in Betracht. Derselbe soll geräumig, hell, trocken, im Winter warm, im Sommer kühl sein. Jedes Thier muß so viel Raum für sich haben, daß es sich vollkommen bewegen und bequem niederlegen kann; außerdem muß der Stall noch so viel Raum bieten, daß die zur Abwartung der Thiere erforderlichen Menschen in ihren Verrichtungen nicht beengt und gehemmt sind. Damit der Stall das nöthige Licht habe, muß die erforderliche Anzahl Fenster in ihm, und zwar im Rücken der Thiere angebracht sein. Damit der Stall nicht dunstig ist, muß er angemessen hoch und unter der Decke mit Abzugslöchern versehen sein. Die Fenster sind im Winter gut gegen das Eindringen der Kälte zu verwahren. In der heißen Jahreszeit ersetzt man die Glasfenster durch Draht- oder Gazefenster. Jedes Stück Großvieh muß seine Krippe für sich haben, welche am besten aus Sandstein oder Gußeißen besteht; auch die Raufen können von Gußeisen sein. Die Thiere sind so anzubinden, daß sie sich gegenseitig das Futter nicht wegfressen können. Um die Reinlichkeit im Stalle zu erhalten, muß der Gang hinter den Thieren mit einer Abzugsrinne für die Jauche versehen sein; diese Rinne muß nach dem Jauchenbehälter hin einen angemessenen Fall haben. Außerdem muß so oft und stark als nöthig eingestreut werden. Die Stärke der Einstreu richtet sich nach der Art der Fütterung. Saftiges Futter verlangt stärkere Einstreu als trocknes. Auch das öftere Ausmisten bei einer Stalleinrichtung, wo der Mist nicht längere Zeit unter den Thieren liegen bleibt, trägt viel zur Erhaltung der Reinlichkeit des Stalles und der Thiere bei. In der warmen Jahreszeit soll man den Stall nicht nur möglichst kühl, sondern auch dunkel erhalten, um das Ungeziefer abzuwehren.

Die Behandlung der Thiere im Stalle mit Ausnahme des Fütterns und des Tränkens, worüber in den vorhergehenden §§. das Nähere angeführt ist, bezieht sich hauptsächlich auf die Pflege der Haut und der Hufe. Täglich früh beim Füttern sollen die Pferde, Rinder und Schweine mit Striegel, Kartätsche, Lappen, Wedel gebürstet, abgerieben, abgestäubt werden. Diese Reinigung der Haut trägt ungemein viel zur Wohlerhaltung und zum Gedeihen der Thiere bei und darf deshalb nicht verabsäumt werden. Arbeitsthieren muß man auch die Hufe gut pflegen. Die Hufpflege besteht in der Reinigung der Hufe von festgesetztem Unrath mit einem spitzen Eisen und in dem Einschmieren der Hufwände mit einem Fett, das man mit Ruß versetzt hat. In der heißen Jahreszeit ist es den Thieren sehr zuträglich, wenn sie jeden Tag am Abend vor dem Füttern in laufendes oder stehendes Wasser zur Schwemme getrieben werden. Die Schwemme erfrischt und stärkt und vertreibt das Ungeziefer, macht auch schönes glänzendes Haar.

§. 8.

Die Mastung.

Die Rücksichten, welche behufs einer gedeihlichen Mastung zu beobachten sind, beziehen sich auf die Auswahl der Thiere, auf die Zeit der Mastung, auf das Futter, die Fütterung und Tränke und die Pflege.

1) Auswahl der zur Mast aufzustellenden Thiere. Die Thiere sollen ausgewachsen, nicht zu alt, verschnitten, in einem guten

Fleischzustande sein und gute Zähne und gute Verdauung haben. Thiere, die sich noch im Wachsthum befinden, mästen sich schwer, weil ein Theil des Futters zum Körperbau dient; zu alte Thiere dagegen mästen sich auch schwer und liefern ein langfaseriges, grobes, unschmackhaftes Fleisch. Unverschnittene Thiere nehmen deshalb an Fleisch und Fett langsam zu, weil sie zu aufgeregt sind; sie liefern auch kein gutes Fleisch. Sehr magere Thiere müssen zu lange gemästet werden und bezahlen deshalb die Kosten der Mastung nicht. Dasselbe gilt auch von fehlerhaften und kranken Thieren. Hauptfehler eines Mastthiers sind mangelnde Zähne, weil das Futter nicht gekaut werden kann. Auch Mangel an Verdauung liefert ein schlechtes Resultat der Mastung.

2) Zeit der Mastung. Die beste Zeit der Mastung sind die Wintermonate.

3) Maststall. Der Maststall soll dunkel, warm sein und den zur Mast aufgestellten Thieren so wenig als möglich Bewegung gestatten. Zu viel Licht im Stalle reizt die Thiere zu sehr und verzögert in Folge dessen die Ausmästung. Wärme im Maststalle ist deshalb nothwendig, weil, wenn die Mastthiere frieren, das Futter nicht anschlägt. Möglichst wenig Raum sollen die Mastthiere deshalb haben, weil die Mastzeit erweitert werden müßte, wenn sich die Mastthiere viel ergehen könnten.

4) Mastfutter. Die hauptsächlichsten Mastungsmittel sind von den stickstofflosen Futterstoffen Rüben und Kartoffeln im gedämpften Zustande, von den stickstoffreichen Schrot von Getreide und Hülsenfrüchten und Oelkuchen in zerkleinertem Zustande. Das beste Verhältniß der stickstoffreichen Futtermittel zu den stickstofflosen ist 1 zu 5. Neben beiden Arten von Futtermitteln muß auch Rauhfutter gegeben werden. Sehr gut ist es auch, wenn man daneben noch fettreiches Futter, Leinsamen oder Fett füttert, indem dadurch der Fettansatz sehr befördert wird. Auf Gütern, wo Branntweinbrennereien, Bierbrauereien, Zuckerfabriken bestehen, sind auch die Branntweinschlempe, die Biertrebern, die Malzkeime, die Melasse gute Mastungsmittel; sie müssen aber neben viel Heu gefüttert werden, wenn sie den erwarteten Effekt äußern sollen.

4) Fütterung. Betreffs der Fütterung empfiehlt Wolff folgendes Verfahren: In der ersten Periode der Mastung muß man die Thiere geneigt machen, sehr viel verdauliche Futterstoffe in sich aufznnehmen, denn eine schnelle Mastung ist gewöhnlich auch die vortheilhafteste. Am besten füttert man jetzt Rüben, Kartoffeln, welche einen großen Umfang haben und zugleich schmackhaft und leicht verdaulich sind, daneben Rauhfutter in erforderlicher Menge. Dadurch werden die Thiere nicht allein in den Anfang einer Mastung versetzt, sondern auch geneigt gemacht, das Kraftfutter

besser zu verwerthen. Als solches füttert man jetzt am besten Oelkuchen. In der zweiten Periode soll die Qualität des Fleisches verbessert und zugleich der Fettansatz begünstigt werden, was durch einen angemessenen Zusatz von Körnerschrot geschieht. Im Anfange der Mastung darf das Futter nicht zu stickstoffreich sein; erst nach und nach vermehrt man das stickstoffreiche Futter und verringert, je nahrhafter dasselbe wird, die Menge desselben. Alles Mastfutter darf nur in geringen Portionen vorgegeben werden; dafür füttert man öfter, täglich 5 Mal, in regelmäßig einzuhaltenden Stunden. Sollte nicht rein ausgefressen worden sein, so muß man die Futterreste vor jeder neuen Mahlzeit entfernen und die Krippe sehr gut reinigen. Um die Verdauung zu befördern, müssen die Mastthiere täglich eine angemessene Salzgabe erhalten.

6) Tränken. Das Tränken geschieht so oft als nöthig mit überschlagenem Wasser. Die Mastthiere müssen ihren Durst vollständig befriedigen können.

7) Pflege. Die Pflege bezieht sich auf die Reinerhaltung der Thiere, welche in jeder Hinsicht eine ängstliche sein muß. Sie besteht in guter, hoher Einstreu und in dem täglichen Putzen, welches aber nicht zu energisch geschehen darf, damit die Haut der Thiere nicht zu empfänglich gegen äußere Einwirkungen wird. Auch alles Ungeziefer muß man möglichst aus dem Maststalle abzuhalten suchen.

Neunzehnte Abtheilung.

Die Rindviehzucht.

§. 1.

Die Racen.

Der Werth der Rindviehzucht wird besonders durch drei Rücksichten begründet: Milchergiebigkeit, Qualifikation zum Zuge und Mastfähigkeit.

Auf die Erfüllung dieser Bedingungen aber übt die Lokalität, namentlich Beschaffenheit und Menge des Futters im Allgemeinen und Weidegang oder Stallfütterung im Besondern einen großen Einfluß aus, und deshalb haben manche edlen Racen bei ihrer Einführung den Erwartungen nicht entsprochen. Jene drei Eigenschaften können aber nicht in einer und derselben Race vereinigt sein, sondern die eine Race zeichnet sich bald mehr durch die, bald mehr durch jene Eigenschaft aus.

Man unterscheidet Höhenracen und Niederungsracen. Die Höhenracen kommen auf den Gebirgen und in den Gebirgsthälern vor. Das Bergvieh ist klein, flüchtig, wird geweidet und liefert qualitätreiche, aber nicht sehr viel Milch. Das Thalvieh ist größer, wird theils geweidet, theils auf dem Stalle gefüttert und liefert etwas mehr, aber nicht so gute Milch als das Bergvieh. Die Niederungsracen kommen in den Flußthälern und Ebenen vor, sind groß, stark, werden den Sommer über theils geweidet, theils auf dem Stalle gefüttert, fressen viel, liefern große Quantitäten Milch, die aber in der Regel ziemlich mager ist.

Zu den Höhen- oder Bergracen gehören: die Hasli-, Tyroler-, Pinzgauer-, Voralberger, Pusterwalder-, Freiburger-, Simmenthaler-, Schwyzer-Race. Den Vorzug verdienen die Simmenthaler und Freiburger Race.

Zu dem Thalvieh gehören die Mürzthaler-, Egerländer-, Voigtländer-, Allgauer-, Fränkische-, Schwäbische-, Westerwälder-, Glanthaler-Race. Unter diesen Racen ist die Allgauer die milchergiebigste; die fränkische und voigtländische liefert die besten Zugochsen, die schwäbische die besten Mastthiere.

Zu den Niederungsracen gehören das Oldenburger, Holländische, Friesische, Angelische, Jütische, Danziger, Oderbruchvieh. Die beste Race ist die holländische.

Das ungarische Vieh, welches man unter die Steppenracen zu rechnen pflegt, ist schlechtes Milch-, aber gutes Zugvieh.

Außer diesem Racevieh gibt es noch Landvieh, das keiner gewissen Race angehört, sondern aus verschiedenen Mischungen hervorgegangen ist. Bei sorgfältiger Züchtung, Fütterung und Pflege kann das Landvieh ebenso vorzüglich sein wie gutes Racevieh, und man soll mit jenem nicht ohne Noth wechseln oder es kreuzen, da es an Land, Klima, Futter ꝛc. gewöhnt ist.

§. 2.
Die Züchtung.

Bei der Zucht des Rindviehs sind Körperbau und Eigenschaften des Bullen und der Kuh zu berücksichtigen. Bei dem Bullen kommt es vorzüglich auf gerade Füße, gerades Kreuz, kleinen Kopf und ein zu dem Vordertheile verhältnißmäßig starkes Hintertheil an. Bullen soll man übrigens nur von den besten Milchkühen aufziehen, weil sie die Eigenschaft der Milchergiebigkeit ebenso vererben als die Kühe.

Was die Kühe anlangt, so müssen dieselben ebenfalls von guten Milchkühen abstammen. Ein dünner Hals und Kopf, ein sanftes, ruhiges Wesen, nicht zu starke Füße, ein starker Bauch, ein breites, gerades Kreuz, dünne Haut, weiches Haar, dünner Schwanz, feine Knochen, großes, breites, volles, mit feinem Flaum bedecktes Euter, starke Milchadern sind wesentliche Eigenschaften einer nutzbaren Kuh.

Auf vierzig Kühe werden zwei Bullen (Stammochsen) gerechnet, und zwar ein jüngerer und ein älterer; ersterer für die zutretenden Färsen und schwächern Kühe.

Bei guter Pflege und Nahrung tritt der Begattungstrieb bei den weiblichen Rindern schon im ersten Lebensjahre ein; vor beendigtem zweiten Lebensjahre soll man eine Kalbe aber nicht zukommen lassen, weil man sonst leicht die Race schwächen oder verkleinern würde.

Der Bulle soll ebenfalls zwei Jahre alt sein, ehe er zum Springen gebraucht wird. Länger als fünf Jahre soll man ihn nicht zur Begattung verwenden, weil er nach dieser Zeit zu schwer und träge wird.

Das Zusammenlassen des Bullen mit der Kuh behufs der Paarung geschieht, wenn letztere rinderig ist. Man erkennt diesen Zustand an der Unruhe, an dem Springen auf andere Rinder, dem öftern Harnen, dem Anschwellen des Wurfes, der Absonderung von Schleim aus demselben. Am besten läßt man die Kühe zu einer Zeit bespringen, daß die meisten Kälber in den Anfang der Grünfütterung fallen, weil dann die Kühe die meiste und beste Milch geben und die Kälber am leichtesten und besten aufgezogen werden.

Auf einem Gute, auf dem mehrere Racen von Rindvieh gehalten werden, muß der Sprung stets aus der Hand geschehen; beim Weidegang dürfen die Bullen nicht unter der Heerde gehen, weil sonst eine Vermischung der verschiedenen Racen stattfinden würde.

Die Kuh geht vierzig Wochen tragend. Während der Trächtigkeit muß man sie gut füttern, aber nicht so, daß sie zu fleischig wird. Während der letzten Zeit der Trächtigkeit muß man sie vor Drängen und Stoßen schützen. Zwei Monate vor der Geburt läßt man die trächtige Kuh trocken stehen, indem man sie nicht mehr melkt. Die Geburt überläßt man am besten der Natur; bei unregelmäßigen, schweren Geburten zieht man einen Thierarzt zu Rathe. Nach der Geburt ist Schrottrank der Kuh Bedürfniß, um sie zu stärken.

Das zur Zucht zu bestimmende Kalb muß genau untersucht werden, ob es durchweg wohlgebildet und besonders ob der Nabel gesund ist. Unmittelbar nach der Geburt legt man es der Kuh zum Ablecken vor. Das Aufziehen kann man auf zweierlei Art bewirken, entweder man läßt das Kalb an der Kuh saugen, oder man nimmt es bald nach der Geburt von der Kuh weg und gewöhnt es zur Tränke. Das Saugen an der Kuh ist das der Natur angemessenste Verfahren. Das Kalb übersteht dabei ohne alle Mühe die erste Lebensperiode und gedeiht sicher, und die Kuh wird durch das Saugen des Kalbes am besten zur Milch gebracht, was namentlich bei Erstlingen eine besondere Berücksichtigung verdient. Nach vier bis sechs Wochen wird das Kalb abgewöhnt, und diese Periode bringt es allerdings im Wachsthum zurück und gefährdet nicht selten sein Leben. Deshalb ist die größte Aufmerksamkeit nöthig; man muß dem Kalb in der ersten Zeit nach dem Absetzen die reine Milch der Kuh fortgeben, aber nie zu viel auf einmal, sondern muß es täglich öfter, fünf- bis sechsmal, tränken. Erst wenn das Kalb die Uebergangsperiode sicher überstanden hat, kann man nach und nach die Milch mit etwas Wasser versetzen und Roggenkleie zugeben. Reines Getreideschrot ist in dieser ersten Lebensperiode des Kalbes höchst nachtheilig.

Das sofortige Wegnehmen des Kalbes von der Kuh nach der Geburt und die Aufzucht durch die Tränke hat den Vortheil, daß das Kalb jene auf das Wachsthum des Kalbes störend einwirkende Uebergangsperiode nicht zu überstehen hat, und daß man das Maß der Nahrung vollkommen dem Bedarfe angemessen bestimmen kann. Die Schwierigkeiten, das Kalb an die Tränke zu gewöhnen, sind sehr gering, wenn das Kalb nur das Saugen an der Kuh gar nicht kennen gelernt hat.

Die Methode hat daher ihre unbestreitbaren Vorzüge, und es scheint das Angemessenste, die zum Verkauf bestimmten Kälber an der Kuh saugen zu lassen und die zur Zucht ausgezeichneten durch die Tränke aufzuziehen.

Die erste schleimige oft noch farbige Milch, welche die Kuh bald nach der Geburt gibt, darf dem Kalbe nicht entzogen werden, weil sie das von der Natur begünstigte Mittel ist, die Unreinigkeiten der Eingeweide und des Magens, welche das Kalb mit auf die Welt bringt, abzuführen.

Hauptsache der Aufzucht ist, daß sich die Kälber niemals übersaugen, resp. überfressen. Bei dem Saugen soll man deshalb, wenn die Kuh sehr viel Milch hat, eine oder einige Zitzen abmelken, bei der Tränke nur nach Bedarf Nahrung vorgeben. Sollte von der vorgesetzten Portion etwas übrig bleiben, so muß man die nächste vermindern.

Nach dem Absetzen gibt man den zur Aufzucht bestimmten Kälbern noch vierzehn Tage lang die unvermischte Milch der Mutter nebst etwas feinem, süßem Wiesenheu als alleinige Nahrung fort. Nach dieser Zeit entzieht man den abgesetzten Kälbern die süße, unabgerahmte Milch und ersetzt sie durch abgerahmte, süße Milch. Hat man diese zwei Wochen gefüttert, so gibt man Buttermilch und nach dieser Zeit ebenso lange süße Molken oder Schrottrank. Ist das Kalb $1/4$ Jahr alt, so füttert man neben Mehlsuppen oder Schrottrank gutes Heu, im Sommer kräftiges Grünfutter; gut ist es, diese Ernährung bis zu dem vollendeten ersten Lebensjahre fortzusetzen. Befindet sich in der Nähe des Kuhstalles eine gute natürliche oder künstliche Weide, so kann man die Kölber nach der dreizehnten Woche mit großem Vortheil bei günstiger Witterung weiden.

Vom zweiten Jahre ab kann man die Färsen wie das ältere Vieh füttern; gut ist es aber, ihnen von dem zu Gebote stehenden Futter das beste auszuwählen.

Ein warmer, reinlicher Stall ist eine nothwendige Bedingung für eine glückliche Aufzucht.

§. 3.

Die Ernährung.

Die Ernährung des Rindviehes zerfällt in zwei Hauptabschnitte: Sommerfütterung und Winterfütterung. Die erstere läßt sich wieder in Stallfütterung und in Weide eintheilen.

Im Sommer ist sowohl den Kühen als Ochsen eine gesunde, nicht zu entfernte Weide sehr gedeihlich, für das junge Vieh sogar nothwendig. Für die Kühe namentlich ersetzt die beste Stallfütterung eine gute Weide nicht, denn die freie Bewegung und die frische Luft wirken günstig auf die Milchabsonderung. Im Stalle leiden sie durch Ungeziefer und bleiben in anhaltender Unruhe. Den Ochsen, welche durch ihre Arbeit Bewegung haben, ist der Weidegang weniger nöthig. Vom praktischen Standpunkte ist freilich in Gegenden, welche nicht absolut auf den Weidegang angewiesen sind, die Sommerstallfütterung aus den schon früher angegebenen Gründen vorzuziehen.

Der Bedarf an Stallfutter ist auch bei dem Weidegange nicht unbedeutend; bei ausschließlicher Stallfütterung muß das ganze Wirthschaftssystem danach eingerichtet werden. Trotzdem werden doch Fälle eintreten, wo es an reichlichem Futter oder an der nöthigen Streu gebricht, und dann wird die Verlegenheit bei der Stallfütterung groß. Der Mangel an Streu ist aber nicht minder nachtheilig als der an Futter, denn der Hauptnutzen der Stallfütterung besteht in dem reichlichen Dünger, welchen sie erzeugt; um dies zu erreichen, darf es aber auch an Streu niemals fehlen.

Der Klee bleibt die Hauptnahrung bei der Stallfütterung während des ganzen Sommers, und sein Werth wird von keinem andern Futtergewächs übertroffen. Im Frühjahr kommt er etwas zu spät, und der sorgsame Wirth hat im Herbst Roggen zeitig in die Sommerstoppel gesäet, um ihn im Frühjahr als Grünfutter zu benutzen. Er wird unter die Siede geschnitten und bildet so den Uebergang von der trocknen zur grünen Fütterung.

Hierauf tritt der Klee ein. Man muß ihn so jung als möglich angreifen, damit der zweite Wuchs um so schneller heranwächst; fängt man zu spät mit der Verfütterung des Klees an, so wird er zu alt. Bei jungem Klee ist aber große Vorsicht wegen des Aufblähens nöthig, namentlich wenn das Vieh noch nicht daran gewöhnt oder wenn er naß ist. Da der Klee jung geschnitten überhaupt noch keine große Masse gibt, ist es am besten, ihn im Anfange nur mit Siede vermischt zu füttern und dadurch eine Fortsetzung des Uebergangs von der trocknen zur grünen Fütterung zu bilden. Noch gefährlicher ist das Abweiden des jungen oder wieder frisch ausgeschlagenen Klees.

Tritt der Klee in die Blüthe, so schadet er auch in starken Portionen nicht mehr.

Zwischen dem ersten und zweiten Schnitt des Klees, wenn es an solchem fehlt, müssen Wicken, Gemenge, Haidekorn oder Spergel aushelfen. Später kommen die Blätter der Rüben dem zweiten Kleeschnitte, welcher Samen und Heu abgeben muß, zu Hülfe; grüne Wicken wechseln zuweilen. Tritt im Herbst, ehe die Wasserrüben heranwachsen, Mangel an Grünfutter ein, so muß Trockenfutter gefüttert werden.

Sehr gedeihlich ist dem Rindvieh an Regentagen, wo alles Grünfutter naß ist, ein Trockenfutter, und es ist eine große Wohlthat, wenn der Winter zu diesem Zwecke etwas übrig gelassen hat.

Frisches Trinkwasser darf niemals fehlen und muß dem Vieh täglich gereicht werden. Zu Zeiten etwas Salz ist der Gesundheit sehr zuträglich.

Regelmäßigkeit in der Fütterung ist sowohl im Winter als Sommer Hauptsache eines guten Gedeihens und bei den Kühen die Bedingung gleichmäßiger und sicherer Milcherträge. Das Vieh kennt den Zeitpunkt seiner Mahlzeiten und zeigt dies durch Unruhe, welche steigt, je länger sie ausbleiben. Diese Unruhe aber vermindert die Milchausbeute wesentlich.

Man kann die Sommerfütterung ungefähr auf 150 Tage berechnen; es bleiben daher 215 für die Winterfütterung Eine Kuh mittlerer Größe braucht täglich 80 bis 100 Pfund, ein Zugochse 90 bis 110 Pfund grünen Klee oder diesem im Werth gleiches Grünfutter.

Ein luftiger Stall, gute Einstreu und stetes Reinhalten ist dem Gedeihen des Rindviehes besonders nothwendig. Das Letztere befördert man in heißen Tagen durch Waschen und Baden.

Der Beginn der Winterfütterung richtet sich nicht nach der Zeit, sondern nach dem Vorrathe von Grünfutter. Sie tritt daher bald früher, bald später ein. Mangel darf man das Vieh niemals leiden lassen. Schon wenn das Grünfutter im Herbst knapp wird, muß man es mit trocknem Futter unterstützen, weil es auf die Ernährung des Viehes während des ganzen Winters einen wesentlichen Einfluß ausübt, ob das Vieh in gutem oder schlechtem Zustande in den Winter eintritt.

So wie im Sommer ein luftiger Stall das Gedeihen des Viehs befördert, so muß im Winter für Wärme gesorgt werden. Ein warmer Stall ist halbe Fütterung, und 12 bis 14 Grad Reaumur erträgt das Vieh mit dem größten Wohlbehagen.

In Bezug auf die Ernährung selbst müssen die Gattungen des Viehes und die Zwecke der Zucht wohl unterschieden werden. Milchkühe brauchen eine andere Nahrung als die Zugochsen und das junge Vieh, weil die Milchausbeute davon abhängig ist.

Beim jungen Vieh ist namentlich zu berücksichtigen, daß man es nach Alter und Kräften zusammenstellt und füttert. Im Gemenge wird das schwache Vieh von dem starken abgedrückt, und dann muß dem schwächern Vieh durch ein mit Getreideschrot verbessertes Futter nachgeholfen werden.

Gutes Sommerstroh, zu feiner Siede geschnitten, mit etwas Wurzelwerk oder Heu ist den jungen Thieren eine gedeihliche Nahrung. Kleine Portionen, in wenigstens 6 regelmäßigen Abschnitten, gute Einstreu, ein warmer Stall und frisches Trinkwasser sichern Gedeihen und Gesundheit.

Das Futter für die Zugochsen, wenn sie nicht übermäßig angestrengt werden, besteht aus Kartoffeln oder Rüben, Hafer- oder Weizenstroh zu Häcksel geschnitten, Heu und etwas Stroh auf die Raufe gesteckt zum Abfüttern. Bei solchem Futter bleiben sie kräftig und arbeitsfähig. Dieses Futter läßt sich aber durch Futtersurrogate ersetzen; z. B. Schlempe, Oelkuchen können Heu und Kartoffeln ersetzen.

Im Anfange des Winters fressen die Thiere das Stroh am liebsten; man darf deshalb in dieser Zeit nicht damit geizen, denn der gute Zustand der Thiere vor Winter und in der ersten Hälfte desselben ist gewöhnlich eine sichere Gewähr dafür, daß sie gut aus dem Winter kommen. Zu Ende des Winters kann man das bei seinem Beginn Versäumte nicht mehr nachholen.

Was die Kühe anlangt, so treten andere Rücksichten betreffs der Fütterung ein, denn es ist nicht allein ihr körperlicher Zustand, sondern auch ihr Milchertrag, welchen man zu beachten hat.

Bei der Fütterung der Kühe muß die größte Akkuratesse stattfinden. Alles Wurzelwerk, Runkelrüben, Kohlrüben, Wasserrüben, Kartoffeln befördern die Milchergiebigkeit der Kühe, welche durch süßes Wiesenheu, Kleeheu, Leinkuchen, Branntweinspülicht, Körnerschrot noch erhöht wird.

Branntweinspülicht wirkt weniger auf die Güte als auf die Masse der Milch und muß immer vorsichtig und in gehöriger Mischung mit trocknem Futter verbraucht werden. Bei stark betriebenen Brennereien, wo die Schlempe in Masse zur Fütterung gebraucht wird, wird sie selbst dem jungen Vieh reichlich gegeben; ohne hinreichendes trocknes Futter untergräbt sie aber gar leicht die Gesundheit. Am zuträglichsten wirkt auf die Milchabsonderung das Brühfutter, und jede erfahrene Wirthin hält dieses Futter für die nothwendige Bedingung einer einträglichen Kuhnutzung. Dieses Futter kann bei den Kühen nicht leicht durch anderes ersetzt werden, weil die Wärme desselben, die durch das Brühen hervorgebrachte Milde und Saftigkeit und die Auflösung der im Stroh befindlichen nahrhaften Theile ebenso wohlthätig auf die Milchabsonderung als auf die Ernährung im Allgemeinen einwirkt.

Man muß ferner die Kühe so viel als möglich ans Saufen gewöhnen und das Wasser durch Mehl, Schrot oder Oelkuchen angenehm machen. Man braucht dazu nicht viel Kraftfutter; die Kuh vergilt Alles, was man ihr gibt, reichlich.

Nächstdem übt die Futterordnung einen wesentlichen Einfluß auf den Ertrag der Kühe aus; sie ist bei dem Winterfutter ebenso pünktlich zu halten als bei der Sommerfütterung.

Hier gilt es früh aufstehen, wenn man fertig werden will. Die Wintertage sind kurz; um 4 Uhr des Morgens muß die Vorbereitung des Futters und um 5 oder 6 Uhr das Füttern selbst beginnen, und zwar stets mit der größten Pünktlichkeit.

Das Brühfutter wird allemal während des Melkens gegeben, weil es die Kühe am meisten lieben und dabei am ruhigsten bleiben. Die Futterordnung kann z. B. folgende sein.

Um 5 Uhr des Morgens Brühfutter, dabei wird gemolken. Um 8 Uhr Heu oder Gerstenstroh. Um 10 Uhr wird getränkt, um 11 Uhr Brühfutter beim Melken, um 3 Uhr Heu oder Stroh, um 4 Uhr Tränke, um 5 Uhr Brühfutter und gemolken, um 7 Uhr Abfutter mit Gerste- oder anderem Krummstroh.

Eine Kuh mittlerer Größe braucht zu ihrer Ernährung dasselbe Futter in Menge und Bestandtheilen, welches ein Zugochse bedarf, nur gibt man statt des Haferstrohes Gerstestroh. Dabei ist aber vorausgesetzt, daß alles Futter aufgebrüht wird.

Ein sicherer Maßstab für den Futterbedarf läßt sich übrigens nicht angeben, da derselbe von der Größe, der Gattung, dem Zustande des Viehes und den verschiedenen Oertlichkeiten abhängig ist. Selbst die Bezeichnung klein, mittel und groß ist völlig relativ. Der Werth des Futters ist hier größer, dort geringer, und es muß die Auswahl und die Größe der Gabe dem aufmerksamen Wirth überlassen bleiben. Wollte er sich nur auf allgemeine Annahmen stützen, so würde er vielfachen Nachtheil erfahren.

Was die Mästung des Rindviehes anlangt, so kann dieselbe sehr verschieden bewirkt werden. Der größte Vortheil ist immer der ausgezeichnete und reichliche Dünger, welcher durch die Mästung gewonnen wird. Wollte man den Werth des bei der Mästung verbrauchten Futters genau nach Geld berechnen, so würde außer dem Dünger selten ein reiner Gewinn bleiben. Die Mästung kann daher nur bei wirklichem Futterüberfluß Vortheil bringen; denn kein guter Landwirth kann diesen auf andere Weise verwerthen.

Bei Brennereien benutzt man als Hauptmastfutter die Schlempe. Sie wird mit Siede vermengt gefüttert, und als Zwischenfutter Heu gereicht. Ohne dies letztere würde das Resultat einer Schlempemästung sehr mißlich sein. Man rechnet auf ein Stück Großvieh täglich 40 bis 50 Quart Schlempe, 10 Pfund Stroh zu Siede und 10 Pfund Heu.

Die Hauptsache dabei ist ein trockenes Lager durch hinreichende Einstreu. Der Bedarf an dieser ist sehr groß; wird er nicht befriedigt, so geht nicht allein der Hauptzweck des Düngergewinnes verloren, sondern man riskirt auch, daß das Vieh wunde Füße bekommt, was nicht selten die Mästung gänzlich vereitelt und sogar das Leben bedroht. Im Anfang, ehe das Vieh an die Schlempe gewöhnt ist, muß man dieselbe vorsichtig und in kleineren Portionen als später geben, sonst bläht das Vieh davon auf, wie vom jungen Klee. Kühe mästen sich schneller als Ochsen, was wohl seinen Grund darin findet, daß sie weniger abgetrieben als diese zur Mast aufgestellt werden. Das Melken muß bei der Aufstellung zur Mast aufhören. Schrotzusatz befördert die Mastung und darf in der letzten Zeit derselben nicht fehlen.

Mästet man mit Wurzelwerk, so ist das gekochte besser als das rohe. Von letzterem erreicht das Doppelte kaum die Wirkung des erstern. Man verfährt dabei ganz so wie mit dem Brühfutter.

Für einen starken Ochsen würde man durchschnittlich, wenn die Mastung in 20 Wochen vollendet sein soll, täglich gebrauchen:

1) Kartoffeln oder anderes Wurzelwerk . .	45	Pfund
2) Getreidestroh oder Oelkuchen	10	„
3) Stroh zu Siede	6	„
4) Gerste- oder Haferstroh	4	„
5) Heu	15	„

Außerdem noch etwa wöchentlich 1 Pfund Salz.

Man wird hieraus erkennen, daß man nicht mästen darf, um einen Vortheil zu finden; nur der Ueberfluß des Futters und der Dünger können die Veranlassung zur Mästung werden. Bei aller Mästung ist die größte Reinlichkeit, ein warmer Stall und die Regelmäßigkeit der Futtermahlzeiten ein Hauptbedingniß eines schnellen und sichern Erfolgs.

Wenn man die eignen auszurangirenden Ochsen zur Mästung benutzen will, so ist es anzurathen, sie vor ihrer Aufstellung einige Zeit von aller Arbeit zu entbinden. Diese Erholung wird durch schnellere und erfolgreichere Mästung den Arbeitsverlust reichlich ersetzen.

§. 4.

Der Nutzen.

Der Nutzen des Rindviehes ist vielseitig und groß. Er zerfällt in die Benutzung zum Zuge, die Milchnutzung und die Mästung.

In Bezug auf den Werth der Zugochsen und des Rindviehes im Allgemeinen zum Zuge im Vergleich zu den Pferden ist bereits früher das Erforderliche gesagt worden.

Vor dem vollendeten vierten Lebensjahre darf man den Ochsen nicht einspannen. Mit großem Unrecht geschieht dies oft schon im dreijährigen Alter. Bei solchem Verfahren wird man nie kräftige Zugochsen erwerben; schiefe Füße, körperliche Schwäche und andere Mängel sind stets die Folgen einer zu frühen Anstrengung. Der Ochse wächst bis in das siebente Jahr und ist daher im vierten Jahre noch nicht ausgebildet. Durch die zu frühe Benutzung verliert man auch mehrere Jahre an der Ausdauer, und die scheinbar ersparten Kosten eines Aufzuchtjahres gehen dadurch mehr als dreifach verloren. Der kräftige, regelmäßig gebaute Zugochse ist zur Arbeit ausgezeichnet, und nur einen solchen muß man mit den Arbeiten des Pferdes in Vergleich stellen.

Die Kosten der Aufzucht belaufen sich, wenn man sie genau berechnet, allerdings höher als der Verkaufspreis des Ochsen ist; sie unterscheiden sich aber dadurch von denen der Aufzucht eines Pferdes, daß das zur Ernährung des Rindviehs verwendete Futter niemals Gegenstand des Verkaufs sein kann, wenn die Wirthschaft nicht zurückkommen will. Wer würde es sachgemäß finden, Heu, Stroh und Kartoffeln zu verkaufen? Sie könnten nur durch Mehrhaltung von Schafen verwerthet werden. Wird man aber auch Sommerweide für dieselben haben, und wird man den Rindviehdünger leicht entbehren können? Dies sind Fragen, welche nach der Lokalität beantwortet werden müssen; im Allgemeinen aber steht so viel fest, daß der Landwirth, wenn es nur irgend die Verhältnisse gestatten, durch die eigene Zuzucht seines Bedarfs an Vieh stets im Vortheil bleibt.

Was die Milchnutzung der Kühe anlangt, so ist dieselbe je nach der Verkäuflichkeit des Produkts bald größer, bald geringer; überall übt aber darauf die Pflege der Kühe, ihre Fütterung, die Behandlung der Milch und ihre Verarbeitung zu Butter und Käse einen großen und wesentlichen Einfluß aus.

Was die Fütterung anlangt, so ist bei der Ernährung des Rindviehs bereits erwähnt worden, daß nächst dem Futter selbst Alles auf Akkuratesse, Reinlichkeit und Ordnung ankommt.

Akkuratesse, Reinlichkeit und Ordnung sind auch bei der Nutzung entscheidend. Es ist schon erwähnt, daß die Kühe während des Melkens ein beliebtes Futter erhalten müssen, weil sie bei ruhigem Verhalten auch die Milch am willigsten hergeben. Was nun das Melken selbst anlangt, so ist die erste Bedingung die größte Reinlichkeit der Melkerin. Dazu gehört zuvörderst ein sorgsames Reinhalten des Euters, dann der Milchgefäße und der Hände der melkenden Person.

Treue und Fleiß muß der Melkerin vorzugsweise eigen sein, sie muß jede Kuh möglichst sorgfältig ausmelken und darf nicht nachlassen, wenn die Milch auch nur in Tropfen fließt; denn der letzte Tropfen ist um das doppelte butterreicher als der erste, und wird die Kuh einmal nicht ausgemolken, so gibt sie schon das nächste Mal weniger Milch, und anhaltende Nachlässigkeiten im Melken bestrafen sich durch immer größere Abnahme der Milch.

Die Milch darf niemals sehr geschüttelt werden, weil sie sonst weniger Rahm gibt. Kann sie, wie dies in der Nähe von Städten der Fall ist, bald verkauft werden, so läßt sich dadurch jedenfalls der größte Nutzen erreichen.

Das täglich dreimalige Melken ist besser als das nur zweimalige.

Die gemolkene Milch wird durch ein leinenes Tuch oder ein Haarsieb in die Milchkanne geseiht und aus dieser in die Milchhalter vertheilt.

Bei der Butterbereitung kommen in Betracht: a) der Milchkeller, b) das Milchgeschirr, c) die Behandlung der Milch, d) die Bereitung von Butter und Käse.

a) Der Milchkeller muß seine Lage gegen Nordost haben und gegen Südwest durch die Wirthschaftsgebäude geschützt sein; er muß geräumig und hoch sein, damit er hinreichendes Licht hat. Die Fenster müssen mit Luken versehen sein, so daß die Temperatur im Sommer durch zweckmäßiges Oeffnen und Schließen der Luken möglichst niedrig erhalten wird. Der Fußboden muß mit Ziegeln oder Fließen gepflastert sein, weil diese am kühlsten und am leichtesten rein zu erhalten sind. Dieses Letztere ist mit der allergrößten Akkuratesse auszuführen, und jeder etwa vergossene Tropfen Milch muß mit einem Lappen sofort aufgenommen werden.

Ebenso sehr muß auf große Reinheit der Luft aufmerksam geachtet werden. Jede Vernachlässigung darin hat übeln Einfluß auf die Absonderung des Rahms. Es dürfen daher in dem Milchlokal ausdünstende

Gegenstände, als Grünzeug, Fleisch, Sauerkraut 2c. nicht geduldet werden. Sand darf niemals gestreut werden, weil derselbe Unreinigkeit verursacht und in ihm jeder Tropfen überspülter Milch Säure erzeugt. Auch Schweineställe, Düngerhaufen 2c. dürfen sich nicht in der Nähe des Milchlokales befinden, weil die Ausdünstungen durch die Fenster dringen und von der Milch angezogen werden. Im Fußboden muß ein Abzug sein und auch dieser stets offen und rein gehalten werden, damit das etwa zurückbleibende Spülicht nicht in Fäulniß geräth. Im Keller selbst darf kein Käse gemacht werden, und die Käsekammern dürfen auch nicht in der Nähe sein, denn der scharfe Geruch daraus theilt sich der Milch mit.

Es darf also mit kurzen Worten keine Ausdünstung im Keller geduldet werden, welche nicht aus der Milch selbst entsteht.

Die mit der Milch angefüllten Gefäße stellt man theils auf den Steinboden, theils auf die Bänke, welche rings an den Wänden angebracht und am besten von Stein sind.

b) Das Geschirr. Ist es schon nothwendig, den Raum, in dem die Milch aufbewahrt wird, rein zu erhalten, so ist es noch viel wichtiger, die Geschirre, worin Milch und Rahm stehen und die weitere Behandlung derselben geschieht, sauber zu erhalten. Die Eimer, Butten, Ständer, Aesche, das Butterfaß 2c. müssen nicht nur nach jedem Gebrauche mit Lauge ausgebrüht und mit frischem Wasser ausgesüßt, sondern auch mit Salz gerieben oder ausgekocht werden. Zum Aufstellen der Milch sind verzinnte Blechsatten mit senkrechten Wänden, welche 3½ Zoll hoch sind und 20 Zoll Durchmesser haben, die besten. Nie dürfen sie bis an den Rand mit Milch angefüllt werden. Sind die Aesche von Holz, so sind fichtene die besten; niemals dürfen sie aber mit Oelfarbe angestrichen werden.

c) Behandlung der Milch. Im Keller wird die Milch aus den Kannen in die aufgestellten reinen Aesche durch reine Leinwand oder ein Haarsieb gegossen.

Die Milch steht nun so lange, bis sie den in ihr befindlichen Rahm an der Oberfläche abgesetzt hat; doch darf die ausgerahmte Milch keinen Anstich von Säure bekommen, wenn die zu gewinnende Butter nicht an Haltbarkeit und Wohlgeschmack verlieren soll. Bei mäßiger Temperatur, kühler Luft im Keller, reinem Geschirr 2c. tritt dieser Zeitpunkt ziemlich gleichmäßig ein; tritt aber ungewöhnlich warme Witterung ein, so wird die Säure sehr beschleunigt, und besonders bei Gewitterluft kann sie so schnell kommen, daß die größte Aufmerksamkeit angewendet werden muß, um schlechte Waare zu vermeiden. Unter diesen Umständen muß man selbst zur Nachtzeit bei der Hand sein, um die Beschaffenheit der Milch genau wahrzunehmen. Die Wärme in dem Milchlokal soll nicht unter 8 Grad R. sinken und nicht über 12 Grad R. steigen. Würde sie unter 8 Grad sinken, so würde sich der Rahm nicht vollständig ausscheiden, würde sie über 12 Grad steigen, so würde schnelle Säuerung der Milch eintreten. Bei kühler Witterung hat die Milch in circa 50, bei warmer Witterung in circa 34 Stunden vollständig ausgerahmt. Ist dieser Zeitpunkt eingetreten, so wird der Rahm mit hölzernen Löffeln abgenommen und in den Rahmständer geseiht.

d) Butterbereitung. Am besten ist es, den Rahm alsbald nach dem Abschöpfen zu buttern, weil er dann noch süß ist und eine wohlschmeckende Butter gibt. Läßt man ihn durch längeres Stehen säuren, so wird eine weniger schmackhafte und weniger haltbare Butter gewonnen. Eine je größere Quantität Rahm auf einmal gebuttert wird, desto geschwinder geht das Buttern vor sich, und desto schöner wird die Butter.

Zum Buttern ist ganz besonders große Reinlichkeit erforderlich, denn die mindeste Säure im Butterfaß kann das Butterwerden ganz verhindern. Hat der Rahm die gehörige Temperatur (im Sommer 11, im Winter 13 Grad R.), und geht die Arbeit rasch von statten, so ist die Butter in 1/2 oder 3/4 Stunde fertig.

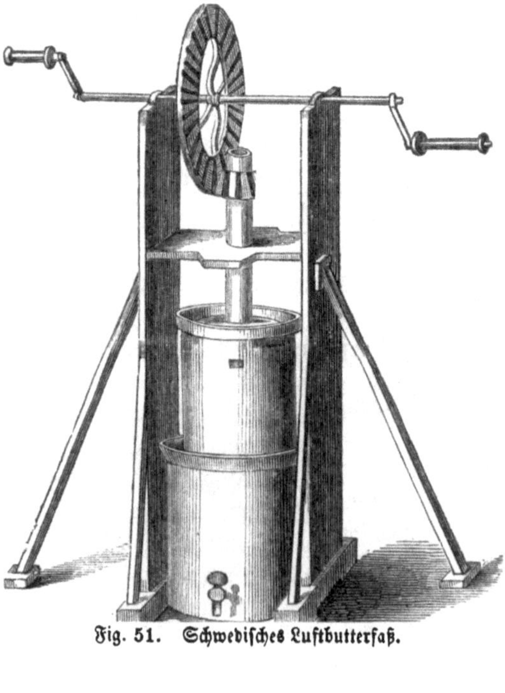

Fig. 51. Schwedisches Luftbutterfaß.

Die besten Butterfässer sind die Stoßbutterfässer. Von den neuen (Luftbutterfässern) ist besonders das schwedische (Fig. 51 bis 53) zu empfehlen. Dasselbe besteht aus dem Butterfaß (Fig. 51), dem Wasserreservoir (Fig. 52) und dem Turbinenrohr (Fig. 53). Das eigentliche

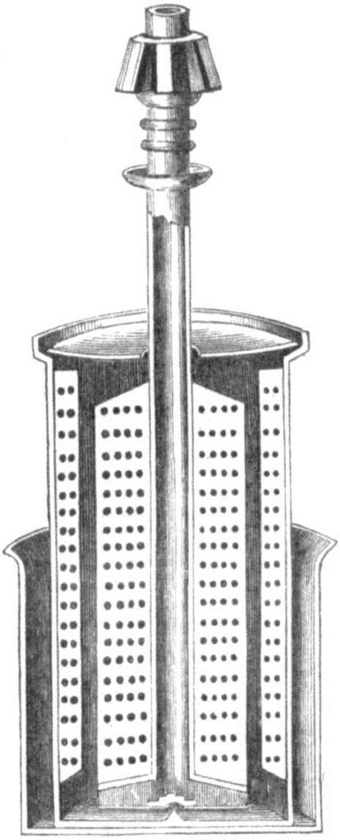

Fig. 52. Wasserreservoir.

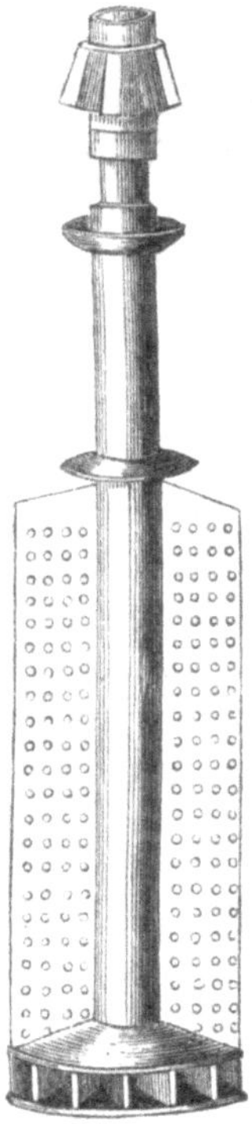

Fig. 53. Turbinenrohr.

Butterfaß ist ein oben durch einen Deckel zu verschließender Cylinder von starkem Weißblech. Dasselbe steht in dem Wasserreservoir von Weißblech so, daß rings um das Butterfaß ein $1\frac{1}{2}$ Zoll leerer Raum bleibt, der zur Aufnahme von kaltem oder warmem Wasser dient, je nachdem die Temperatur des Rahmes zu hoch oder zu niedrig ist. Das Turbinenrohr ist ebenfalls von Weißblech. Dasselbe wird in das Butterfaß eingesetzt und dreht sich im Mittelpunkte des Bodens desselben auf einem metallenen Zapfen. So weit das Turbinenrohr im Butterfasse steht, ist dasselbe mit zwei einander gegenüber stehenden Flügeln versehen, die durchlöchert sind und die nöthige Luft dem Rahm zuführen, wodurch ein schnelles Butterwerden bewirkt wird.

Der Raum, in welchem gebuttert wird, muß kühl und luftig sein.

Hat sich die Butter gehörig abgesondert, so wird sie aus der Buttermilch genommen, in ganz frischem Wasser geknetet und wiederholt mit einem hölzernen Messer durchstochen, um alle Unreinigkeiten daraus zu entfernen, das Wasser, so oft es molkig geworden ist, abgegossen, und nachdem das zuletzt abgegossene ganz hell war, die Butter gesalzen und das Salz durch Kneten gut eingearbeitet. Nun läßt man die Butter einige Stunden liegen; dann wird sie noch einmal ausgearbeitet und dann in Wecken geformt oder in Fäßchen eingeschlagen. Das Salz muß ganz fein und trocken sein. Auf das Pfund Butter verwendet man, je nach ihrer Dauer, 1 bis $1^3/_8$ Loth.

Die gute Bearbeitung der Butter ist eine Hauptsache und kann nur durch Uebung erlernt werden. Geschieht sie nicht vollständig, so bleiben die Molkentheile darin, und sie wird, älter geworden, käsig und bitter. Wird die Butter aber zu viel bearbeitet, so wird sie schmierig; man muß es daher schon im Gefühl haben, wenn der rechte Moment zum Aufhören der Bearbeitung da ist.

Die zum Verkauf bestimmte Butter wird gewöhnlich in eichene Fäßchen eingeschlagen. Man muß wo möglich jedes Fäßchen von einemmal Buttern füllen, weil sonst Streifen entstehen; man kann die Butter kaum fest genug einlegen, damit sie vor dem Eindringen der Luft gesichert ist. Die Fäßchen müssen sehr rein sein und vor dem Gebrauche wenigstens 24 Stunden eingewässert werden. Bis zur Versendung verwahrt man sie an einem zwar kühlen, aber nicht dumpfigen Ort und legt den Deckel hohl oben auf, weil die Butter verspundet leicht Schaden leidet.

Da die Molkerei gewöhnlich zur Beschäftigung des weiblichen Personals gehört, so hat der junge Landwirth selten Gelegenheit, davon Etwas zu lernen. Aus diesem Grunde schien diese kurze Anleitung nöthig, weil im spätern Leben der Fälle viele vorkommen können, wo ihm einige Kenntniß davon nöthig und werth ist.

Käsebereitung. Eine anderweite Benutzung der Milch geschieht durch die Käsebereitung, wozu entweder die Milch mit dem Rahm oder ohne denselben verwendet wird. Im ersteren Falle ist also die Nutzung durch den Käse ausschließlich, im letzteren Falle steht die Käsebereitung der Butterbereitung nach. Die Art der Käsebereitung ist sehr verschieden. So viel ist sicher, daß durch die Käsefabrikation unter Umständen ein viel höherer Ertrag erreicht werden kann als durch die Butterbereitung.

Alle Käse theilt man ein in Süßmilch- und Sauerkäse; jene werden aus süßer, diese aus sauer gewordener Milch bereitet. Die Süßmilchkäse sind entweder fett, wenn sie von dem Rahm oder der nicht abgerahmten Milch, oder mager, wenn sie von der abgerahmten Milch bereitet werden.

Zur Bereitung der Süßmilchkäse gehört Lab. Man stellt dasselbe dar, indem man gut gereinigte Kälbermagen inwendig ein wenig salzt und bei gelinder Wärme trocknet. Kurz vorher, ehe man das Lab braucht, wird es in kleine Stücke geschnitten und in gesalzter Molke aufgelöst. Die Süßkäse müssen aus Rahm oder Milch bereitet werden, die noch süß sind. Die Hälfte des Rahms oder der Milch wird so weit erwärmt, daß man die Finger kaum darin halten kann, dann die kalte Hälfte der Milch zugegossen und die ganze Masse gelabt. Auf 80 Quart Milch braucht man $^1/_{16}$ Quart Lab. Die Masse wird gut durchgerührt, wenn sie geronnen ist, wiederholt tüchtig durchgearbeitet, die Molken abgegossen, gepreßt oder mit Bretern und Steinen beschwert, wenn die Masse alle Molken hat fahren gelassen, gesalzen und in die Käseformen gebracht. In diesen müssen die Käse nachgepreßt werden, um alle noch darin befindlichen Molken zu entfernen. Sind die Käse in der Form trocken, so werden sie herausgenommen und an einem luftigen, trocknen, frostfreien Orte aufbewahrt.

Die Sauerkäse werden aus sauer gewordener Milch bereitet. Man bringt dieselbe über Feuer unter Umrühren zum Gerinnen. Die geronnene Masse wird in in den Quarksack gefüllt, dieser gehörig beschwert, damit die Molken ausgetrieben werden, die Masse herausgenommen, mit Salz und Kümmel gut geknetet, in Formen gebracht, in diesen beschwert, damit die Molken ausgeschieden werden, und ferner verfahren wie bei der Bereitung der Süßkäse.

Mastung. Was die Mastung anlangt, so ist darüber schon in der Abtheilung „Allgemeine Viehzucht" das Hauptsächlichste gesagt worden. Es bleibt hier nur noch zu erwähnen, daß man am besten ausrangirte Ochsen und Kühe der eigenen Wirthschaft mästet. Die Mastung soll nie länger als 3 Monate dauern. Wird diese Zeit überschritten, so bringt die Mastung keinen Gewinn. Die Mastung der Kälber kostet in der Regel mehr als sie einbringt. Das Vorstehende gilt von der Stallmast. Ist man in der glücklichen Situation, Weidemast betreiben zu können, wozu Fettweiden gehören, so gestaltet sich die Sache ganz anders, indem diese Mast weit einträglicher ist als die Stallmast. Dabei ist aber vorauszusetzen, daß die Weide nicht mit Vieh übertrieben wird. Am besten treibt man das Rindvieh im Frühjahr auf die Fettweiden auf.

Die Abgänge bei der Molkerei, als Buttermilch, saure Milch, Molken rc., dienen entweder zur Nahrung für die Menschen oder werden zur Aufzucht junger Schweine verwendet, welche davon herrlich gedeihen, und durch deren Verkauf dann die Kuhnutzung nicht unerheblich erhöht wird.

Der jährliche Ertrag einer Kuh ist so abhängig von der Lokalität, von dem Werth der Kuh selbst und von dem Futter, daß darüber etwas allgemein Gültiges nicht zu bestimmen ist. Eine Kuh gleicht einem Siebe; gießt man viel hinein, so kommt viel heraus.

Angenommen, eine Kuh gäbe in 300 Tagen täglich 12 Pfund Milch, das preußische Quart gleich $2^1/_6$ Pfund, so wären dies jährlich 3600 Pfund Milch; 100 Pfund geben 4 Pfund Butter, dies wären also 144 Pfund Butter à 7 Sgr. gleich 33 Thlr. 18 Sgr., das Kalb 5 Thlr., zusammen Bruttoertrag bei der Butternutzung 38 Thlr. 18 Sgr. Dies ist ein Ertrag, welcher unter günstigen Verhältnissen von einer ganzen Heerde durchschnittlich erreicht werden kann. Durch Milchverkauf wird derselbe noch bedeutend gesteigert; unter gewöhnlichen Verhältnissen muß man sich aber auch mit 10 bis 15 Thlr. Ertrag pro Kuh begnügen.

§. 5.
Die Krankheiten.

Nur die Krankheiten können hier Berücksichtigung finden, welche am öftesten vorkommen; die Erkennung und Behandlungsart ist aus Wagenfeld's sehr praktischem allgemeinen Vieharzneibuch auszugsweise entlehnt.

1) Die Darm- und Magenentzündung. Es zeigen sich Schmerzen und Krämpfe in den Eingeweiden, die Thiere sind unruhig, scharren mit den Vorderfüßen, schlagen mit den Hinterfüßen nach dem Bauche, krümmen den Rücken, legen sich häufig, springen gleich wieder auf, knirschen mit den Zähnen, sehen sich oft nach dem Bauche um, stöhnen und brüllen, haben Verstopfung. Die Augen sind roth und glänzend, Ohren, Füße und Hörner kalt; der Bauch ist etwas aufgetrieben, gegen jede Berührung sehr empfindlich, das Thier trippelt mit den Füßen, bewegt den Schwanz hin und her, worauf bald der Tod erfolgt. Die Ursachen liegen meistens in Erkältungen, entweder durch die Luft oder durch kaltes Saufen; ferner in dem Genusse giftiger Kräuter, namentlich des Hahnenfußes, der Taxusblätter, des Sadebaums.

Ein Aderlaß von 6 bis 10 Pfund, der nach Umständen zu wiederholen ist, innerhalb alle 1 bis 2 Stunden eine Bierflasche voll von Kamillenthee mit Leinöl zu gleichen Theilen, ferner Klystiere aus Oel, Salz und Wasser sind unerläßlich. Außerdem macht man Einreibungen in den Bauch von Terpentinöl, Salmiakgeist und Leinöl, von jedem 3 Loth, und bürstet oder reibt den Bauch fleißig mit Strohwischen. Sind giftige Kräuter die Ursache der Darmentzündung, so wird außerdem viel Essig eingegeben. Bessert sich das Thier, so gibt man eine Abführung aus Weinstein

8 Loth, Leinöl $1/2$ Pfund, Wasser $1/2$ Quart auf einmal. Zum Getränk erhält der Patient lauwarmes Leinkuchen- oder Kleienwasser und als Futter saftiges, weiches Grünfutter.

2) Das Blutharnen. Die Ursachen scheinen lediglich in dem Genusse gewisser Futterkräuter begründet zu sein; so sieht man das Uebel meistens im Frühjahre nach dem Genusse von grünem Eichen- oder Erlenlaub, nach Fichtensprossen, nach dem Hahnenfuße, nach Maiwürmern und Cantariden. Aber auch durch Erkältung, durch Branntweinspülicht und sumpfige Weiden wird das Blutharnen veranlaßt. Die Krankheit ist in der Regel langwierig und kann Wochen und Monate dauern, ehe sie tödtlich wird; in solchen Fällen jedoch magert das Thier ungewöhnlich ab, trotz der oft noch sehr gut bestehenden Freßlust.

Um die Heilung zu bewirken, ist das Erste, daß die Kranken von der schädlichen Weide entfernt oder Stallvieh anders gefüttert werde, besonders mit Schrot, Kleie und gutem Heu. Innerlich gibt man alle 12 bis 18 Stunden folgendes Pulver mit etwas Bier ein: Baldrian, Angelika, von jedem 2 Loth, Kampher $1/2$ Loth. In die Nierengegend macht man alle 6 bis 8 Stunden eine Einreibung aus Lorbeeröl und Terpentinöl, von jedem 2 Loth, Cantharidenpulver $1/2$ Loth; ist Verstopfung vorhanden, so setzt man fleißig Klystiere.

Vorzüglich wirksam ist der Alaun, von dem man alle 3 bis 6 Stunden 1 Loth mit Wasser eingießt.

3) Der Milzbrand. Diese gefährliche Krankheit nimmt zwar gewöhnlich einen so schnellen Verlauf, daß das Thier oft schon todt niederfällt, ehe man das Geringste wahrgenommen; in manchen Fällen aber verkündigt sie sich doch durch einige Zeichen mehrere Tage vorher.

Bei dem schnellen Verlaufe werden die Thiere von großer Angst ergriffen, sie wenden sich hin und her, taumeln, setzen die zitternden Füße auseinander, stehen abwechselnd ganz still, traurig oder wie betäubt und gerathen in eine Art von Wuth, wobei sie brüllen, sinnlos eine kleine Strecke fortrennen und dann niederfallen; oder sie stürzen gleich Anfangs zu Boden, schäumen aus Maul und Nase, wo der Schaum oft mit Blut vermischt ist; zuweilen stellen sich Zuckungen und Verdrehungen des Halses ein. Mit dem Eintritt des Todes oder gleich nach demselben pflegt Blut aus dem Maule und After zu fließen; auch wird der Bauch in kurzer Zeit ungemein aufgetrieben, und der Kadaver verfault sehr schnell.

Nimmt die Krankheit nicht den schnellen Verlauf, so zeigen sich folgende Symptome: Zittern der Hinterschenkel, Zuckungen in der Haut, Mattigkeit; die kranken Thiere bleiben hinter der Heerde zurück oder stehen mit gesenktem Kopfe still. Bei Melkkühen vermindert sich die Milch auffallend oder sie versiecht gänzlich; in andern Fällen beginnt die Krankheit, namentlich bei festen und robusten Thieren, mit Brüllen und Toben, mit öfterem gewaltsamen Niederwerfen, Schlagen mit den Hinterfüßen gegen den Bauch, Stampfen 2c. Einige verlieren die Freßlust gänzlich, andere fressen bis kurz vor dem Tode. Die Augen sind Anfangs feurig und glänzend, später werden sie matt und trübe, und an den Augenlidern wird die Farbe gelb; das Athmen ist mühsam, stöhnend; im Maule ist große Hitze.

In den meisten Fällen finden sich während der Krankheit hin und wieder am Körper Beulen von verschiedener Größe, die bald kalt, bald heiß sind; am meisten erscheinen sie in der Regel in der Gegend des Kehlkopfes, von wo sie in wenigen Stunden den ganzen untern Theil des Kopfes und den ganzen Hals bis zur Brust einnehmen; doch kommen sie auch an andern Theilen des Körpers vor.

Bei der Oeffnung des Kadavers ist der Milzbrand noch sicherer zu erkennen als am lebenden Thiere. Von außen ist der Kadaver meist sehr aufgetrieben, aus Nase und Mund fließt blutiger Schaum und Geifer, und aus dem After quillt meistens Blut. Die innern Theile und Eingeweide sind blutfleckig und brandig, die Leber ziemlich natürlich, doch die Milz aufgetrieben und von ausgetretenem schwarzem Blut strotzend. Besonders zu bemerken ist die Beschaffenheit des Blutes, sowohl des Aderlaßblutes lebender Rinder, als des Blutes nach dem Tode; es gerinnt nicht, sondern bleibt flüssig und hat die Farbe und Konsistenz wie Theer.

Die Ursachen der Krankheit sind bis jetzt noch nicht bestimmt zu ermitteln gewesen, doch zeigt sich der Milzbrand in der Regel nur in heißen Sommern, bei schwüler Gewitterluft und heftiger Anstrengung im Zuge oder beim Treiben nach sehr entfernten Weiden.

Bei der Behandlung der Heerden hat man es nicht nur mit der Kur der erkrankten Stücke zu thun, sondern auch mit der Vorbeugung bei den noch gesunden. Zeigt sich der Milzbrand bei einigen Stücken der Heerde, so beobachtet man folgendes Verfahren als Vorbeugung: zuerst wird allen Stücken ohne Unterschied ein Aderlaß gemacht; fetten und starken Thieren läßt man 10 bis 12 Pfund, magern und schwachen 4 bis 6 Pfund Blut ab; sodann werden die Thiere öfters in kaltem Wasser geschwemmt oder mit kaltem Wasser begossen; dieses Begießen und Schwemmen muß wenigstens täglich zweimal geschehen; man sorgt für vieles und gesundes Wasser zum Saufen, dem man für den Eimer 1 bis 2 Loth Salpeter zusetzt; sehr fetten Thieren gibt man eine Laxanz aus 20 bis 30 Loth Glaubersalz mit Wasser ein. In großer Hitze halte man die Thiere im Kühlen und im Schatten und vermeide jede zu große Anstrengung.

Was die Heilung der schon erkrankten Thiere anlangt, so beginne man solche mit einem Aderlaß von 12 bis 18 Pfund Blut und gebe innerlich alle 2 Stunden eine Auflösung von 2 Loth Salpeter und 8 Loth Glaubersalz in Wasser ein, bis Laxiren erfolgt. Ist dies erfolgt, so gießt man 4 Loth Schwefelsäure in einen Eimer voll Wasser und läßt den Patienten öfters saufen oder gießt von dieser Flüssigkeit größere Mengen ein. Bei dieser oft mörderischen Krankheit versäume man nicht, so schnell als möglich den Arzt rufen zu lassen, welcher dann das Weitere verordnen wird.

Man kann bei der Behandlung des milzbrandigen Viehes nicht dringend genug die größte Vorsicht empfehlen. Wenngleich die Krankheit nicht durch die Luft, auch nicht durch Berührung ansteckt, so ist doch die Ansteckung durch das Blut und andere Flüssigkeiten der Thiere um so gefährlicher. Man hat nämlich zahlreiche traurige Beispiele, daß Menschen, welche dem kranken Vieh zur Ader ließen oder den Mist aus dem Mastdarm holten, die Beulen öffneten 2c., nach einigen Stunden an den Händen brandige Geschwüre bekamen, an denen sie in 2 bis 3 Tagen starben; die Ansteckung ist um so größer, wenn etwas von dem Giftstoff in einn verletzte Hautstelle kommt; aber man hat auch Beispiele, daß die Ansteckung der Menschen und sogar der Tod dadurch erfolgte, daß Fliegen, welche von dem Blute eines milzbrandigen Thieres gesaugt hatten, sich kurz darauf auf das Gesicht oder die Hände des Menschen setzten. Es muß daher jede Berührung der milzbrandigen Thiere vorsichtig und mit heilen Händen, welche vorher mit Oel bestrichen oder mit Handschuhen versehen worden sind, geschehen, und der Kadaver tief vergraben werden, damit Hunde 2c. nicht davon fressen.

4) Das Rückenblut. Zu Anfang stehen die Thiere matt und traurig, sie trippeln mit den dicht zusammengestellten Hinterfüßen, fressen und wiederkäuen nicht. Der Bauch ist aufgetrieben, der abgehende Mist mit geronnenem Blute umgeben, trocken und schwarz und wird nur in kleinen Quantitäten abgesetzt. Ebenso ist der Urin von dunkler Farbe und oft mit Blut gemischt. Bei der Zunahme des Uebels stöhnen die kranken Thiere und äußern viele Schmerzen.

Die Ursachen sind nicht ganz bestimmt nachzuweisen; im Stalle, bei gutem trocknen Futter wurde das Uebel noch nie beobachtet, dagegen meistens auf moorigen, niedrigen Weiden, nach dem Genusse gefrorener Kartoffeln oder Rüben, oder nach bereiftem Grase, oder nach giftigen Kräutern. Alle Beobachtungen scheinen dafür zu sprechen, daß das Rückenblut nichts als eine andere Aeußerung des Milzbrandes ist, bei dem die krankhafte Thätigkeit sich vorzugsweise auf den Mastdarm beschränkt. Die Kur besteht darin, daß bei gutgenährten Thieren sogleich ein Aderlaß von 8 bis 12 Pfund gemacht und innerlich 12 Loth Glaubersalz und ½ Pfund Leinöl mit warmem Wasser täglich zwei- bis dreimal eingegossen werden; aus eben solcher Mischung werden alle 2 Stunden lauwarme Klystiere gesetzt, nachdem zuvor der Mist aus dem Mastdarme mit der Hand entleert ist.

Es muß hierbei erwähnt werden, daß das sogenannte Brechen des Rinderblutes höchst tadelnswerth und sogar äußerst gefährlich ist, weil Fälle vorgekommen sind, daß es den Menschen ganz so wie bei dem Milzbrande den Tod gebracht hat.

5) Die Maul- und Klauenseuche. Gewöhnlich kommen beide Krankheiten gleichzeitig vor und sind meistens über ganze Heerden verbreitet. Die Maulseuche zeigt sich durch Hitze und Röthe im Maule, die Freßlust ist vermindert, die Kühe geben weniger Milch, und diese ist dünn und wässerig. Es entstehen nach 2 bis 3 Tagen im Innern des Maules unzählige kleine rothe Punkte, welche größer werden und in weiße Bläschen bald von der Größe eines Hirsekorns, bald von der Größe einer Erbse ja einer welschen Nuß sich verwandeln, die nun aufplatzen und einen Schorf hinterlassen. Die Thiere geifern stark und fressen der Schmerzen wegen nicht. In den meisten Fällen ist die Maulseuche gelinde und gutartig, so daß sie bei einer passenden Diät meistens von selbst heilt. Das Innere des Maules wird oft mit einer Mischung aus ½ Pfund Honig, 2 Loth Salzsäure und 1 Quart Wasser, worein einige Hände voll Mehl gerührt sind, ausgepinselt oder ausgespritzt. Da das Thier der wunden Zunge wegen kein hartes Futter fressen kann, so gebe man ihm weiches, saftiges Grünfutter oder gekochte gequetschte Kartoffeln und Rüben, Schrottrank 2c.

Bei der Klauenseuche läßt sich zwischen den Klauen eine beträchtliche Wärme wahrnehmen, es tritt Geschwulst ein, und es entstehen sodann Bläschen und Blattern, aus welchen beim Aufplatzen eine gelblich weiße Feuchtigkeit ausfließt. Es bilden sich Geschwüre, die Klauen werden stark angegriffen, und das Thier liegt beständig, weil es auf dem kranken Fuß kaum auftreten kann.

Bei der Kur der Klauenseuche hat man in der Regel dafür Sorge zu tragen, daß die Thiere so schonend als möglich behandelt werden, weil die Heilung bald und leicht zu erfolgen pflegt.

Die entzündeten Klauen werden oft mit kaltem Wasser gebadet oder man treibt die Thiere einigemal täglich in kaltes Wasser; sie werden bei reichlicher Streu im Stalle, oder was noch besser ist, auf grasreicher feuchter niedriger Weide gehalten. Später kann man die Klauen mit folgendem Wasser täglich zwei- bis dreimal bestreichen: Alaun und Kupfervitriol, von jedem 2 Loth, Wasser 1 Quart. Bösartige Geschwüre werden mit blauem Vitriol bestreut.

Ansteckend ist diese Krankheit nicht, so wenig wie die gutartige Maulseuche; eine Trennung der Gesunden von den Kranken ist aber schon der Behandlung wegen nöthig.

6) Die Trommelsucht, das Auflaufen, Aufblähen. Die nächste Ursache dieser Krankheit besteht in einer ungeheuern Menge von Luft, welche sich krankhaft in dem ersten Magen ansammelt und sich weder nach vorn noch nach hinten einen Ausweg verschaffen kann. Diese Luft entsteht gewöhnlich aus dem übermäßigen, zu hastigen Genusse gewisser Futtergattungen, vorzugsweise des Buchweizens, Kohls, der Rüben, des Rapses, jungen Klees, der Luzerne, auch des Malzes, gekochter Kartoffeln, Rüben 2c. Werden die gedachten Stoffe in zu großer Menge gefressen, so überwältigen sie die Verdauungsorgane des Magens, so daß Gährung und in deren Folge die Entwickelung von kohlensaurer Luft entsteht, welche dann den Magen so ungeheuer ausdehnt. Die Hülfe kann hier nicht schnell genug kommen, doch besitzt man Mittel genug, die Krankheit fast jedesmal zu heilen. Ist die Gefahr dringend, so bleibt immer das Troikariren das beste Mittel; zu dem Ende wird mit dem Troikar an der linken Seite des Thieres in die Flankengegend eingestoßen, worauf das Stilet herausgezogen wird und durch die hohle Hülse die Luft entweicht. In Ermangelung eines Troikars kann man sich auch jedes spitzigen Messers bedienen, nur muß dann eine Federpose oder eine andere hohle Röhre in die gemachte Oeffnung gesteckt werden. Oft hat man aber weder Zeit noch Gelegenheit, eine Röhre sich zu verschaffen; dann mache man die Oeffnung mit dem Messer etwas größer und lasse anhaltend mit einem Stöckchen in derselben rühren, damit die Oeffnung offen erhalten wird und die Luft entweichen kann. Trifft man aufgeblähtes Vieh auf der Weide, und scheint die Gefahr dringend, so greife man stets nach dem Messer, statt durch das Herbeischaffen des Troikars eine vielleicht entscheidende Viertelstunde zu verlieren. Ohne Messer aber soll, beiläufig gesagt, der Landwirth nicht aus der Stube gehen, weil zu viele Fälle vorkommen, wo er dessen dringend bedürftig ist.

Um den Ort des Einstichs genau zu finden, mißt man von der Hüfte, von den Querfortsätzen der Lendenwirbel und von dem hintern Rande der falschen Rippen eine Hand breit, wählt dann gerade die Mitte von dieser Stelle und gibt dem Troikar eine solche Richtung, als ob man nach dem Vorderfuße zu stoßen wollte. Gleich nach dem Einstiche fährt die Luft mit großem Geräusch aus der Oeffnung heraus, doch darf man das Instrument nicht sogleich entfernen, weil die Luft sich leicht aufs Neue ansammelt.

Stellt sich nach einiger Zeit das Aufblähen wieder ein, so rührt man anhaltend weiter in derselben Oeffnung.

Man darf mit der Wahl des Einstichorts nicht allzu ängstlich sein; denn obgleich die oben bezeichnete Stelle allerdings die geeignetste ist, so wird doch der Zweck nicht verfehlt, wenn auch der Ort nicht genau getroffen werden sollte. Der Pansen oder der erste Magen nimmt fast die ganze linke Bauchseite ein und kann in einem beträchtlichen Umfange ohne alle Gefahr durchstochen werden. Ist nun die Luft ausgezogen und sammelt sie sich nicht mehr an, so ist das Thier gerettet.

Außer dem Troikariren, welches kurz vor dem Tode das einzige wirksame Mittel ist, hat man noch andere Mittel, die Luft zu entziehen, wenn die Gefahr noch nicht den höchsten Grad erreicht hat, z. B. durch den Schlundstoßer, indem man einen elastischen Stab, so dick wie ein Peitschenstiel, durch den Schlund in den Magen einbringt 2c. Oder man gibt dem Patienten alle Viertelstunden einen Eßlöffel voll ungelöschten Kalk mit Milch ein, oder 2 Loth Pottasche, oder 2 Loth Seife mit lauem Wasser, oder 1 Quentchen Salmiakgeist in 1/2 Quart Wasser, oder auch 1/4 Quart Branntwein; äußerst hülfreich hat sich der Essig bewiesen, alle 1/4 Stunden 1/4 Quart voll. Mäßiges Treiben des Thieres, das Begießen mit kaltem Wasser bis zum Zittern, das Herausnehmen des Mistes aus dem After, so wie das Reiben des Bauches mit Stroh sind ebenfalls im Vereine mit jenen Mitteln sehr nützlich. Nichts kommt aber in schneller Wirkung dem Troikar oder Messer gleich.

Zwanzigste Abtheilung.

Die Schafzucht.

Bei keiner Gattung der landwirthschaftlichen Nutzthiere äußern Race, Sachkenntniß, Zucht und Haltung einen so entscheidenden Einfluß auf die Erträge als bei den Schafen. Beim Rindvieh stellt man gar oft das eingewöhnte Landvieh in Bezug auf Nutzung über die edlen Racen, und bei den Pferden wird die Zucht des edlen Blutes für Luxus gehalten. Ganz anders ist dies bei den Schafen; ihre steigende Veredelung ist das anhaltende Ziel des Bestrebens des Züchters, und wenn man den großen Unterschied des Ertrages von einem Landschafe, dessen Wolle vielleicht mit 40 Thaler pro Centner bezahlt wird, gegen den eines hochveredelten Schafes, von dem man die Wolle mit 100 Thaler und drüber gern bezahlt, berücksichtigt, so ist das Bestreben der Veredlung des Schafviehs nicht nur gerechtfertigt, sondern es wird dringend nöthig, wenn man mit der fortschreitenden Industrie gleichen Schritt halten will.

Soll aber ein lohnendes Ziel in dieser Beziehung erreicht werden, so ist großer Fleiß und ununterbrochene Aufmerksamkeit ebenso nöthig als Sachkenntniß. Beides wird dem angehenden Landwirth dringend empfohlen; das Interesse für die Schafzucht muß fast zur Leidenschaft werden, wenn es Erfolge herbeiführen soll. Die Leitung einer Schäferei darf durchaus nicht auf allgemeinen Grundsätzen beruhen, sie muß vielmehr in das Spezielle eindringen, das Individuum berücksichtigen, denn es gibt so viel dabei zu beobachten, so viel zu lernen, daß bei der größten Aufmerksamkeit dennoch fast ein halbes Menschenalter nöthig ist, um eine Meisterschaft zu erringen.

Der Mangel an Sachkenntniß aber bestraft sich nirgends härter als bei der Schafzucht, und bei keiner landwirthschaftlichen Branche sind aus diesem Grunde so große Opfer nutzlos verschwendet worden.

Gegenwärtig ist die Veredelung der Schafe weit leichter als früher, denn man weiß gegenwärtig, was man will und braucht, und es fehlt weder an richtigen Anleitungen, noch an Haltepunkten, um ein vorgestecktes Ziel zu erreichen. Die Ansichten schwanken nicht mehr, man kennt die Höhepunkte, und dies ist das sichere Fundament für das Gelingen.

§. 1.
Die Racen.

Die beiden Hauptracen der Schafe sind das Landschaf und das Merinoschaf. Aus beiden haben sich die verschiedenen Unterracen durch Kreuzung gebildet, welche ihren Eigenschaften und ihrem Werthe nach ebenso viel verschiedene Racen zu sein scheinen.

Das Landschaf kommt gegenwärtig in seiner ursprünglichen Natur in Deutschland nur noch selten vor; mehr findet man es in Polen, wo es in manchen Districten die ausschließliche Race ist. Es hat lange, schlichte, grobe Wolle, kleinen, etwas runden Kopf, kurzen, gedrungenen Körper, starken sehr behaarten Schwanz und erträgt ein rauhes Klima ebenso sicher, als es mit geringem Futter vorlieb nimmt. Das Landschaf wurde in früheren Zeiten auf dreierlei Weise benutzt: als Wollträger, als Schlachtvieh und zur Milchnutzung. Diese letztere hat aufgehört, seit man das Thier verfeinert hat und auf das Lamm ein größerer Werth gelegt wird.

Das Merinoschaf stammt aus Spanien, welches dasselbe fast bis zum Ende des achtzehnten Jahrhunderts allein besaß.

Es unterscheidet sich durch seine feine, etwas gekräuselte Wolle und seinen edlen Körperbau wesentlich von dem Landschaf. Durch die Einführung des Merinoschafes in Deutschland, welche in der letzten Hälfte des vorigen Jahrhunderts zuerst nach Sachsen erfolgte, hat die deutsche Schafzucht und mit ihr die ganze Landwirthschaft eine vollständige Umwandelung erfahren.

Das deutsche Klima und wohl auch die sorgsamere Behandlung, welche man auf den kleinen werthvollen eingeführten Stamm der Merinos verwendete, äußerten auf dieselben einen wohlthätigen Einfluß, und man stellte die in Sachsen von ihnen gewonnene Wolle nicht nur der spanischen gleich, sondern zog jene wegen ihrer größern Milde und Sanftheit letzterer noch vor. Weil die Merinos zu Anfang namentlich in den kurfürstlich sächsischen Schäfereien gehalten wurden, nannte man sie Elektoralschafe, und diese Benennung ist seitdem für diejenigen Merinos, welche sich durch Feinheit und Sanftheit auszeichnen, beibehalten worden. Sonst unterscheidet man in Spanien zwei Racen, die Infantadorace, welche sich durch Derbheit des Wollfließes, kräftigen starken Körperbau und großen Wollreichthum auszeichnet, und die Escurialrace, mit einem feineren, mehr gekräuselten Wollhaare und einem feinern Körperbau.

Von dieser letzteren Race stammen wahrscheinlich die ersten sächsischen Merinos ab, von der ersteren dagegen die zu Anfange dieses Jahrhunderts in Schlesien und Oestreich eingeführten spanischen Schafe, von denen namentlich die fürstl. Lichnowskischen Heerden einen großen Ruf erlangt und zur allgemeinen Veredelung der Schafzucht außerordentlich viel beigetragen haben.

Gegenwärtig sind beide Racen in einander verschmolzen; die menschliche Kunst trug die Vorzüge der einen Race auf die andere Race durch Kreuzung über, verbesserte diese oder jene Eigenschaft, und so kann man das Merinoschaf in seiner jetzigen Vollkommenheit, wie es in Sachsen, Schlesien und überhaupt in Deutschland weit verbreitet ist, fast ein Gebilde der Kunst nennen, da selbst Spanien sich mit den in Deutschland erreichten Resultaten nicht messen kann.

Die Eigenschaften des Schafes vererben sich sowohl dem Körperbaue als dem Wollvließe nach auf seine Nachkommen, und es ist durch große Aufmerksamkeit und anhaltendes Forschen gelungen, das Schaf dem Zwecke entsprechend zu gestalten. Das Infantadoschaf gab seinen kräftigen Körperbau, sein dichtes Wollvließ, das Escurialmerino die Sanftheit und Milde seiner Wolle, und so entstand das gegenwärtige Electoralmerino.

Durch Kreuzung der Merinos mit den Landschafen sind sehr viele

Unter-Racen entstanden, welche entweder erhalten oder durch fortgesetzte Kreuzung weiter veredelt werden, wie z. B. die englischen Kammwollschafe aus Backewell's Züchtung. Die natürliche lange Wolle des englischen Landschafes ist mit dem demselben eigenen starken Körperbaue beibehalten und nur die Wolle etwas verfeinert worden. Für England haben diese Schafe einen hohen Werth, weil sie zur Mastung sehr geeignet sind und schon dadurch der hohen Fleischpreise wegen gut rentiren. Nächstdem liefern sie aber auch den nothwendigen Bedarf an Kammwolle, welche in Deutschland nur in einem verhältnißmäßig geringen Verhältniß bisher gewonnen wurde.

In neuester Zeit sucht man auch in Deutschland Fleisch- und Wollerzeugung mit einander zu verbinden, eine Folge des mangelnden Schlachtviehs und der hohen Fleischpreise. Diese combinirte Nutzung hat man dadurch und zwar mit dem besten Erfolg zu erreichen gesucht, daß man Merinoschafe mit den großen reichwolligen Southdown-Böcken gekreuzt hat. Die Erfolge dieser Kreuzung sind größere Statur, größere Fleischmasse, vermehrter Wollertrag, aber geringere Feinheit der Wolle. Noch günstiger ist die Veredlung der Landschafe mit Southdownböcken. Die Produkte der Kreuzung von Southdown-Böcken und Landschafen zeichnen sich aus durch schnelle Ausbildung, ebenen Rücken, starkes Kreuz, breiten, tiefen, schön gerundeten Leib, längere, feinere und dichtere Wolle. Sehr gute Resultate erhält man bei der ferneren Zucht, wenn man mit Halbblutböcken kreuzt. Die Produkte der Kreuzung zwischen Southdown-Böcken und Merinoschafen wiegen in einem Alter von 2 Jahren, in dem sie am vortheilhaftesten an den Fleischer verkauft werden, durchschnittlich 112 Pfund, während sich der Wollertrag auf $2^1/_2$ Pfund pr. Stück beläuft, während die Produkte der Kreuzung zwischen Southdown-Böcken und Landschafen 132 Pfund durchschnittlich wiegen. Der Ausfall, welcher durch eine derartige Kreuzung zwischen Southdowns und Merinos im Preise der Wolle entsteht, wird durch das größere Fleischgewicht bedeutend überwogen. Durch die Fleischschafzucht wird das Futter weit höher verwerthet als durch die Zucht mittelfeiner Merinos und Landschafe behufs der Wollgewinnung. Besonders zu empfehlen ist die Zucht der Fleischschafe bei reicher Weide und ausgedehntem Rübenbau.

Auch aus dem Infantadomerino sind konstante Unterracen gebildet worden. Wie erwähnt, zeichnet sich dasselbe durch besondere Derbheit des Wollvließes, starken, breiten Körperbau, starke, überaus mit Wolle bewachsene Glieder und herunter hängenden Halskragen aus. Wer sich Wollreichthum als alleiniges Ziel gesteckt hatte, behielt diese Eigenschaften bei, vervollkommnete sie immer mehr und hat mit dieser unter der Benennung Negrettischafe fortgezüchteten Race bei den hohen Preisen auch der mittelfeinen Wolle gute Erträge erzielt.

§. 2.

Die Wolle.

Die Wolle ist der Hauptzweck der veredelten Schafzucht. Der Unterschied ihres Werthes hängt nicht allein von ihrer Feinheit ab, sondern er ist durch so viele Eigenschaften bedingt, daß die richtige Kenntniß noch immer nicht zu den allgemein bekannten Wissenschaften gehört. Um zu Resultaten bei der Schafzucht zu gelangen, muß eine genaue Wollkenntniß mit gediegener Erfahrung über Züchtung und Haltung verbunden sein. Man muß wissen, was man erzielen will, und die Mittel kennen, das Ziel zu erreichen. Beides ist so leicht nicht; namentlich erfordert die Kenntniß der Wolle eine große Uebung und ein reges Interesse für die Sache.

In Nachstehendem folgt die Erklärung einiger bei der Wolle vorkommenden Kunstausdrücke.

1) Das Vließ nennt man die abgeschorene aber zusammenhängende Wolle eines Schafes.

2) Stapel heißen die einzelnen Wollbüschel, welche zusammenhängend das Vließ bilden. Eine abgerundete Oberfläche dieser Wollbüschel, wenn sie in regelmäßiger Lage so zusammentreffen, daß die Decke des Vließes völlig glatt und gleichmäßig ist, nennt man einen guten Stapel.

3) Kräusel nennt man die Bogen eines einzigen Wollhaares.

4) Zwirn ist eine Ueberbildung der Kräusel, wenn sich die Wollhaare zusammendrehen.

5) Regelmäßige Wolle ist diejenige, bei welcher die Bogen völlig in einander passen, die Stapel sich gut theilen, dennoch aber wieder von selbst schließen.

6) Flaum nennt man die Fülle der Wolle, welche unter den Händen so zu sagen hervorquillt. Die Bogen sind fein und kaum bemerkbar.

7) Schlicht ist die Wolle, welche gar keine Bogen oder Kräusel hat.

8) Filz ist eine Ueberbildung des Flaums. Das Vließ gleicht einem Stück Filz, dessen Wolle nur mit Mühe von einander zu trennen ist.

9) Schweiß nennt man das natürliche Oel des Wollhaares.

Die Ansichten über die nothwendigen Eigenschaften einer guten, edlen Wolle haben sich erst seit etwa 35 Jahren vollkommen geklärt. Vorher schwankten sie; bald schätzte man den Werth der Wolle nach der Anzahl ihrer Bogen, bald nach dem Gewichte des Vließes allein. Die Unsicherheit war die Ursache großer Fehler, welche sich in die Behandlung der Wolle einschlichen, und es ist eine große Sorgfalt und ausdauernder Fleiß nöthig gewesen, um den Standpunkt zu erreichen, auf welchem man sich gegenwärtig befindet.

Man weiß jetzt, daß zur Vollkommenheit eines Wollvließes folgende Eigenschaften gehören:

1) Ein regelmäßig gebildeter Stapel, welcher eine überall geschlossene und dennoch leicht theilbare Decke bildet. Diese Eigenschaft kann man als die Grundlage einer guten und edlen Wolle ansehen, weil, wenn sie regelrecht vorhanden ist, andere erhebliche Fehler nicht mehr vorkommen können. Mit der früher beliebten kräuseligen Wolle ließ sich ein guter Stapel nicht verbinden. Die Fabrikanten legen darauf einen besonders hohen Werth.

2) Möglichste Ausgeglichenheit des ganzen Vließes in Bezug sowohl auf Feinheit als Stapelbildung. Diese Eigenschaft ist ein sicheres Zeichen hoher Veredlung und einer konstanten Race. Zu Anfang der Veredlung kommt sie niemals vor, denn wenn auch einzelne Stellen des Körpers eine edle Wollbildung zeigen, so fallen andere, namentlich der Hals, der Widerrist, der Rücken in Feinheit und Gestaltung erheblich zurück.

3) Feinheit verbunden mit Wollreichthum. Hierauf beruht der Ertrag und es ist das Ziel, wonach man streben muß. In früheren Zeiten war die Feinheit die alleinige Richtschnur, aber der höchste Preis konnte zuletzt die sichtbar abnehmende Quantität nicht mehr ersetzen. Man weiß jetzt, daß die Menge mit der Feinheit zu verbinden ist, und so schwer es sein mag, beides zu erreichen, so darf doch die Quantität niemals auf Kosten der Feinheit unberücksichtigt bleiben. Wenn man in dieser langsam vorwärts schreitet, mit jener aber gleichen Schritt hält, so wird man dem gesteckten Ziele sicher entgegen gehen.

Aus diesem Grunde muß man 4) darauf sehen, daß der Körper überall mit Wolle gut bewachsen ist, denn kahle oder schwach bewachsene Stellen vererben sich zum größten Nachtheil der Wollmenge.

In diesen vier Eigenschaften ist der Werth einer Wolle begründet; wo sie vereinigt vorkommen, finden keine Fehler, als da sind zu starker Kräusel, Zwirn, Filz, spitze Oberfläche 2c., statt.

Es ist aber eben so schwer, diese Eigenschaften zu erreichen als, wenn sie erreicht sind, zu erhalten. Die edelste Race reiner Abstammung muß eben so sorgsam gepflegt und mit Berücksichtigung der Individualität fortgezüchtet werden als die in der Veredlung vorwärtsschreitende.

Man muß sich bemühen, in die Wolle einen festen, bestimmten und ausgesprochenen Charakter zu bringen, jene oben bezeichneten Eigenschaften zur Norm nehmen und nun mit individueller Berücksichtigung fortzüchten, damit gegen die einzelnen hervorbrechenden Fehler gewirkt werden kann. Die besten Eigenschaften arten zuletzt in Extreme aus, wenn nicht Wechselwirkungen stattfinden; denn so leicht eine Wolle zu lose wird, so leicht kann auch die Dichtigkeit des Vließes, nach welcher man strebt, in Filz ausarten, oder die Wolle kann in der Feinheit zurückgehen.

Am schnellsten und sichtbarsten schreitet die Veredlung in den untern Graden vor. Schon die Nachzucht von Landschafen und einem edlen Bock zeigt dessen große Einwirkung. Je höher man aber steigt und je mehr man die speziellen Eigenschaften berücksichtigt und gegen individuelle Fehler kämpft, desto langsamer geht die Veredlung der Schafe vor sich, und desto größere Aufmerksamkeit und Kenntniß ist nöthig.

Im Anfange reicht daher auch eine allgemeine Züchtung aus, d. h. eine solche Züchtung, welche nur die Eigenschaften einer ganzen Heerde im Auge behält und, ohne auf das einzelne Stück Rücksicht zu nehmen, nur auf das Allgemeine hinwirkt. Hat man z. B. lose Wolle, so wählt man einen Bock, dessen hervortretende Eigenschaft Dichtwolligkeit ist. Fehlt es an einem geschlossenen Stapel, so nimmt man bei der Wahl darauf eine besondere Rücksicht. In allen Fällen aber, die Eigenschaften einer Heerde mögen sein, welche sie wollen, trachte man stets nach der höchsten Vollkommenheit eines Bockes; man versuche es niemals, mit einem Fehler einen andern verbessern zu wollen; man würde sonst keine Verbesserung, sondern nur einen Tausch bewirken und aus einem Fehler in den andern verfallen.

Die oben bezeichneten Normaleigenschaften werden unter allen Umständen die gediegensten Resultate herbeiführen und allein vermögend sein, einer Wolle einen bestimmten Charakter zu verleihen.

Ist man in der Veredlung schon etwas vorgeschritten, so wähle man aus der Mutterheerde die vollkommensten Thiere aus und bilde daraus einen kleinen Stamm. Was man für die Masse nicht verwenden kann, vermag man eher für diese kleine Elite zu thun; sie verdient schon einen edlern Bock und wird das Opfer sicher lohnen. Die kleine Zahl vermehrt sich, und man gelangt schneller zum Ziele, als wenn man sich mit dem Mittelmäßigen für die ganze Heerde begnügen muß. Den Rest der Mutterheerde theilt man nach der Qualität der Wolle in mehrere

Partieen von je 50 oder 100 Stück und wählt dazu den passenden Bock. Man stellt die Schafe mit loser, dichter, kurze ꝛc. Wolle zusammen und züchtet jede Abtheilung besonders, indem man ihnen die geeigneten Böcke, die sich durch Dichtwolligkeit, Langwolligkeit, Feinwolligkeit ꝛc. auszeichnen, zutheilt. Dadurch wird schon ein Theil der Fehler in der ersten Generation ausgerottet, und fährt man mit Ausdauer und Aufmerksamkeit fort, so ist die Ausgeglichenheit der Heerde das sichere Resultat. Alle Böcke aber, wenn sie auch in ihren speziellen Eigenschaften etwas verschieden sind, um dem Bedürfniß besser angepaßt zu werden, müssen ihrem Grundcharakter nach einander gleich sein; Regelmäßigkeit des Wollwuchses und eine vollkommene Stapelbildung darf ihnen nie fehlen, sonst ist niemals eine Ausgeglichenheit der Heerde zu erreichen.

Hat man in der Veredlung bereits eine hohe Stufe erreicht, so ist die individuelle Züchtung nicht zu vermeiden.

Bei dieser wird die Qualität des einzelnen Stückes berücksichtigt; man kämpft gegen den speziellen Fehler und gibt nicht der ganzen Abtheilung, sondern jeder einzelnen Mutter den Bock, welcher für sie paßt und welcher geeignet ist, einen etwa vorkommenden Fehler zu verbessern (Sprung aus der Hand). Nur auf diesem Wege läßt sich die größte Veredlung erreichen, vorausgesetzt, daß man weiß, was man will und mit den Resultaten der Vererbung genau bekannt ist.

Die höchste Veredlung ist namentlich für diejenigen Stammheerden nothwendig, welche Böcke zum eigenen Bedarf und zum Verkauf erziehen. Die Ansprüche, welche man an die Qualität eines Bockes macht, werden um so größer, je weiter man mit den eigenen Heerden in der Veredlung vorschreitet.

Es ist aber nicht leicht, viele hochedle Böcke zu gewinnen; denn selbst in den edelsten und ausgeglichensten Stammheerden fallen unter 50 bis 100 Böcken immer nur sehr wenig wirklich ausgezeichnete Stücke. Daher der hohe Preis solcher und die Nothwendigkeit einer höchst sorgfältigen Züchtung. Der hohe Preis eines sogenannten Normalbockes, welcher alle guten Eigenschaften in sich vereinigt, ist aber in der That ein reeller, wenn die Heerde in der Veredlung hoch genug steht, für welche er verwendet werden soll. Hat man das Glück, einen solchen Bock eine Reihe von Jahren zu besitzen und vererbt er sicher, so ist die Einwirkung wunderbar. Der Charakter einer Heerde kann durch einen solchen Normalbock ganz verändert und auf eine hohe Stufe gebracht werden. Ein solcher Bock paßt für jede Heerde und zu jeder Wollqualität; er kann immer nur Gutes bewirken. Fehlt aber dem Bock auch nur eine nothwendige Eigenschaft oder steht eine zu der andern nicht im ganz richtigen Verhältniß, wie dies bei der Mehrzahl der Böcke der Fall ist, so muß die Wechselwirkung durch eine richtige Auswahl der Mütter herbeigeführt werden.

Die Wolle eines Bockes kann z. B. dicht sein, ohne einen abgerundeten Stapel zu haben; dann muß man für ihn nur solche Mütter wählen, welche den besten Stapel haben. Auf diese Weise artet der Fehler wenigstens nicht zum Extrem aus, denn es soll hiermit nicht gesagt sein, daß auf Mütter mit gutem Stapel ein spitzwolliger Bock kommen soll. Es ist einleuchtend, daß, wählt man lose auf lose Wolle, Kräusel auf Kräusel, dann Zwirn und alle fehlerhaften Extreme gebildet werden müssen. Darum also die Wechselwirkungen, denn nicht ein Jeder ist im Stande, nur Normalböcke anwenden zu können.

Zu der Veredlung der Schafe gehört aber, um es nochmals zu wiederholen, eine richtige Wollkenntniß. Aus Büchern läßt sie sich nicht erlernen, und wenn man in der Beschreibung und Bezeichnung eine wahre Virtuosität erlangt hätte. Es kann in dieser Beziehung nur von Anleitung die Rede sein, um den jungen Landwirth auf den rechten Weg zu führen und ihm Ideen zu verschaffen, die er durch eigene Anschauung und Erfahrung verwirklichen muß. Man muß mit Interesse in der Sache arbeiten, sich von ihrem wahren Standpunkt überzeugen und frei von Eigenliebe bleiben; dann wird man auch Tüchtiges zu leisten vermögen.

Die beste Zeit, Wolle zu beurtheilen, ist im Februar oder im März, wenn sie fast völlig ausgewachsen ist. Was sich jetzt noch gut und ausgezeichnet darstellt, wird zu allen Zeiten die Probe halten. Bei der Beurtheilung muß man die Haltung der Schafe berücksichtigen, da die Haltung auf die Wolle einen großen Einfluß ausübt. Später, z. B. im August geschorene Individuen, zeigen immer einen abgerundetern Stapel als die früher geschorenen. Gebrochenes oder trübes Licht macht die Wolle feiner und zarter; deshalb sind die Vormittagsstunden sicherer zur richtigen Beurtheilung als der späte Nachmittag. Man hüllt ausgezeichnetes Schafvieh sogar in Decken ein; dies verursacht natürlich einen noch abgerundetern Stapel; solche Thiere bleiben den größten Theil des Sommers im Stalle, werden deshalb vor Staub, Regen ꝛc. geschützt, und dies trägt viel zum Glanz und der Milde der Wolle bei.

Diese Verhältnisse muß man kennen, damit man sich nicht wundere, wenn ein aus einer so behandelten Heerde gekauftes Stück sich bei veränderter Haltung verschlechtert.

Auch die Schur übt einen großen Einfluß auf das Ansehen der

Wolle aus. Je glatter geschoren wird, desto gleichmäßiger bleibt der Stapel.

Eine nothwendige Eigenschaft der Wolle ist auch, daß sie sich gut wasche. Je besser die Stapelbildung und je geschlossener das Vließ ist, desto reiner bleibt das Innere der Wolle und desto weißer wird sie in der Wäsche. Schafe, deren Wolle leicht und tief einstäubt, haben immer eine fehlerhafte Stapelbildung oder einen Ueberwuchs, welcher den Staub auffängt. Dieser Fehler liegt niemals allein in der Lokalität, welche vielleicht das Bestäuben begünstigt, sondern mehr in der Beschaffenheit der Wolle. Es gibt auch Schafe, welche einen so fetten, pechartigen Schweiß haben, daß ihre Wolle aus diesem Grunde nicht weiß wird. Es ist dies ein Fehler, welchen man zu vertilgen bemüht sein muß. Oft übt auch die Fütterung Einfluß auf das Aussehen der Wolle. Gutes Heu wirkt am günstigsten; Kartoffeln, Schlempe, Körner und Oelkuchen schaden dann, wenn sie im Uebermaß gefüttert, die Schafe damit gemästet werden. Werden dieselben aber im gewöhnlichen Verhältniß gefüttert, so üben sie keinen nachtheiligen Einfluß.

In Bezug auf die Wäsche der Wolle wurden in neuerer Zeit künstliche Wollwaschmittel empfohlen. Allgemein werden dieselben aber nicht werden, weil alle Fabrikanten die natürliche Wäsche der künstlichen vorziehen. Die letztere treibt das natürliche Fett aus der Wolle, diese wird dadurch spröde und verliert die nothwendige Elastizität, welche bei der Fabrikation einen hohen Werth hat. Die künstliche Wäsche mag daher nur dort angemessen sein, wo es an Gelegenheit fehlt, eine gute natürliche Wäsche herzustellen.

Für letztere ist folgendes Verfahren zu empfehlen. Man weicht die Schafe früh ein und läßt sie dann mehrere Stunden im warmen Stalle stehen, damit sich die Unreinigkeiten in der Wolle auflösen. Von Mittag ab wird rein gewaschen und am nächsten Tage früh geschwemmt. Das Schwemmen muß der Wolle erst die Weiße und den natürlichen Glanz geben; deshalb ist es auch angemessener, daß es des Morgens geschehe, wo das Wasser wieder rein ist und sich gesetzt hat, als wenn es unmittelbar auf das Waschen erfolgt. Hat man Breterwäschen, wo das Wasser zu- und abgelassen werden kann, dann ändert sich das Verfahren, und man läßt das Reinschwemmen unmittelbar auf die Wäsche folgen. Höchst wichtig ist es, daß die Wolle, so lange die Prozedur des Waschens dauert, nicht trocken werde.

Das beste Wasser zur Wollwäsche ist das weiche Fluß- oder Teichwasser. Das Waschen der Schafe selbst geschieht in der Art, daß dieselben in dem Wasser durch eine Reihe kräftiger Arbeiter passiren müssen. Diese, einer nach dem andern, tauchen das Schaf unter Wasser, wobei jedoch dessen Kopf über Wasser bleiben muß, und drücken, wenn sich das Vließ voll Wasser gesaugt hat, dasselbe tüchtig mit den Händen, so daß der Schmuz herauskommt. Bei dem nachfolgenden Schwemmen wird das gewaschene Schaf einigemal in dem Wasser herumgedreht, um den herausgewaschenen Schmuz abzuspülen.

Nach der Wäsche halte man die Schafe auf naher, möglichst beraster Weide, damit sie bei eintretendem Regen schnell ins Trockne gebracht werden können und nicht bestauben. Man sorge für reichliche Einstreu im Stalle und lasse, wenn auf diese Weise zweckmäßig gesorgt ist, die Wolle auf den Thieren lieber einen Tag zu viel als zu wenig trocknen. Nichts schadet dem Verkauf der Wolle mehr, als wenn dieselbe feucht eingebunden wird. Nothwendig ist es, die gewaschenen Schafe vor der Schur etwas in Schweiß kommen zu lassen, damit die Wolle ihre natürliche Milde und Sanftheit wieder erhält, welche ihr das Wasser zum Theil benommen hat.

Das Scheeren und die Verpackung der Wolle muß mit großer Ordnung und Sauberkeit geschehen, aller Schmuz muß entfernt und die gelbe Wolle separat gepackt werden, damit die Wolle ein sauberes Aussehen hat. Eine vollständige Beurtheilung der Wolle auf dem Markte ist nicht möglich, und es ist daher immer ein großer Vortheil für den Produzenten, wenn er einen möglichst beständigen Käufer hat; dazu gehört aber, daß derselbe nicht durch unsolide Verkäufer übervortheilt wird.

Das Scheeren der Schafe geschieht entweder auf einem gemähten, rein abgefegten Grasplatz oder bei ungünstiger Witterung auf der Scheunentenne. Es ist dabei strenge Aufsicht von Nöthen, damit die Schafe nicht gestochen und nicht geschnitten, daß das Vließ glatt abgeschoren und nicht zerrissen wird. Am besten geschicht das Scheeren im Akkord. Eine Person im Tagelohn muß beständig die Exkremente der Schafe auflesen, damit die Wolle nicht verunreinigt wird.

In Bezug auf die Wollveredlung im Allgemeinen ist noch die Frage zu erörtern, ob ein allgemeines Streben nach Veredlung überhaupt vortheilhaft sei, und ob nicht eine Ueberfüllung des Marktes mit feiner Wolle deren Preise herunterdrücken könne.

Diese Frage ist bereits durch die Wollkonjunktur der jüngsten Zeit zur Genüge beantwortet worden.

Vor zwei Jahrzehnten konnte die Beantwortung jener Frage weniger entscheidend ausfallen, weil damals die Preise der edeln Wolle mit denen der Mittel- und ordinären Wollen ganz außer Verhältniß standen. Die letztern Wollsorten waren in kurzer Zeit so hoch gestiegen, daß die Veredlung der Wolle weniger berücksichtigenswerth schien als die Vermehrung der Quantität; konnte letzteres durch zweimaliges Scheeren in einem Jahre befördert werden, so fand man auch dabei seine Rechnung, denn auch die zweischürige Wolle wurde zu hohen Preisen gekauft.

In dieser Zeit (im Jahre 1840) schrieb der Verfasser seine „Rechte Mitte", aus welcher, als zur Sache gehörend, nachstehende Stelle hier Platz finden möge:

„Der hohe Preis der mittelmäßigen Wolle wird und kann in dem Grade nicht Bestand halten, als ihn übertriebene Spekulationen gehoben haben, und alle frühern Opfer gehen durch Vernachlässigung der Sache verloren. So lange das feine Fabrikat die höhern Preise behält, muß sich auch das rohe Produkt danach richten, und so lange wir nicht Alle Herrnhuter oder Quäker werden, so lange wird auch bei steigendem Luxus das Feine und Echte mehr gesucht und besser bezahlt werden, als das Grobe und Unechte."

Dieser Zeitpunkt ist schon länger eingetroffen. Während die edeln feinen Wollen nur unbedeutend im Preise verloren und gesucht blieben, fielen die Mittel- und ordinären Wollen oft um 30 bis 40 Prozent und fanden nur bei guter Behandlung Käufer. Solches Resultat muß die Schafzüchter zum Vorwärtsschreiten anspornen, und wenn man weiß, daß die Erzeugung edler Wolle nächst der Lokalität von Intelligenz, großer Aufmerksamkeit und Sorgfalt abhängt, so darf man sich vor einer Ueberführung des Marktes mit derselben nicht fürchten.

In der „Rechten Mitte" heißt es weiter:

„Aus dem Vorgesagten ziehe ich nun folgenden Schluß. Wir müssen die Feinheit im Auge behalten, sie jedoch nur so weit ausdehnen, als sie bei Dichtheit, richtiger Stapelbildung und Wollreichthum bestehen kann. Wir müssen auf einen kräftigen Körperbau hinwirken, welcher die nachtheiligen Witterungseinflüsse besser verträgt und die Quantität des Produkts am besten hervorbringt. Wir müssen mit erneuerter Aufmerksamkeit unsere Schafheerden zu verbessern suchen, damit sich nicht Fehler und Mängel einschleichen &c."

Es wurde oben gesagt, daß die Züchtung des Edelschafes von der Lokalität bedingt werde. Dasselbe verträgt nämlich keine feuchten, nassen, mosigen Weiden. Wo letztere vorherrschend sind, da ist allerdings die Haltung und Zucht von Landschafen, am besten von Fleischschafen geboten.

§. 3.

Die Ernährung.

Bei keinem unserer Hausthiere ist in Bezug auf die Ernährung eine größere Vorsicht in der Wahl der Nahrungsmittel nöthig als bei den Schafen. Ihre Natur ist zart und ihr Leben leicht gefährdet. Die Aufmerksamkeit bezüglich des Futters muß sich gleichmäßig auf dessen Gewinnung, Verwahrung und Verwendung erstrecken. Verdorbenes Futter, beschlämmte oder zu hitzige Weide haben unbedingt den Tod zur Folge, und ihre Wirkung ist um so gefährlicher, weil sie nicht plötzlich, sondern Wochen und Monate später, aber dennoch sicher eintritt.

Man muß daher schon bei der Getreide- und Heuernte auf das Bedürfniß der Schafe sehr sorgsame Rücksicht nehmen, und was das Heu anlangt, den Schafen vor allem übrigen Vieh den Vorzug einräumen. Die Heuwerbung für die Schafe muß unter der speziellen Aufsicht des Schäfers stehen, damit seine Verantwortlichkeit ihn zur Vorsicht mahne.

Die Ernte des Klees, der Erbsen, Wicken, Bohnen, Lupinen, deren Stroh hauptsächlich für die Schafe verwendet wird, ist mit um so größerer Aufmerksamkeit auszuführen, als wegen ihres üppigen Wuchses, trotz des äußern guten Anscheins, das verheerende Gift in ihnen verschlossen sein kann. Wenn sich die Hülsenfrüchte gelagert haben, so ist immer anzunehmen, daß ein Theil der untern Ranken und Stengel von Fäulniß angegangen ist, und nur ein durch das trockenste Wetter begünstigtes Einbringen kann dann vor Nachtheilen schützen. Der Klee, wenn er junge starke Stengel hatte, trocknet oft von außen, ohne daß die innern zurückgebliebenen Säfte zu bemerken sind; bei der Aufbewahrung verderben diese und wirken als schleichendes Gift. So lange der Stengel nicht bricht, darf man den Klee nicht einbringen.

In Bezug auf die Art der Winterfütterung sind Heu, Stroh, Kartoffeln, Rüben, Oelkuchen und Körner die gebräuchlichste Nahrung für die Schafe. Gutes Heu ist ihnen besonders gedeihlich und wirkt wohlthätig auf Menge und Güte der Wolle. Beim Winterstroh sind es namentlich die Aehren, die darin befindlichen Körner, Gräser und Kräuter, welche am nahrhaftesten sind. Zu Siede geschnitten, dient das Winterstroh neben nährendem Futter als Magenfüllungsmittel. Sommerstroh ist nahrhafter als Winterstroh, Hülsenfruchtstroh geringerem Heu gleich zu schätzen. Körner jeder Gattung, mit Ausnahme des Haidekorns, welches krankhafte Zufälle veranlaßt, Kartoffeln, Rüben, das Laub von Pappeln, Eichen, Rüstern, Linden, ferner Oelkuchen, Schlempe,

Kastanien, Eicheln sind sämmtlich gute Futtermittel, wenn sie im richtigen Verhältniß gebraucht werden.

Bei der Fütterung hat man zuvörderst die Gesundheit der Schafe, dann die Einwirkung des Futters auf die Wollmenge und die Wollqualität zu berücksichtigen. Höchst wichtig ist der Uebergang von der Weide zum trocknen Futter, da selbst das kräftigste trockne Futter einer guten Weide nicht gleichkommt. Deshalb muß man die Winterfütterung mit großer Sorgfalt beginnen; man darf nur allmälig zu derselben übergehen. Wenn man die Schafe gut in den Winter bringt und in der ersten Zeit der Winterstallfütterung gut ernährt, kann man auch auf ein gedeihliches Auswintern Rechnung machen. Es wird dies noch immer zu wenig beachtet, und doch kann später das einmal Versäumte bei aller Aufopferung kaum wieder eingebracht werden. Im Herbst muß man mit dem trocknen Futter schon dann beginnen, wenn die Schafe auch noch Weide haben. Die Herbstgräser sind weniger nahrhaft als im Sommer, sie halten viel Wassertheile in sich, welche den Schafen verderblich werden, wenn diesem nicht durch Beigabe von trocknem Futter entgegengewirkt wird. Ebenso muß man den Uebergang vom Winterfutter zur Weide nach und nach einleiten, indem man bei Aufgang der Weide noch eine Zeit lang ein Stallfutter gibt. Die Frühjahrsgräser sind nämlich zu saftreich, hitzig, nahrhaft, das nicht daran gewöhnte Schaf verträgt die übermäßige Zuströmung der Säfte nicht, es tritt Durchfall ein, welcher Abmagerung und oft den Tod zur Folge hat. Es ist daher höchst wichtig, auch bei diesem Uebergange nicht zu zeitig mit dem trocknen Futter abzubrechen. Junge Thiere erheischen dabei noch eine sorgsamere Rücksicht als alte.

Die Abwechselung des Futters und die Vertheilung desselben in kleine Portionen wirkt bei der Winterfütterung sehr wohlthätig; auch ist eine sehr regelmäßige Futterordnung durchaus nothwendig. Letztere bezieht sich auf die Fütterungszeiten. Am besten füttert man täglich 6 Mal, nämlich früh 5 Uhr Roggenstroh, um 8 Uhr Heu; um 10 Uhr wird getränkt, um 11 Uhr gibt man Siede mit Kartoffeln, Schlempe, Getreideschrot 2c., um 1 Uhr Erbsen-, Wickenstroh oder Laub, um 3 Uhr Siede mit Kartoffeln, um 5 Uhr Heu, um 9 Uhr noch ein Abfutter aus Roggen- oder Krummstroh.

Frisches Wasser muß bei der Winterfütterung täglich gereicht werden.

Als eine vollständige Ernährung rechnet man für ein ausgewachsenes Schaf täglich 3 Pfund Heuwerth.

Das Salz ist den Schafen sehr nöthig, jedoch darf nur der nothwendige Bedarf davon gereicht werden. Der anhaltende Genuß macht das Salz zur Gewohnheit, und die sonst gleich einer Arznei sich äußernde Wirkung geht verloren. Mit 3 Pfund pro Stück jährlich kann man ausreichen. Das Schaf äußert sein Verlangen nach Salz durch Lecken an salzigen Wänden und dergleichen. Bei der Fütterung mit Salz muß große Vorsicht angewendet werden, weil die Schafe oft so begierig danach sind, daß sie einander erdrücken, wenn sie ohne Aufsicht gelassen sind.

In Bezug auf die Surrogate, welche man zur Ernährung der Schafe anwendet, muß man die Kartoffeln und Rüben zu den gedeihlichsten und gesundesten Futtermitteln rechnen. Sie können nur dann nachtheilig wirken, wenn sie im Uebermaß, in verdorbenem Zustande oder nicht gehörig von aller Unreinigkeit befreit gereicht werden. Die Kartoffeln und Rüben werden vor dem Gebrauch gewaschen, auf einer Schneidemaschine in Stücken oder Scheiben geschnitten und mit feiner Siede vermengt.

Wichtig ist es, die Kartoffeln etwa 12 Stunden vor der Verfütterung mit der Siede zu vermengen, damit diese einen Theil der Feuchtigkeit anziehen kann.

Gefrorene, kranke und solche Kartoffeln, welche im Frühjahr schon stark ausgewachsen sind, können, namentlich in großer Menge genossen, auf die Gesundheit der Schafe nachtheilig wirken. Gesunde Kartoffeln und Rüben, nicht im Uebermaß gefüttert, äußern auf die Qualität der Wolle keinen ungünstigen Einfluß.

Die Körnerfütterung ist sehr kostspielig und sollte sich eigentlich nur auf die Lämmer und zur Aufhülfe schwacher älterer Thiere erstrecken. Sie wirkt allemal wohlthätig und belebend auf die Schafe, wobei Gerste und Hafer sich vor andern Getreidegattungen auszeichnen. Am vortheilhaftesten füttert man die Körner geschroten und mit Häcksel gemengt. Nie darf man zu viel Körner füttern, weil sonst die Wolle mastig wird.

Die Schlempe oder das Branntweinspülicht kann ohne Nachtheil allen Gattungen der Schafe gefüttert werden, doch muß dieses mit Maß geschehen. Die Schafe mit Schlempe zu tränken, wie es hier und da geschieht, muß nach und nach eine schädliche Wirkung auf die Gesundheit der Schafe äußern. Ganz sicher geht man, wenn die Schlempe in Abwechselung von trocknem Futter unter feine Siede gemengt verfüttert wird. Anbrüchige Schafe können sich dadurch sogar ausheilen; wenigstens wirkt die Schlempe entscheidend, und einmal dem Tode verfallene Thiere überleben die Schlempefütterung nur kurze Zeit.

Die Oelkuchen sind ein sehr nahrhaftes und gesundes Futter. Die vom Lein haben einen größern Werth als die vom Raps. Sie werden in

Wasser aufgelöst und damit die Siebe begossen, oder man pulvert sie und bestreut die vorher angefeuchtete Siebe damit.

Bei der Fütterung ist große Reinlichkeit zu beobachten. Alles Rauhfutter muß gezupft, alles Körnerfutter gesiebt werden. Vor jeder neuen Fütterung sind Raufen und Krippen von den Rückständen des vorhergegangenen Futters zu reinigen.

Man darf die Schafe im Winter weder zu knapp noch zu reichlich füttern, denn sonst würde in beiden Fällen die Wolle leiden.

Die Winterfütterung hat der Landwirth in seiner Gewalt, und die Kontrole darüber ist möglich. Anders stellt es sich bei der Sommerfütterung oder Weide.

Wenn auch dem Wirth die Sorge für Beschaffung einer gesunden und ausreichenden Weide obliegt, so hängt es doch hinsichtlich der Benutzung derselben von den Leuten ab, welche die Schafe hüten, ob sich dieselben wohl dabei befinden.

Die gefährlichsten Weiden sind immer die, wo Höhen mit quelligen versauerten Gründen abwechseln. Aus den letzteren fließt das Wasser nicht ab, es muß verdunsten, und dadurch erzeugen sich die für die Gesundheit nachtheiligen Gräser. Um ihre nachtheilige Wirkung zu verringern, muß man sie mit Gräben durchschneiden und dadurch die überflüssige Feuchtigkeit ableiten.

Nicht minder gefährlich ist der Weidemangel, und es ist daher ein sehr wichtiger Grundsatz, den Schafviehbestand nach dem Verhältniß der Sommerweide einzurichten, wenn das Wirthschaftssystem nicht theilweise Stallfütterung gestattet. Wenn die Weide knapp ist, haben die Schafe keine Wahl mehr in den Gräsern, während sie bei reicher Weide durch ihren natürlichen Instinkt die ungesunden von den gesunden sehr richtig zu scheiden wissen. Sie fressen bei sehr knapper Weide auch die Gräser tiefer ab, wobei sie viele Unreinigkeiten aufnehmen. Die Natur des Schafes ist zart und leicht verletzbar; tritt daher durch Zufall oder ungünstige Witterung Mangel an Weidefutter ein, so unterstütze man die Schafe im Stalle, sollte man auch ein Erbsen- oder Getreidefeld angreifen müssen.

Bei starken Regengüssen oder überhaupt sehr nasser Weide, auch bei heftigen Winden ist es allerdings am besten, Edelschafe gar nicht auszutreiben, sondern sie auf dem Stalle zu füttern. Wo dies aber die Verhältnisse nicht gestatten, muß man wenigstens dafür sorgen, daß die Weide nur in kurzen Zeitabschnitten benutzt werde, und daß die Schafe wenigstens früh und Abends ein trockenes Futter erhalten. Letzteres ist auch nothwendig bei dem Uebergange von der Winterstallfütterung zur Weide und umgekehrt, sowie bei starkem Thaufall, Reif und Frost.

Sind die Weiden durch starke Regengüsse überschwemmt, dann hat der Schäfer alle Sorge aufzuwenden, um Unglück zu verhüten. Wenige Stunden Hüten auf beschlämmter Weide kann den Verlust der ganzen Heerde zur Folge haben. Man muß dann die Schafe wenigstens so lange von der unreinen Weide entfernt halten, bis ein anderer Regen sie wieder abgewaschen hat und frische Gräser aufgesprossen sind. Auch das Behüten der Stoppelfelder muß immer mit großer Vorsicht geschehen, namentlich dann, wenn während oder nach der Ernte Regengüsse stattgefunden haben. Die zurückgebliebenen Aehren setzen sich voll Schlamm, die Körner treiben Keime, welche die Schafe annehmen; aber der Genuß wird ihnen zum Gift. Aus diesem Grunde darf man die Sommerstoppel, wo viele ausgewachsene Aehren oder Körner vorkommen, nicht füglich vor eingetretenem Froste beweiden.

Künstliche Weiden haben jedenfalls den Vorzug vor der reinen Brachweide, daß sie mehr und nahrhafteres Futter liefern; allein bei üppig aufwachsendem weißen Klee erfordert die künstliche Weide größere Vorsicht als die Brachweide, und erstere kann ohne Abwechselung mit letzterer oder mit natürlicher Weide oft nur mit der größten Gefahr benutzt werden.

Namentlich bekommen die jungen Thiere von der künstlichen Weide, die vorherrschend aus weißem Klee besteht, leicht die Bleichsucht, was zum Theil in der ätzenden Schärfe des Klees, zum Theil auch daran liegen mag, daß die untere Seite der Blätter bei Regengüssen leicht verschlämmt wird.

Deshalb ist eine Vermischung des weißen Klees mit Gräsern sehr zu empfehlen.

Niedrige Weiden sind für die Schafe im Allgemeinen nicht zweckdienlich. Sie können jedoch im Frühjahr, ebenso wie die Wiesen, mit weniger Nachtheil für das Schafvieh benutzt werden als im Herbst. Demnächst mag auch eine lange gesunde Sommerweide dazu dienen, nachtheilige Einflüsse der Frühjahrsweide wieder auszuheilen. Der magere Zustand der Schafe, wie die Schäfer gemeinhin glauben, ist es nicht, weshalb ihnen die Wiesenhütung im Frühjahr nichts schadet, sondern die Beschaffenheit der Gräser; denn man würde im Herbst mit mageren Schafen das nicht ungestraft thun können, was man im Frühjahr ohne Nachtheil ausführt. Die Folgen ungesunder Weide sind Fäule, Bleichsucht, welche oft ganze Heerden vernichten. Außerdem sind die Schafe vor solcher Weide zu bewahren, die oft plötzlich den Tod zur Folge hat. Darunter gehört die

Ackerweide, welche mit jungem üppigen Hederich bewachsen ist, junger, fetter Klee, Raps und sehr fett gewachsene Saat; solche Weiden verursachen, wie beim Rindvieh, das Aufblähen, und ehe man den erkrankten Thieren Hülfe bringen kann, erfolgt der Tod.

Die gesundeste Weide bleibt jedenfalls eine reine, trockne Brachweide; man würde aber sehr eingeschränkt sein, wenn man auf diese Weide allein angewiesen wäre. Es muß vielmehr die künstlich angesäete Weide durch ihre Nachhaltigkeit die größere Fläche der Brachweide ersetzen, Stoppel-, Wiesenweiden rc. müssen zur Benutzung regelmäßig zugezogen werden. Durch die zweckmäßige Benutzung der zu Gebote stehenden Weiden wird der Werth eines tüchtigen Schafmeisters bekundet.

Ueppige Weiden darf man niemals zu lange benutzen. Am besten treibt man erst kurz vor dem Eintreiben auf sie; denn früh fressen die Schafe zu gierig, und die nachtheilige Einwirkung wird dadurch um so größer.

Die Weide in Nadelholzwäldern ist selten nahrhaft; benutzt man sie ausschließlich, so ist ein geringeres Wollgewicht die sichere Folge; allein diese Weide gewährt eine sehr schätzbare Aushülfe, und im Frühjahr, wo die Schafe die abgefallenen Tannen- und Fichtenzweige gern annehmen, ist sie sehr gesund.

Außer der Sorge für eine zureichende Weide und der allgemeinen Vorsicht bei ihrer Benutzung muß man auch noch ein wachsames Auge auf das Tränken der Schafe richten. So nothwendig das regelmäßige Tränken bei der Winterfütterung ist, so nachtheilig kann es während der Weidezeit werden. Zuvörderst muß alles Tränken zu außergewöhnlicher Zeit, in Bächen, Pfützen, Gräben rc. während des Weideganges auf das Strengste verboten werden. Unreines Wasser ist den Schafen schon an und für sich Gift, auf grünes Futter wird es aber noch gefährlicher. Bei kräftiger, saftreicher Weide, bei feuchter Witterung während der Wiesenbehütung im Frühjahr brauchen die Schafe kein Wasser. Tränkt man sie aber, so muß dies vor dem Austreiben, niemals nach dem Weidegange geschehen.

Bei trocknem Wetter ist den Schafen auch während der Weide tägliches Saufen Bedürfniß; können sie auch eine Zeit lang ohne dasselbe bestehen, so ist doch leicht Blutstaupe zu fürchten.

Die Haltung der Schafe während des Weidegangs übt auf Gesundheit und Werth der Wolle einen sehr großen Einfluß aus. Man muß sie nach Möglichkeit vor Regengüssen schützen; alte Schafe ertragen diese wohl ohne Nachtheil, jungen werden sie aber schädlich. Ebenso dürfen die

Schafe in der heißen Mittagszeit der Sonne nicht sehr ausgesetzt werden. wählt es an schattigen Orten auf der Weide, so ist es am besten, die Thiere Mittags einige Stunden in den Stall zu bringen. Eine sorgsame Haltung vermindert jedenfalls manche verheerende Krankheit, wie z. B. die Drehkrankheit oder die Klauenkrankheit, wenn die Schafe vor übermäßiger Hitze und Nässe geschützt bleiben.

Aber nicht nur die Gesundheit leidet durch ungünstige Witterungseinflüsse, sondern auch die Wolle verliert an Ansehen und Werth, wenn die Schafe bald naß werden, bald abtrocknen oder sehr einstäuben; eine gute Wäsche wird mindestens dadurch unmöglich gemacht, auf welche mit Recht ein sehr großes Gewicht gelegt wird.

In Bezug auf die Weidefläche, welche ein Schaf in einer bestimmten Zeit bedarf, so ist dieselbe von der Qualität des Bodens und dem täglichen Zuwachs an Pflanzen abhängig. Block stellt folgendes Verhältniß auf. Angenommen sind 180 Weidetage, und es sind erforderlich

von	Boden	1.	Klasse	für	1	Schaf	—	Morgen	$45\frac{9}{25}$	Qu.-Ruthen,
„	„	2.	„	„	1	„	—	„	$50\frac{2}{5}$	„
„	„	3.	„	„	1	„	—	„	$56\frac{7}{10}$	„
„	„	4.	„	„	1	„	—	„	$64\frac{4}{5}$	„
„	„	5.	„	„	1	„	—	„	$75\frac{3}{5}$	„
„	„	6.	„	„	1	„	—	„	$90\frac{18}{25}$	„
„	„	7.	„	„	1	„	—	„	$113\frac{2}{5}$	„
„	„	8.	„	„	1	„	—	„	$151\frac{1}{5}$	„
„	„	9.	„	„	1	„	1	„	$46\frac{4}{5}$	„
„	„	10.	„	„	1	„	2	„	$93\frac{3}{5}$	„
von	Boden	1.	Klasse	für	10	Schafe	2	Morgen	$93\frac{3}{5}$	Qu.-Ruthen.
„	„	2.	„	„	10	„	2	„	144	„
„	„	3.	„	„	10	„	3	„	27	„
„	„	4.	„	„	10	„	3	„	108	„
„	„	5.	„	„	10	„	4	„	36	„
„	„	6.	„	„	10	„	5	„	$7\frac{1}{3}$	„
„	„	7.	„	„	10	„	6	„	54	„
„	„	8.	„	„	10	„	8	„	72	„
„	„	9.	„	„	10	„	12	„	108	„
„	„	10	„	„	10	„	25	„	36	„

Diese Annahmen dienen lediglich dazu, um einen ungefähren Maßstab zu haben, denn etwas Sicheres über den Weidebedarf läßt sich der Bodenklasse nach nicht bestimmen, weil die Kultur, die Art der Weide, die Witterung darauf erheblich einwirken.

Gewöhnlich rechnet man auf 10 Morgen Totalfläche 10 Schafe, wenn sich der Boden in Kraft und in guter Bewirthschaftung befindet.

§. 4.
Die Aufzucht.

In Bezug auf die Aufzucht der Schafe hat man zuvörderst die Zeit zu berücksichtigen, in welcher die Lämmer fallen sollen, weil davon die Art und Weise ihrer Erziehung und ihr Gedeihen wesentlich abhängt. Die Ansichten über den besten Zeitpunkt des Lammens sind sehr verschieden. Einige halten den Monat Dezember für den günstigsten, andere die Frühjahrsmonate April und Mai, noch andere die Sommermonate August und September. Diese letztere Ansicht hat die meisten Anhänger gefunden, weil die Lämmerung im August und September die günstigsten Resultate geliefert hat.

Die Lämmerung im August und September läßt sich durch folgende Gründe rechtfertigen:

Zuvörderst ist das Begatten der Mütter im Februar und März naturgemäß, weil in dieser Zeit bei allen Thiergattungen der Trieb zur Begattung erwacht und rege ist. Befinden sich in dieser Zeit die Mütter in einem kräftigen Zustande, so ist auf eine regelmäßige Begattung mit Sicherheit zu rechnen. Die gleichmäßige Temperatur des Stalles, der Schutz vor dem Einflusse des Wetters, eine regelmäßige Fütterung und durch nichts unterbrochene Ruhe sind die Bürgen für diese Sicherheit. Das Stähren auf dem Weidegange dagegen wird sehr oft durch kalte Witterung, drückende Hitze, Wäsche und Schur, welches beides die Schafe immer hart mitnimmt, durch oft eintretenden Mangel an Weide und andere Ursachen unterbrochen, und die Klagen über viele gelte Schafe werden unter diesen Verhältnissen fast jährlich und nicht ohne Grund gehört.

Wenn die Lämmer zu Anfange des Winters kommen, so müssen die Mütter im Juni oder Juli den Bock annehmen. Dies ist aber gewöhnlich die ungünstigste Begattungszeit für die Schafe. Das Umpflügen des Weidelandes ist bereits vorgeschritten, die Weide wird immer beengter, die Ernte hat noch nicht begonnen, oft schiebt ungünstige Witterung die Ernte noch weiter hinaus, und die Schafe sind auf so kleine Weideplätze angewiesen, daß sie kaum das Leben fristen können. Unter solchen Umständen kann man ein regelmäßiges Stähren nicht erwarten, und doch hängt das Gedeihen sowohl der Lämmer als der Schafheerde davon ab, daß man die Lämmer möglichst rasch hinter einander erhält, damit die Fütterung gleichmäßig erfolgen kann.

Nächstdem wird in dieser Zeit die Begattung selbst erschwert, denn läßt man die Böcke mit den Mutterschafen ins Feld gehen, so treiben erstere die letzteren den ganzen Tag herum, stören sie im Fressen, ermüden sie selbst bis zur Unfähigkeit, und bei drückender Hitze werden sie bis zur Ueberspannung und Abmattung aufgeregt. Will man dabei eine individuelle Züchtung bewirken, so braucht man eine große Menge Hirten, weil jede Abtheilung nach der Wollqualität ausgewählt, mit dem für sie bestimmten Bock allein geweidet werden muß. Läßt man aber die Böcke erst Abends zu den Müttern, so sind diese müde und träge; während der Nacht hört die Aufsicht auf, die Berücksichtigung der Individualität ist erschwert, und man weiß zuletzt nicht, welche Schafe gestährt haben oder nicht. Läßt man dagegen die Böcke erst des Morgens zu, so ist die Zeit bis zum Austreiben zu kurz, und es ist erwiesen, daß auf diese Weise immer ein Theil der Mütter gelte bleibt.

Allen diesen Nachtheilen wird durch die Begattung während der Winterfütterung begegnet. Man kann dann die Begattung mit Ruhe leiten, die Abtheilungen, wie sie mit Bezug auf Woll-Rücksichten für die verschiedenen Böcke gesondert sind, können unverändert bleiben und Verwechselungen um so weniger stattfinden, als man die Wolle noch immer vor Augen hat. Die Stähre bleiben durch Ruhe und regelmäßige Nahrung in Kraft, und den Begattungstrieb der Mütter kann man ebenfalls durch einige Besserung des Futters steigern oder erhalten. Bei dem Weidegange hat man dies nicht in seiner Gewalt.

Noch wichtiger als die günstigste Zeit der Begattung ist der Einfluß, welchen die Zeit der Geburt auf das Gedeihen der Lämmer ausübt.

Im Monat August und September sind die Schafe am reichlichsten mit Weide versorgt, die Stoppelfelder bieten große Räume und gesunde Nahrung, und die Weide auf den zubereiteten Aeckern wirkt auf das günstigste auf die Milcherzeugung. Die Mütter haben in dieser Zeit viel Milch, und das Lamm hat reichliche Nahrung und eine ihm günstige Temperatur; die Schafe werden des Tages über nicht gestört, und wenn sie des Abends milchstrotzende Euter vom Felde mitbringen, suchen sie begierig ihre Jungen, um sich der Milch zu entledigen, und nur selten werden Schwierigkeiten beim Säugen vorkommen, wie sie im Winter so häufig sind. Die Lämmer gedeihen ohne Mühe, gewöhnen sich während der Abwesenheit der Mütter spielend ans Futter, und tritt der Winter ein, so haben sie längst gelernt, sich selbst zu ernähren und überstehen den Uebergang der Mütter von dem grünen zum trocknen Futter ohne allen Nachtheil. Sie ertragen nun auch, da sie stark und kräftig sind, den Einfluß des Winters und gehen aus demselben als herangewachsene Thiere hervor, welche im Stande sind, die Sommerweide ohne nachtheiligen Einfluß zu benutzen; sie können auf dieselbe auch viel zeitiger getrieben werden als späte Lämmer, bei denen in dieser Beziehung die größte Vorsicht zu beobachten ist.

Einen großen Theil des Winterfutters lohnen die Sommerlämmer durch reichlichen Wollertrag, und für den nächsten Winter sind sie kräftige Jährlinge, welche keiner Unterstützung weiter bedürfen, sondern gleich alten Schafen gefüttert werden können.

Auch auf den Wollertrag der Mütter wirkt die frühe Lämmerzucht günstig; sie werden von den Lämmern nicht gemartert, brauchen diesen nur wenig abzugeben, die Wolle richtet sich nach dem Abgewöhnen bald auf, und die Alten kommen kräftig aus dem Winter. Bei der Lämmerzucht während der Wintermonate dagegen drückt Kälte die Neugebornen, sie kriechen in Haufen zusammen oder unter die Raufen, und der Schäfer muß mit der größten Vorsicht darüber wachen, daß nicht einige erfrieren, erdrückt oder von den Müttern ganz vernachlässigt werden. Der Mangel an Milch erschwert das Säugen, es ist kaum Platz vorhanden, alle die Mütter separat abzusperren, welche die Lämmer nicht annehmen wollen; ein großer Theil der Lämmer bleibt dadurch im Wachsthum zurück, ein anderer quält die Mütter den ganzen Tag, nagt an den Kräften derselben, und diese kommen im Körperzustande und Wollertrage bedeutend zurück.

Auch ist das Fressenlernen der Lämmer erschwert, weil sie die Mütter immer vor Augen haben; viele verkümmern dadurch, sie bleiben ungleich im Wachsthum, und wenn sie das Frühjahr erreicht haben, sind sie noch lange nicht kräftig genug, um den Einflüssen der Witterung zu widerstehen oder die saftigen Gräser zu vertragen; sie müssen bis gegen Johanni im Stalle bleiben und das Futter, welches die frühen Lämmer zeitig erhielten, müssen sie spät erhalten; man erspart also nichts und erreicht doch bei weitem weder den Ertrag der Wolle, wie ihn die Frühlämmer gewähren, noch ihr kräftiges und gleichmäßiges Wachsthum.

Man vergleiche bei der Schur eine Mutterheerde, welche Frühlämmer geboren hat, mit der, welche im Winter Lämmer zog, und man wird einen sehr großen Unterschied im Gewicht der Wolle finden.

Dazu kommt noch bei spätgebornen Lämmern die Sorge im nächsten Winter, wenn sie kräftig heranwachsen sollen; sie müssen dann ausgewählt genährt werden, und was sie etwa an nahrhaftem Futter und Körnern weniger verbraucht haben, als die frühen Lämmer, muß ihnen jetzt gegeben werden. Aus diesen Gründen hat die frühe Lämmerzucht jedenfalls Vorzüge vor der späten, unter welcher sowohl die im Winter als die im zeitigen Frühjahre zu verstehen ist. Es ist nur ein Nachtheil, welcher den Werth der Sommerlammung in Zweifel zu ziehen geeignet ist, nämlich die Lämmerstaupe, welche die Frühlämmer nach dem Abgewöhnen und während des Winters öfter befällt als die Spätlämmer. Diese Krankheit äußert sich durch böse Augen, große Mattigkeit, Mangel an Freßlust und fordert in manchen Jahrgängen erhebliche Opfer. Die Ursachen sind nicht ganz entschieden. Arzneien helfen wenig, die Veränderung des Futters, namentlich durch Kartoffeln, Rüben und andere saftige Surrogate etwas; das einzige sichere Mittel, die Lämmer vor dieser Krankheit zu bewahren, ist: sie lange und viel über die gewöhnliche Zeit an den Müttern saugen zu lassen. Während dieser Zeit betrifft sie die Krankheit niemals; das Abgewöhnen erfolgt dann mehr nach und nach, und der ungünstige Einfluß des Abgewöhnens wird vermindert. Den Müttern schadet das längere Saugen nichts, weil das Lamm um so weniger saugt, als es sich durch anderes Futter selbst nährt. Die Mütter stähren säugend eben so regelmäßig und mit so gutem Erfolge, als wenn die Lämmer schon Monate vorher abgewöhnt sind. Der gute Einfluß aber auf die Lämmer ist bei diesem Verfahren nicht zweifelhaft.

Schafe sowohl als Stähre soll man nicht vor dem vollendeten zweiten Lebensjahre zulassen. Nicht nur daß dadurch eine starke, kräftige Schafheerde gebildet wird, man beugt auch manchen Krankheiten, namentlich der so verheerenden Traberkrankheit vor, wenn man das Schafvieh nicht in zu jungem Zustande sich begatten läßt.

Das Schaf geht 5 Monate lang tragend.

Bei der Zucht von Edelschafen darf man einem Stähr nicht mehr als 40 Schafe zur Begattung zuweisen.

Das Lamm kommt ohne Hülfe leicht zur Welt und beginnt sofort nach der Geburt an der Mutter zu saugen. Nur junge ungewöhnte Mütter nehmen das Lamm manchmal nicht an; sie zu gewöhnen ist Gegenstand besonderer Aufmerksamkeit Seitens des Schäfers. Damit die Mutter nicht durch fremde Lämmer abgesaugt wird, sperrt man sie alsbald nach der Geburt mit ihrem Lamme in einen kleinen Stall, nachdem vorher die Wolle, welche am Saugen hindern könnte, von dem Euter der Mutter beseitigt worden ist. Sollte die Mutter ihr Lamm nicht saugen lassen wollen, so muß sie der Schäfer halten. Haben sich Mutter und Lamm kennen gelernt, so bringt man sie in einen größeren Verschlag, in den Mutter und Lämmer die erste Woche kommen. Man bildet überhaupt für jede

Woche Lammzeit eine besondere Abtheilung für die in dieser Zeit gefallenen Lämmer und ihre Mütter. Später erfolgt die Abtheilung der Lämmer nach Monaten.

Am besten sorgt man für das Lamm, wenn man die Mutter vor und nach der Lammzeit behufs reichlicher Milchabsonderung gut nährt. Im Sommer geschieht dies durch eine kräftige saftreiche Weide, namentlich Saat-, frische Klee-, Ackerweide, im Winter durch gutes Wiesenheu, Kartoffeln, Rüben, Getreideschrot und Leinkuchen.

Saures Heu, Hafer- und Erbsenstroh darf man säugenden Müttern niemals füttern. Schlempe darf man ihnen nur dann geben, wenn die Lämmer schon stark genug sind, die Schärfe der Säfte, welche letzteres Futter verursacht, zu ertragen.

Werden die Mütter in gutem Kraftzustande erhalten und haben sie genug Milch, so ist für das Gedeihen der Lämmer hinreichend gesorgt. Wenn letztere anfangen zu fressen, muß man sie von den Müttern mindestens einige Stunden täglich absondern. Gutes, feines, blätterreiches Wiesenheu nehmen sie zuerst an. Sind die Lämmer abgesetzt, was am vortheilhaftesten in einem Alter von 2 Monaten geschieht, so erhalten sie neben feinem Heu gequellte Erbsen, Hafer oder Gerste. Wicken sind etwas zu nahrhaft und dürfen erst bei vorgerücktem Alter des Lammes in Anwendung kommen. Alle Körner, mit welchen man die Lämmer füttert, müssen vollkommen rein und frei von Beisatz sein, denn dieser letztere, er bestehe aus was er wolle, wirkt höchst nachtheilig auf ihre Gesundheit.

Durch anderes Futter, als Kartoffeln, Rüben, Leinkuchen, Kleeheu, muß man später das Körnerfutter so viel als möglich beschränken, denn einmal ist letzteres zu kostspielig, und dann ist es auch erwiesen, daß es, zu lange gefüttert, die Ursache mehrerer Krankheiten wird.

Das Kastriren der Stährlämmer wird in einem Alter von 4 bis 6 Wochen vorgenommen. Man wählt dazu einen möglichst stillen und warmen Tag aus. Kalte Winde sind bei diesem Geschäft nicht selten die Ursache eines tödtlichen Starrkrampfes, welcher die Lämmer nach der Kastration befällt.

Die Lämmer müssen während des ersten Sommers besonders vorsichtig geweidet werden. Das junge Gras im zeitigen Frühjahr ist ihnen niemals gedeihlich; es ist immer besser, dasselbe erst etwas heranwachsen zu lassen, damit es einen Theil seiner Schärfe verliert. Auch ist den Lämmern reine Brachweide gesünder als Kleeweide. Was im vorigen Paragraph über die Haltung der Schafe gesagt worden ist, berührt die Lämmer am meisten und ist bei ihnen vor Allem zu berücksichtigen.

§. 5.

Der Schäfer.

Mit der Veredelung der Schafzucht ist auch der Stand der Schäfer veredelt worden und hat an Wichtigkeit sehr bedeutend zugenommen. Je größer die Kapitale, welche in einer Schafheerde angelegt sind, desto wichtiger ist die Stellung des Schäfers, denn in seine Hände ist das Gedeihen der Heerde oder deren Untergang gelegt. Es ist daher sehr nothwendig, daß die Bildung des Schäfereipersonals immer weiter vorschreite, daß die alten der Sache schadenden Vorurtheile, von welchen jenes Personal noch befangen ist, immer mehr verschwinden.

Die Wichtigkeit der Stellung des Schäfers gestattet auch eine höhere Besoldung desselben, als sie andere Dienstboten erhalten.

Die Art der Anstellung und Besoldung der Schäfer ist sehr verschieden. Sehr oft sucht man das Interesse des Schäfers mit dem eigenen zu verschmelzen. Man gedenkt dadurch die Vortheile des Schäfers mit den eigenen zu erreichen und Vernachlässigung von Seiten des Schäfers zu verhüten. Man bewilligt daher dem Schäfer bald einen Theil des Reinertrags, bald den Ertrag einer bestimmten Anzahl Schafe ꝛc.

Dies hemmt aber leicht die Fortschritte der Veredelung; der Schäfer ist bei Allem betheiligt, er hat ein Recht zum Widerspruche und beschränkt die Freiheit des Handelns von Seiten des Herrn. Um dies zu vermeiden und ohne das Interesse des Schäfers an dem Zustande der Heerde zu vermindern, muß man eine andere Ablohnungsart desselben wählen. Der Hauptzweck, welchen die Schäfer zu erfüllen haben, ist, das Leben und die Gesundheit der Schafe zu erhalten. Davon allein muß man seine Belohnung abhängig machen, da die Veredlung der höhere Zweck ist und nur von dem Besitzer selbst oder seinem Stellvertreter ausgehen und geleitet werden darf. Der gute Zustand der Heerden wird durch das Interesse für Leben und Gesundheit von selbst herbeigeführt, weil dieses Interesse von jenem Zustande abhängt und am besten gesichert wird. Im Nachstehenden ist ein Dienstkontrakt mit einem Schäfer ausgeführt, welcher zur Nachahmung empfohlen werden kann.

Dienstkontrakt des Schäfers.

§. a.

Der Schäfer Z. übernimmt die Schafheerde des Gutes B., welche auf 1000 alte Schafe zur Ueberwinterung und 300 Lämmer etatsmäßig festgestellt ist, in Pflege und Wartung, wozu er zwei Knechte und zwei Jungen zu halten verpflichtet ist.

§. b.

Als Kaution für die Erfüllung der übernommenen Verpflichtung zahlt Schäfer Z. pro gesundes Stück 10 Sgr., welche er in gleicher Höhe nach der Stückzahl, die er gesund übergibt, bei seinem dereinstigen Abgange zurückempfängt. Für jedes angekaufte Stück zahlt er den gleichen Kautionsbetrag, wogegen ihm von den verkauften Schafen die Kaution zurückerstattet wird, wenn der Verkauf gesunder Stücke unter der Etatszahl erfolgt oder durch den Ankauf nur ein Wechsel aus Wollrücksichten bezweckt ist.

§. c.

An baarem Lohn empfängt Schäfer Z. für jedes alte Schaf, welches er zur Frühjahrsschur bringt, 4 Sgr., für jedes aufgezogene Lamm 2 Sgr, außerdem 2 Thlr. für jeden Centner Wolle, welcher über 20 Centner Nettogewicht produzirt wird.

An Deputat werden ihm pro jedes Hundert alte Schafe, welches er nach der Schur aus den Heerden zählt, 6 Scheffel Roggen, 4 Metzen Weizen, 4 Metzen Gerste, 4 Metzen Erbsen, 4 Metzen Haidekorn und 4 Metzen Hirse bewilligt.

An Holz 3 Klaftern zum Backen und 10 Schock Gebundholz.

An Brackschafen 3 Prozent von den zum Verkauf gestellten, so weit sie durch eigenen Zuwachs ersetzt werden.

Zwei eigene Kühe in herrschaftlichem Futter, die Erlaubniß, 2 Schweine zu mästen und 4 Zuchtgänse zu halten, die Benutzung eines Gartens von 1 Morgen, 4 zubereitete sechsfurchige Ackerbeete zu Lein, 4 dergleichen zu Rüben und Kraut und 12 Ruthen Ackerland zu Kartoffeln.

Dafür hat er die Verpflichtung, die in §. b bestimmten Knechte abzulohnen und zu beköstigen.

§. d.

Die Beaufsichtigung bei der Heuwerbung sowohl auf den Wiesen als auf den Feldern ist Sache des Schäfers; außerdem hat er auch das Häckselschneiden, das Schneiden des Wurzelwerks und jede die Schäferei betreffende Arbeit zu besorgen.

§. e.

Die strengste Beaufsichtigung der Sommerweide und des Winterfutters ist des Schäfers heilige Pflicht.

Andere Bedingungen hängen von der Oertlichkeit und von den besondern Verhältnissen einer Schäferei ab. Das Wesentliche dieses Kontraktes ist die Kautionsbestimmung §. b, wodurch alle Streitigkeiten und Prozesse vermieden werden, welche selten zu einem genügenden Resultate führen. Die Stellung des Schäfers ist in diesem Kontrakt klar und bestimmt angegeben und durch nichts zu umgehen.

Durch den Lohnsatz ist ein Interesse des Schäfers an der Heerde herbeigeführt, ohne daß irgend eine Einschränkung in der Haltung der Schafe stattfinden kann. Bei hochfeinen Heerden würde der Prozentsatz der Brackschafe zu ermäßigen sein, dem Schäfer dagegen eine Tantième für Stährverkauf zufließen können.

Es ist aus vielen Gründen zu wünschen, daß der Schäfer nicht aus dem Stande der arbeitenden Klasse heraustritt. Wenn Arbeit überhaupt niemals eine Schande ist, so läßt sich damit auch eine gewisse Bildung verbinden. Das Selbsthandanlegen erhält dem Schäfer das Vertrauen der Schafknechte am sichersten; er muß für sie sorgen, mit ihnen leben, und sie müssen bei strenger Haltung Liebe zu ihm haben. Das Bestreben eines Schäfers, die besten und zuverlässigsten Knechte, welche er erlangen kann, anzuwerben, ist ein Zeichen eigener Tüchtigkeit, denn er weiß es, daß er allein zur eigenen Verantwortung für Alles nicht ausreicht.

§. 6.
Nutzung der Schafe.

Man benutzt die Schafe durch die Wolle, durch den Zuchtviehverkauf und durch Mastung oder das Fleischerbrackvieh.

Der Ertrag einer Schafheerde hängt hauptsächlich von dem Werthe der Wolle, dem Umfange des Zuchtviehverkaufs und den Preisen des Zuchtviehs ab. Die Verschiedenheit dabei ist so groß, und die Erträge der renommirten edlen Schäfereien stehen so bedeutend über den Schäfereien, die hinsichtlich der Veredelung auf einer niedrigen Stufe stehen, daß der Eifer, jenen nachzufolgen, sehr gerechtfertigt erscheint.

Man zahlt in hochedeln Schäfereien für einen ausgezeichneten Bock 500 bis 1000 Thlr., die Wolle ist für den Preis von mehr als 100 Thlr. pro Centner gesucht, die überkompletten Mutterschafe werden mit 10 bis 15 Thlr. pro Stück verkauft.

Das sind Resultate, welche den Besitzern einer solchen Heerde alle Opfer, Sorgfalt und Ausdauer reichlich lohnen. Solche Resultate sind aber nicht sehr häufig. Um dahin zu gelangen, ist die höchste Kenntniß der Sache, die unermüdlichste Ausdauer und Aufmerksamkeit und ein nicht unbedeutendes Anlagekapital erforderlich. Wer sich in diesen Erfordernissen nicht stark genug fühlt, der suche die Erträge aus der Schafzucht nicht durch hochfeine Wolle, sondern durch eine kräftige und wollreiche Heerde zu sichern. Ob dies vortheilhafter durch zweimaliges Scheeren oder durch Einschur erreicht wird, bestimmt allein die Gattung der Wolle und die Lokalität. Eine lange feine Wolle eignet sich bei einer kräftigen Sommerweide und guten Winterfütterung sehr wohl zur Zweischur; die Wolle gewinnt dadurch nicht nur erheblich an Werth, sondern auch an Masse. Man muß dann aber bei der Züchtung sorgfältige Rücksicht auf die Festhaltung langer Wolle nehmen.

Die Größe des Wollertrags ist sehr verschieden. Landschafe geben gewöhnlich das geringste Gewicht, selten mehr als $1^1/_2$ Centner pro 100 Stück.

Die Eskurialrace gibt bei guter Haltung und guten Eigenschaften 2 bis $2^1/_4$ Centner pro 100 Stück; die dichtwollige Infantadorace bei gleichen Bedingungen 3 bis $3^1/_4$ Centner pro 100 Stück.

Durch die Zweischur langer feinwolliger Schafe erreicht man wohl auch bis 3 Centner pro 100 Stück.

Die Reinheit der Wäsche wirkt übrigens wesentlich auf das Gewicht, und man darf es den Käufern nicht verargen, wenn sie die Preise nach der Wäsche modifiziren.

Durch Mastung der Schafe kann man nur dann gute Resultate erzielen, wenn Ueberfluß an Futter vorhanden ist, sonst stehen die Preise des Mastviehs gewöhnlich mit den Unkosten in keinem richtigen Verhältniß. Große Thiere lohnen noch besser als kleinere. Hat man keine Gelegenheit, die Ueberzahl der Schafe zur Zucht zu verkaufen, so hütet man sie auf der Stoppelweide fett und verkauft sie dann an den Fleischer. Wenn die Preise des Schlachtviehs im Herbst niedriger stehen als im Frühjahr, so sind doch auch die Unkosten der Stoppel- und Wiesenweide viel geringer als die Unkosten der Stallmast.

Wendet man doch Stallmast an, so soll man die Schafe, um die Stallmast möglichst abzukürzen, auf Weiden anmästen. Das wohlfeilste Stallfutter besteht in rohen Kartoffeln und Strohhäcksel oder Schlempe mit genug Heu. Körnerfutter bezahlt das Schafvieh nicht.

Ehe man zum Verkauf des überkompletten Viehs als Zuchtvieh oder zur Mastung desselben schreitet, findet ein Ausmerzen statt. Dasselbe geschieht kurz vor der Schur und kurz vor der Begattung und besteht darin, daß man alle diejenigen Stücke aussucht und bezeichnet, welche zu alt, fehlerhaft, krank, von fehlerhaftem Körperbau sind, bedeutende Wollfehler haben, schlecht vererben 2c.

Bei Anfertigung von Ertragsanschlägen eines Landgutes rechnet man den Reinertrag eines Landschafes auf 15 Sgr., eines veredelten Schafes auf 1 bis 2 Thlr., je nach der Qualität der Wolle. Der letztere Satz gehört schon zu den günstigen Verhältnissen, wenn er auf eine Reihe von Jahren als Durchschnitt angenommen werden soll.

§. 7.

Krankheiten der Schafe.

Mit den Fortschritten der Veredelung haben sich die Krankheiten der Schafe vervielfältigt, indem die Natur derselben empfänglicher geworden ist für äußere Einwirkungen.

Hier können nur diejenigen Krankheiten berücksichtigt werden, welche am häufigsten vorkommen. Die nachfolgende Anleitung zur Erkennung und Behandlung der Schafkrankheiten ist Wagenfeld's Thierarzneibuch entlehnt.

1) Der Milzbrand. Diese Krankheit befällt die Schafe häufig, und zwar ohne Unterschied des Geschlechts und Alters, meistentheils aber die besten Stücke der Heerde. Das von der Krankheit ergriffene Schaf hört auf wiederzukäuen, das Athmen wird keuchend und beschwerlich, das Auge ist glotzend und hervorgedrängt, es stellt sich Zittern ein, die Thiere fallen um und bekommen Zuckungen, aus dem After wird in der Regel Blut entleert, worauf gewöhnlich in sehr kurzer Zeit der Tod erfolgt. Auf solche schnell tödtende Weise zeigt sich der Milzbrand häufig, obgleich nicht immer, indem er auch zu Zeiten 12 bis 36 Stunden anhält, ehe er tödtet oder in Genesung übergeht.

Gewöhnlich herrscht dieses Uebel im Sommer und als Seuche unter einer ganzen Heerde und ist selbst über größere Distrikte gleichmäßig verbreitet. Nach dem Tode geht der Kadaver schnell in eine äußerst stinkende Fäulniß über, bei welcher der Bauch sogleich trommelartig aufschwillt. Die Krankheit steckt an, wenn von dem Blute oder den sonstigen Feuchtigkeiten des milzbrandigen Schafes etwas auf verletzte Theile gebracht wird, weshalb große Vorsicht zu empfehlen und der Kadaver sammt dem Felle tief zu vergraben ist.

Die Ursachen des Milzbrandes sind noch nicht hinreichend erörtert; feuchtwarme Sommerhitze, Mangel an Saufwasser, fauliges Wasser, verdorbene Futterstoffe 2c. scheinen zu den vornehmsten Veranlassungen zu gehören, obwohl die Krankheit oft unter Umständen auftritt, wo gar keine veranlassende Ursache zu entdecken ist.

Eine Behandlung ist bei dem schnellen Tod in der Regel gar nicht zulässig, weil meistens das Thier früher stirbt, ehe die Kurversuche begonnen werden können; nur da, wo der Milzbrand langsam und mit Roth auf der Haut erscheint, gelingt bei ungesäumter Hülfe die Kur zuweilen.

Die der Krankheit verdächtigen Thiere werden in einen kühlen Stall gebracht und erhalten eine Laxanz von 3 bis 4 Loth Glaubersalz in Wasser aufgelöst alle 6 bis 8 Stunden, bis dünnes Misten erfolgt. Sehr gut genährten Thieren läßt man mindestens 12 bis 16 Unzen Blut ab. Bessert sich die Krankheit, so erhält das Thier eine Lecke aus Kochsalz und Wachholderbeeren und zum Getränk Mehlwasser, dem 2 Loth Schwefelsäure auf den halben Eimer zugesetzt sind. Das wichtigste Heil- und Präservativmittel bleiben immer kalte Begießungen oder kalte Bäder. Man muß deshalb die Patienten mehreremal des Tages durchs Wasser treiben oder sie so lange mit demselben begießen, bis ein heftiges Zittern eintritt. Die entzündeten Stellen der Haut werden mit einem glühenden Eisen gebrannt und hierauf durch das Bestreichen mit Terpentin in Eiterung versetzt. Gegen Verstopfung wendet man Klystiere an oder man steckt ein zugespitztes oder in Oel getauchtes Stück Seife in den After des Patienten. Die Heilung gelingt jedoch selten, weil die Krankheit einen zu schnellen Verlauf hat.

Zur Vorbeugung gegen die Krankheit bei den noch gesunden Thieren werden diese möglichst vor Erhitzung in Acht genommen, häufig geschwemmt, mit durch Schwefelsäure oder Essig schwach gesäuertem Wasser getränkt und an einem kühlen, schattigen Ort gehalten. Sehr fetten Thieren macht man zur Sicherheit einen beträchtlichen Aderlaß.

2) Die Trommelsucht. Die Krankheit entsteht wie beim Rindvieh durch zu hastigen und übermäßigen Genuß gewisser Futtergattungen, die der Magen nicht im Stande ist zu verdauen und wo dann Gährung und in deren Folge die Entwickelung von Luft entsteht, durch welche die ungeheure Ausdehnung des Magens erfolgt. Vorzüglich sind es Klee, Raps, Buchweizen, Kohl, Hederich, nach deren Genusse die Krankheit sich zeigt, besonders dann, wenn die Thiere des Morgens hungrig auf die Weide getrieben werden; auch das Treiben gegen den Wind veranlaßt die Trommelsucht.

Bei keiner andern Krankheit ist Hülfe so nöthig als bei der Trommelsucht. Sobald man daher nur das geringste Zeichen von derselben bemerkt, muß man das Schaf sogleich und wiederholt in kaltes Wasser werfen oder mit solchem so lange begießen, bis es anfängt zu zittern. Hilft dieses nicht, so gebe man dem kranken Schafe ein Weinglas voll Essig oder einen Theelöffel voll gebrannten Kalk mit Milch alle Viertelstunden ein. Andere Mittel, die sich vielfach bewährt haben, sind ein Glas Branntwein, oder 30 bis 40 Tropfen Salmiakgeist mit vielem Wasser verdünnt, oder 1 bis 2 Loth Schnupftabak, oder vieles Seifenwasser. Nimmt dessenungeachtet die Krankheit zu und zeigen sich durch vieles kurzes, stöhnendes

Athmen, Trippeln mit den Füßen 2c. Zeichen der dringendsten Gefahr, so ist das einzige Mittel die Anwendung des Troikars. In Ermangelung desselben kann man sich auch eines schmalen, spitzigen Messers bedienen; doch ist zu bemerken, daß die Opperation, gleichviel ob mit dem Troikar oder Messer, nicht ganz gefahrlos ist, indem sich leicht eine Darm- oder Magenentzündung danach ausbildet, an der das Schaf später krepirt. Die fragliche Operation wird daher nur da gemacht, wo die dringendste Gefahr vorhanden ist. Der Ort des Einstiches ist nicht leicht zu verfehlen, wenn die Mitte zwischen Hüfte, Nierengegend und falschen Rippen gewählt wird.

3) Die Egelkrankheit. Die gewöhnlichste Veranlassung zu dieser Krankheit ist die sogenannte Verhütung, nämlich das Weiden auf sumpfigem Boden, namentlich im Sommer nach vielem Regenwetter. In nassen Jahrgängen und auf Triften, die viele vertiefte und sumpfige Stellen haben, ist die Krankheit sehr gemein und wird oft ganzen Heerden verderblich. Sie schreitet langsam vor, und nach ihrem mindern oder stärkern Grade dauert sie Monate, oft Jahre lang, ehe der Tod erfolgt.

Die Heilung gelingt selten und ist nur zu Anfange der Krankheit, wenn sich noch nicht viele Egel in der Leber gebildet haben, zu bewirken. Besonders haben sich nachstehende Mittel bewährt: Senf mit Branntwein, Kampher, Eichenrinde, Lorbeeren, Weidenrinde, Roßkastanie, Hirschhornöl, Schwefel, Kochsalz, Eisenvitriol 2c. Z. B. folgende Lecke: Wermuth und Eichenrinde, von jedem vier Theile; glänzender Ofenruß und Schwefel, von jedem zwei Theile; gebrannte Knochen, Terpentin- und Hirschhornöl, von jedem ein Theil. Von dieser Mischung wird den kranken Schafen wöchentlich zwei- bis dreimal jedesmal 1 bis 2 Loth gegeben. Eine andere sehr wirksame Mischung ist: Baldrian, Ofenruß, Soda, Eisenvitriol, Hirschhornöl, Steinöl und Mehl, von jedem gleiche Theile, wovon der Patient täglich 1 Loth erhält.

Auf das Futter und die Pflege ist dabei die größte Sorge zu richten, indem nicht nur sumpfige Weiden, faulige Tränkwasser, Regen und feuchte Witterung vermieden, sondern auch ein ganz vorzügliches und reichliches Futter, aus Körnern und gutem Heu 2c. bestehend, gegeben werden muß.

Malz aus Gerste und Gerste im Stroh zeigt sich besonders wirksam. Ist aber die Krankheit bis zu einem hohen Grade gediehen, so sind alle Heilversuche fruchtlos.

4) Die Fäule. Sie entsteht aus denselben Ursachen als die Egelkrankheit und ist in ihren Folgen noch gefährlicher. Sie äußert sich durch einen trägen und matten Gang der Schafe; diese bleiben hinter der Heerde zurück, leisten beim Ergreifen und Festhalten wenig Widerstand, bei einem

Druck auf das Kreuz biegen sie sich ein. Im Stalle liegen sie meistens und stehen kaum auf, wenn man unter ihnen herumgeht und sie anstößt; die Freßlust ist vermindert, das Auge, die Gesichts- und Hautfarbe bleich, die rothen Adern im Auge verschwinden gänzlich, die Augenlider sind aufgedunsen, das Zahnfleisch und die übrigen Stellen der innern Maulhaut verlieren an Röthe. Nach und nach bildet sich eine Geschwulst in der obern Halsgegend und an den Ganaschen, welche teigig und schmerzlos ist und nach dem Weidegange größer als des Morgens erscheint; diese Geschwulst, oft Kropf genannt, breitet sich nach Verlauf einiger Tage mehr und mehr aus; dabei thränen die Augen, die Nase füllt sich mit zähem Schleim, es tritt Durchfall ein, die Freßlust nimmt noch mehr ab, während der Durst immer lebhafter und kaum zu befriedigen wird; der Körper magert ab, und der Bauch ist aufgetrieben und schwappend. Das Thier liegt nun beständig und ist äußerst matt; die Extremitäten erkalten, und das Leben endet ohne Zuckungen, allmälig verschwindend wie bei der Egelseuche. Die Zufälle dieser Krankheit sind fast ganz wie bei der Egelkrankheit. Beide Uebel sind überhaupt nahe verwandt und kommen oft mit einander verbunden vor. In den Kadavern sind besonders Wasseransammlungen in der Haut, der Brust und dem Bauche, das wenige dünne Blut, die Blaßheit und welke Beschaffenheit der Lungen und des Fleisches zu bemerken. Die Gedärme sind aufgebläht, gelblich, hier und da bläulich, der Talg aufgelöst, die Galle dünn und wässerig. Daß diesem verderblichen Uebel nur dann vorgebeugt werden kann, wenn es möglich ist, die schlechten Weideplätze mit hochliegenden zu vertauschen, alles Weiden in Vertiefungen bei Regen, während des Thaues 2c. zu vermeiden, ist von selbst klar; die Heilung aber der schon entwickelten Krankheit läßt sich nur dann erwarten, wenn sich noch keine Würmer entwickelt haben und noch keine große Abmagerung stattgefunden hat.

Die Patienten müssen vor Allem auf hochgelegene, trockne Weideplätze oder in hochgelegene Wälder getrieben oder, wenn dies die Witterung nicht zuläßt, in einem trocknen, luftigen Stalle gehalten werden. Das Futter muß äußerst nahrhaft sein und aus Getreide, süßem feinen Heu 2c. bestehen. Als Heilmittel empfehlen sich besonders das schwefelsaure Eisen zu 1 bis 2 Loth in einen Eimer voll Wasser zum Saufen gegeben; ferner eine Lecke aus Eisenvitriol 1 Loth, Salmiak, Schwefel und Spießglanz von jedem 3 Loth, Theer und Terpentinöl von jedem 2 Loth, Kochsalz 1/2 Pfund, welche täglich den Schafen vorgesetzt wird. Auch Gentianwurzel, Angelika, Wermuth, Eichenrinde, die Knospen von Wachholderbeersträuchern und Fichten, Wachholderbeeren, Bitterklee u. dergl. von jedem zu gleichen Theilen unter Malzschrot gemischt, erweist sich als wirksam und wird namentlich als Vorbeugungsmittel den Schafen im Herbst wöchentlich ein- oder zweimal gegeben.

5) Die Drehkrankheit. Sie entsteht, wenn Hunde die Köpfe drehkranker Schafe mit den darin befindlichen Blasenwürmern verzehren; daraus entstehen die Hundebandwürmer. Die mit Eiern angefüllten reifen Endglieder dieses Bandwurms werden zeitweilig von den Hunden entleert, gelangen in das Futter der Schafe, werden von denselben genossen, und in Folge dessen stellt sich die Drehkrankheit ein. Um nun dieselbe zu verhüten, muß man die Köpfe drehkranker Schafe tief vergraben. Ein Heilmittel gegen Dreher gibt es nicht; denn das Troikariren oder Durchstoßen der Wasserblase hilft nur in äußerst seltenen Fällen. Am besten ist es, die Thiere, sobald sich die ersten Anzeichen der Krankheit einstellen, zu schlachten, indem dann ihr Fleisch noch genießbar ist.

6) Die Gnubber- oder Traberkrankheit. Dieselbe ist noch mehr zu fürchten als die Drehkrankheit, weil sie ihre Opfer erst im zweiten Lebensjahre fordert.

Die Krankheit ist nur den Merinos eigen, bereits weit verbreitet, nicht ansteckend, aber erblich. Sie tritt bald heftiger, bald vermindert auf; oft bleibt von dem zweijährigen Zuwachs auch kein Stück übrig; ein andermal rafft sie regelmäßig ein Jahr wie das andere ihre Opfer dahin.

Eine Heilmethode ist nicht bekannt, jedoch kann man die Krankheit dadurch vermindern, daß man niemals jüngere als dreijährige Stähre, und zwar aus solchen Heerden zur Begattung benutzt, welche bisher von dieser Krankheit verschont geblieben sind.

7) Die Lungenwürmer. Diese Krankheit findet sich am häufigsten bei Säuglämmern und Jährlingen. Die Haut ist blaß, die Wolle glanzlos und verworren, das Weiße im Auge bläulich, perlgrau, das Athmen beschwerlich, die Thiere husten sehr häufig und dumpf und magern dabei ab. Bei der Oeffnung des Kadavers findet man in der Luftröhre und ihren Aesten ganze Knäuel oder Klumpen von fadenförmigen 1½ bis 2 Zoll langen Würmern, welche durch Schleim zusammengeballt sind; die Lungen sind blaß, welk, enthalten Knoten und schwimmen gewöhnlich im Wasser.

Am häufigsten wird diese Krankheit in nassen Jahrgängen bei sumpfigem, schlechtem Weidegange, nahrungslosem, verdorbenem Futter und unter allen jenen Veranlassungen beobachtet, welche auch die Fäule erzeugen. Die ausgebildete Krankheit ist unheilbar, weil die Würmer nicht füglich aus den Lungen herauszuschaffen sind; nur bei Lämmern, in welchen noch einige Munterkeit und Freßlust vorhanden ist, läßt sich noch etwas von einer guten Behandlung hoffen. In solchen Fällen sorge man für eine gute, gesunde Nahrung, gebe viel Getreidekörner und öftere Lecken aus Ofenruß, Theer, Wermuth, Gentianwurzel und Terpentinöl zu gleichen Theilen. Ein Theelöffel von letzterem mit einem Eßlöffel Branntwein, wöchentlich zweimal gegeben, hat sich ebenfalls sehr wirksam bewiesen.

8) Die Lämmerlähme. Diese Krankheit befällt besonders veredelte oder ganz edle Lämmer und ist so bösartig, daß oft die Hälfte der Lämmer eines Jahrgangs weggerafft wird.

Gewöhnlich befällt die Krankheit die Lämmer in den ersten 2 bis 8 Wochen ihres Alters. Das bis dahin muntere Lamm wird träge, liegt viel und steht bald gar nicht mehr auf. Es stellt sich Steifheit in den Gliedmaßen ein, die entweder an den vordern oder an den hintern Schenkeln beginnt; meistens erstreckt sich diese krankhafte Lähmung über den ganzen Körper.

Hauptursache der Krankheit ist die Nahrung der Mütter und die erste Beinahrung des Lammes. Als unterstützende Krankheitsursachen gelten die Winterungseinflüsse, Erkältung rc. Man hat die Bemerkung gemacht, daß die Lämmerlähme in Gegenden, welche saure, tiefe Weiden haben, am häufigsten vorkommt, und es ist daher wohl nicht zu bezweifeln, daß die Krankheit schon mit der Muttermilch eingesogen wird.

Eine sehr gesunde Weide oder ein gesundes, nahrhaftes, milcherzeugendes Winterfutter und ein vorsichtiges Füttern der Lämmer dürften wohl die einzigen und sichern Vorbeugungsmittel der Krankheit sein. Man beginne mit dem Beifutter der Lämmer nicht zu früh, sondern suche durch Milchvermehrung der Mütter den größern Nahrungsbedarf der Lämmer zu befriedigen. Gestattet die Lokalität nicht, den Müttern eine andere gesunde, süße und milchbefördernde Weide zu überweisen, so muß man dieselbe durch eine frühe Roggenaussaat zu sichern suchen, denn die Saatweide ist den säugenden Müttern vor allem andern gedeihlich.

Mit der Kur der bereits ausgebrochenen Krankheit sieht es sehr mißlich aus. Waschungen der steifen Glieder mit heißem Branntwein, Einhüllung des Lammes in wollene Decken, Eingüsse von warmem Fliederthee mit einem Zusatze von etwas (5 bis 10 Gran) Kampher scheinen noch am sichersten zu helfen. Dabei muß aber vorweg für eine gelinde Leibesöffnung als Basis einer jeden Kur gesorgt werden.

Man bewirkt diese z. B. mit Glaubersalz 2 Quentchen, Rhabarber 1 Quentchen, zu Pulver gemacht und davon Morgens und Abends, je nach der Größe des Lammes, der vierte bis fünfte Theil mit etwas Kamillenthee gegeben.

9) Die Pocken. Diese verheerende Krankheit, welche sich durch

Ansteckung fortpflanzt, befällt die Schafe nur einmal während ihres Lebens. Wenn in einer Gegend die Pocken grassiren, so ist die größte Aufmerksamkeit auf die eigene Heerde nöthig, damit man beim ersten Erscheinen die Krankheit durch Impfung modifiziren kann. Die Erkennungszeichen der Pockenkrankheit sind folgende. Am siebenten bis achten Tage nach der Ansteckung beginnt die Ausbruchsperiode mit Fieber, Schaudern und Zittern; es erfolgt erhöhte Wärme am ganzen Körper, besonders an den Ohren und der Schnauze; die Augen und Schleimhäute des Maules zeigen vermehrte Röthe. Die Thiere stehen mit eng unter den Bauch gestellten Füßen und senken den Kopf tief herab; auf den Hinterschenkeln gehen sie zuweilen lahm. Freßlust und Wiederkäuen verschwinden beinahe gänzlich, um so größer aber ist der Durst. Bald darauf beginnt der Ausfluß eines dünnen, wasserhellen, weißlichen Schleimes aus der Nase, und zugleich sieht man nun schon alle von Wolle entblößten Körperstellen mit rothen Fleckchen bedeckt; die ersten rothen Flecke bemerkt man gewöhnlich in der Nähe der Geschlechtstheile, an der innern Seite der Schenkel, am Bauche, an der untern Fläche des Schweifes und um Maul und Augen herum; am achten bis neunten Tage fangen diese flohbißähnlichen Flecken schon an sich zu Knötchen zu erheben; die Stellen, an denen sie sich befinden, erscheinen angeschwollen, am Kopfe bisweilen so stark, daß die Thiere Maul und Augen nicht öffnen können.

Die Behandlung einer pockenkranken Heerde richtet sich vornehmlich danach, ob die Seuche bösartig oder gutartig ist. Zunächst ist eine möglichst sorgfältige Trennung der infizirten von den gesunden Stücken vorzunehmen, wodurch dem Umsichgreifen der Krankheit doch manchmal Einhalt gethan wird; jedoch ist eine Revision der Heerde alle 1 bis 2 Tage nöthig. Die gutartig-blatternden Schafe werden bei heiterem, warmem Wetter im Freien, bei kaltem oder nassem Wetter aber in einem warmen, trocknen Stalle gehalten. Da die Krankheit meistens gelinde verläuft, so braucht man keine Arzneien anzuwenden, doch ist es nicht unpassend, wöchentlich ein- bis zweimal eine Salzlecke zu geben, der 2 Loth Schwefel auf das Pfund Kochsalz zugesetzt werden können. Das Futter muß gut und unverdorben sein. Unter demselben diätetischen Verhalten werden auch die bösartig-blatternden Schafe behandelt, nur muß hier die Nahrung noch ausgewählter sein und neben gutem Heu, Rüben, Kartoffeln oder Grünfutter in Schrot- und Mehltränken bestehen.

Das einzige und sicherste Vorbeugungsmittel ist die Impfung, welche in Noth- und Schutzimpfung besteht. Nothimpfung ist diejenige Impfung, welche man bei den noch gesunden Stücken vornimmt, wenn in der Heerde die Pocken ausgebrochen sind; die Schutzimpfung besteht darin, daß entweder jährlich die Lämmer geimpft werden, oder daß das Impfen dann erfolgt, wenn eine Gefahr der Ansteckung schon da ist.

Die beste Stelle zum Impfen ist die innere Fläche der Ohrmuschel, etwa 1 Zoll von der Spitze entfernt. Die Lymphe nimmt man am elften bis dreizehnten Tage nach der Impfung wo möglich von einem solchen geimpften Schafe, welches die wenigsten und gutartigsten Pocken hat.

10) Die Klauenseuche. Man unterscheidet die gutartige und die bösartige Klauenseuche. Die erstere kommt gewöhnlich mit der Maulseuche zusammen zum Vorschein, ist nicht ansteckend und verschwindet in kurzer Zeit ohne alle Hülfe.

Die bösartige Klauenseuche ist seit Einführung der Merinos sehr ausgebreitet. Bei richtiger Behandlung ist sie zwar nicht tödtlich, allein sie kann doch durch Vernachlässigung sehr nachtheilige Folgen haben. Die Krankheit ist sehr ansteckend; die lahmen Schafe müssen daher beim Beginn der Kur sorgfältig von den gesunden getrennt werden. Die größte Einfachheit bei der Behandlung führt am sichersten zum Zweck; das tägliche Abwaschen und Einhüllen der kranken Klauen ist ebenso unzweckmäßig als unzureichend, da die Einwirkung der Luft, welche wohlthätig auf die Heilung wirkt, nicht durch Verpacken gestört werden darf; bei mehreren 1000 kranken Klauen hat man auch nicht genug Leute zu einem zusammengesetzten Verfahren.

Die kranken Füße werden zuvörderst mit einem scharfen Messer gereinigt und alles Bösartige bis aufs Leben weggeschnitten; wenn sich unter dem Horn schon Eiter gebildet hat, so muß jenes abgelöst und alles Faulige mit großer Sorgfalt entfernt werden. Darauf begründet sich das Gelingen der Kur, denn der geringste faulige Stoff, welcher zurückbleibt, verbreitet sich von Neuem.

Hierauf nimmt man rauchende Salpetersäure und überstreicht mit derselben die wunden Stellen leicht mit einer Feder so, daß alle bösartigen Stellen damit berührt werden. Weiter geschieht nichts; nach 24 Stunden sind alle wunden Stellen mit einer harten Kruste überzogen, so daß das Schaf schon wieder etwas auftreten kann.

Während der ersten 8 Tage müssen die auf diese Weise behandelten Schafe im Stalle auf reichlicher und frischer Streu gehalten werden; den alten Dünger muß man vorher tief herausschaffen und durch die sorgfältigste Reinigung des Stalles alle Ansteckungsstoffe entfernen.

Einundzwanzigste Abtheilung.

Die Pferdezucht.

Obwohl die Pferde fast unentbehrlich für den landwirthschaftlichen Betrieb sind, so ist die Zucht derselben doch nicht so allgemein als die der übrigen landwirthschaftlichen Nutzthiere. Um die Pferdezucht im größern Verhältniß betreiben zu können, müssen vor Allem geeignete Weideplätze vorhanden sein, weil sie ohne dieselben nicht nur zu kostspielig sein, sondern auch keine günstigen Resultate liefern würde.

Hauspferdezucht, d. h. eine solche Zucht der Pferde, die den eigenen Bedarf liefert, kann und soll aber jeder Landwirth treiben. Die Hauspferdezucht ist in mehr als einer Hinsicht von großer Bedeutung. Nicht nur erstatten die nachgezogenen Produkte die Kosten der Zucht reichlich zurück, sondern, was noch mehr ist, das selbstgezogene Pferd ist an Pflege und Futter gewöhnt und hat in Folge dessen den Vorzug vor dem gekauften, wobei noch zu berücksichtigen ist, daß der Pferdehandel ein sehr riskanter Handel ist, indem dabei der, welcher nicht durch und durch Pferdekenner ist, nur zu häufig betrogen wird.

Pferdezucht im Kleinen läßt sich auch ohne natürliche Weidefläche betreiben. Der Hauptzweck des Weidens bei der Pferdezucht ist nicht der, daß die jungen Thiere auf der Weide fressen sollen, sondern vielmehr der, daß sie sich auf der Weide ergehen, damit die Knochen erstarken. Dieses Resultat wird nun auch erreicht auf jedem ebenen, trocknen, eingefriedigten Platz, auf dem, wenn er keine Weide bietet, die Fohlen mit Stallfutter ernährt werden.

Die landwirthschaftliche Pferdezucht muß aber, wenn sie lohnen soll, mit dem Wirthschaftsbetrieb in Verbindung gesetzt werden; die Arbeitsstuten sind zum Fohlenziehen zu benutzen. Die Zeit, welche dadurch die Mutterstute der Arbeit entzogen wird, ist so lang nicht; denn bei einiger Aufmerksamkeit kann man mit derselben bis kurz vor der Geburt arbeiten und sie 10 bis 14 Tage nach der Geburt wieder zur Arbeit verwenden. Eine regelmäßige Bewegung und mäßige Anstrengung ist der Mutterstute sogar höchst dienlich, und es kommen dabei viel weniger Fälle des Verwerfens oder der Mißgestaltung des Fohlens vor, als wenn die Stute ausschließlich zur Zucht gehalten und jeder Anstrengung enthoben ist.

§. 1.
Die Racen.

Was die Racen im Allgemeinen anlangt, so ist als Grundsatz anzunehmen, daß die edelste Race in jeder Beziehung auch den größten Vorzug hat. Neben der Eleganz und den höhern Preisen vereinigt sie in sich auch den größten Nutzen für alle Zwecke und übertrifft an Ausdauer und Kraft die minder edlen Racen bedeutend. Es waltet mithin keine Rücksicht ob, welche den Landwirth veranlassen sollte, die Fortschritte der Veredelung zu hemmen, sondern er muß bemüht sein, sie nach aller Möglichkeit befördern zu helfen.

Die englische Vollblutrace hat ihren großen Werth hinreichend begründet und sie läßt ihre arabische Natur nicht verkennen. Den landwirthschaftlichen Zwecken gehört sie noch nicht an, doch wird es nicht lange währen, wo der Landwirth mittelbar Gelegenheit finden wird, dieses edle Blut seinen Gebrauchspferden einzuimpfen. Die wiederholte Einführung englischer Vollblutpferde, der gegenwärtig bereits nicht unbedeutende Bestand derselben auf dem Festlande und die Vorsorge der Regierungen zur Hebung der Pferdezucht gewähren die Mittel, mit geringen Kosten zum größern Theile edle Hengste zur Begattung zu benutzen.

Die mecklenburger Pferde haben sich einen allgemeinen Ruf erworben und werden nur etwa von den englischen übertroffen. Sie werden zu hohen Preisen als Luxuspferde verkauft und sind Gegenstand eines weitverbreiteten Handels. Sie stammen von der englischen Vollblutrace ab.

Die holsteinischen Pferde kommen fast in jeder Beziehung mit den mecklenburgern überein, nur sind diese edler als jene.

Die hannoverschen Pferde sind in jeder Hinsicht so tüchtig wie die mecklenburgischen.

Die preußischen Pferde, namentlich in den östlichen Provinzen der Monarchie, zeichnen sich in jeder Hinsicht sehr aus. Das Hauptgestüt in Trakehnen hat das Verdienst, die Pferdezucht in Preußen wesentlich gehoben zu haben. Die preußischen Pferde sind leicht und ausdauernd und eignen sich vornehmlich zum Kavalleriedienst. Sie haben die früher nöthig gewesene Einfuhr fremder Pferde vollständig ersetzt.

Die polnische Race gehört zu den edelsten, denn sie ist ebenfalls arabischen Ursprungs. Sie findet sich rein nur noch selten und mehr in dem östlichen Theile des Landes. In Bezug auf Ausdauer und Fähigkeit zu allen Zwecken kann sie nicht hoch genug gestellt werden; sie ist mehr als jede andere Race geeignet, die Aufmerksamkeit des Landwirths auf sich zu lenken. Sie übertrifft die deutschen Pferde an Kraft und Schnelligkeit, und wenn sie durch eine sorgsamere Pflege, welche man ihr in neuerer Zeit zu widmen beginnt, an Größe gewinnen wird, so darf man die Wiederherstellung ihres frühern wohlbegründeten Rufes mit Sicherheit erwarten.

Unter den ausländischen Pferderacen verdient besonders noch die dänische genannt zu werden, da sie in Folge ihres gedrungenen Körperbaues und ihrer Ausdauer sich zu allen landwirthschaftlichen Arbeiten vorzüglich eignet.

Alles kommt bei dem Pferde auf Kraft und Stärke seiner Füße und auf das Ebenmaß aller Verhältnisse seines Körpers an.

§. 2.

Die Aufzucht.

Die erste Rücksicht bei der Pferdezucht verdient die Wahl der Mutterstute; denn weil die Erziehung eines Pferdes kostspielig ist, muß man darauf halten, daß die Kosten nicht für etwas Schlechtes und Werthloses aufgewendet werden. Aber auch die Auswahl des Hengstes verdient besondere Rücksicht; denn je mehr dessen gute Eigenschaften sich vererben, desto vorzüglicher gestaltet sich die Zucht.

Die Stute darf nicht vor ihrem vierten, der Hengst nicht vor seinem fünften Lebensjahre zur Zucht verwendet werden. Das Beschälen geschieht, sobald die Stute rossig ist. Man erkennt die Rossigkeit, welche in der Regel 24 Stunden dauert, an der Unruhe, der Unlust zum Fressen, den geschwollenen Geschlechtstheilen und der Ausscheidung von Schleim aus denselben. In dieser Periode nimmt die Stute am sichersten auf, und man muß sie deshalb während derselben zum Hengste führen. Das Beschälen geschieht an einem ruhigen Orte. Nach dem Beschälen muß die Stute ruhig in den Stall zurückgeführt werden. Die beste Beschälzeit sind die Frühjahrsmonate. Auf 40 Stuten rechnet man 1 Hengst, der bei kräftiger Fütterung täglich zwei Sprünge machen kann.

Die Stute geht 11 bis 12 Monate tragend. Mäßige Anstrengungen schaden ihr, wie bereits erwähnt, während der Trächtigkeit nichts; nur muß man sie vor Drängen, Stößen und sehr schweren Arbeiten in Acht nehmen. Arbeitspferde erhalten ihr gewöhnliches Körnerfutter; Zuchtstuten, welche ausschließlich zur Zucht gehalten werden, dürfen dagegen nur mäßig mit Körnern, mehr mit Sommerstroh und gutem Heu genährt werden. Sehr zuträglich ist tragenden Mutterstuten öfteres Weiden.

Bei der Geburt ist selten menschlicher Beistand nöthig; man sorgt in der letzten Zeit des Trächtigseins für reichliche Einstreu, bequemen, geräumigen Standort, Verhütung alles schweren und blähenden Futters und nimmt etwa 14 Tage vor dem Eintritt der Geburt die Eisen ab.

Das Fohlen sucht sich bald nach der Geburt seine Nahrung bei der Mutter, welche man durch kräftiges Futter bei guter Kraft erhält. In den ersten vier Tagen nach der Geburt besteht das Futter in angefeuchteter Kleie; dann geht man zu Hafer und Heu über. Nach 10 bis 14 Tagen kann man sie schon zur gewöhnlichen Arbeit, aber wo möglich in der Nähe des Hofes benutzen. Das Fohlen begleitet die Mutter, weshalb man entfernte Reisen vermeiden muß.

Sobald als möglich gewöhnt man das Fohlen ans Futter, wodurch die Stute Erleichterung erhält, aber auch das Wachsthum und Gedeihen des Fohlens sicherer herbeigeführt wird. Das Futter der Fohlen besteht in dem feinsten Wiesenheu und in dem besten Hafer. Man gibt es ihnen im Anfange in niedrigen Krippen und Raufen vor. In der ersten Zeit wäre jede Ersparniß an Fohlenfutter sehr nachtheilig, da in dieser Zeit 1 Pfund Hafer größere Wirkung thut als später 1 Centner. Darin steckt das Geheimniß der größten Pferdezüchter, der Engländer, und wenn wir ihnen in den Resultaten der Pferdezucht gleichkommen wollen, müssen wir ihnen nachahmen.

Das Verhältniß des Wachsthums eines Pferdes ist nach dem Alter folgendes:

Im 1. Lebensjahre beträgt das Wachsthum	15	Zoll.
„ 2. „ „ „ „	5	„
„ 3. „ „ „ „	3	„
„ 4. „ „ „ „	$1\frac{1}{2}$—2	„
„ 5. „ „ „ „	$\frac{1}{2}$—1	„

Es ist daraus ersichtlich, daß die Größe des Pferdes hauptsächlich durch das Wachsthum des ersten Jahres bestimmt wird, und es kommt daher Alles darauf an, diese Lebensperiode so gedeihlich als möglich zu machen.

Wenn das Fohlen zeitig ans Futter gewöhnt wird, so kann es auch früher abgesetzt werden. Die Zeit des Abgewöhnens des Fohlens richtet sich nach der Fähigkeit desselben, sich selbst zu ernähren. Im Allgemeinen dauert die Saugezeit 4 bis 5 Monate; zu früh setze man die Fohlen nie ab, denn die Muttermilch ist dem Fohlen so gedeihlich, daß dieselbe nicht durch das beste Futter ersetzt werden kann.

Den achten Tag nach der Geburt nimmt die Stute wieder den Hengst an und empfängt in dieser Zeit am sichersten. Versäumt man diesen Moment, so ist ein späteres Rossigwerden selten zu erwarten. Ist die

Stute wieder tragend, so muß man das Absetzen des Fohlens etwas früher stattfinden lassen.

Hat man das Fohlen früh an Futter und Saufen gewöhnt, so erträgt es den Verlust der Muttermilch ohne allen Nachtheil, und der Uebergang in das neue Verhältniß ist kaum zu bemerken. Die Pflege muß aber nach dem Absetzen noch sorgsamer sein als vorher. Das Fohlen wird gleich den alten Pferden geputzt und gereinigt, denn dies ist eine wesentliche Bedingung sichern Gedeihens. Die Meinung, daß gut gepflegte Fohlen weichliche und zur Arbeit untaugliche Pferde werden, ist längst widerlegt. Man darf die Aufzucht im Stalle nicht mit der vergleichen, bei welcher sich die Pferde im Naturzustande befinden. Diese kräftigsten aller Pferde werden allerdings nicht geputzt und gepflegt, allein hier wird die Pflege durch die freie Bewegung, den Regen, den Wind viel erfolgreicher ersetzt als durch die Bürste. Die Pferde in der Freiheit haben auch nichts vom Stallstaub zu leiden. Werden bei uns die Fohlen geweidet, so braucht sich die Pflege während des Weideganges ebenfalls nur auf ein trocknes und reinliches Nachtquartier zu beschränken.

Während des ersten Lebensjahres ist es am zweckmäßigsten, die Fohlen in voller Stallfütterung zu halten. Die tägliche Ration kann 4 bis 5 Pfund Hafer und 8 Pfund Heu betragen. Wenn das Fohlen diese Ration mit Appetit verzehrt, so wird es eine Zugabe von 1 Pfund Gerstenschrot um so kräftiger aus dem Winter bringen.

Um es nochmals zu erwähnen, ist die Pflege des Fohlens in seinem ersten Lebensjahre die Grundlage des künftigen Wuchses und des Ebenmaßes der ganzen Ausbildung; in dieser Periode vernachlässigte Fohlen können durch nichts denen gleich gebracht werden, welche sachgemäß aufgezogen wurden. Es ist sogar erwiesen, daß übermäßiges Futter in spätern Jahren nachtheilig auf die proportionirte Ausbildung einwirken kann.

Im zweiten Jahre kommen die Fohlen auf die Weide, und wenn diese trocken, kräftig und aromatisch ist, so können sie, wenn sie erst daran gewöhnt sind, dabei völlig bestehen. In der ersten Zeit des Weideganges reicht man ihnen noch ihre Futterration, verringert diese aber nach und nach, bis man mit derselben ganz aufhört. Bei feuchter Witterung oder niedriger und nasser Weide ist den Fohlen ein trocknes Futter aus Heu oder Stroh während der Nacht sehr zuträglich; dadurch werden sie gesund und kräftig erhalten. Sie kommen dann um so besser in den zweiten Winter. Nach jedem zurückgelegten Lebensjahre muß das Futter angemessen vermehrt werden. Alles Futter muß frei von Staub und Unreinigkeiten sein. Vernachlässigungen darin bestrafen sich hart, denn gefährliche Drusen, welche das Wachsthum hemmen und nicht selten das Leben bedrohen, sind die gewisse Folge ungesunder Fütterung.

Saures, von sumpfigen Wiesen gewonnenes Heu ist den Fohlen nicht zuträglich; herrscht Mangel an gutem süßen Heu, so ersetzt man dieses vortheilhaft durch Gersten- oder anderes Sommerstroh.

Hat man keine Gelegenheit, die Fohlen während des Sommers auf die Weiden zu bringen, so sorge man doch jedenfalls für tägliche Bewegung in der frischen Luft; diese ist zur Ausbildung der Fohlen unumgänglich nothwendig. Man kann zwar große, gut gebildete Pferde ausschließlich im Stalle aufziehen, allein sie werden immer der Kraft und Ausdauer entbehren, und die ersten Anstrengungen werden unfehlbar Fehler und Mängel, namentlich in den Füßen, hervorrufen.

Es ist übrigens nicht durchaus nöthig, besondere Fohlenweiden zu besitzen, wenn man Fohlen aufziehen will. Die Acker- und Brachweide ist ihnen viel gedeihlicher als die Wiesenweide.

Im vierten Jahre kann man anfangen, das Pferd an die Arbeit zu gewöhnen, doch darf es dabei nur mäßig angestrengt werden. Wenn es auch allgemein angerathen wird, junge Pferde vor vollendetem fünften Jahre nicht in Gebrauch zu nehmen, so ist dies doch bei der mit der Landwirthschaft verbundenen Pferdezucht nicht anzuwenden. Wenn das Pferd auch, was nicht zu bestreiten ist, bei längerer Schonung um so ausdauernder wird, so bleiben doch auch die größern Kosten der Aufzucht zu berücksichtigen. Geht man mit dem jungen Pferde nur vorsichtig und schonend um, so werden die Anstrengungen bei landwirthschaftlichem Gebrauche seiner kräftigen Ausbildung nichts schaden. Etwas anderes ist es, wenn man mit den Pferden in solchem Alter schnelle oder weite Reisen machen wollte. Eine einzige Ueberhitzung oder übermäßige Anstrengung ist hinreichend, Fehler zu erzeugen, welche das Pferd zeitlebens zum Krüppel machen. Zu Reisen eignen sich die Pferde erst nach vollendetem sechsten Jahre, wenn sie durch vorangegangene regelmäßige Anstrengungen bereits in ihren Kräften erstarkt sind.

Manches Pferd bildet sich übrigens zeitiger aus, manches später. Es hängt dies sehr von der Race ab; bei allen edeln Pferden tritt der Zeitpunkt der Ausbildung später ein, als bei den gewöhnlichen Bauerpferden.

Auf die Füße der jungen Pferde muß immer eine besondere Aufmerksamkeit verwendet werden. Sehr nachtheilig ist das Spannen derselben auf dem Weidegange; kann man sie nicht ungespannt weiden lassen, so ist es besser, sie mit Grünfutter im Stalle zu füttern und ihnen Bewegung in irgend einem Hofraum zu gewähren. Auch die Hufe müssen öfter nachgesehen und ausgeschnitten werden, wenn sie aus der regelmäßigen Form wachsen.

Gute, kräftige, regelmäßige Beine begründen den hauptsächlichsten Werth eines Pferdes.

Die Kosten der Aufzucht eines Pferdes bis zum vollendeten dritten Jahre kommen, wenn man Alles berechnet, öfter höher zu stehen als der Kaufpreis.

Block berechnet dieselben beim Weidegange auf 53 Scheffel Roggenwerth, bei Stallfütterung auf 70 Scheffel. Viel von diesem Futter ist aber dem Landwirth weder verkäuflich, noch auf andere Weise ebenso sicher zu nutzen. Das Futter zur Aufzucht der Fohlen wird auch nach und nach aufgewendet, und man empfindet die Ausgabe desselben weniger als das baare Geld beim Ankaufe. Zuletzt weiß man auch, was man hat, und erspart sich manchen Aerger, der beim Ankauf unvermeidlich ist. Aus allen diesen Gründen bleibt dem Landwirth angerathen, sich wenigstens durch die Aufzucht seines Bedarfs an Pferden unabhängig von betrügerischen Pferdehändlern zu machen.

§. 3.
Die Ernährung.

Die Ernährung der Arbeitspferde ist von der Art der Arbeit abhängig, zu welcher sie verwendet werden. Auf Reisen muß man anders füttern als bei Arbeiten zu Hause. Unter allen Umständen aber ist es die größte Regelmäßigkeit und sorgsamste Pflege, welche neben der Fütterung das Gedeihen des Pferdes begründet. Es ist kaum ein anderes Thier mehr empfänglich für Reinlichkeit als das Pferd, welches sorgsame Pflege und liebreiche Behandlung auf das reichlichste vergilt. Knechte, welchen es an Lust und Liebe zu solcher Behandlung der Pferde fehlt, muß man nicht zu Wärtern von Pferden bestimmen, denn man ist nicht im Stande, eine gute Abwartung durch verstärktes Futter zu ersetzen.

Guter Hafer ist nebst gesundem Heu allen Pferden die gedeihlichste Nahrung. Auf Reisen ist sie es ausschließlich; bei den landwirthschaftlichen Arbeiten kann man jedoch den Hafer durch andere Getreidearten und Hülsenfrüchte ersetzen; namentlich wählt man dazu den weniger verkäuflichen Theil; nur muß das Getreide jeder Art stets auf das Sorgfältigste gereinigt sein. Nächst dem Hafer, der immer unzerkleinert und nur für Pferde mit mangelhaftem Gebiß oder schwachem Verdauungsvermögen gequetscht verfüttert wird, ist Gerste das angemessenste Pferdefutter. Roggen und Hülsenfrüchte dürfen nur in gequollenem Zustande verfüttert werden. Alles Körnerfutter wird mit feinem Strohhäckfel vermengt vorgegeben und etwas angefeuchtet, damit die Pferde den Häckſel nicht wegblaſen können.

Friſches Waſſer iſt den Pferden nothwendiges Bedürfniß, und es muß ihrem Verlangen danach während der Futterzeit dreimal des Tages Genüge geleiſtet werden. Nach Erhitzungen muß das Saufen mit Vorſicht gereicht werden, und es iſt ſtets ſicherer, erhitzten Pferden vor dem Tränken etwas Heu vorzugeben.

Regelmäßigkeit und Reinlichkeit muß ſowohl bei der Fütterung als bei dem Tränken ſtattfinden. Raufen und Krippen müſſen bei jeder Futtergabe gut gereinigt werden.

Im Winter bei geringerer Arbeit kann man auch weniger Futter geben, im Sommer durch Grünfutter Erſparniſſe eintreten laſſen; wenn aber eine tüchtige Arbeit geleiſtet wird, dann muß auch die Ernährung dieſer entſprechen. Größere Pferde bedürfen 16 bis 18 Pfund Körnerfutter, 6 Pfund Heu und 6 Pfund Strohhäckſel. Kleinere Pferde reichen wohl mit 8 bis 10 Pfund Hafer bei angeſtrengter Arbeit aus.

Reitpferde werden ausſchließlich mit Hafer gefüttert, und man gibt ihnen denſelben trocken ohne Anmengung mit Häckſel. Arbeitspferde bedürfen den Häckſel als Magenfüllungsfutter, und er iſt namentlich bei ſchwerem Körnerfutter unerläßliches Bedürfniß einer guten Verdauung. Das Grünfutter beſteht aus Klee, Wicken ꝛc. und iſt den Pferden ſehr gedeihlich. Bei ſchwerer Arbeit darf man ihnen aber nicht alles Körnerfutter entziehen, weil ihnen ſonſt trotz der Wohlbeleibtheit, welche die grüne Fütterung hervorbringt, Ausdauer und Kräfte fehlen würden. Man kann aber bei Grünfütterung das Körnerfutter füglich auf $1/3$ bis $1/4$ der gewöhnlichen Ration herabſetzen, und dies gibt doch während einiger Monate eine weſentliche Körnererſparniß ab.

Kartoffeln, Möhren, Rüben, Branntweinſchlempe ſind weder naturgemäße Futtermittel für die Pferde, noch ausreichend, dieſelben bei Kräften zu erhalten.

Sollte man ſich doch genöthigt ſehen, Kartoffeln zu füttern, vielleicht bei ſehr hohen Körnerpreiſen, ſo muß ſehr große Reinlichkeit bei dieſer Fütterung ſtattfinden, und es iſt eine ſtarke Beigabe von Heu, 8 bis 10 Pfund täglich, unerläßlich. Man darf die Kartoffeln nur gedämpft füttern; ein ſtarkes Pferd bedarf davon täglich $1/2$ Scheffel.

Lokalitäten und Verhältniſſe verlangen auch bei der Ernährung der Pferde mannigfache Rückſichten. Dieſe und die allgemeinen Regeln, auf welche ſich der Verfaſſer hier beſchränken möchte, beachtend, wird der Landwirth ſicherer das Rechte treffen, als durch Vorſchriften, welche für eine allgemeine Anwendung nicht paſſen.

§. 4.
Hufbeschlag.

Wie oft ein Pferd beschlagen werden muß, darüber lassen sich allgemein gültige Regeln nicht aufstellen. Die abgelaufenen oder zerbrochenen Eisen oder das zu stark heruntergewachsene Horn deuten die Nothwendigkeit des Beschlagenlassens an. Rinn- oder Reifeisen sind die besten Hufeisen. Uebrigens darf man das Beschlagen nur von einem in der Beschlagkunst wohlgeübten Schmied vornehmen lassen, denn durch falsche Behandlung bei dem Beschlagen kann das beste Pferd verdorben werden. Pferde, die beim Beschlagen widerspenstig sind, macht man am sichersten durch liebreiche Behandlung geduldig. Führt diese nicht zum Ziel, so ist es am sichersten, die zu beschlagenden Pferde am Abend vor dem Beschlagen hungern zu lassen und sie erst früh vor der Schmiede zu füttern.

§. 5.
Die Krankheiten.

Die Krankheiten der Pferde sind viel mannigfacher als die aller übrigen Hausthiere. Namentlich sind es die äußerlichen, welche durch Anstrengungen leicht erzeugt werden und auf den Werth des Pferdes den größten Einfluß ausüben. Sie werden im Handel so viel als möglich verdeckt, und man darf sich bei demselben auf Treue und Glauben nicht verlassen.

Das Erste, was man beim Ankauf eines Pferdes zu berücksichtigen hat, ist das Alter, welches man an den Zähnen erkennt.

Das Pferd hat 12 Vorderzähne, 4 Eck- oder Hundszähne und 24 Backenzähne. Bis zum zweiten Jahre behält das Fohlen seine ersten Zähne, im dritten verliert es die beiden vordersten, zuerst in der untern Kinnlade, und erhält dafür zwei neue, welche schmuzig gelb aussehen und oben eine Höhlung haben, welche der Kern oder die Bohne heißt und schwarz ist. Im vierten Jahre wechseln die beiden zunächststehenden Zähne; die Höhlung der ersten Wechselzähne hat sich mehr ausgefüllt und ist blasser geworden. Im fünften Jahre wechseln die letzten Zähne. Die 3 Paar Schneidezähne verlieren in der Ordnung, wie sie entstanden sind, ihre Zeichnung wieder. Im siebenten Jahre verliert sich die Bohne in den mittelsten Zähnen, im achten Jahre bei den nachstehenden, und im neunten Jahre sind auch die äußersten Zähne nicht mehr gezeichnet. Ebenso wie in der untern Kinnlade wechseln auch die 6 Zähne in der obern. Manche Pferde wechseln später und sind dann um so dauerhafter. Nach dem zehnten Jahre läßt sich das Alter aus den Zähnen nicht mehr mit Gewißheit bestimmen. Je älter das Pferd wird, desto mehr verschwindet der äußere scharfe Rand der Zähne und desto länger werden die Zähne selbst. Sie sehen dann schmuziggelb aus, sind vom Zahnfleisch entblößt, und bei hohem Alter werden sie rund und stehen nach vorn; auch die Furchen des Gaumens verschwinden.

Das Futter übt übrigens auch einen wesentlichen Einfluß auf die Erkennungszeichen des Alters aus. Gras- und Heupferde haben oft nach 10 Jahren noch die Kennzeichen siebenjähriger Pferde, während die mit hartem Futter genährten früher ausgleichen.

Weiß man nun, wie alt das Pferd ist, dann beginne man die weitere Untersuchung. Das nächst zu Beachtende sind die Füße, denn von der Gesundheit und Kraft derselben hängt der Werth des Pferdes ab. Die Krankheiten der Füße sind äußerst vielseitig. Zuerst beurtheile man, was sich äußerlich erkennen läßt. Dahin gehören Spath, Ueberbeine, Scheide, Hasenhacke, Mauke, gespaltener Huf, Knieschwamm, Sehnenklapp ꝛc. Man lasse das Pferd ruhig vor sich hinstellen, beginne die Besichtigung von Fuß zu Fuß und vergleiche besonders einen mit dem andern. Findet sich irgend eine Verschiedenheit, dann ist man einem Fehler auf der Spur, und die nähere Untersuchung wird ihn auffinden. Hat man das Pferd von hinten und vorn einzeln und zwischen den Füßen durch genau besehen, auch die Hufe von oben und unten untersucht, dann lasse man es in langsamem Schritt vor- und zurückgehen und merke genau auf die Bewegungen der Füße, ob sie regelmäßig gebraucht werden und mit Leichtigkeit gleich weit ausschreiten. Bemerkt man nach genauer Prüfung auch da nichts, so ist schon viel Aussicht auf die Gesundheit des Pferdes, aber doch kann es noch lahm sein. Jetzt wird getrabt und dabei dieselbe Aufmerksamkeit auf die Bewegungen der Füße gerichtet; zuletzt gibt eine tüchtige Karrière die Probe, ob die Untersuchung richtig war.

Hierbei übt nun der Boden, auf welchem diese Versuche ausgeführt werden, einen wesentlichen Einfluß aus; geschehen sie auf Sand, dann wird doch noch mancher Fehler verdeckt, und man versäume es deshalb niemals, die Proben auf dem Steinpflaster zu wiederholen, welches eine versteckte Lähme selten zu verhehlen gestattet.

Hierauf folgt die Beurtheilung des Auges. Sichtbare Fehler desselben erkennt auch der Laie. Es kommen aber auch sehr schwer zu erkennende Blindheiten vor, namentlich der schwarze Staar, bei welchem man bei oberflächlicher Ansicht durchaus keine Verschiedenheit von dem gesunden Auge wahrnimmt. Dunkelschimmel erheischen die größte Aufmerksamkeit, weil sie der Blindheit am meisten unterworfen sind. Zuvörderst beachte man den Blick des Pferdes, weil es mit gesunden Augen frei umherblickt, mit kranken gewöhnlich trübe auf eine Stelle sieht. Bei einem lebhaften Thiere täuscht jedoch auch dies, und man muß zur nähern Untersuchung schreiten. Oft ist ein Auge mehr bedeckt vom Augenlide als das andere; dies ist ein Grund, die Aufmerksamkeit zu verdoppeln. Nächstdem führt man das Pferd an einen dunkeln Ort; in diesem glänzen die Augen eines blinden Pferdes auf eine unnatürliche Weise, und die Veränderung der Pupille, wenn es ans Licht gebracht wird, ist ein untrügliches Zeichen der Sehkraft. Beim blinden Auge unterbleibt jede Erweiterung und Zusammenziehung der Pupille.

Blindheit und Lähme sind die beiden trügerischsten Fehler eines Pferdes, und man kann sich durch nichts davor schützen als durch eigene Erkennung. Anders ist es mit dem Koller, welcher sich auf verschiedene Weise äußert, der bösartigen Druse und der Lungenkrankheit. Sobald es sich erweisen läßt, daß das Pferd bereits beim Kauf mit einem Gewährsmangel behaftet war, ist der Verkäufer binnen einer gewissen Frist gesetzlich zur Zurücknahme des verkauften Pferdes verpflichtet.

Auch die Zunge muß man genau untersuchen, weil sie sehr oft fehlerhaft ist.

Unter den innerlichen Krankheiten sind folgende die am häufigsten vorkommenden:

1) Die Lungenentzündung. Sie wird oft mit der Druse verwechselt, daher vernachlässigt und dann sehr gefährlich. Die Zeichen der Krankheit sind folgende: Das Pferd versagt das Futter, tritt von der Krippe zurück und senkt den Kopf tief herab; es legt sich gewöhnlich gar nicht oder doch selten, um gleich wieder aufzustehen; zuweilen ist jetzt ein Husten hörbar, der jedoch kurz und schmerzhaft ist. Die Nasen- und Maulschleimhäute sind hochroth, das Fieber ist heftig, und in der Minute sind 90 bis 100 Pulsschläge zu fühlen. Das Athemholen ist sehr schnell und wird mit großer Anstrengung der Rippen und der Bauchmuskeln ausgeübt. Im Fortgange der Krankheit tritt das Pferd so weit als möglich von der Krippe zurück, senkt den Kopf noch tiefer als früher und versagt das Futter gänzlich; beim Saufen setzt es sehr oft ab, indem es nur wenige Schlucke hinter einander nimmt und dann gewöhnlich einigemal schwach hustet.

Die Behandlung ist folgende: Es wird ein Aderlaß von 8, 12 bis 16 Pfund gemacht, der bei jungen vollsaftigen Thieren, bei großer Heftigkeit der Entzündung u. s. w. noch an demselben Tage oder auch Tages darauf zwei- bis dreimal ohne alles Bedenken wiederholt werden kann; hierauf setzt man vor die Brust mitten zwischen die Vorderschenkel ein Fontanell und gibt innerlich folgende Latwerge: Salpeter und Salmiak, von jedem 2 Loth, Glaubersalz 24 Loth, Fenchelsamen 3 Loth, Mehl und Wasser so viel wie nöthig ist; diese Quantität wird an einem Tage gegeben und am folgenden wiederholt, wenn keine Besserung eintritt. Der Stall des Pferdes muß warm und ohne Luftzug sein, das Futter in saftigem Grünfutter oder etwas Heu bestehen und das Getränk aus verschlagenem Wasser, welches mit etwas Mehl oder Kleie angerührt und mit etwas Kochsalz versetzt ist.

2) Die Magen- und Darm-Entzündung (Kolik, Darmgicht). Das Pferd hört auf zu fressen, scharrt mit den Vorderfüßen, setzt die Füße unter dem Bauch zusammen, sieht sich oft nach dem Bauche um oder schnappt mit dem Maule dahin, wedelt mit dem Schweife, zieht alle vier Füße dicht zusammen, wirft sich nieder, sucht sich im Liegen auf den Rücken zu werfen, indem es die Füße dicht an den Leib zieht, und springt bald wieder auf. Der Leib ist etwas aufgetrieben, Mist und Urin gehen gar nicht ab.

Die Ursachen dieser gefährlichen, schnell tödtlich werdenden Krankheit bestehen in Erkältung, Ueberfressen, zumal bei Roggen, Klee, trockener Kleie u. s. w., ferner durch kaltes Saufen bei großer Hitze, durch Regen, der den schwitzenden Körper trifft u. s. w.

Die Behandlung ist folgende: Das kranke Thier wird zunächst in einem trockenen, warmen, mit vieler Streu versehenen Stall untergebracht und hierauf demselben 10 bis 12 Pfund Blut aus der Ader gelassen; sodann gibt man innerlich folgenden Einguß: 2 Loth Kamillenblumen werden mit $1/2$ Quart Wasser einigemale aufgekocht, dann durchgeseiht und 2 Loth Assa foetida, welche mit dem Gelben von 3 Eiern angerührt sind, zugesetzt, worauf diese ganze Portion auf einmal eingegeben wird. Das wirksamste Mittal aber sind reizende Einreibungen in den Bauch, indem 2 Loth Salmiakgeist, 1 Loth Canthariden-Tinktur und 6 Loth Terpentinöl auf einmal in der ganzen Umfläche des Bauches eingerieben werden; das Pferd pflegt nach dieser Einreibung äußerst unruhig zu werden, doch verliert sich diese Unruhe in kurzer Zeit. Klystire aus $1/2$ Pfund grüner Seife, 8 Loth Kochsalz, $1/2$ Pfund Oel und 1 Quart Wasser bereitet und alle halbe Stunden zwei bis drei Spritzen voll lauwarm in den After eingespritzt, sind auch sehr heilsam.

Zweckmäßig ist es endlich, das Pferd mit Strohwischen stark an dem Bauche zu reiben und es nachher mit wollenen Decken zuzudecken.

Wird hiernach das Pferd nicht besser, so muß der während dessen herbeigerufene Thierarzt die weitere Behandlung anordnen. Ein Laienmittel dürfte bei dieser und allen ähnlichen Krankheiten das bekannte Bergöl abgeben. Man gibt davon 60 bis 100 Tropfen in Branntwein.

Es ist besonders auf Reisen gut transportabel, überall und leicht anzuwenden, wirkt auf offenen Leib und hilft namentlich beim Beginn der Krankheit meistentheils.

3) Die Harnverhaltung. Sie kommt oft bei Hengsten und Wallachen vor, entsteht aus denselben Ursachen wie die Darmkolik und wird auch ebenso behandelt, nur gibt man innerlich noch folgenden Trank: Wachholderöl $^1/_2$ Loth, Eigelb von zwei Eiern und $^1/_2$ Quart Petersilienwasser auf einmal. Man wiederholt dieses Mittel nach 4 bis 6 Stunden und, wenn keine Harnentleerung erfolgt, noch ein- bis zweima.

4) Die Druse. Sie ist eine der gemeinsten Pferdekrankheiten, ergreift die Pferde in jedem Alter des Lebens, besonders im Frühjahr und Herbst während der Abhärungszeit, nach Erhitzung und Erkältung, bei schlechtem Wetter, bei Wechsel der Weide mit Stallfütterung und umgekehrt. Die Kennzeichen der Krankheit sind folgende: Mattigkeit und leicht entstehender Schweiß, trübe thränende Augen, wenig Freßlust, die Nasenhaut ist hochroth, es erfolgt ein trockner Husten und öfteres Prusten. Anfangs fließt aus den Nasenlöchern ein dünnes, klares Wasser, welches sich jedoch nach einigen Tagen in einen dicken, rahmartigen Schleim umwandelt, welcher in sehr großen Massen abfließt. Gleichzeitig mit dem Nasenausflusse stellt sich gewöhnlich auch eine Geschwulst der Drüsen im Kehlgange ein, welche warm und empfindlich beim Druck ist. Nun kehren Freßlust und Munterkeit zurück, und die Krankheit geht im günstigsten Falle, mit oder ohne Hülfe, nach 8 bis 14 Tagen über; der Nasenausfluß hört dann auf, und die Drüsengeschwulst zertheilt sich oder geht in Eiterung über.

Wenn die Druse sich auf diese Art zeigt, so nennt man sie die gutartige. Ist sie bösartig, so verschwindet weder der Ausfluß noch die Geschwulst in mehreren Wochen; ersterer wird klumpig, mißfarbig und flockig, sehr zähe und setzt sich zu dicken Schorfen an den Rand der Nasenlöcher an; die Ganaschendrüsen bilden eine kugelige, harte, unschmerzhafte Geschwulst. Kommen nun noch Anschwellungen an verschiedenen Stellen des Körpers, z. B. am Bauche, den Schenkeln, dem Hodensacke 2c. hinzu, so nennt man sie wandernde und verschlagene Druse. Wird die Druse in diesem Stadium nicht geheilt, so geht sie endlich in Rotz, Wurm oder Faulfieber über.

Bei der gutartigen einfachen Druse ist es schon hinreichend, wenn das Pferd in einem warmen Stall gehalten, mit einer wollenen Decke bedeckt und mit Grünfutter, Gerstenstroh 2c. gefüttert wird. Innerlich gibt man zur Sicherheit noch folgendes Mittel: Brechweinstein $^1/_2$ Loth, Salmiak und Schwefel von jedem 3 Loth, Glaubersalz 12 Loth, Wachholderbeeren 8 Loth, Mehl und Wasser so viel als nöthig, um eine Latwerge zu bilden; von dieser gibt man alle 2 bis 3 Stunden 2 Löffel voll. In die Drusengeschwulst macht man folgende Einreibung täglich zwei- bis dreimal: Merkurialsalbe 2 Loth, flüchtiges Liniment 6 Loth, und umhüllt die Ganaschendrüsen mit einer Binde von Flanell oder Schaffell. Bei der bösartigen Druse gibt man innerlich folgende Latwerge: Spießglanz und Schwefel, von jedem 4 Loth, Fenchel, Wachholderbeeren, Kalmus, von jedem 6 Loth, Terpentinöl 3 Loth, Honig 1 Pfund. Diese Latwerge gibt man ebenso wie die obige ein. Hilft dieses Mittel nicht, so versuche man folgendes: Canthariden 8 Gran, Ingwer und Kümmel, von jedem 2 Quentchen, Honig so viel als nöthig zur Pille. Täglich wird eine solche Pille des Morgens nüchtern gegeben und 2 bis 3 Wochen damit fortgefahren, wobei jedoch zuweilen einige Tage ausgesetzt werden muß. Im Falle sich die Drüsengeschwulst im Kehlgange nicht zertheilt, muß man sie in Eiterung zu bringen suchen, und zwar durch nachstehende täglich drei- bis viermal anzuwendende Einreibung: Cantharidenpulver 1 Loth, Terpentinöl und Altheesalbe, von jedem 6 Loth. Erfolgt nach 6, höchstens 12 Wochen keine Heilung des Kropfes, wird der Ausfluß mißfarbig, bilden sich Geschwüre auf der Nasenschleimhaut ꝛc., so ist der Anfang des Rotzes vorhanden.

5) Der Rotz. Derselbe ist eine der gefürchtetsten Krankheiten, weil er nicht allein ansteckend, sondern auch in der Regel unheilbar ist. Auf den Versuch einer Heilung darf sich daher der Landwirth nicht einlassen.

Die Kennzeichen des Rotzes sind folgende: Aus der Nase, gewöhnlich nur aus einem Nasenloche, findet ein Ausfluß von mißfarbigem, klumpigem, eiterartigem Schleim statt, der so zähe wie Kleister ist und sich an den Rändern der Nasenlöcher festsetzt, wo er zu dicken grünlichgelben Schorfen vertrocknet; zuweilen ist diese Rotzmaterie grün und, so wie der Athem, von sehr üblem Geruche. Aus dem Auge derselben Seite, wo der Nasenausfluß statthat, fließt ein zäher Schleim, der sich im innern Augenwinkel zu einem ganzen Klumpen ansammelt. In dem Kehlgange derselben Seite bilden die Drüsen eine harte, meist kugelige Geschwulst, welche bei dem Drucke gewöhnlich unempfindlich und meist wie eine Wallnuß oder wie ein Hühnerei groß ist. Oeffnet man das Nasenloch der kranken Seite, so erscheint die Nasenhaut blaß oder hochroth, bläulich, mit rothen Tupfen oder Striemen besetzt. Als das vorzüglichste und alleinige sichere Kennzeichen des Rotzes finden sich ein oder mehrere Rotzgeschwüre von verschiedener Größe und Gestalt in dem kranken Nasenloche vor. Meistens haben sie nur den Umfang eines Groschens, sind vertieft, mit aufgeworfenem zackigen Rand und sondern eine blutige, eiternde Jauche ab. Beim Betupfen mit dem Finger blutet das Geschwür ungemein leicht. Die

Geschwüre bilden in der Regel zuerst nur kleine mit Wasser gefüllte Bläschen, welche platzen und dann um sich fressen, indem sie ein großes oder mehrere kleinere Geschwüre bilden. Obwohl der Rotz mehrere Jahre bei einem und demselben Pferde dauern kann, so wird er doch zuletzt tödtlich.

Die Ursachen sind außer der Ansteckung große Abmagerung, Nahrungsmangel, schlechtes Futter, übermäßige Strapazen 2c. Am allerhäufigsten jedoch entsteht der Rotz in Folge einer schlechtbehandelten oder verwahrlosten Druse.

6) Das Drücken der Pferde durch Sättel oder Kummete auf der Brust oder dem Widerrist. Im Anfange der Geschwulst hilft oft die fortwährende Benetzung mit frischem Wasser oder eine Mischung von Salmiak und Bleiessig, von jedem 3 Loth, mit 2 Quart Wasser versetzt. Ist die Stelle wund, so bestreicht man sie mit etwas Myrrhentinktur oder Bleiextrakt, und sie wird unter dem Sattel heilen.

7) Die Buglähme. Ist das Uebel frisch entstanden, so ist Ruhe die erste Bedingung. Zunächst macht man Waschungen mit recht kaltem Wasser oder mit einer Mischung aus 2 Loth Bleiextrakt und 1 Quart Wasser, wenn Entzündung des Gelenks zu bemerken ist. Ist diese beseitigt, so macht man in der Schultergegend Einreibungen aus Kampher- und Seifenspiritus, von jedem 6 Loth, Salmiakgeist 2 Loth, wovon täglich drei- bis viermal eingerieben wird. Sollte hiernach in 1 bis 2 Wochen nicht gänzliche Besserung eintreten, so wendet man stärkere Mittel an: Salmiakgeist und Cantharidentinktur, von jedem 3 Loth, Terpentinöl 6 Loth, Leinöl 5 Loth.

8) Stollschwamm (Stollbeule). Er hat seinen Sitz am obern Ende des Vorderschenkels auf der Spitze des Ellenbogens und bildet hier eine Geschwulst von der Größe eines Hühnereies bis zu der zweier Fäuste und darüber. In den meisten Fällen entsteht dieser Fehler durch den Druck des Hufeisens während des Liegens, oder wenn der Boden gepflastert und ohne Streu war. Das Uebel ist nicht gefährlich; ist es frisch entstanden, so gelingt es noch zuweilen, die Zertheilung durch wiederholte Waschungen und Umschläge mit kaltem Wasser zu bewirken. Gelingt dieses indeß nicht, so macht man, wenn Flüssigkeit in der Geschwulst enthalten ist, einen Einstich, um die Flüssigkeit ausfließen zu lassen; dann reibt man von folgender Mischung täglich dreimal auf die Stollbeule ein: Kampherspiritus, Seifenspiritus, von jedem 6 Loth, Terpentinöl und Salmiakgeist, von jedem 2 Loth. Ebenso wird auch der Knieschwamm und die Piephake behandelt.

9) Das Ueberbein. Nicht weit unterhalb des Knies des Vorderschenkels findet sich zu Zeiten an der innern Seite eine länglichrunde, hasel-

nuß- bis taubeneigroße harte, unschmerzhafte Geschwulst, welche in einem Auswuchse von Knochenmasse besteht. Das Pferd lahmt nur in seltenen Fällen, wenn das Ueberbein dem Kniegelenke zu nahe kommt. Man beseitigt das Uebel, welches namentlich für den Nichtkenner den Werth des Pferdes bedeutend heruntersetzt, durch folgende Einreibung: Kampher 1 Loth, Merkurialsalbe 6 Loth, wovon täglich drei- bis viermal, nachdem die Haare kurz abgeschoren sind, jedesmal wie eine Haselnuß groß eingerieben wird; nach 4 bis 6 Wochen pflegt das Ueberbein beseitigt zu sein; ist dies nicht der Fall, so tupft man ein paar Punkte mit dem glühenden Eisen auf dasselbe und setzt die Einreibungen fort.

10) Der Sehnenklapp. Dieses Uebel besteht in einer Anschwellung der hintern Beugesehne von der hintern Fläche des Vorderknies bis zur Köthe hinab. Es findet dabei ein sehr bedeutendes Hinken statt.

Die Ursachen sind größtentheils übermäßige Anstrengungen. Die Heilung erfordert Ruhe und die Anwendung folgender Mittel: Ist das Uebel neu entstanden, so wasche man diese Stelle alle 2 bis 3 Stunden mit gleichen Theilen Essig und kaltem Wasser einige Tage hindurch; ist dieses unwirksam, so bedient man sich zum Waschen einer Mischung aus Salmiak und Kampherspiritus, von jedem 3 Loth, Essig und Wasser von jedem 1/2 Quart. Alle Abende reibt man folgende Salbe längs der Geschwulst ein: Spiköl 1 Loth, Merkurialsalbe 4 Loth. Hilft dieses noch nicht, so macht man folgende Einreibung: Seifenspiritus, Salmiakgeist, Terpentinöl, Cantharidentinktur, von jedem 4 Loth, von welcher täglich drei- bis viermal eingerieben werden muß.

11) Der Spath. Er besteht in einer Entzündung und Ausschwitzung von Knochenmasse in den Knochen des hintern Sprunggelenkes. Dieser Fehler ist entweder angeerbt oder er entsteht durch übermäßige Anstrengung bei jungen Pferden, doch selten vor dem dritten und ebenso selten nach dem achten Jahre. Die Erkenntniß des Spathes ist in der Regel ziemlich leicht, indem man an der innern Fläche des Sprunggelenkes eine widernatürliche Erhabenheit bemerkt, welche an dem andern Sprunggelenke nicht zu merken ist. Beim Gange macht sich eine auffallende Lahmheit bemerklich, welche das Eigene hat, daß sie sich immer mehr verliert, je mehr das Pferd gebraucht wird, und zuletzt gar nicht zu bemerken ist, wenn es in Schweiß kommt. Im Schritte lahmt das Pferd fast niemals, nur im Trabe.

Die Heilung erfolgt am besten durch folgende Einreibung: Operment, Canthariden und Euphorbium, von jedem 1 Loth, Terpentin und Burgunderharz, von jedem 2 Loth.

Außer den in Vorstehendem angeführten gibt es noch eine große Zahl verschiedener Mängel und Fehler an den Füßen, namentlich auch an dem Halse. Der Landwirth lernt sie am besten durch Erfahrung kennen.

Zweiundzwanzigste Abtheilung.

Die Schweinezucht.

§. 1.

Die Racen.

Der Werth der Schweine wird von ihrer Race befördert und hängt hauptsächlich ab von Größe, Frühreife und Mastfähigkeit.

Auf die Größe muß man bei der Schweinezucht schon deshalb Rücksicht nehmen, weil die größere Sau stets mehr Junge zur Welt bringt als die kleinere und solche auch besser ernähren kann; ferner liefert ein größeres Schwein mehr Fleisch und Fett als ein kleines, ohne daß jenes ansehnlich mehr Futter bedarf.

Die hauptsächlichsten Racen sind außer dem deutschen Landschlag, welcher sich durch langen, schmalen Kopf, große Schlagohren, tiefen und flachen Leib, hohe Beine, langsame Entwickelung, festen und kernigen Speck charakterisirt:

1) Die **ungarische** Race, weiß und schwarz gefärbt, mit gekräuselten Haaren, kleinem spitzen Kopf, kleinen aufgerichteten Ohren, kurzen Füßen, gedrungenem Körper, ist sehr fruchtbar, aber zur Mastung nicht früh reif.

2) Die **moldauer** Race mit starken Borsten, Hängeohren, breit und kräftig gebaut, mastfähig, fällt sehr ins Gewicht.

3) Die **polnische** Race, groß, weißgelblich, mit braunen Streifen auf dem Rücken, wirft wenig Junge, ist auch nicht sehr mastfähig.

4) Die **chinesische** Race. Sie hält sich sehr gut, ist leicht zu ernähren, da sie auch bei Grünzeug immer gut bei Leibe bleibt, liefert sehr schmackhaftes Fleisch, aber zu viel Fett. Als Bedarfsschwein ist seine Haltung namentlich dann vortheilhaft, wenn es auf reichlichen Fettgewinn abgesehen ist; für eine größere Zucht aber eignet sich diese Race schon wegen ihres kleinen Körpers weniger.

5) **Die englischen Racen.** Man unterscheidet dieselben in kleine und große. Die kleinen Racen, worunter das Windsor-, Essex-, Derby-schwein gehört, sind nicht zu empfehlen; dagegen sind die großen Racen vorzüglich, zu denen insonderheit das Suffolk-, Yorkshire-, Hampshire-, Leicester-, Berkshireschwein gehört. Die großen Racen zeichnen sich aus durch großen, tiefen Körperbau, kurze Beine, kurze spitze Ohren, kleinen spitzen Kopf, überhaupt durch alle äußern Merkmale edler Thiere; ferner durch Frühreife, indem sie schon mit $1^1/_2$ Jahr bei schwerem Gewicht ausgemästet sind, und durch große Mastfähigkeit bei verhältnißmäßig geringem Futter. Sie haben aber den Fehler, daß sie sehr weichlich sind, zu wenig Fleisch und zu viel Fett geben. Deshalb ist ihre Reinzucht nicht zu empfehlen. Dagegen empfiehlt sich sehr die Kreuzung der deutschen Landschläge mit Ebern der großen englischen Racen, indem die Nachzucht davon die guten Eigenschaften des Landschlages und der englischen Racen vereinigt, ohne deren Fehler zu haben.

Welche Racen man züchten soll, hängt vorzüglich von der Haltung der Schweine ab. Treibt man Stallzucht, so verdienen die edlen Racen den Vorzug, bei Weidegang dagegen muß man den gemeinen Landschlag halten.

§. 2.

Die Aufzucht.

Zu Zuchtsauen und Zuchtebern darf man nur solche Thiere auswählen, welche die schönsten Körperformen und die besten Eigenschaften haben. Die Sau soll einen breitgebauten Körper, kurze Beine, Hängeohren, kleinen spitzen Kopf, regelmäßige Zitzen haben, der Eber langgestreckt, oben breit und rund, gutartig und fruchtbar sein. Letztere Eigenschaften muß auch die Muttersau haben.

Die Sau darf erst nach vollendetem ersten Lebensjahre zum Eber gebracht werden; am besten wählt man zu Muttersauen solche Thiere aus, die im Frühjahr von einer gut geformten Sau mit guten Eigenschaften geworfen worden sind. Den Eber darf man erst in einem Alter von $1^1/_2$ Jahren zur Begattung gebrauchen. Auf 30 bis 40 Sauen rechnet man 1 Eber. Die Sau rankt und ferkelt jährlich zweimal. Das Ranken der Sauen gibt sich kund durch Verfolgen und Besteigen anderer Schweine, Unlust zum Fressen, geschwollene Geschlechtstheile. Sobald sich diese Zeichen kund geben, muß man die Sau zum Eber bringen. Am vortheilhaftesten geschieht die Begattnng im März und Oktober.

Die Zuchtsau geht 18 Wochen tragend; das Ferkeln fällt demnach in den August und Februar, damit die Ferkel vor eintretendem Frost noch etwas erstarken und von der Winterkälte nicht mehr viel zu leiden haben.

Geräumige, trockne und warme Ställe sind ein Hauptbedingniß der Schweinezucht. Namentlich sind die jungen Ferkel sehr empfindlich gegen die Kälte.

Demnächst sichert die größte Reinlichkeit glückliche Resultate, und man ist sehr im Irrthum, wenn man glaubt, daß das Schwein dafür weniger empfänglich sei als andere Thiere. Oefteres Waschen und Kämmen befördert das Gedeihen ganz besonders, und das Baden im heißen Sommer ist ein sicheres Vorbeugungsmittel gegen viele gefährliche Krankheiten.

Jede Zuchtsau muß einen eigenen trocknen, mit tiefer Streu versehenen Stall haben, der warm genug ist, daß die jungen Ferkel darin nicht an Kälte leiden. Mehrere Zuchtsauen dürfen niemals zusammengestellt werden, weil sie sonst, außer andern Nachtheilen, die daraus hervorgehen, gegenseitig die Ferkel auffressen. Eine Sau, die dies einmal gethan hat, muß abgeschafft werden, weil sie es wiederholen würde. Sobald ein Junges geworfen ist, muß es fortgeschafft werden; erst wenn die Sau sämmtliche Junge geworfen hat, gibt man ihr dieselben zurück und setzt ihr einen Trank von verdünnter Milch und Gerstenschrot vor. Nachher erhält sie dasselbe Futter wie früher, aber stärker verdünnt; man muß aber der Milchabsonderung wegen eine angemessene Körnerfrucht geben. Die Ferkel gewöhnt man nach drei Wochen ans Fressen. Vorzüglich gedeihen sie bei Milch, weshalb die Schweinezucht auch am vortheilhaftesten mit einer Molkerei zu verbinden ist. Sie nehmen auch bald Körner an, welche ihnen im Wechsel mit Milch stets sehr zuträglich sind. Bei Mehl- und Schrottränken gedeihen sie weniger, und mit Trebern oder Branntweinschlempe lassen sich die jungen Ferkel gar nicht aufziehen. Die Ferkel füttert man nach dem Absetzen, welches allmälig und in einem Alter von 6 Wochen geschieht, täglich vier- bis fünfmal.

In den ersten drei Monaten nach dem Absetzen nährt man die Ferkel mit saurer Milch und Gerste; später kann man dieses Futter durch Trebern, Kartoffeln, Unkräuter aus Feld und Garten ersetzen.

Wenn die Ferkel 5 bis 6 Wochen alt sind, werden diejenigen, welche nicht zur Zucht bestimmt werden, kastrirt und heißen dann Läufer.

Zum Verkauf der Ferkel ist die günstigste Zeit das Frühjahr, wo sie immer den höchsten Preis haben. Die Frühjahrsferkel werden daher am vortheilhaftesten vom Saugen weg verkauft und nur die Herbstferkel über Winter gehalten, welche dann im Frühjahr schon als Läufer einen höhern Preis erreichen. Eine Zuchtsau wirft bei guter Haltung in der Regel jedesmal 6, 8, 10 und mehr Ferkel; durchschnittlich kann man aber nicht mehr als 12 Stück pro Jahr rechnen, weil öfters einige Stück beim Werfen oder durch Erdrücken und andere Zufälle verloren gehen.

Das Hauptnahrungsmittel der ältern Schweine, Muttersauen und Läufer, besteht in Kartoffeln. Dieselben werden gekocht, gestampft und in lauwarmem und dickflüssigem Zustande gefüttert. Außerdem verwendet man alle Abgänge der Küche, der Brauereien und Brennereien, des Gartens, der Molkereien, so weit sie nicht für das Rindvieh bestimmt werden, zur Fütterung der Schweine; gerade durch Verfütterung von Wirthschaftsabgängen, die man sonst nicht verwerthen könnte, erzielt man den höchsten Nutzen aus der Schweinezucht.

Das Weiden der Schweine empfiehlt sich nicht. Als Ersatzmittel dafür bringt man sie täglich, außer bei starkem Winde, in den Schweinehof, damit sie wühlen können. Bei warmem Wetter müssen sie im Schweinehof Gelegenheit haben, sich im Wasser baden zu können, weshalb man in demselben angemessen große Vertiefungen anzubringen und dieselben mit Wasser zu füllen hat.

§. 3.
Die Mästung.

Die Mästung geschieht entweder in Eichen- oder Buchenwäldern oder im Stalle. Je mehr jene Wälder gelichtet werden oder ganz verschwinden, desto mehr wird die Mästung der Schweine auf dem Stalle vorherrschend. Bei der Waldmast gedeihen die Schweine am besten, welche von Jugend auf an Waldweide gewöhnt sind; sie erreichen dann einen hohen Grad von Feistigkeit.

Sie nähren sich von den Früchten der Eichen und Buchen, besonders aber von Insekten und Würmern, welche sie begierig aufsuchen. Man benutzt daher auch die Schweine zur Vertilgung der Waldraupen, da sie die unter dem Moose befindlichen Larven oder die unter demselben Schutz suchenden Raupen aufsuchen und fressen.

Die zur Waldmast bestimmten Schweine werden gezeichnet und dem Hirten übergeben. Zu Anfange und bis die Schweine sich an den Ort der Weide und das Nachtquartier, welches in einem umzäunten Platze besteht, gewöhnen und sich gegenseitig kennen lernen, sind einige Hülfshirten nöthig; später regiert ein guter Hirt mit einem abgerichteten Hunde wohl 200 Schweine. Mit fremden Hunden sich einer solchen Heerde zu nähern, ist sehr gefährlich; die Schweine umringen denselben sogleich, und man kommt in Gefahr, mit dem Hunde zerrissen zu werden, ohne daß es der Hirt verhindern kann.

Bei günstigem warmen Wetter ist das Resultat der Waldmastung besser und schneller, weil es dann viel Ungeziefer gibt; die Schnelligkeit der Mästung hängt aber auch von der Masse der Früchte ab. Soll die Waldmast einen guten Erfolg haben, so darf es den Schweinen nicht an Saufen fehlen, weil diese Art von Mast großen Durst erregt.

Gewöhnlicher als die Waldmast ist die Mästung im Stalle. Sie wird durch sehr verschiedene Fütterung bewirkt: bei Brennereien durch Schlempe mit etwas Schrotzusatz, bei größern Molkereien durch saure Milch, wodurch zwar weniger Speck, aber sehr schmackhaftes Fleisch erzielt wird. Außerdem durch Kartoffeln mit Kleie, Getreideschrot, Erbsen ꝛc.

Am meisten werden jetzt die Kartoffeln zur Schweinemast benutzt. Sie werden gekocht, gestoßen und zu Anfange mit Spreu und im spätern Verlaufe mit Kleie oder Getreideschrot, wozu sich Gerste am besten eignet, angemengt. Zu Anfang bedürfen die Schweine eine größere Masse, weshalb man durch geringern Getreidezusatz Kosten spart; später aber, wenn sie anfangen fett zu werden, bedürfen sie weniger Masse, und man vermehrt das Getreide, damit Fleisch und Speck fest und körniger werden. In der letzten Zeit der Mast vermehrt man die Zahl der Mahlzeiten, gibt aber jedesmal nur wenig Futter vor.

Die Fütterung muß in den frühesten Morgenstunden beginnen und bis spät Abends in regelmäßig gehaltenen Zeitabschnitten etwa von 3 bis 4 Stunden fortdauern, aber stets so, daß die Schweine zwar genug haben, aber nie etwas übrig lassen. Dabei darf es an reichlicher Einstreu nicht fehlen.

Vor Beginn der eigentlichen Mästung befördert ein sehr verdünntes Futter das spätere Fettwerden.

Uebrigens gelten die in dem Abschnitte „Allgemeine Viehzucht“ angeführten Mästungsregeln auch hier.

§. 4.

Der Nutzen.

Die Schweinezucht gewährt besonders in Verbindung mit Molkereien und Branntweinbrennereien große Vortheile; aber auch im Allgemeinen ist die Schweinezucht von großer Wichtigkeit, weil durch sie mancherlei Abgänge verwerthet werden können, welche sonst weggeworfen werden müßten. Namentlich zieht der kleinere Wirth aus der Schweinezucht erheblichen Nutzen, weil er mehr als der größere Wirth in der Lage ist, seinen Schweinen eine bessere Pflege angedeihen zu lassen, wovon die Resultate der Zucht vorzüglich abhängen.

Man rechnet den Ertrag einer Zuchtsau dem einer Kuh gleich, und wo Pachtverhältnisse stattfinden, wird für die Zuchtsau auch ein gleiches Pachtquantum entrichtet wie für eine Kuh.

Den Nutzen der Mästung insbesondere für jede häusliche Wirthschaft kennt jede sorgsame Hausfrau, und wer nur irgend dazu die Gelegenheit hat, wird es nicht unterlassen, den jährlichen Bedarf an Speck, Fleisch, Fett und Würsten durch Mästung eines oder mehrerer Schweine sicher zu stellen.

Wo die Schafzucht Hauptsache der Viehzucht ist und eine größere Molkerei nicht betrieben wird, muß die Schweinezucht in den Hintergrund treten, weil durch reine Körner- oder Kartoffelernährung die Erträge zu gering ausfallen würden.

§. 5.

Die Krankheiten.

1) Die Bräune. Das Schwein wird traurig, aus den Augen fließt eine wässerige Feuchtigkeit, aus der Nase ein weißer zäher Schleim; beim Fressen schüttelt es oft mit dem Kopfe, das Maul ist heiß und trocken; später schwillt der Hals an, die Zunge wird braun, und der Tod erfolgt.

Ursache ist Erkältung.

Zunächst muß man einen Aderlaß machen, welcher bei dem Schwein in der Art geschieht, daß man ein Stück vom Schwanze oder den Ohren abschneidet; dann gibt man täglich saure Milch, in der für jedes ausgewachsene Schwein 1 Loth Glaubersalz oder 2 Quentchen Salpeter aufgelöst sind. Mit diesem Mittel wird 8 Tage lang fortgefahren. Hinter den Kinnbacken und zwischen denselben reibt man täglich zweimal Kampheröl ein.

2) Das Rankkorn. Das Schwein verliert die Freßlust, legt sich nieder, ohne sich viel zu bewegen, knirscht oft mit den Zähnen und hat auf der Zunge oder im Gaumen eine Blatter.

Zur Heilung schabt man die Blatter mit einem rund gebogenen Messer aus und bestreicht die Wunde, bis sie geheilt ist, täglich dreimal mit einer Mischung von 2 Löffeln Essig, 1 Löffel Honig und 1 Löffel Salz.

3) Die Räude. Auf der Haut zeigt sich ein trockner Schorf, welcher Jucken verursacht; in Folge dessen scheuern und reiben sich die Schweine beständig.

Zuerst gibt man den Schweinen alle Tage dreimal 2 Quentchen Spießglanz und 2 Quentchen Schwefel gepulvert unter das Futter. Damit fährt man 8 Tage lang fort. Hat man dieses Mittel 4 Tage lang angewendet, so wäscht man die räudigen Stellen alle Tage mit einer Lauge aus

$^1/_2$ Metze Hühnermist und ebensoviel Asche in 6 Quart Wasser eine Viertelstunde gekocht. Sehr vortheilhaft ist es, die räudigen Schweine täglich einmal zu schwemmen.

4) Der Durchfall oder die Ruhr. Die Krankheit entsteht gewöhnlich von Erkältung. Hält sie nur 2 bis 3 Tage an, so thut man nichts dagegen, bei längerer Dauer muß man die Thiere warm und trocken halten und nur gekochte Kartoffeln füttern. Alle Milch und Molken müssen wegfallen. Außerdem gibt man täglich jedem Schwein eine Hand voll getrocknete und zu Muß gekochte Heidelbeeren, in Ermangelung derselben täglich 2 Mal jedesmal $^1/_2$ Loth Tormentillwurzel unter das Futter, bis der Durchfall aufgehört hat. Entsteht bei den Ferkeln Durchfall, so muß man das Futter der Sau ändern. Am besten ist es, die Ferkel sogleich abzusetzen.

5) Der Husten. Er entsteht von Erkältung und unreinem Futter. Man muß gleich im Anfange dagegen einschreiten, indem man Anissamen 3 Loth und Süßholz 3 Loth pulvert und mit 8 Loth Honig zur Latwerge macht. Davon streicht man täglich zweimal eine Wallnuß groß auf die Zunge. Dabei muß das Schwein warm und trocken gehalten werden.

6) Verfangen. Es entsteht entweder durch gieriges Fressen oder Treiben gegen den Wind. Das Schwein verliert die Freßlust, ist traurig, hat kalte Ohren, liegt gern, geht zuweilen auch ganz steif. Man muß sofort zur Ader lassen und täglich zweimal jedesmal $^1/_2$ Loth von folgendem Pulver mit Wasser so lange eingeben, bis die Krankheit gehoben ist: rothe Enzianwurzel 1 Loth, Wachholderbeeren 1 Loth, Kampher 2 Quentchen.

7) Borstenfäule. Ursache ist der lange Aufenthalt in dumpfigen, unreinen Ställen. Das Schwein verliert die Freßlust, und die Borsten werden lose, so daß man sie leicht herausziehen kann. Der Stall muß sofort gereinigt und gelüftet werden. Das Schwein wäscht man einige Tage hinter einander mit Seifenwasser über den ganzen Körper, bringt es täglich in das Freie und gibt daneben folgendes Mittel: Man löst 8 Loth Sauerteig in saurer Milch auf und gibt davon täglich dreimal unter das Futter; außerdem kann man demselben jedesmal 1 Loth Wachholderbeeren zusetzen.

8) Der Rothlauf. Das Schwein wird an dem Hinter- oder Vordertheile ganz lahm und schleppt beim Gehen die Beine nach. Ist die Krankheit auf das Höchste gestiegen, so zeigen sich Blasen auf der Zunge, und die Thiere fressen nur wenig oder gar nicht. In diesem Stadium ist die Krankheit kaum mehr zu heilen. Sobald das Schwein von der Lähmung befallen wird, gebe man ihm täglich dreimal jedesmal folgendes Pulver in Wasser ein: Kampher 2 Quentchen, Salmiak 6 Quentchen,

Salpeter 6 Quentchen, Wachholderbeeren 6 Quentchen, Alles fein gepulvert, gemischt und in 12 gleiche Theile getheilt. Nächstdem reibe man in die gelähmten Stellen folgende Salbe ein: Gepulverte spanische Fliege 2 Quentchen, Schweinefett 4 Loth. Nach Beseitigung der Lähmung muß man noch die Mittel anwenden, welche gegen die Borstenfäule angegeben sind.

9) Die Pocken. Dieselben zeigen sich durch kleine Geschwüre auf der Haut, welche aufbrechen, Schorfe bilden und dann abheilen. Da hierbei die Augen oft ganz zuschwären, so muß man dieselben öfter mit lauer Milch bähen und den Eiter fleißig auswaschen. Pockenkranke Schweine müssen von den gesunden entfernt werden. Den Patienten gibt man als Futter saure Milch und mischt unter dieselbe täglich 1 Loth von folgendem Pulver: Schwefel 4 Loth, Wachholderbeeren 8 Loth.

10) Klauenseuche. Kennzeichen, Ursachen und Heilung sind ganz so wie bei der Klauenseuche der Schafe.

11) Milchfieber. Kurze Zeit nach dem Werfen ist die Sau ohne Freßlust, hat große Hitze, zeigt viel Durst, die Augen sind matt und triefend, die Geburtstheile angeschwollen, Maul und Zunge heiß und trocken, das Athemholen kurz und beschwerlich. Daneben zeigen sich Krämpfe und Knirschen mit den Zähnen. Ursachen sind Erkältung oder Ueberfütterung. Man muß den Patienten warm halten, den Bauch mit Strohwischen reiben und durch beide Ohren Nießwurz stecken. Außerdem gibt man alle 2 Stunden 1 Quentchen Assa foetida in 1/8 Quart Kamillenthee. Das Futter besteht in saurer Milch.

12) Die Trommelsucht. Kennzeichen und Ursachen sind dieselben wie bei der Trommelsucht des Rindviehs. Zur Heilung gibt man alle Stunden 1 Eßlöffel starken Branntwein ein.

13) Die Kolik. Das Thier krümmt sich, läuft unruhig hin und her, wälzt sich, stöhnt, die Extremitäten sind kalt. Vor Allem muß man den Patienten in einen warmen, trocknen Stall bringen. Je nach der Ursache der Kolik ist die Behandlung verschieden. Rührt sie vom Ueberfressen her, so gibt man ein Brechmittel und gießt dann häufig Oel oder Milch ein. Rührt die Kolik von Würmern her, so streicht man täglich zweimal 1 Wallnuß groß von folgender Latwerge auf die Zunge: Hirschhornöl, Ofenruß und Theer, von jedem 2 Loth.

14) Vergiftung. Sie erfolgt durch Pökel- oder Häringslake, Pfeffer ꝛc. und gibt sich durch heftige Krämpfe zu erkennen. Zunächst muß man ein Brechmittel geben, bestehend in 1/2 Drachme Brechweinstein; dann setzt man eine Suppe von Hafergrütze oder eine schleimige Abkochung von Leinsamen vor.

15) Grindkrankheit der Ferkel. Auf der Haut, namentlich an Augen, Ohren, Maul entsteht ein Ausschlag. Ursache ist zu starke Fütterung der Muttersau. Man muß der Mutter eine Abführung von 3 bis 4 Loth Glaubersalz in Wasser aufgelöst geben. Den Ferkeln schabt man den Ausschlag mit einem stumpfen Messer ab und befeuchtet die abgeschabten Stellen täglich mehreremal mit einer Mischung aus 1 Loth blauem Vitriol und 1/2 Quart Wasser.

Dreiundzwanzigste Abtheilung.

Die Federviehzucht.

§. 1.

Die Truthühner.

Die Truthühner oder Puter nähren sich von Körnern, Kartoffeln, Gewürmen, Gras und Kräutern. Sie sind ziemlich empfindlich gegen Kälte und Regen, und ihre Aufzucht erfordert daher große Aufmerksamkeit.

Die Truthenne legt selten über 20 Eier; von denselben läßt man sie 15 bis 17 Stück ausbrüten. Nach 26 Tagen kommen die Jungen zum Vorschein; die Alten sitzen während der Brutzeit so fest, daß man sie täglich vom Neste heben und füttern muß, weil sie dieses sonst gar nicht verlassen würden. Aus diesem Grunde erweisen sie sich auch für Fasanerien sehr nützlich. Sie brüten so lange als man es haben will, und man läßt sie vorher einige Puteneier ausbrüten und legt dann erst einige Fasaneneier unter, weil für diese die erste Brut zu scharf sein würde.

Da die Schale der Puteneier sehr hart ist, so kann man den Jungen beim Auskriechen, jedoch sehr behutsam, etwas behilflich sein, indem man leise mit einem Schlüssel auf die Schale klopft.

Die Jungen härtet man gegen den Einfluß des Wetters dadurch etwas ab, daß man sie sogleich nach den ersten Tagen ihres Ausgehens in kaltem Wasser badet, ihnen ein Pfefferkorn in den Hals steckt und sie dann eilig der alten Henne zur Wiedererwärmung unterlegt.

Nach 24 Stunden bekommen die Jungen zum erstenmal zu fressen, und zwar hartgekochte mit den Schalen kleingehackte Hühnereier. Auf fünf junge Truthühner rechnet man ein Ei. Die Fütterung muß täglich vier- bis fünfmal geschehen. Nach acht Tagen gibt man ihnen in Milch gekochte Gerstengrütze; später läßt man die Milch weg und füttert gekochte Erbsen, Graupen und dergleichen, mit gehackten Brennnesseln vermischt. Nach drei Wochen läßt man die Jungen ins Freie, nimmt sie jedoch vor Brennnesseln in Acht, weil das Verbrennen der Füße den Tod herbeiführt. Als Vorbeugungsmittel schmiert man vor dem ersten Ausgehen die Füße der jungen Puten mit Oel ein und wiederholt dies von Zeit zu Zeit.

Die Nässe ist den jungen Truthühnern ebenfalls sehr schädlich; trifft sie in der ersten Jugend ein heftiger Regenguß, so geht die Hälfte oder mehr zu Grunde. In den ersten Wochen ihres Lebens bekommen sie 2 bis 3 Federn am Steiß, welche voll Blut sind und behutsam ausgezogen werden müssen. Besonders empfindlich sind sie zu der Zeit, wenn sie in der sechsten bis achten Woche das drüsige Fleisch auf dem Kopfe treiben. Man muß ihnen in dieser Zeit oft etwas Wein und ein Pfefferkorn geben.

Wenn sie erst erstarken, dann sind sie gegen die Kälte ebenso unempfindlich als die Haushühner.

Im erwachsenen Zustande treibt man die Truthühner auf Stoppelfelder, wo sie neben den Körnern Insekten fressen. Sie lassen sich wie eine Heerde Schafe treiben, und ihre Haltung ist im Verhältniß zu anderem Federvieh sehr erleichtert, so bald die Stoppel aufgegangen ist.

Im Winter füttert man Kartoffeln. Will man sie mästen, so setzt man etwas Gerstenschrot zu den Kartoffeln und macht Klöße davon.

Berechnet man übrigens die Mühe und Kosten der Aufzucht, so kann bei dem Preise von $1^1/_3$ Thlr. pro Stück der Nutzen nicht groß sein.

Dies ist aber durchgängig bei der Federviehhaltung der Fall; allein sie ist ein Gegenstand häuslicher Bedürfnisse, und da sie sich mit der Landwirthschaft verbinden läßt, so darf man sie auch nicht unberücksichtigt lassen. Nur das kommt in Betracht, daß die Zahl des zu haltenden Federviehs in einem gerechten Verhältniß zur Größe der Wirthschaft stehen muß. Insbesondere muß man vor Eintritt des Winters den Federviehbestand ansehnlich reduziren; denn die Fütterung desselben aus der Hand lohnt die Kosten nicht.

Das Schlimmste bei allem Federvieh ist der Schaden, den es nur zu leicht an Feld- und Gartenfrüchten anrichtet, wenn es dazu gelangen kann. Haben Puten, Gänse, Enten Leckerbissen erst ausgespürt, so sind sie schwer davon abzuhalten.

§. 2.

Die Gänse.

Unter allem Federvieh nimmt die Gans wegen ihrer doppelten Benutzung den wichtigsten Platz ein. Sie liefert die besten Bett- und

Schreibfedern und eignet sich so gut zur Mästung, daß sie dem ärmern Manne fast das Schwein ersetzen kann. Die Gans gehört zu den Wasservögeln, kann jedoch auch ohne Wasser aufgezogen werden. Sie nährt sich nur von Gras und Körnern. Sie legt gewöhnlich 12 Eier, und obwohl sie zu legen fortfahren würde, wenn man ihr die Eier nähme, so unterläßt man dies doch größtentheils, weil den Gänseeiern der Wohlgeschmack der Hühnereier abgeht, und läßt die Gans brüten. Das Nest muß an einem trocknen, ruhigen und sichern Orte sich befinden. Nach 26 bis 30 Tagen sind die Eier ausgebrütet.

In den ersten Tagen erhalten die Jungen klein geschnittene, hartgesottene Eier, welche man mit kleingehackten Brennnesseln vermischt. Nach drei Tagen mengt man schon Gersten- oder Weizenschrot mit den Brennnesseln. An frischem Wasser darf es nie fehlen. Der alten Gans gibt man gekochte Kartoffeln mit Haferschrot vermischt. So bald die Witterung warm und mild ist, läßt man die Jungen mit der Alten ins Freie an einen sonnigen Ort, wo sie am besten gedeihen, besonders da, wo das junge Gras stark hervorsprießt. Nach 8 Tagen läßt man sie ins Wasser gehen; sie suchen dann schon selbst Nahrung, müssen aber immer noch täglich dreimal gehacktes Grünes mit Kleie erhalten. Zur Zeit des Federwuchses, des Schränkens und Kielens muß man die Jungen besonders kräftig füttern, sonst lassen sie die Flügel hängen und verkümmern.

Auf der Weide muß man ihnen einen besondern Platz anweisen, weil sie der Weide, wo Schafe und Rindvieh gehen, Schaden zufügen. Ueberhaupt müssen sie sehr sorgfältig gehütet werden, denn im jugendlichen Zustande stellen ihnen die Raubthiere nach, und später ist vor ihrer Gefräßigkeit nichts sicher.

Was die Federgewinnung anlangt, so darf man dabei aus Rücksicht für die Gesundheit der Gänse nicht zu sehr geizen. Die jungen Gänse rupft man das erstemal im Juli und noch einmal im September oder Oktober. Sollen sie aber gemästet werden, so ist nur ein einmaliges Rupfen rathsam.

Das Mästen der Gänse wird auf verschiedene Art ausgeführt. Immer müssen sie eng eingeschlossen sein, damit sie wenig Bewegung haben. Man füttert sie entweder mit Hafer oder gibt ihnen Gerstenschrot mit etwas Salz vermischt. Daneben darf es nicht an reinem Saufwasser fehlen, in welches man groben Sand oder Kohlen wirft, wodurch die Verdauung befördert wird. Bei weitem besser und schneller werden die Gänse durch das Stopfen fett. Man macht fingerdicke Nudeln von Gerstenmehl, trocknet sie und steckt jeder Gans täglich vier- bis fünfmal so viel vorher in Wasser oder Milch schlüpfrig gemachte Nudeln in den

Hals, als sie annehmen will. Im Anfange der Mastzeit, welche gewöhnlich in vier Wochen beendet ist, kann man täglich zwanzig und einige Nudeln einstopfen; diese Zahl vermindert man täglich, bis sie zuletzt auf etwa 6 bis 8 herabsinkt.

Frisches Wasser darf dabei nie fehlen. Asche und Salz ins Wasser geworfen oder glühende Kohlen darin gelöscht, soll auf die Größe der Leber, welche zu den Delikatessen gehört, wirken. Eine auf diese Weise gemästete Gans hat oft einige Pfund Schmalz, welches in der Hauswirthschaft sehr geschätzt wird.

§. 3.

Die Enten.

Die Enten sind im eigentlichen Sinne des Worts Wasservögel, denn sie gedeihen ohne Wasser nicht. Ihre Federn sind weniger elastisch als die der Gänse und haben mithin geringern Werth; dagegen ist aber auch die Aufzucht der Enten, wenn es nicht an Wasser fehlt, viel leichter. Einen Sumpf oder Teich in der Nähe des Hauses kann man nicht besser benutzen als durch Entenzucht. Da die Enten sehr genäschig sind und gern die Getreidefelder aufsuchen, so thut man gut, den Teich, wenn er nicht zu groß ist, zu umzäunen. In diesem Falle kann man die Enten Tag und Nacht in dem Teiche lassen und füttern. Auf diese Weise wachsen sie ohne alle Mühe heran und sind auf dem Teiche sicherer als im Stalle. Die Pflege in der ersten Jugend ist dieselbe wie bei den Gänsen; nur muß alles Futter stark angefeuchtet werden. Ganz besonders gedeihen die jungen Enten bei Weichkäse, mit Kleie und etwas Brennnesseln vermischt.

Da die Enten eingeschlossen nicht so gern brüten als im Freien, so läßt man dieses Geschäft durch Haushühner oder Puten ausführen. In der ersten Zeit führen diese die jungen Enten, später aber bleiben sie sich selbst überlassen. Die von Hühnern ausgebrüteten Enten brüten aber schwerer als die von Enten ausgebrüteten.

§. 4.

Die Haushühner.

Von den Haushühnern gibt es viele Spielarten. In der neuesten Zeit hat man eine große Menge fremder Racen eingeführt, die sich theils durch Schönheit des Gefieders, theils durch Größe der Körpertheile, theils durch sehr emsiges Brüten auszeichnen. Die Erfahrung hat aber genugsam gelehrt, daß alle diese fremden Racen im Eierlegen, Wohlgeschmack des Fleisches und selbst im Brüten unsern gewöhnlichen Haushühnern weit nachstehen. Letztere vertragen auch ungünstige Witterung am besten, während die meisten ausländischen Hühnerracen gegen Kälte, ja selbst gegen Regen sehr empfindlich sind.

Der Ertrag der Hühner richtet sich nach der Behandlung und Pflege; ist diese sorgsam und gut, so kann man von einer Henne bis 150 Eier in einem Jahre erhalten. Dies ist dann im Vergleich mit den geringen Unterhaltungskosten in der gelinden Jahreszeit kein ungenügender Ertrag.

Die Hühner leben größtentheils von den verstreuten Körnern des Hofes, welche nur durch sie genutzt werden können, und von Insekten und Würmern.

Das Legen der Hühner beginnt im Februar oder März, je nachdem die Witterung günstig ist; im Herbst, wenn sie sich mausern, hören sie zu legen auf. Je wärmer sie gehalten werden, desto mehr Eier legen sie, und ihr Ertrag hängt ebenso von der Wärme als von der Fütterung ab.

Außer den Körnern, welche sie sich auf dem Hofe suchen, gibt man ihnen auch gekochte und gestampfte Kartoffeln, den gesammelten Abgang aus den Scheunen, und zwar in der Nähe des Hühnerstalles, damit sie sich an diesen gewöhnen und vor Raubvögeln mehr gesichert sind. Gerste und Brot, welches letztere man in Würfel schneidet, befördern das Eierlegen besonders. Dadurch, daß man den Hühnern die Eier wegnimmt, zwingt man sie zum Fortlegen; würde man sie ihnen lassen, so würden sie nach dem sechzehnten Ei zu brüten anfangen. Die Natur siegt aber am Ende doch; die Hühner gehen gluckend und unruhig umher, versuchen die Eier an verborgene Orte zu legen oder halten sie an sich.

Denjenigen Hühnern, welche zum Brüten bestimmt sind, macht man in einer ruhigen, ungestörten, aber vor Raubthieren gesicherten Kammer eigene Nester, in welche man 15 Eier unterlegt und die Henne darauf setzt, die dann sofort zu brüten anfängt. Die Eier dürfen nicht über 20 Tage alt sein, sonst sind sie nicht mehr brütfähig; auch müssen sie durch den Hahn befruchtet sein. Die Hühner legen zwar Eier, auch ohne daß sie von dem Hahn getreten werden; allein solche Eier sind unfruchtbar.

Während der Brütezeit stellt man Futter und Wasser in die Nähe, damit die Henne nicht weit fortgehen darf, wodurch die Eier erkalten würden. Nach 20 Tagen kommen die Jungen zum Vorschein; da sie nicht auf einmal ausbrechen, so nimmt man die ersten weg und läßt sie an einem warmen Ort in einem Federtopfe erst reif werden, damit sie von der brütenden Henne nicht beschädigt werden können. Nach 36 Stunden gibt man den Jungen zu fressen, im Anfange gestampfte Hirse oder feine Grütze und dann hartgekochte Eier, zerhackt und mit Brotkrumen vermischt. Sind alle Jungen ausgebrütet, so gibt man sie der Mutter zurück, welche sie dann beschützt und für sie sorgt.

In der ersten Jugend muß man die Jungen vor kalter, regnerischer Witterung schützen, weil ihnen beides nachtheilig ist. Will man die Bruthenne zum Weiterlegen verwenden, so kann man auch Kapaunen zum Ausbrüten und Führen der Jungen benutzen. Um die Kapaunen zum Brüten zu bringen, gibt man ihnen Brot, welches in Branntwein getaucht ist, pflückt ihnen vom Bauch die Federn ab und reibt die kahle Haut mit Nesseln; dann legt man ihnen die Eier unter.

Vortheilhaft ist es auch, Hühnereier durch Puten ausbrüten zu lassen, weil man letzteren bis 30 Stück Eier unterlegen kann. Sie führen die Jungen mit derselben Sorgsamkeit als die eigene Brut und sind zum Abwehren der Raubthiere noch kampffertiger als die Hühner.

Die Haushühner mit einfachem Kamme werden für besser gehalten als die mit doppeltem.

Da die Hühner sehr gern Würmer aufnehmen, so ist ein Ausgang auf frisch gegrabenen Acker oder auf den Hofraum Bedürfniß für ihr Gedeihen; jedoch muß man sie vor Gemüse- und Blumengärten verwahren, wo sie durch ihr Scharren großen Schaden anrichten. Man kann übrigens dem Scharren durch Abschneiden der hintern Zehe vorbeugen.

Da die Hühner bei Würmerfutter besonders gedeihen und nutzbar sind, und da solches Futter zugleich sehr billig ist, so empfiehlt sich die Anlage von Wurmhaufen sehr. Dieselben werden folgendermaßen hergestellt: Man macht eine entsprechend große Grube und bedeckt den Boden derselben 6 Zoll hoch mit feinem Häcksel von Weizenstroh; darauf bringt man eine Lage Pferdemist, auf diese eine Schicht Erde, und dann füllt man die Grube mit Blut, Trebern, Kleie, Fleischabgängen voll. Hierauf bedeckt man die Grube so, daß die Hühner nicht in derselben scharren können. Sobald sich in derselben Würmer entwickelt haben, beginnt man mit der Verfütterung derselben, indem man jeden Vormittag 3 bis 4 Spatenstiche voll von dem Inhalte der Grube den Hühnern vorwirft.

Wie alle Federviehställe, so muß auch der Hühnerstall rein gehalten und öfter mit frischem Sande bestreut werden. Die Sicherheit vor Mardern, Iltissen, Wieseln, Ratten verdient eine Hauptberücksichtigung bei Anlage des Hühnerstalles, denn jene Thiere zerstören in einer Nacht, was Monate mit Mühe erzeugt haben.

Gemästet werden Hühner und Kapaunen mit kleinen aus Hirsemehl gemachten Kügelchen, zu denen Butter und süße Milch gegeben wird. Ebenso mästet Bier und Brot vortrefflich. Wenn dies auch mühsamer scheint als die Mästung mit Körnern, so ist doch das Resultat besser und schneller, und in 14 bis 20 Tagen liefert so gemästetes Hühnervieh das wohlschmeckendste und zarteste Fleisch. Die Hühnerfedern sind wenig elastisch, und ihr Gebrauch kann sich nur auf sehr ordinäre Betten erstrecken.

Die Eier werden in Asche, Spreu, Siede oder in Kalkwasser aufbewahrt.

Um zu bewirken, daß die Hühner auch im Winter viel und große Eier legen, dörrt man Leinsamenknoten in einem mäßig warmen Ofen, zerstößt und kocht sie ziemlich stark in Wasser, nimmt dann ebenso viel Oelkuchen, Weizenkleie und Eichelmehl, rührt alles unter einander und mischt ein wenig reifen Brennnesselsamen darunter. Die Masse wird zu einem Teig geknetet, in kleine Pillen von der Größe der Erbsen geformt, und damit füttert man die Hühner.

§. 5.
Die Tauben.

Die nutzbarsten Tauben sind die, welche nur im Winter mäßig gefüttert zu werden brauchen. Solche Tauben sind die Feldtauben.

Die besten Taubenwohnungen sind die Taubenschläge. Man bringt sie nach Morgen oder Mittag, unter dem Dache der Wohnhäuser oder eines Stallgebäudes an. Die Ausflugöffnung ist mit einem Fallgitter und außerhalb mit einem Trittbrete zu versehen. Der Fußboden besteht am besten aus einem Estrich. Vor Raubthieren muß der Schlag gut gesichert sein. Im Innern muß der Taubenschlag mit Holzstängelchen und Nestern ausgestattet sein. Nothwendig ist es, den Schlag alle 4 Wochen unter Vermeidung großen Geräusches zu reinigen.

Das Paaren der Tauben überläßt man diesen selbst; die Brütezeit dauert 16 bis 18 Tage.

Feldtauben brauchen nur im Winter gefüttert zu werden. Das Futter besteht aus Getreide, Hülsenfrüchten, Oelsamen. Zum Getränk dient frisches Wasser, das niemals fehlen darf, weil es zur Verdauung der harten Körner wesentlich beiträgt. Sehr gedeihlich ist den Tauben eine öftere Lecke von Salz und Salpeter.

Der Nutzen der Feld- und Haustauben besteht in den Jungen, welche eine sehr wohlschmeckende Speise gewähren.

Außerdem ist Tauben- und Hühnermist der kräftigste Dünger; er kommt in seiner Zusammensetzung und Wirkung dem kräftigsten Guano sehr nahe und sollte deshalb sehr sorgfältig gesammelt werden.

Vierundzwanzigste Abtheilung.

Die landwirthschaftliche Buchführung.

Thaer äußert sich über die Wichtigkeit der landwirthschaftlichen Buchführung folgendermaßen: „Eine vollkommene, genaue und alle Verhältnisse darstellende Buchhaltung ist zu einer vollkommenen und zweckmäßigen Verwaltung der Wirthschaft unumgänglich nothwendig. Auch die längste Routine und die größte mechanische Uebung, die man sich selbst auf einem speziellen Gute erworben haben könnte, ist höchst selten zureichend, um alle Verhältnisse so zu übersehen und so zu benutzen, daß man das möglichst Vollkommenste erreicht zu haben oder zu erreichen sicher sei, wenn man jene nicht in einem solchen Tableau, wie eine gute Buchführung geben muß, vor Augen liegen hat. Bei einer etwas komplizirten Wirthschaft wird es sich durch sämmtliche Eindrücke und durch die Erinnerung derselben nie so klar ergeben und so sicher bestimmen lassen, welche Einrichtungen der Erreichung des höchsten Zweckes genau entsprechen und deshalb beibehalten oder aber verbessert und verschieden modifizirt werden müssen."

Eine geregelte Buchführung begründet das Vertrauen und die Sicherheit der Handlungsweise; ohne sie tappt man im Finstern, man lernt weder seine Stärke noch seine Schwäche kennen, man kann jene nicht benutzen und dieser nicht aufhelfen.

Mit wahrhafter Ueberzeugung rufe ich daher dem jungen Landwirth zu: Ohne genaue Rechnungsführung gibt es keine Ordnung, und ohne Ordnung kein Gedeihen.

Die an sich nothwendige und unentbehrliche Buchführung darf aber auch nicht in Pedanterie ausarten, denn nicht minder gefährlich ist es, wenn der Landwirth mehr rechnet als arbeitet. Der praktische Mann kann nicht am Schreibtisch gefesselt bleiben; seine Thätigkeit wird zu vielfach in Anspruch genommen, und er muß daher auf ein einfaches aber möglichst übersichtliches Rechnungswesen bedacht sein. Dazu aber wird auch bei dem ausgedehntesten Betriebe täglich ein Stündchen Zeit erübrigt werden können.

Die nothwendigsten Grundlagen für eine geordnete Buchführung sind:

1) eine Karte, ein Vermessungs- und Bonitirungsregister der Feldmark. Es ist eine klägliche Wirthschaft, wenn man auch in dieser Beziehung noch im Finstern tappt, denn man kann ohne die genaue Kennt-

niß des Umfangs einer Wirthschaft niemals eine sichere Ueberzeugung von den Resultaten derselben erlangen.

2) Ein genaues Verzeichniß des lebenden und todten Inventariums mit den Rubriken für Zu- und Abgang. Dieses Verzeichniß muß monatlich abgeschlossen werden. Es dient dies zur nothwendigen Kontrole.

3) Ein sogenanntes Urbarium oder Nachweis aller Verpflichtungen, Leistungen, Renten ꝛc., welche der Herrschaft von den Gutsinsassen zu gewähren sind. Diesem schließt sich

4) das Arbeitsregister an, in welchem die Ableistung der Verpflichtungen und

5) das Renten- oder Zinsbuch, in welchem die Abführung dieser Gefälle nachgewiesen wird. Diese Verzeichnisse müssen nach jedem Termine abgeschlossen und für die Einziehung der Reste, je nach den verschiedenen Verhältnissen, Sorge getragen werden.

6) Ein Feldregister, aus welchem die Eintheilung, Rotation und das Düngungsverhältniß zu ersehen ist.

Diese Nachweisungen sollten überall als eisernes Inventarium dem Gute einverleibt sein. Sie sind für den Nachfolger eines Verwalters von der größten Wichtigkeit. Es kommt dabei weniger auf die Form als auf Uebersichtlichkeit und höchste Zuverlässigkeit der Angaben an.

Zu den laufenden Nachweisen gehören:

1) Eine vollständige Lohn- und Deputattabelle des sämmtlichen Offizianten- und Dienstpersonals.

2) Die jährlichen Saat- und Erntetabellen.

3) Die Heuernte- und Vertheilungstabelle.

4) Das Schafbuch, in welches bei jedem vorkommenden Falle der Abgang eines Stückes sofort eingetragen wird. Es ist bei dieser Branche der Viehzucht eine aufmerksame Kontrole besonders nöthig, da sonst nur zu leicht Irrthümer vorkommen, welche zuletzt in wirkliche Vergehen ausarten.

5) Ein vollständiges Getreidejournal, welches Einnahme und Ausgabe nachweist.

6) Ein Geldjournal. Die Journale sub 5 u. 6 bilden die Grundlage der monatlichen, vierteljährlichen oder jährlichen Rechnung und müssen mit der größten Akkuratesse geführt werden. Man muß sich daran gewöhnen, jede Einnahme und jede Ausgabe sofort einzutragen; man wird dadurch Verlusten und großen Unannehmlichkeiten vorbeugen, welche bei irgend einer Saumseligkeit sicher eintreten.

Zur Führung dieser Bücher muß der Landwirth unter allen Umständen Zeit gewinnen; es beruhen darauf Kredit und Vertrauen. Wo

Fabriken vorkommen, sind noch Bücher anzulegen über Nachweisungen von Einnahme und Ausgabe der Produkte, der Betriebsmaterialien, des Fabrikats, der Betriebsunkosten 2c.

Die Rechnungen über jede Fabrik müssen von den Rechnungen der eigentlichen Wirthschaft getrennt sein. In den Rechnungen über die Fabriken muß der Wirthschaft Alles gut geschrieben werden, was diese jenen liefert, seien es nun Produkte oder Arbeitskräfte, wogegen die Wirthschaft auch nichts von den Fabriken erhalten darf, ohne jenen gutgeschrieben zu werden. Dadurch allein läßt sich das richtige Verhältniß der Fabriken zur Wirthschaft ermitteln und das Resultat jener feststellen. Dasselbe gilt auch, wenn Forsten zu einem Gute gehören; auch für diese müssen die Nutzungen selbstständig berechnet werden, weil sonst keine richtige Reinertragsrechnung möglich sein würde.

Hat jede Branche ihr eigenes Konto, dann kommt Geist und Leben in die Sache, das Ehrgefühl wird geweckt, und es theilt sich selbst dem untersten Dienstpersonale mit. Ein Jeder ist bedacht, das, was seiner Aufsicht anvertraut ist, zu heben, und wenn der Dirigent des Ganzen ein solches Verhältniß zu benutzen versteht, so wird ein gutes Resultat im Großen und Ganzen nicht außenbleiben.

Aber nur ein geordnetes Rechnungswesen kann ein solches Resultat hervorrufen; wo dieses nicht stattfindet, ist allgemeine Gleichgültigkeit und gegenseitiges Mißtrauen die unausbleibliche und traurige Folge.

Das Rechnungswesen selbst muß sich durch möglichste Einfachheit auszeichnen. Nicht jeder Landwirth ist in der Lage, einen eigenen Rechnungsführer halten zu können; er muß die Buchführung meist mit der praktischen Leitung verbinden. In solchem Falle kann der geregelten doppelten Buchführung nach kaufmännischer Art nicht gehuldigt werden. Diese Buchführung mag ihren Werth haben; aber der Grundsatz bleibt unumstößlich, daß die Rechnungen die Revenuen nicht vergrößern. Man möge dies als keinen Widerspruch gegen das oben Gesagte erachten; es ist hiermit nur die große Weitläufigkeit, welche zuletzt in Pedanterie ausartet, gemeint, und eine solche muß der praktische Landwirth vermeiden.

Wenn die vorgenannten Nachweisungen pünktlich und regelmäßig geführt werden, wenn in die Journale gehörig gebucht wird und diese zur Erleichterung und Uebersicht in Manuale übertragen werden, dann läßt sich eine monatlich schließende, aber bis zum Ende des Jahres fortlaufende Rechnung anlegen, welche bei aller Einfachheit dennoch jede erforderliche Uebersicht gewährt.

Eine jede Branche hat ihren Einnahme- und Ausgabetitel, z. B.

die Schäferei; sie kauft Körner, Kartoffeln, Arbeit ꝛc. von der Wirthschaft, und ihr reiner Ertrag wird dadurch am Schlusse des Jahres festgestellt. Für Bauten, Meliorationen müssen ebenfalls besondere Titel angelegt werden.

Durch nachstehendes Beispiel einer im Monat September vorgelegten Berechnung soll die Sache erläutert werden.

Einnahme.	September				Vom 1. Juli ab		
	Dat.	Rt.	Sgr.	Pf.	Rt.	Sgr.	Pf.
Kap. 1. Vorschüsse							
von der Herrschaft	10.	50	—	—			
desgleichen	22.	60	—	—			
Summa		100	—	—	550	—	—
Kap. 2. Dienstrente	15.				100	—	—
Kap. 3. Oelmühlennutzung.							
Für 10 Ctr. Oel	8.	140	—	—	140	—	—
Kap. 4. Für Getreide.							
Verkauft an den Müller N. laut Getreide-Journal 50 Scheffel Weizen à 2 Thlr. .	12.	100	—	—			
20 Scheffel Roggen an die Schafe verfüttert laut Schafk.	25.	20	—	—			
50 Scheffel Gerste an die Brennerei . .	17.	50	—	—			
		170	—	—	380	—	—
Kap. 5. Schäfereinutzung.							
Für 10 Schaffelle à 5 Sgr.	14.	1	20	—	120	—	—
u. s. w.							
Kap. 6. Rindviehnutzung.							
„ 7. Schwarzviehnutzung.							
„ 8. Krugnutzung.							
„ 9. Brennereinutzung.							
„ 10. Gartennutzung.							
„ 11. Fischereinutzung.							
„ 12. Jagdnutzung.							
„ 13. Forstnutzug.							
„ 14. Ziegeleinutzung.							
„ 15. Für geleistete Arbeiten ꝛc.							
u. s. w.							

Ausgabe.	September				Vom 1. Juli ab		
	Dat.	Rt.	Sgr.	₰	Rt.	Sgr.	₰
Kap. 1. Abgeführt							
a) Baar an die Herrschaft	10.	50	—	—			
Desgleichen den 15. September . . .	25.	10	—	—			
b) Durch Naturalien							
5 Scheffel Roggen zur Conf. à 1 Thlr.	10.	5	—	—			
Für ein Kalb desgleichen	20.	3	—	—			
		68	—	—	180	—	—
Kap. 2. Abgaben.							
Kap. 3. Bauten.							
Für 10,000 Ziegel aus hiesiger Ziegelei à Tausend 5 Thlr.	20.	50	—	—			
Für 50 Stämme Bauholz aus hiesigen Forsten à 3 Thlr.	22.	150	—	—			
Für 50 Fuhren von der Wirthschaft à 1 Thlr.	26.	50	—	—			
u. s. w.		250	—	—	750	—	—
Kap. 4. Meliorationen.							
„ 5. Gehalt und Lohn.							
„ 6. Für Getreide.							
„ 7. Schäfereiunkosten.							
Für 50 Scheffel Roggen von der Wirthschaft	15.	20	—	—	150	—	—
„ 8. Rindviehunkosten.							
„ 9. Schwarzviehunkosten.							
„ 10. Brennereiunkosten.							
„ 11. Krugunkosten.							
„ 12. Oelmühlenunkosten.							
„ 13. Ziegeleiunkosten.							
„ 14. Gartenunkosten.							
„ 15. Forstunkosten.							
„ 16. Wirthschaftsbedürfnisse.							
„ 17. Für Arbeiten.							
u. s. w.							

So legt man für jede Branche, deren Erträge man ermitteln will, ein Konto an, in dem Einnahme und Ausgabe eingetragen werden; die vordere Rubrik ist der eingenommene oder ausgegebene Betrag des laufenden Rechnungsmonats, welcher zu dem der beiden vorhergehenden zugerechnet wird. Auf diese Weise hat man in jedem Monate zugleich die Uebersicht der Beträge der beiden vorhergehenden Monate und, bei dem hier angenommenen Beispiel, mit der Junirechnung die vollständige Jahresrechnung, wenn dieselbe mit dem 1. Juli begonnen wird.

Die Sache ist einfach, übersichtlich und läßt sich so speziell und erschöpfend einrichten als man es haben will.

Das Rechnungswesen ist manchem jungen Landwirth die unangenehmste Seite seines Faches; er möchte sich lieber allen andern Anstrengungen unterwerfen, als sich mit der Buchführung befassen. Die Folgen einer Vernachlässigung derselben schweben dem jungen Manne noch nicht lebendig vor, und einen Vortheil des vielen Rechnens und Schreibens kann er noch nicht erkennen. Diese Ansichten ändern sich aber von Jahr zu Jahr; je mehr er in das Wissenschaftliche seines Faches eindringt, je reifer die Erfahrungen werden, desto fühlbarer wird die Nothwendigkeit einer Kontrole über alle Handlungen und Resultate. Die Buchhaltung wird der Anhaltepunkt jeglichen Verfahrens und begründet Ruhe und Sicherheit.

Leipzig, Druck von Giesecke & Devrient.